楽しく学ぶ！

楽学

2024年版

管理業務主任者

8 年間 過去問

平柳 将人 監修

JN058130

はじめに

　管理業務主任者試験は、"例年、**合格率が20%前後**で、かつ**出題範囲が多岐にわたり、テキストに載っていない内容が出題される可能性もある**" という比較的難度が高い試験です。確実に合格を勝ち取るためには、しっかりとした試験対策を行う必要があります。そのため、過去に出題された問題を解く【過去問学習】は必要不可欠です。

　そこで、まずは**過去問**の出題の特徴を知り、それに合った学習計画を立てましょう。本書は、「**8年分（平成28年～令和5年＝400問）**」の管理業務主任者試験問題を、そのまま「年度別」に掲載した過去問集です。8年分の問題を前半に収録し、後半にその解答と解説を詳細に掲載しています。

　試験問題は、〔問1〕～〔問50〕まで、本試験問題と同じ並び順ですから、**問題の流れをつかむことができ**、1年分の試験問題を一挙に解くことで、「**試験問題を解く力**」が身につきます。また、独学で学習をされている受験生にとっては、模擬試験としてもご利用いただけます。

　本書をうまく活用することで、効果的な【過去問学習】が可能となります。ぜひ、本年度の試験に合格され、管理業務主任者としてご活躍されますことを祈念いたします。

2024年3月
管理業務主任者資格研究所

■お知らせ

　本書は、2024年1月1日現在施行の法令に基づき編集されています。ただし、2024年度試験の出題の基準日である2024年4月1日以前に施行が確実な法令については、新法および改正法に基づいて記述してあります。

　本書に掲載している法令等が2024年の法令適用日までに改正・施行され、本書の記述に修正等を要する場合には、下記ウェブサイトにてお知らせいたします。

https://www.jssbook.com

目 次

【管理業務主任者試験問題】

【解答と解説】

■■■■■■■■ 本書の見方と活用方法 ■■■■■■■■

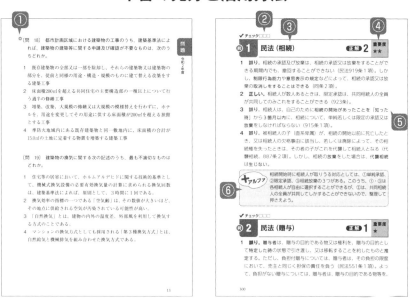

【本書の見方】

① 最近の法令改正に合わせて修正した問題にはこのマーク（「◎」）がついています。

② わからなかった問題や間違えた問題には「✓点」を入れてください。
正解するまで繰り返しチャレンジしましょう。

③ この問題のテーマです。各年度の問題の最初のページと対応しています。

④ 出題の頻度や内容によって問題の重要度を3段階で表示しています。

　　　★★★………得点源になる落とせない問題
　　　★★………時々出題される要注意！問題
　　　★………たまに出題される問題

⑤ 解説中では、問われている論点に対応する部分は、目立つように**色文字**にしています。

⑥ 解説以外に覚えてほしい"プラスα"の関連知識や学習アドバイスです。

【本書の活用方法】

1 問題を解く

①やさしい問題からチャレンジしてみましょう

　過去8年間の合格者数が掲載されている表（P.9）から、合格基準点が一番高い年度を探してみてください。基準点が高いということは、平易な問題が多かったということですので、試験に慣れるためにも、やさしい問題から解くことは大切です。

　そうなると、解く順番は

　R2→R4・H29→R5・H28→H27・R元・R3→H30となります。

②本試験と同じように解きましょう

　マークシートを使うと、より本試験を意識した学習ができます。

　※マークシートは、右のQRコードからダウンロードできます。

　　　　　https://www.jssbook.com/

2 答え合わせをする

①解答・解説ページの最初のページをチェックしましょう

　解説を読む前に、各年度解答・解説の最初のページに掲載されている正解番号一覧で答え合わせをしてみましょう。

②自分の実力を確認しましょう

　1で確認した合格基準点と比較して、現在の自分の実力を把握することは重要です。合格基準点に達していなくても間違った問題をきちんと復習すれば合格に近づきます。

3 解説を読む

①正誤に関係なく解説を読みましょう

　正解ならなぜ正解となるのか、誤りならどこが誤りとなるのか、などを解説しています。重要な箇所は**色文字**になっていますので、知識の確認に役立ててください。

②解説の後にある ➕ァルファ を使いこなしましょう

　解説の補足や学習ガイドなど、講師のアドバイスを掲載しています。問題を解く上での重要なヒントとなります。

4 復習する－出題傾向から自分の弱点を探し出そう

　P.10～P.17、および各年度の「問題」の扉（最初）のページには、出題テーマの一覧表を掲載しています。それを見れば、毎年の傾向がつかめますので、間違えた問題から「どの分野を強化しなければならないか」を把握し、今後の学習に役立ててください。

管理業務主任者試験ガイド

下記は、過年度である「令和５年度試験」の概要です。令和６年度の試験情報については、試験実施機関にお問い合わせください。また、(一社)マンション管理業協会のホームページで確認することもできます。

① **試験日及び時間**
　令和５年12月３日(日)　午後１時〜午後３時

② **受験資格**
　年齢・性別・学歴等はいっさい問わない。

③ **受験案内書の配布**
　令和５年８月１日（火）〜令和５年８月31日（木）まで、協会の本部・支部、国土交通省（各地方整備局を含む）、都道府県及び政令指定都市等において配布。
※各配布場所の住所、郵送・宅配便等による取り寄せ方法については、令和５年
　８月１日（火）より協会のホームページ等で案内する。

④ **受験手数料**
　8,900円

⑤ **受験申込受付期間**
　［郵送申込］
　令和５年８月１日(火)〜令和５年８月31日(木)、当日消印有効。
　［Web申込］
　令和５年８月１日(火)〜令和５年９月29日(金)、23：59まで。

⑥ **合格発表・合格証書の送付**
　令和６年１月12日(金)に、郵送申込での受験者へ合否通知書を送付するほか、Web申込を含む全受験者向けに、「合格発表専用ページ」において合格者の受験番号を掲載する。

試験実施機関 〜〜〜〜〜〜〜〜〜〜〜〜〜〜〜〜〜〜〜〜

（一社）マンション管理業協会
　〒105-0001 東京都港区虎ノ門１-13-３　虎ノ門東洋共同ビル２Ｆ
　　　　　　　電話（03）3500-2720（試験研修部）
　　　　　　　ホームページ https://www.kanrikyo.or.jp/

●試験の出題範囲と出題数

	分　野	内　　容	出題数
❶	〈管理に関する法令・実務〉管理事務の委託契約に関すること	民法（「契約」及び契約の特別な類型としての「委託契約」を締結する観点から必要なもの）、マンション標準管理委託契約書　等	9問前後
❷	〈管理組合の税務・会計〉管理組合の会計の収入及び支出の調停並びに出納に関すること	簿記、財務諸表論　等	7問前後
❸	〈建物と設備の形質・構造〉建物及び附属設備の維持又は修繕に関する企画又は実施の調整に関すること	建物の構造及び概要、建築物に使用されている主な材料の概要、建築物の部位の名称等、建築設備の概要、建築物の維持保全に関する知識及びその関係法令（建築基準法、水道法等）、建築物の劣化、修繕工事の内容及びその実施の手続に関する事項　等	12問前後
❹	〈管理組合の運営〉管理事務の実施に関すること	建物の区分所有等に関する法律（管理規約、集会に関すること等管理事務の実施を行うにつき必要なもの）　等	17問前後
❺	〈マンション管理適正化法〉マンションの管理の適正化の推進に関する法律に関すること	マンションの管理の適正化の推進に関する法律、マンションの管理の適正化の推進を図るための基本的な方針　等	5問前後

※　マンション管理士試験の合格者は、❺が免除されます。

※　出題の根拠となる法令等は、試験の年の4月1日に施行されている法令等です。

※　各分野の出題数は、試験年度により、他の分野にわたる複合問題等がありますので、出題傾向の"めやす"としてください。

●**出題数及び出題形式**：50問4肢択一式　（試験の「一部免除者」は、45問となる）

●過去8年間の合格者数

	申込者数(人)	受験者数(人)	合格者数(人)	合格基準点	合格率(%)
令和5年度	17,855	14,652	3,208	35	21.9
令和4年度	19,589	16,217	3,065	36	18.9
令和3年度	19,592	16,538	3,203	35	19.4
令和2年度	18,997	15,667	3,473	37	22.2
令和元年度	18,464	15,591	3,617	34	23.2
平成30年度	19,177	16,249	3,531	33	21.7
平成29年度	20,098	16,950	3,679	36	21.7
平成28年度	20,255	16,952	3,816	35	22.5

管理業務主任者試験　過去8年間の出題テーマ一覧表①（問1〜25）

分野	問	テーマ	分野	問	テーマ
		令和5年度			**令和4年度**
❶ 管理に関する法令・実務	1	民法（不法行為）	❶ 管理に関する法令・実務	1	民法（委任）
	2	民法（制限行為能力者）		2	民法（時効）
	3	民法（代理）		3	民法（請負契約）
	4	民法（抵当権）		4	民法（抵当権）
	5	標準管理委託契約書		5	民法（相続）
	6	標準管理委託契約書		6	標準管理委託契約書（事務管理業務）
	7	標準管理委託契約書		7	標準管理委託契約書
	8	標準管理委託契約書		8	標準管理委託契約書（管理員業務）
❷ 管理組合の税務・会計	9	標準管理規約（管理組合の会計）	❷ 管理組合の税務・会計	9	民法・民事訴訟法（管理費の滞納）
	10	標準管理規約（管理組合の会計）		10	民法・民事訴訟法等（管理費の滞納）
	11	税務・会計（財務諸表）		11	民法・区分所有法等（管理費の滞納）
	12	税務・会計（仕訳）		12	標準管理規約（管理組合の監事）
	13	税務・会計（仕訳）		13	標準管理規約（管理組合の会計等）
❸ 建物と設備の形質・構造	14	建築基準法		14	税務・会計（財務諸表）
	15	消防法		15	税務・会計（仕訳）
	16	マンションの劣化		16	税務・会計（仕訳）
	17	マンションの劣化	❸ 建物と設備の形質・構造	17	建築基準法（用語の定義）
	18	給水設備		18	消防法（住宅用防災警報器）
	19	ガス設備・給湯設備		19	建築材料（コンクリートの中性化）
	20	電気設備		20	建築材料（コンクリートのひび割れの補修）
	21	長期修繕計画作成ガイドライン		21	建築材料（塗装部分の汚れ等の除去方法）
	22	長期修繕計画作成ガイドライン		22	建築設備（給湯設備）
	23	長期修繕計画作成ガイドライン		23	建築設備（換気設備）
	24	長期修繕計画作成ガイドライン		24	建築基準法（エレベーター）
	25	修繕積立金ガイドライン		25	長期修繕計画作成ガイドライン（長期修繕計画の作成）

令和3年度			令和2年度		
分野	問	テーマ	分野	問	テーマ
❶管理に関する法令・実務	1	民法（意思表示）	❶管理に関する法令・実務	1	民法（相続）
	2	民法（連帯債務）		2	民法（請負契約）
	3	民法（債権者代位権）		3	民法（制限行為能力）
	4	民法（代理）		4	民法（不法行為）
	5	民法（管理費の滞納・時効）		5	民法（代理）
	6	標準管理委託契約書		6	民法（債務不履行解除）
	7	標準管理委託契約書		7	標準管理委託契約書
	8	標準管理委託契約書		8	標準管理委託契約書
❷管理組合の税務・会計	9	区分所有法、民法、破産法、標準委託契約書（管理費の滞納）	❷管理組合の税務・会計	9	標準管理委託契約書（マンションの維持・修繕に関する企画・実施の調整）
	10	民法、民事訴訟法等（管理費の滞納）		10	民事訴訟法・裁判所法（管理費の滞納）
	11	民法、破産法等（管理費の滞納）		11	民事訴訟法（少額訴訟）
	12	標準管理規約（管理組合の会計等）		12	標準管理規約（管理組合の会計等）
	13	標準管理委託契約書（管理事務の報告等）		13	標準管理規約（管理組合の役員）
	14	税務・会計（貸借対照表）		14	税務・会計（管理組合の税務）
	15	税務・会計（仕訳）		15	税務・会計（仕訳）
	16	税務・会計（仕訳）		16	税務・会計（仕訳）
❸建物と設備の形質・構造	17	建築材料（防水）	❸建物と設備の形質・構造	17	建築基準法（総合）
	18	建築構造・建築材料（鉄筋コンクリート）		18	建築基準法（建築確認等）
	19	建築構造・建築材料（マンションの構造・部材）		19	建築設備（換気）
	20	建築設備（給水設備）		20	消防法（防火管理者）
	21	建築設備（排水通気設備）		21	建築設備（住宅用防災機器）
	22	建築設備（換気設備）		22	建築材料（アスベスト）
	23	建築基準法（用語の定義）		23	建築設備（給排水衛生設備）
	24	消防法（防火管理者）		24	バリアフリー法
	25	長期修繕計画ガイドライン（対象の範囲）		25	品確法（総合）

分野	問	令和元年度 テーマ	問	平成30年度 テーマ
❶ 管理に関する法令・実務	1	民法（相続）	1	民法（委任）
	2	民法（贈与）	2	民法（手付）
	3	民法（不法行為）	3	民法（債務不履行）
	4	民法（留置権）	4	民法（代理）
	5	民法（保証）	5	民法（賃貸借）
	6	民法（同時履行の抗弁権）	6	民法（不法行為）
	7	標準管理委託契約書（管理事務）	7	標準管理委託契約書（管理事務）
	8	標準管理委託契約書（管理事務）	8	標準管理委託契約書（維持又は修繕に関する企画又は実施の調整）
	9	標準管理委託契約書（管理規約の提供等）	9	標準管理委託契約書（管理事務）
❷ 管理組合の税務・会計	10	民法・民事訴訟法・区分所有法（管理費の滞納）	10	民法・区分所有法（管理費の滞納）
	11	民法（消滅時効の完成猶予・更新）	11	民法・区分所有法（管理費の滞納）
	12	標準管理規約（管理費及び修繕積立金）	12	標準管理規約（管理組合の会計）
	13	標準管理委託契約書（管理組合への管理事務の報告等）	13	標準管理規約（管理費等）
	14	標準管理規約（管理組合の監事）	14	税務・会計（仕訳）
	15	税務・会計（仕訳）	15	税務・会計（仕訳）
	16	税務・会計（仕訳）	16	税務・会計（管理組合の税務）
❸ 建物と設備の形質・構造	17	建築基準法（共用階段）	17	建築基準法（日影規制）
	18	建築基準法（用途地域内の建築制限）	18	建築基準法（補強コンクリートブロック造）
	19	建築基準法（容積率）	19	建築材料（鉄筋コンクリート）
	20	住宅瑕疵担保履行法	20	建築設備（給排水衛生設備）
	21	建築構造（マンションの構造・部材）	21	建築設備（給水設備）
	22	建築士法	22	建築設備（電気設備）
	23	建築設備（雨水排水設備）	23	建築設備（消防用設備）
	24	建築設備（消防用設備）	24	住生活基本法
	25	建築設備（LEDランプ）	25	バリアフリー法

分野	問	テーマ（平成29年度）	問	テーマ（平成28年度）
		平成29年度		**平成28年度**
分野	問	テーマ	問	テーマ
❶ 管理に関する法令・実務	1	民法（共有）	1	民法（制限行為能力者）
	2	民法（不法行為）	2	民法（意思表示）
	3	民法（意思表示）	3	民法（管理費の消滅時効）
	4	民法（代理）	4	民法・区分所有法（共有）
	5	民法（連帯債務）	5	民法・区分所有法（請負）
	6	民法（委任）	6	民法（相続）
	7	標準管理委託契約書（管理事務）	7	標準管理委託契約書（委託契約の更新等）
	8	標準管理委託契約書（管理事務）	8	標準管理委託契約書（委託業務費等）
	9	標準管理委託契約書（管理規約の提供等）	9	標準管理委託契約書（管理事務）
❷ 管理組合の税務・会計	10	少額訴訟	10	民法・民事訴訟法・区分所有法（管理費の滞納）
	11	民法（管理費の消滅時効）	11	民法・区分所有法（管理費の滞納）
	12	標準管理規約（管理費等）	12	標準管理規約（修繕積立金）
	13	標準管理規約（管理組合の監事）	13	標準管理規約（管理組合の会計）
	14	税務・会計（仕訳）	14	税務・会計（仕訳）
	15	税務・会計（仕訳）	15	税務・会計（仕訳）
	16	税務・会計（管理組合の税務）	16	税務・会計（管理組合の税務）
❸ 建物と設備の形質・構造	17	建築基準法（用語の定義・建築物の階数等）	17	建築基準法（建蔽率、容積率）
	18	建築基準法（居室）	18	建築基準法（マンションの廊下・屋内階段）
	19	建築構造（鉄骨鉄筋コンクリート造）	19	建築設備（エレベーター）
	20	建築環境（地震）	20	建築材料（防水工法）
	21	建築環境（音）	21	建築設備（水道法）
	22	建築設備（雨水排水設備）	22	建築設備（消防用設備）
	23	建築設備（浄化槽）	23	建築構造（耐震診断）
	24	建築設備（照明用 LED ランプ）	24	品確法（住宅性能評価書等）
	25	維持保全（長期優良住宅普及促進法）	25	維持保全（消費生活用製品安全法）

管理業務主任者試験　過去8年間の出題テーマ一覧表②（問26〜50）

令和5年度			令和4年度		
分野	問	テーマ	分野	問	テーマ
❹管理組合の運営	26	区分所有法	❸建物・設備の形質・構造	26	長期修繕計画作成ガイドライン（必要性・位置づけ）
	27	標準管理規約		27	長期修繕計画作成ガイドライン（管理組合の役割）
	28	標準管理規約		28	修繕積立金ガイドライン
	29	区分所有法	❹管理組合の運営	29	区分所有法（管理規約の定め）
	30	民法・区分所有法（先取特権）		30	標準管理規約（修繕積立金）
	31	区分所有法		31	標準管理規約（理事会）
	32	区分所有法		32	民法・標準管理規約（議決権行使）
	33	区分所有法		33	標準管理規約（専有部分にある設備の管理）
	34	区分所有法		34	区分所有法（規約の保管）
	35	標準管理規約		35	民法・区分所有法（借地上のマンション）
	36	標準管理規約		36	区分所有法（集会）
	37	義務違反行為		37	民法（弁済の充当）
	38	判例（区分所有法等）		38	区分所有法（団地関係）
	39	滞納管理費		39	判例（区分所有法等）
	40	滞納管理費		40	品確法
	41	品確法		41	建替え等円滑化法
	42	個人情報保護法		42	地震保険に関する法律
	43	統計		43	統計
	44	賃貸住宅管理業法		44	賃貸住宅管理業法
	45	宅建業法（重要事項の説明）		45	宅建業法（37条書面）
❺マンション管理適正化法	46	適正化法（基本方針等）	❺マンション管理適正化法	46	適正化法（基本方針等）
	47	適正化法（重要事項の説明）		47	適正化法（重要事項の説明）
	48	適正化法（総合）		48	適正化法（総合）
	49	適正化法（財産の分別管理）		49	適正化法（財産の分別管理）
	50	適正化法（管理業務主任者の設置）		50	適正化法（管理業務主任者の設置）

令和3年度			令和2年度		
分野	問	テーマ	分野	問	テーマ
❸建物と設備の形質・構造	26	長期修繕計画ガイドライン（用語の定義）	❸建物と設備の形質・構造	26	長期修繕計画作成ガイドライン
	27	長期修繕計画作成ガイドライン（長期修繕工事の見直し）		27	長期修繕計画作成ガイドライン
❹管理組合の運営	28	標準管理規約（監事の職務）		28	長期修繕計画作成ガイドライン
	29	標準管理規約（団地型、団地の雑排水管等の管理及び更新工事）	❹管理組合の運営	29	区分所有法（集会）
	30	標準管理規約（単棟型・複合用途型）		30	区分所有法・標準管理規約（総会の招集通知）
	31	標準管理規約（理事会）		31	標準管理規約（共有部分の工事における総会の決議要件）
	32	区分所有法（共用部分とその持分等）		32	区分所有法・標準管理規約（集会に出席することができる者）
	33	区分所有法（共用部分の変更）		33	区分所有法・標準管理規約（管理組合法人・管理組合）
	34	区分所有法（建替え決議後の売渡請求）		34	区分所有法（共用部分）
	35	区分所有法（管理組合法人）		35	区分所有法（敷地）
	36	標準管理規約（総会の決議）		36	区分所有法（管理所有）
	37	区分所有法（規約共用部分）		37	区分所有法（区分所有者の責任）
	38	区分所有法・標準管理規約（理事会）		38	区分所有法（公正証書による原始規約）
	39	判例（区分所有法）		39	民法（不法行為・最高裁判所判決）
	40	消費者契約法		40	不動産登記法
	41	借地借家法		41	個人情報保護法
	42	各種の法令		42	住宅宿泊事業法・ガイドライン
	43	統計		43	民法・借地借家法
	44	賃貸住宅管理業法		44	各種法令
	45	宅建業法（重要事項の説明）		45	宅建業法（重要事項の説明）
❺マンション管理適正化法	46	適正化法（契約の成立時の書面）	❺マンション管理適正化法	46	適正化法（管理業務主任者・管理業務主任者証）
	47	適正化法（重要事項の説明）		47	適正化法（マンション管理業者の業務）
	48	適正化法（管理業務主任者）		48	適正化法（組合財産の分別管理）
	49	適正化法（財産の分別管理）		49	適正化法（マンション管理業の登録）
	50	適正化法（マンション管理業の登録）		50	適正化法（重要事項の説明等・契約の成立時の書面の交付）

分野		令和元年度			平成30年度
	問	テーマ	問	テーマ	
❸建物と設備の形質・構造	26	維持保全（共用部分の工事）	26	調査診断（劣化現象）	
	27	長期修繕計画（用語の定義）	27	維持保全（マンションの耐震改修）	
	28	長期修繕計画（長期修繕計画の内容）	28	維持保全（改修工事）	
❹管理組合の運営	29	標準管理規約（共用部分の範囲）	29	標準管理規約・区分所有法（総会の決議）	
	30	標準管理規約（総会の決議、団地型）	30	標準管理規約（集会等）	
	31	標準管理規約（利益相反取引）	31	標準管理規約（理事会の決議）	
	32	標準管理規約（複合用途型）	32	標準管理規約（総合）	
	33	標準管理規約（専有部分の修繕）	33	区分所有法・標準管理規約（総合）	
	34	標準管理規約（役員の任期）	34	区分所有法（特定承継人）	
	35	区分所有法（罰則）	35	標準管理規約・区分所有法（義務違反者）	
	36	標準管理規約・区分所有法（専有部分の用途）	36	区分所有法（復旧）	
	37	区分所有法（規約の別段の定め）	37	標準管理規約（専門的知識を有する者の活用）	
	38	区分所有法（管理組合法人）	38	標準管理規約（専有部分）	
	39	区分所有法（理事長の解任）	39	民法（管理費の消滅時効）	
	40	品確法（総合）	40	民法（担保責任）	
	41	地震保険に関する法律・標準管理規約（損害保険）	41	消費者契約法（総合）	
	42	借地借家法（定期建物賃貸借契約）	42	民法・借地借家法（賃貸借契約）	
	43	建替え等円滑化法	43	個人情報保護法	
	44	各種の法令	44	不動産登記法（総合）	
	45	宅建業法（重要事項の説明等）	45	宅建業法（重要事項の説明）	
❺マンション管理適正化法	46	適正化方針	46	適正化法（管理業務主任者）	
	47	適正化法（財産の分別管理）	47	適正化法（用語の定義）	
	48	適正化法（重要事項の説明等）	48	適正化法（重要事項の説明）	
	49	適正化法（管理事務の報告）	49	適正化法（財産の分別管理）	
	50	適正化法（管理業者の登録等）	50	適正化法（管理事務の報告）	

分野	問	平成29年度 テーマ	問	平成28年度 テーマ
❸建物と設備の形質・構造	26	維持保全（マンションの維持保全とマンション管理業者）	26	建築設備（消防法）
	27	維持保全（建築設備等の報告、検査等）	27	建築設備（排水設備）
	28	標準管理委託契約書（管理対象部分）	28	建築設備（窓サッシの改修工法）
❹管理組合の運営	29	区分所有法・標準管理規約（占有者の集会への出席）	29	標準管理規約（専用使用部分）
	30	区分所有法（管理組合法人）	30	標準管理規約（管理組合の役員）
	31	標準管理規約（理事長と理事会の承認・決議）	31	標準管理規約（総合）
	32	標準管理規約（理事長の職務と理事会の承認・決議）	32	標準管理規約（専有部分）
	33	標準管理規約（管理組合の役員）	33	区分所有法（管理規約）
	34	区分所有法（規約敷地）	34	区分所有法・標準管理規約（専有部分）
	35	区分所有法（先取特権）	35	標準管理規約（専有部分等への立入り）
	36	民法・区分所有法（専有部分と敷地利用権との分離処分等）	36	区分所有法（区分所有者の団体）
	37	区分所有法（集会の招集及び決議）	37	民法・区分所有法（総合）
	38	区分所有法（管理組合法人）	38	区分所有法（総合）
	39	区分所有法（団地内の区分所有建物の建替え）	39	区分所有法（総合）
	40	品確法（総合）	40	民法・借地借家法（賃貸借契約）
	41	民法（担保責任）	41	民法・宅建業法（担保責任）
	42	建替え等円滑化法	42	消費者契約法（総合）
	43	地震保険に関する法律	43	不動産登記法（総合）
	44	借地借家法（定期建物賃貸借契約）	44	各種の法令
	45	宅建業法（重要事項の説明）	45	宅建業法（重要事項の説明）
❺マンション管理適正化法	46	適正化方針	46	適正化方針
	47	適正化法（管理事務の報告）	47	適正化法（管理業者の業務）
	48	適正化法（マンションの定義）	48	適正化法（管理事務の報告）
	49	適正化法（管理業務主任者）	49	適正化法（財産の分別管理）
	50	適正化法（契約の成立時の書面の交付）	50	適正化法（重要事項の説明）

● 凡　例 ●

一部の法令名等については、以下のように略称を用いています。

- ・アフターサービス……………………中高層住宅アフターサービス規準
- ・一般社団・財団法人法……………一般社団法人及び一般財団法人に関する法律
- ・建基法……………………………建築基準法
- ・区分所有法………………………建物の区分所有等に関する法律
- ・建築物省エネ法…………………建築物のエネルギー消費性能の向上に関する法律
- ・個人情報保護法…………………個人情報の保護に関する法律
- ・住宅瑕疵担保履行法……………特定住宅瑕疵担保責任の履行の確保等に関する法律
- ・省エネ法…………………………エネルギーの使用の合理化等に関する法律
- ・耐震改修促進法…………………建築物の耐震改修の促進に関する法律
- ・宅建業法…………………………宅地建物取引業法
- ・建替え等円滑化法………………マンションの建替え等の円滑化に関する法律
- ・（マンション管理）適正化法 ……マンションの管理の適正化の推進に関する法律
- ・動物愛護法………………………動物の愛護及び管理に関する法律
- ・バリアフリー法…………………高齢者、障害者等の移動等の円滑化の促進に関する法律
- ・被災マンション法………………被災区分所有建物の再建等に関する特別措置法
- ・標準管理規約……………………マンション標準管理規約
- ・標準管理委託契約書……………マンション標準管理委託契約書
- ・品確法……………………………住宅の品質確保の促進等に関する法律
- ・不登法……………………………不動産登記法
- ・民訴法……………………………民事訴訟法
- ・国（交）告示……………………国土交通省告示
- ・建告示……………………………建設省告示

令和5年度 試験問題

分野	問	テーマ	分野	問	テーマ
❶ 管理に関する法令・実務	1	民法（不法行為）	❹ 管理組合の運営	25	修繕積立金ガイドライン（2つの積立方式）
	2	民法（制限行為能力者）		26	区分所有法（集会の招集通知）
	3	民法（代理（無権代理））		27	標準管理規約単棟型（修繕積立金）
	4	民法（請負契約）		28	標準管理規約単棟型（占有者等）
	5	標準管理委託契約書（管理事務の内容及び実施方法）		29	民法・区分所有法（共有等）
	6	標準管理委託契約書（管理委託契約の解除等）		30	民法・区分所有法（先取特権・抵当権）
	7	標準管理委託契約書（管理業者の業務）		31	民法・区分所有法（集会）
	8	標準管理委託契約書		32	区分所有法（電磁的記録・電磁的方法）
❷ 管理組合の税務・会計	9	標準管理規約（総会・理事会の決議事項）		33	区分所有法（団地内建物の建替え決議）
	10	標準管理規約（管理組合）		34	区分所有法（管理組合法人）
	11	税務・会計（財務諸表）		35	標準管理規約単棟型（管理組合の役員）
	12	税務・会計（仕訳）		36	標準管理規約単棟型（専有部分・共用部分の工事等）
	13	税務・会計（仕訳）		37	区分所有法・標準管理規約（違反行為）
❸ 建物と設備の形質・構造	14	建築基準法（建築基準法の目的）		38	最高裁判所の判決（専用使用権・専用使用料）
	15	消防法（防火管理者）		39	民法・区分所有法（管理費の滞納）
	16	建築材料（鉄筋コンクリート造マンションの劣化等調査方法）		40	民事訴訟法・区分所有法（管理費の滞納）
	17	建築材料（壁面タイルの剥落による自己の危険性のある範囲）		41	品確法
	18	建築設備（給水方式・給水設備）		42	個人情報保護法
	19	建築設備（ガス設備・給湯設備）		43	統計（分譲マンションの統計・データ等）
	20	建築設備（電気設備）		44	賃貸住宅管理業法
	21	長期修繕計画作成ガイドライン		45	宅建業法（重要事項の説明）
	22	長期修繕計画作成ガイドライン	❺ マンション管理適正化法	46	適正化法（基本方針等）
	23	長期修繕計画作成ガイドライン（推定修繕工事項目）		47	適正化法（用語の定義）
				48	適正化法（重要事項の説明）
	24	長期修繕計画作成ガイドライン		49	適正化法（修繕積立金の管理）
				50	適正化法（マンション管理業者）

〔問　1〕　マンションにおける不法行為責任に関する次の記述のうち、民法の規定によれば、適切なものはいくつあるか。

ア　マンション管理業者は、自らが雇用する管理員が、その業務の執行について第三者に損害を加えたときは、当該管理員個人に不法行為が成立しなくても、使用者責任を負う場合がある。

イ　マンション管理業者は、自らが雇用する管理員が、その業務の執行について第三者に損害を加えた場合、使用者責任に基づいて当該第三者に対してその賠償をしたときでも、当該管理員に対して求償権を行使することは認められない。

ウ　マンションの専有部分にある浴室から水漏れが発生し、階下の区分所有者に損害が生じた場合、当該専有部分に居住する区分所有者は、その損害を賠償する責任を負うが、水漏れの原因が施工会社の責任によるときは、当該施工会社に対して求償権を行使することができる。

エ　マンションの共用部分の修繕工事を請け負った施工会社が、その工事について第三者に損害を加えた場合に、注文者である当該マンションの管理組合は、注文又は指図について過失がない限り、損害を賠償する責任を負わない。

1　一つ
2　二つ
3　三つ
4　四つ

〔問　2〕　制限行為能力者であるＡは、甲マンションの一住戸を所有し、同住戸に居住している。この場合に関する次の記述のうち、民法の規定によれば、最も不適切なものはどれか。

1　Ａが成年被後見人である場合は、Ａの後見人がＡを代理して当該住戸の区分所有権を売却するためには、家庭裁判所の許可を得なければならない。

2　Ａが成年被後見人である場合は、Ａは、あらかじめその後見人の同

意を得ることにより、第三者との間で、当該住戸のリフォーム工事に係る契約を有効に締結することができる。

3　Aが被保佐人である場合は、家庭裁判所は、Aの請求により、Aのために当該住戸の区分所有権の売却についてAの保佐人に代理権を付与する旨の審判をすることができる。

4　Aが被補助人である場合は、家庭裁判所が、Aの補助人の請求により、Aが当該住戸の区分所有権を売却することについてAの補助人の同意を得なければならない旨の審判をするためには、Aの同意が必要である。

〔問　3〕　Aが、代理権を有しないにもかかわらず、Bの代理人と称して、Cとの間でB所有のマンションの一住戸の売買契約（以下、本問において「本件売買契約」という。）を締結した場合に関する次の記述のうち、民法の規定によれば、最も不適切なものはどれか。ただし、Aは制限行為能力者ではないものとする。

1　Aの行為は無権代理行為であるが、Bが追認をすれば、本件売買契約は有効となる。

2　本件売買契約が締結されたときに、CがAに代理権がないことを知っていた場合は、Cは、Bに対して、追認をするかどうかを確答すべき旨を催告することができない。

3　CがBに対し、相当の期間を定めて、その期間内にAの無権代理行為を追認するかどうかを確答すべき旨を催告した場合において、Bがその期間内に確答をしないときは、Bは、追認を拒絶したものとみなされる。

4　CがBに対し、相当の期間を定めて、その期間内にAの無権代理行為を追認するかどうかを確答すべき旨を催告した場合において、Bが追認を拒絶したときは、Aは、Cに対して、Cの選択に従い、本件売買契約の履行又は損害賠償の責任を負う。

〔問　4〕　管理組合法人Ａと施工会社Ｂとのマンションの外壁補修工事請負契約における工事代金に関する次の記述のうち、民法の規定によれば、最も適切なものはどれか。

1　Ｂが、Ａに対し契約で定めた工事代金より高い金額を請求したところ、Ａがそれに気づかずに請求された金額を支払った場合には、Ａは、Ｂに対し、過払い分の返還を請求することはできない。

2　ＢのＡに対する請負代金債権について、ＡＢ間においてその譲渡を禁止する旨の特約があった場合に、ＢがＡの承諾を得ないで行った当該債権の第三者に対する譲渡は無効である。

3　ＡのＢに対する請負代金債務について、Ａの理事が当該債務を保証する旨の契約をＢとの間で締結する場合に、その契約は、口頭の合意によっても成立する。

4　ＡのＢに対する請負代金の支払期日の前日に、地震で管理事務室が損壊したため、Ａが支払期日にその代金を支払うことができなかった場合でも、Ａは、Ｂに対する債務不履行責任を免れない。

〔問　5〕　管理事務の内容及び実施方法に関する次の記述のうち、標準管理委託契約書によれば、不適切な記述のみを全て含むものは次の1～4のうちどれか。

ア　別表第1に掲げる事務管理業務のうち、理事会の円滑な運営を支援する理事会支援業務は、管理業者自らが理事会の運営主体となって行う業務である。

イ　別表第2に掲げる管理員業務のうち、立会業務における実施の立会いとは、外注業者の業務中、管理員が常に立ち会うことをいう。

ウ　管理組合が管理業者に長期修繕計画案の作成業務を委託する場合は、当該業務の性格から、管理委託契約に含むものとすることが望ましい。

1　ア・イ
2　ア・ウ

3 イ・ウ
4 ア・イ・ウ

3 イ・ウ

4 ア・イ・ウ

◎〔問 6〕 管理委託契約の解除等に関する次の記述のうち、標準管理委託契約書によれば、最も不適切なものはどれか。

1 管理組合又は管理業者は、その相手方に対し、少なくとも3月前に書面又は口頭で解約の申入れを行うことにより、管理委託契約を終了させることができる。

2 管理委託契約の更新について申出があった場合において、その有効期間が満了する日までに更新に関する協議が調う見込みがないときは、管理組合及び管理業者は、当該契約と同一の条件で、期間を定めて暫定契約を締結することができる。

3 管理業者が管理組合に対し、自らの役員が反社会的勢力ではないことを確約したが、当該確約に反する申告をしたことが判明した場合、管理組合は何らの催告を要せずして、管理委託契約を解除することができる。

4 管理組合又は管理業者は、その相手方が、管理委託契約に定められた義務の履行を怠った場合は、相当の期間を定めてその履行を催告し、相手方が当該期間内に、その義務を履行しないときは、当該契約を解除することができる。

◎〔問 7〕 標準管理委託契約書に関する次の記述のうち、適切な記述のみを全て含むものは次の1～4のうちどれか。

ア マンションの専有部分である設備のうち共用部分と構造上一体となった部分の管理を、管理組合が行うとされている場合において、管理組合から管理業者に対して依頼があるときには、当該部分の管理を管理委託契約に含めることも可能である。

イ マンション管理業者は、管理組合の組合員が管理費等を滞納したときは、その支払の督促を行うが、督促しても当該組合員がなお滞納管

理費等を支払わないときは、管理業者は当該滞納にかかる督促業務を終了する。

ウ　宅地建物取引業者が、管理組合の組合員から当該組合員が所有する専有部分の売却の依頼を受け、その媒介の業務のために、理由を付した書面の提出により管理規約の提供を求めてきたときは、管理業者は、当該管理組合に代わって、当該宅地建物取引業者に対し、管理規約の写しを提供することになるが、その場合、その提供に要する費用を当該宅地建物取引業者から受領することができる。

1　ア・イ
2　ア・ウ
3　イ・ウ
4　ア・イ・ウ

◎〔問　8〕　標準管理委託契約書に関する次の記述のうち、適切なものはいくつあるか。

ア　標準管理委託契約書は、典型的な住居専用の単棟型マンションに共通する管理事務に関する標準的な契約内容を定めたものであり、実際の契約書作成に当たっては、特別な事情がない限り本契約書を使用しなければならない。

イ　管理組合は、管理事務として管理業者に委託する事務（別表第1から別表第4までに定める事務）のため、管理業者に委託業務費を支払うが、管理業者が管理事務を実施するのに必要となる水道光熱費、通信費、消耗品費等の諸費用は、当該管理業者が負担する。

ウ　管理業者は、台風の影響により、管理組合のために、緊急に行う必要がある業務で、管理組合の承認を受ける時間的な余裕がないものについて、管理組合の承認を受けないで実施した場合においては、速やかに、口頭でその業務の内容及びその実施に要した費用の額を管理組合に通知すれば足りる。

エ　管理業者は、管理組合がマンションの維持又は修繕（大規模修繕を除く修繕又は保守点検等。）を外注により当該管理業者以外の業者に

行わせる場合、見積書の受理を行うが、当該業務には、当該見積書の提出を依頼する業者への現場説明や見積書の内容に対する管理組合への助言等（見積書の内容や依頼内容との整合性の確認の範囲を超えるもの）は含まれない。

1　一つ
2　二つ
3　三つ
4　四つ

〔問　9〕　総会又は理事会の決議に関する次の記述のうち、標準管理規約（単棟型）によれば、最も不適切なものはどれか。

1　修繕積立金の保管及び運用方法は、総会の決議事項とされる。
2　管理費等及び使用料の額並びに賦課徴収方法は、総会の決議事項とされる。
3　役員活動費の額及び支払方法を決めるにあたっては、理事会の決議で足りる。
4　災害等により総会の開催が困難である場合に、応急的な修繕工事の実施等を理事会で決議したときには、当該工事の実施に伴い必要となる資金の借入れを決めるにあたっても理事会の決議で足りる。

〔問　10〕　次の記述のうち、標準管理規約（単棟型）によれば、適切なものはいくつあるか。

ア　敷地及び共用部分等の一部に広告塔や看板等を第三者に設置させる場合は、総会の決議を経なければならない。
イ　管理組合は、駐車場区画の位置等による利便性・機能性の差異や、特定の位置の駐車場区画を希望する者がいる等の状況に応じて、駐車場使用料について柔軟な料金設定を行うことも考えられる。
ウ　管理組合は、町内会等との渉外業務に要する費用に管理費を充当することができる。

エ　管理組合は、共用部分と構造上一体となった専有部分の配管の清掃
　　等に要する費用については、「共用設備の保守維持費」として管理費
　　を充当することができる。
1　一つ
2　二つ
3　三つ
4　四つ

◎〔問　11〕　以下の表アは、甲管理組合の令和6年3月末日の決算におい
　　て作成された一般（管理費）会計に係る未完成の貸借対照表（勘定式）
　　である。表アを完成させるために、表ア中の（A）及び（B）に入る
　　科目と金額の組合せとして最も適切なものは、表イの1～4のうちど
　　れか。

一般（管理費）会計貸借対照表
令和6年3月31日現在

表ア　　　　　　　　　　　　　　　　　　　　　　　（単位：円）

資産の部		負債・繰越金の部	
科　目	金　額	科　目	金　額
現金預金	300,000	未払金	200,000
未収入金	100,000	（　　　B　　　）	
（　　　A　　　）			
什器及び備品	400,000	次期繰越金	500,000
資産の部合計	1,000,000	負債・繰越金の部合計	1,000,000

表イ　　　　　　　　　　　　　　　　　　　　　　　（単位：円）

	A　資産の部		B　負債・繰越金の部	
	科　目	金　額	科　目	金　額
1	前受金	200,000	前払金	300,000
2	前払金	200,000	前受金	300,000
3	前受金	300,000	前払金	200,000
4	前払金	300,000	前受金	200,000

◎〔問 12〕 甲管理組合における以下の活動に関し、令和6年3月分の仕
訳として、最も適切なものはどれか。ただし、会計処理は毎月次にお
いて発生主義の原則によって処理されているものとする。

（甲管理組合の会計年度：毎年4月1日から翌年3月31日まで）

活動

　令和6年3月31日に、組合員から管理費等合計3,000,000円を徴収
し、甲管理組合の普通預金口座に入金した。入金の内訳は以下のとお
りである。

① 管理費入金内訳
令和6年2月以前分	120,000円	
令和6年3月分	80,000円	
令和6年4月分	2,200,000円	2,400,000円

② 修繕積立金入金内訳
令和6年2月以前分	60,000円	
令和6年3月分	40,000円	
令和6年4月分	500,000円	600,000円
	合　計	3,000,000円

（単位：円）

1

（借　方）		（貸　方）	
普通預金	3,000,000	管理費収入	2,400,000
		修繕積立金収入	600,000

2

（借　方）		（貸　方）	
普通預金	3,000,000	未収入金	180,000
		管理費収入	80,000
		修繕積立金収入	40,000
		前受金	2,700,000

3

（借　　方）		（貸　　方）	
普通預金	3,000,000	未収入金	180,000
		管理費収入	2,280,000
		修繕積立金収入	540,000

4

（借　　方）		（貸　　方）	
普通預金	3,000,000	未収入金	200,000
		修繕積立金収入	100,000
		前受金	2,700,000

◎〔問　13〕　甲管理組合における以下の活動に関し、令和 6 年 3 月分の仕訳として、最も適切なものはどれか。ただし、会計処理は毎月次において発生主義の原則によって処理されているものとする。

（甲管理組合の会計年度：毎年 4 月 1 日から翌年 3 月31日まで）

活動

　令和 6 年 4 月 1 日以降、駐車場 1 区画につき月額使用料20,000円、敷金として当該使用料の 2 箇月分にて新規利用者 5 人に 1 区画ずつ貸し出すこととし、令和 6 年 3 月中に、甲管理組合の普通預金口座に合計300,000円の入金があった。その内訳は以下のとおりである。

令和 6 年 3 月中の入金の内訳

敷金	200,000円
令和 6 年 4 月分使用料	100,000円
合　　計	300,000円

（単位：円）

1

（借　　方）		（貸　　方）	
普通預金	300,000	前受金	300,000

2	（借　　方）		（貸　　方）	
	普通預金	300,000	駐車場使用料収入	100,000
			預り金	200,000

3	（借　　方）		（貸　　方）	
	普通預金	300,000	前受金	100,000
			預り金	200,000

4	（借　　方）		（貸　　方）	
	普通預金	300,000	駐車場使用料収入	300,000

〔問　14〕　次の建築基準法第1条の規定の（ア）から（ウ）に入る語句の組合せとして、最も適切なものはどれか。

（目的）

第1条　この法律は、建築物の敷地、構造、設備及び用途に関する（ア）基準を定めて、国民の（イ）、健康及び財産の保護を図り、もつて（ウ）の増進に資することを目的とする。

	（ア）	（イ）	（ウ）
1	標準となる	生命	社会の利便性
2	最低の	生命	公共の福祉
3	最低の	生活	社会の利便性
4	標準となる	生活	公共の福祉

〔問　15〕　消防法に規定する防火管理者が行わなければならない業務に関する次の記述のうち、最も不適切なものはどれか。

1　防火管理者として選任された旨の都道府県知事への届出

2　消防計画に基づく消火、通報及び避難の訓練の実施

3　消防の用に供する設備等の点検及び整備
4　避難又は防火上必要な構造及び設備の維持管理

〔問　16〕　鉄筋コンクリート造のマンションの劣化等調査方法に関する次の記述のうち、「コンクリートのひび割れ調査、補修・補強指針2022」（公益社団法人　日本コンクリート工学会）によれば、最も不適切なものはどれか。

1　クラックスケールにより、コンクリートのひび割れ幅を測定した。
2　反発度法により、コンクリートの圧縮強度を推定した。
3　電磁誘導法により、コンクリートの塩化物イオン濃度を推定した。
4　赤外線サーモグラフィにより、外壁のタイルの浮きを探査した。

〔問　17〕　マンションの壁面タイル（高さ h ）の剥落（はくらく）による事故の危険性のある範囲（R）として、「建築保全標準・同解説　JAMS　2－RC　点検標準仕様書」（一般社団法人　日本建築学会）によれば、最も適切なものはどれか。ただし、壁面直下の通路では人が常時往来し、かつ強固な構造の屋根等の落下物防御施設や植込み等による立入を制限するものはないものとする。

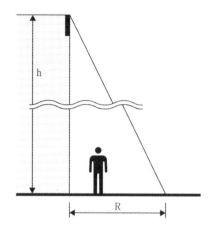

1　R＝h／2
2　R＝h／3
3　R＝h／4
4　R＝h／5

〔問　18〕　給水方式及び給水設備に関する次の記述のうち、不適切なものはいくつあるか。

ア　水道直結増圧方式では、建物内の水が水道管に逆流しないように、逆流防止装置を設置する。
イ　建築基準法により、給水タンクに保守点検用のマンホールを設置する必要がある場合には、そのマンホールは、直径45cm以上の円が内接することができるものとしなければならない。
ウ　水道直結直圧方式は、使用水量変動などによる水圧条件が最も低下する時期にでも給水可能なように計画する。

1　一つ
2　二つ
3　三つ
4　なし

〔問　19〕　ガス設備及び給湯設備に関する次の記述のうち、最も不適切なものはどれか。

1　潜熱回収型ガス給湯機の潜熱回収で発生する酸性の凝縮水は、確実に機器内で中和処理し、排水系統に排出する。
2　湯待ち時間とは、給湯栓を開放してから湯が出てくるまでの時間のことである。
3　深夜電力温水器とは、夜間の電力を使用して加熱した水をタンク内にためておいて給湯するものである。
4　密閉燃焼式のガス機器の強制給排気方式（ＦＦ方式）とは、ファンにより屋外より燃焼用空気を取り入れ、自然換気力により排気する方

式をいう。

〔問 20〕 電気設備に関する次の記述のうち、最も不適切なものはどれ
か。

1 建築物への電力の供給は、供給電圧により、「低圧」、「高圧」、「特
別高圧」の3種類に分けられる。
2 単相3線式では、電圧線と中性線を使用することで、100ボルトの
電気機械器具が利用できる。
3 停電時の予備電源として蓄電池を用いる非常用の照明装置にあって
は、充電を行うことなく30分間継続して点灯し、必要な照度を確保で
きるものでなければならない。
4 建築基準法により、設置が義務付けられる非常用の照明装置の照明
器具にLEDランプを用いる場合は、常温下で床面において水平面照
度で1ルクス以上を確保することができるものとしなければならな
い。

〔問 21〕 長期修繕計画作成ガイドラインに関する次の記述のうち、適
切なものはいくつあるか。

ア 単棟型のマンションの長期修繕計画は、管理規約に定めた組合管理
部分である敷地も対象とする。
イ 建物及び設備の調査・診断を長期修繕計画の見直しのために単独で
行う場合は、長期修繕計画に必要とされるすべての項目について漏れ
のないように行う。
ウ 計画修繕工事の実施の要否、内容等は、事前に調査・診断を行い、
その結果に基づいて判断する。
エ 長期修繕計画は、将来実施する計画修繕工事の内容、時期、費用等
を確定するものである。
1 一つ
2 二つ

3　三つ
4　四つ

〔問　22〕　長期修繕計画作成ガイドラインに関する次の記述のうち、最も不適切なものはどれか。

1　修繕積立金は、不測の事故や自然災害（台風、大雨、大雪等）による被害の復旧など、特別な事由による修繕工事に要する経費に充当する場合に取り崩すことができる。
2　修繕積立金は、マンションの建替えを目的とした調査等に要する経費に充当する場合に取り崩すことができる。
3　修繕積立基金又は一時金の負担がある場合は、これらを修繕積立金会計とは区分して管理する。
4　長期修繕計画の作成に要する経費は、管理組合の財産状態等に応じて管理費又は修繕積立金のどちらからでも充当することができる。

〔問　23〕　推定修繕工事項目の設定に関する次の記述のうち、長期修繕計画作成ガイドラインによれば、不適切な記述のみを全て含むものは次の1～4のうちどれか。

ア　既存マンションにおける推定修繕工事項目は、新築時の設計図書に基づき設定すれば足りる。
イ　推定修繕工事項目の設定にあたって、修繕周期が計画期間に含まれないため推定修繕工事費を計上していない項目がある場合、その旨を明示する。
ウ　建物及び設備の性能向上に関する項目は、区分所有者等の要望など必要に応じて、追加することが望ましい。
1　ア
2　ア・ウ
3　イ・ウ
4　ア・イ・ウ

〔問 24〕 長期修繕計画作成ガイドラインに関する次の記述のうち、最も不適切なものはどれか。

1 長期修繕計画の構成は、マンションの建物・設備の概要等、調査・診断の概要、長期修繕計画の内容、修繕積立金の額の設定の4項目を基本とする。

2 長期修繕計画においては、会計状況、設計図書等の保管状況等の概要について示す必要がある。

3 長期修繕計画においては、維持管理の状況として、法定点検等の実施、調査・診断の実施、計画修繕工事の実施、長期修繕計画の見直し等について示す必要がある。

4 外壁の塗装や屋上防水などを行う大規模修繕工事の周期は部材や工事の仕様等により異なるが、一般的に12〜15年程度である。

〔問 25〕 修繕積立金の二つの積立方式に関する次の記述のうち、修繕積立金ガイドラインによれば、最も不適切なものはどれか。

1 均等積立方式は、将来にわたり定額負担として設定するため、将来の増額を組み込んでおらず、安定的な修繕積立金の積立てができる。

2 均等積立方式であっても、その後の長期修繕計画の見直しにより増額が必要になる場合もある。

3 段階増額積立方式は、修繕資金需要に応じて積立金を徴収する方式であり、当初の負担額は小さく、多額の資金の管理の必要性が均等積立方式と比べて低い。

4 段階増額積立方式は、将来の増額が決まっているため、修繕積立金が不足することはない。

〔問 26〕 集会の招集通知に関する次の記述のうち、区分所有法によれば、不適切なものはいくつあるか。

ア 夫婦共有住戸で夫が議決権行使者としての届出があったが、夫が長

期海外出張中だと分かっていた場合には、その妻にあてて招集通知を発しなければならない。

イ　区分所有者が管理者に対して通知を受けるべき場所を通知しなかったときは、区分所有者の所有する専有部分が所在する場所にあててすれば足りる。

ウ　全ての区分所有者が建物内に住所を有する場合には、集会の招集の通知は、規約に特別の定めをしなくても、建物内の見やすい場所に掲示してすることができる。

エ　集会は、区分所有者全員の同意があるときは、招集の手続を経ないで開くことができる。

1　一つ

2　二つ

3　三つ

4　四つ

〔問　27〕　次の記述のうち、標準管理規約（単棟型）によれば、管理組合が修繕積立金を充当できる費用として適切なものはいくつあるか。ただし、規約に別段の定めはないものとする。

ア　外灯設備の管球の交換に要した費用

イ　一定年数の経過ごとに計画的に行う修繕工事を前提に専門家に建物診断を委託した費用

ウ　新たに整備された公共下水道に汚水を直接放流するので、不要となった浄化槽を解体し、その場所にプレイロットを新設するのに要した費用

エ　排水管取替え工事において、共用配管と構造上一体となった専有部分である配管の工事に要した費用

1　一つ

2　二つ

3　三つ

4　四つ

〔問　28〕　専有部分の占有者等に関する次の記述のうち、標準管理規約（単棟型）によれば、最も適切なものはどれか。

1　総会の議題が専有部分でのペットの飼育を禁止にする件であったため、同居しているペットの飼い主である甥を代理人として議決権を行使させた。

2　管理費等相当額を家賃に含めて支払っている賃借人は、管理費等の値上げが総会の議題となっている場合でも、利害関係人として管理組合の会計帳簿の閲覧請求をすることができない。

3　水漏れ事故により、他の専有部分に対して物理的に又は機能上重大な影響を与えるおそれがあることから、理事長が調査をするために専有部分への立入りを請求しても、賃借人は、賃貸人である区分所有者の承諾がない限り当該専有部分への立入りを拒むことができる。

4　区分所有者は、専有部分を第三者に賃貸する場合には、規約及び使用細則に定める事項を賃借人に遵守させる旨を誓約する書面を管理組合に提出しなければならない。

〔問　29〕　甲マンションの住戸101号室をA、B、Cの3人が共有し、住戸102号室を所有者に無断でDが占有している場合に関する次の記述のうち、民法、区分所有法及び判例によれば、最も適切なものはどれか。

1　A、B、Cは、共有する区分所有権について5年を超えない期間内は分割をしない旨の契約をしていた場合であっても、いつでも101号室の区分所有権の分割を請求することができる。

2　101号室の区分所有権について、Aが分割を請求した場合、A、B、Cの協議が調(ととの)わないときは、裁判上の現物分割はできずに競売による方法しか認められない。

3　Dは、102号室の専有部分の区分所有権について時効によって取得した場合でも、共用部分の共有持分については、時効により取得することはできない。

4　102号室について、Dは、所有の意思をもって、善意で、平穏に、かつ、公然と占有をするものと推定される。

〔問　30〕　甲マンションの住戸301号室を所有するAが、債権者Bのために301号室の区分所有権にBの抵当権を設定及び登記した場合に関する次の記述のうち、民法、区分所有法、民事執行法及び判例によれば、最も適切なものはどれか。なお、301号室の区分所有権には、Bの抵当権以外に担保権は設定されていないものとする。

1　管理組合が、Aの滞納管理費について、Aの301号室の区分所有権に対し先取特権を行使するためには、先取特権の登記が必要である。

2　Bの抵当権の効力は、301号室の専有部分と共に、当該マンションの共用部分等のAの共有持分にも及ぶが、抵当権設定契約で別段の設定をした場合には、その効力は及ばない。

3　Aが、301号室をCに賃貸している場合に、Aが、管理組合及びBに対する債務について不履行を生じさせたときは、管理組合が先取特権に基づきAのCに対する賃料債権を差し押さえたとしても、Bが物上代位に基づき当該賃料債権を差し押さえた場合には、管理組合は、Bに優先することはできない。

4　Bの抵当権の効力は、管理組合が滞納管理費の回収のために先取特権を行使する場合と同様に、Aによって301号室に備え付けられた動産に及ぶが、AB間に別段の合意がない限り、抵当権設定時に存在した動産に限られる。

◎〔問　31〕　総住戸数60の甲マンションで、管理組合を管理組合法人にするための集会に関する次の記述のうち、民法及び区分所有法によれば、適切なものはいくつあるか。ただし、規約で1住戸1議決権の定めがあり、その他別段の定めはないものとする。なお、甲マンションには、単独名義で2住戸を所有する区分所有者が5人いるものとする。

ア　集会開催日を令和6年12月3日とする場合に、集会招集通知は同年

11月25日までに各区分所有者に発しなければならない。

イ　集会開催のための招集通知書は、55部で足りる。

ウ　管理組合を管理組合法人にするためには、区分所有者数42以上及び議決権数45以上の多数による集会の決議が必要である。

エ　集会の目的たる事項が「管理組合を管理組合法人にする件」のため、議案の要領をも通知しなければならない。

1　一つ
2　二つ
3　三つ
4　四つ

〔問　32〕　管理組合が管理組合の運営において、電磁的記録及び電磁的方法を採用する場合に関する次の記述のうち、区分所有法によれば、最も不適切なものはどれか。

1　集会の議事録は、規約にその旨の定めがなくても、電磁的記録により作成することができる。

2　管理規約は、規約にその旨の定めがなくても、電磁的記録により作成することができる。

3　議決権の行使は、集会の決議又は規約にその旨を定めることにより、書面に代えて電磁的方法によることができる。

4　集会の決議は、規約にその旨の定めがなければ、電磁的方法によることができない。

〔問　33〕　団地内建物の建替え決議に関する次の記述のうち、区分所有法によれば、不適切なものはいくつあるか。

ア　団地内建物の建替え決議については、一括建替え決議をする場合でも、団地内の特定の建物のみを建て替える場合でも、いずれも、全ての建物が専有部分のある建物である必要はない。

イ　一括建替え決議は、団地内建物の敷地が、その団地内建物の区分所

有者全員の共有になっている場合でなければならない。

ウ　団地管理組合の規約の定めにより、団地内の専有部分のある建物の
　　管理を棟別の管理組合で行うことになっている場合には、その規約の
　　定めを、団地管理組合の管理で行う旨に改正しない限り一括建替え決
　　議はできない。

エ　団地内の特定の建物のみで建替え決議をする場合には、当該建物の
　　建替え決議に加えて、団地管理組合の集会において、敷地共有者の数
　　及び議決権の各4分の3以上の特別多数による建替え承認決議と、当
　　該建替えによって特別の影響を受ける者の承諾が別途必要である。

1　一つ
2　二つ
3　三つ
4　四つ

〔問　34〕　管理組合法人に関する次の記述のうち、区分所有法によれば、
　不適切なものはいくつあるか。

ア　規約で、数人の理事のみが共同して管理組合法人を代表する旨を定
　　めることはできない。
イ　理事の任期を、規約で5年と定めることができる。
ウ　管理組合法人の成立前の集会の決議、規約及び管理者の職務の範囲
　　内の行為は、成立後の管理組合法人についても効力を生ずる。
エ　管理組合法人の代表理事に管理者を兼任させることができる。

1　一つ
2　二つ
3　三つ
4　四つ

〔問　35〕　管理組合の役員に関する次の記述のうち、標準管理規約（単
　棟型）によれば、適切なものはいくつあるか。

ア　組合員以外の者から理事又は監事を選任する場合の選任方法については細則で定める。

イ　理事は、管理組合に著しい損害を及ぼすおそれのある事実があることを発見したときは、直ちに、当該事実を理事長に報告しなければならない。

ウ　役員は、別に定めるところにより、役員としての活動に応ずる必要経費の支払と報酬を受けることができる。

エ　監事は、管理組合の業務の執行及び財産の状況について不正があると認めるときは、理事長に対し、直ちに、理事会の招集を請求しなければならない。

1　一つ

2　二つ

3　三つ

4　四つ

〔問　36〕　専有部分及び共用部分の工事等に関する次の記述のうち、標準管理規約（単棟型）によれば、最も適切なものはどれか。

1　区分所有者は専有部分の床のフローリングの設置をしようとするときは、理事長にその旨を申請し、理事長の判断により書面による承認を受けなければならない。

2　専用使用部分である窓ガラスが、当該住戸の区分所有者の過失により破損した場合には、当該区分所有者の申請に基づき、管理組合が修繕する。

3　区分所有者が、屋上からの雨漏りにより専有部分の使用に支障が生じ緊急を要するため当該共用部分の保存行為を行ったが、あらかじめ理事長に申請して書面による承認を受けなかったときは、当該保存行為に要した費用は、当該保存行為を行った区分所有者が負担する。

4　共用部分のうち各住戸に付属する玄関扉の改良工事で住宅の性能向上に資するものについて、計画修繕としてこれを速やかに実施できる場合には、管理組合がその責任と負担において実施するものとする。

〔問 37〕 管理規約違反行為、使用細則違反行為又は義務違反行為に関する次の記述のうち、区分所有法及び標準管理規約（単棟型）によれば、不適切なものはいくつあるか。

ア 管理規約上ペットの飼育が禁止されているマンションにおいて、住戸の賃借人がペットを飼育している場合、理事長は、理事会の決議を経て、賃貸人である区分所有者に対して警告をすることはできるが、当該賃借人に対して警告をすることはできない。

イ 区分所有者が、専有部分の使用細則に違反して、常習的に深夜に大音量でピアノの演奏をしていることから、当該行為の差止めを求めて訴訟を提起する場合には、総会の決議を経る必要がある。

ウ 区分所有者が共用部分の破壊行為を繰り返すなどして他の区分所有者の共同の利益に反する行為を行い、他の区分所有者の共同生活上の障害が著しいことから、訴えをもって当該区分所有者による専有部分の使用の禁止を請求する旨の集会の決議をするには、あらかじめ、当該区分所有者に対し、弁明する機会を与えなければならない。

エ 区分所有者に対し、管理規約違反行為の差止めを求める訴訟を提起する場合は、理事長は当該区分所有者に対して違約金としての弁護士費用を請求することができる。

1 一つ
2 二つ
3 三つ
4 なし

〔問 38〕 マンションの分譲業者が、区分所有者に対して、建物の専有部分の区分所有権、共用部分の共有持分及び敷地の共有持分を分譲したが、一部の区分所有者に対しては、それらとともに敷地の駐車場の専用使用権を分譲した。この場合において専用使用権及び専用使用料に関する次の記述のうち、最高裁判所の判決によれば、適切なものの組合せはどれか。

ア　駐車場の専用使用権は、区分所有者全員の共有に属するマンション敷地の使用に関する事項ではなく、専用使用権を有する区分所有者のみに関する事項であるから、区分所有者全員の規約及び集会決議による団体的規制に服すべき事項ではない。

イ　規約の設定、変更等をもって、一部の区分所有者の権利を変更するときには、その承諾を得なければならないから、当該駐車場の専用使用権者の承諾を得ないで当該駐車場の使用料を増額することはできない。

ウ　規約の設定、変更等をもって、一部の区分所有者の権利に特別の影響を及ぼすべきときには、その承諾を得なければならないが、ここでの「特別の影響を及ぼすべきとき」とは、一部の区分所有者の受ける不利益がその区分所有者の受忍限度を超えると認められる場合をいう。

エ　規約の設定、変更等をもって、増額された駐車場の使用料が、増額の必要性及び合理性が認められ、かつ、当該区分所有関係において社会通念上相当な額であると認められる場合には、専用使用権者は、当該駐車場の使用料の増額を受忍すべきである。

1　ア・イ
2　ア・ウ
3　イ・エ
4　ウ・エ

〔問　39〕　マンションの管理費の滞納に関する次の記述のうち、民法及び区分所有法によれば、最も不適切なものはどれか。

1　管理組合は、管理費が滞納されている場合、管理規約に遅延損害金の定めがないときでも、遅延損害金を請求することができる。

2　賃借人が賃貸借契約により管理費を管理組合に支払っていた場合でも、当該賃借人が管理費の支払いを滞納したときは、当該管理組合は、賃貸人である区分所有者に滞納管理費を請求することができる。

3　専有部分の売買契約によって、滞納されていた管理費の支払義務は

区分所有権を取得した買主に承継されるが、売主自身の支払義務が消滅するわけではない。

4 競売手続によってマンションの区分所有権を取得した場合には、買受人は、前区分所有者の滞納管理費の支払義務を承継しない。

〔問 40〕 マンションの管理費の滞納に関する次の記述のうち、民法、民事訴訟法及び区分所有法によれば、最も不適切なものはどれか。

1 管理費の滞納者が、管理組合に対し、滞納管理費の額と滞納している事実を認めた場合は、その時から、当該債権について時効の更新の効力が生じる。

2 管理費の滞納者が死亡した場合は、その相続人が、当該マンションに居住しているか否かにかかわらず、それぞれの相続分に応じて、当該滞納管理費債務を承継する。

3 管理費の滞納者に対して訴訟を提起するためには、事前に内容証明郵便による督促を行う必要がある。

4 管理費の滞納者が死亡し、その相続人全員が相続放棄した場合は、いずれの相続人も滞納管理費債務を負わない。

〔問 41〕 「住宅の品質確保の促進等に関する法律」に関する次の記述のうち、最も不適切なものはどれか。

1 新築住宅の売主は、構造耐力上主要な部分又は雨水の浸入を防止する部分として政令で定めるものについて、引渡しの時から10年間、瑕疵(かし)担保責任を負わなければならない。

2 新築住宅の瑕疵担保責任について、瑕疵を修補する責任に限定し、契約の解除や損害賠償の請求はできないこととする特約は無効である。

3 新築住宅とは、新たに建設された住宅で、かつ、まだ人の居住の用に供したことのないもので、建設工事完了の日から起算して2年を経過していないものをいう。

4　新築住宅の売買契約において、特約により、構造耐力上主要な部分及び雨水の浸入を防止する部分だけでなくその他の部分も含め、瑕疵担保責任の期間を引き渡した時から20年以内とすることができる。

〔問　42〕「個人情報の保護に関する法律」に関する次の記述のうち、最も適切なものはどれか。

1　個人情報取扱事業者は、個人情報を取得した場合は、あらかじめその利用目的を公表している場合を除き、速やかに、その利用目的を、本人に通知し、又は公表しなければならない。
2　管理組合は、「個人情報取扱事業者」に該当しない。
3　管理組合の総会議事録の署名欄に書かれた氏名は、「個人情報」に該当しない。
4　管理組合の組合員の氏名が記載されている組合員名簿が、電子計算機を用いて検索することができるように体系的に構成したものではなく、紙面で作成されている場合、五十音順など一定の規則に従って整理することにより、容易に検索できるようなときであっても、その組合員名簿は「個人情報データベース等」に該当しない。

◎〔問　43〕 国土交通省が公表している分譲マンションの統計・データ等に関する次の記述のうち、最も適切なものはどれか。

1　2022年末時点における分譲マンションストック総数は、700万戸を超えている。
2　マンションの新規供給戸数は、2000年以降、一貫して増加傾向にある。
3　「平成30年度マンション総合調査結果」によると、現在の修繕積立金の積立額が長期修繕計画に比べて不足しているマンションは、3割を超えている。
4　「平成30年度マンション総合調査結果」によると、回答した区分所有者のうち永住するつもりである区分所有者は、6割には満たない。

〔問　44〕　賃貸住宅管理業法に関する次の記述のうち、最も適切なもの
はどれか。

1　賃貸住宅管理業を営もうとする者は、二以上の都道府県の区域内に
事務所を設置してその事業を営もうとする場合は国土交通大臣の、一
の都道府県の区域内にのみ事務所を設置してその事業を営もうとする
場合は当該事務所の所在地を管轄する都道府県知事の登録を受けなけ
ればならない。

2　賃貸住宅管理業者の登録は、5年ごとにその更新を受けなければ、
その期間の経過によって効力を失うが、更新の申請期間内に申請が
あった場合、登録の有効期間の満了の日までにその申請に対する処分
がされないときは、その処分がされるまでの間は、なお効力を有する。

3　賃貸住宅管理業者は、その営業所又は事務所ごとに、賃貸住宅管理
業に従事する者の数に対し、その割合が5分の1以上となる数の業務
管理者を置かなければならない。

4　賃貸住宅管理業者は、管理受託契約を締結しようとするときは、賃
貸人に対し、当該管理受託契約を締結するまでに、賃貸住宅管理業法
に定める事項について、書面を交付して説明しなければならないが、
賃貸人の承諾を得た場合に限り、この説明を省略することができる。

〔問　45〕　法人である宅地建物取引業者Aが、自ら売主として、宅地建
物取引業者ではない買主Bに対してマンションの一住戸の売買を行う
場合に、宅地建物取引業法第35条の規定により行う重要事項の説明に
関する次の記述のうち、最も適切なものはどれか。

1　AがBに対して交付する重要事項説明書に記名する宅地建物取引士
は、専任の宅地建物取引士でなければならない。

2　AはBに対して、当該マンションについて、私道に関する負担がな
い場合であっても、これがない旨の説明をしなければならない。

3　AはBに対して、当該マンションが「土砂災害警戒区域等における
土砂災害防止対策の推進に関する法律」第7条第1項により指定され

た土砂災害警戒区域内にない場合であっても、その旨の説明をしなければならない。

4　AはBに対して、当該住戸の台所や浴室などの設備の整備状況について、説明をしなければならない。

〔問　46〕　マンション管理適正化法に関する次の記述のうち、適切なものはいくつあるか。

ア　都道府県等は、マンション管理適正化推進計画に基づく措置の実施に関して特に必要があると認めるときは、関係地方公共団体、管理組合、マンション管理業者に対し、調査を実施するため必要な協力を求めることができる。

イ　管理組合は、マンション管理適正化指針の定めるところに留意して、マンションを適正に管理するよう自ら努めなければならないとされているが、マンションの区分所有者等の役割については規定されていない。

ウ　市長は、区域内のマンションにおいて管理組合の運営がマンション管理適正化指針に照らして著しく不適切であることを把握したときは、当該管理組合の管理者等に対し、マンション管理適正化指針に即したマンションの管理を行うよう勧告することができる。

エ　管理組合の管理者等は、管理計画の認定を受けるために申請する当該管理計画の中には、当該マンションの修繕その他の管理に係る資金計画を必ず記載しなければならない。

1　一つ
2　二つ
3　三つ
4　四つ

〔問 47〕 マンション管理適正化法第2条に規定される用語に関する次の記述のうち、マンション管理適正化法によれば、適切なものはいくつあるか。

ア マンションとは、2以上の区分所有者が存する建物で人の居住の用に供する専有部分のあるもの並びにその敷地及び附属施設をいうが、この場合、専有部分に居住する者が全て賃借人であるときは含まれない。

イ マンション管理業とは、管理組合から委託を受けて、基幹事務すべてを含むマンションの管理事務を行う行為で業として行うものであり、当該基幹事務の一部のみを業として行う場合はマンション管理業に該当しない。

ウ マンション管理業者とは、国土交通省に備えるマンション管理業者登録簿に登録を受けてマンション管理業を営む者をいう。

エ 管理業務主任者とは、管理業務主任者試験に合格した者で、国土交通大臣の登録を受けた者をいう。

1 一つ
2 二つ
3 三つ
4 四つ

〔問 48〕 マンション管理業者が行うマンション管理適正化法第72条の規定に基づく重要事項の説明等に関する次の記述のうち、マンション管理適正化法によれば、適切なものはいくつあるか。

ア マンション管理業者は、管理受託契約を締結しようとするときは、その契約締結日の1週間前までに、説明会を開催し、管理組合を構成するマンションの区分所有者等及び当該管理組合の管理者等に対し、管理業務主任者をして、重要事項について説明をさせなければならない。

イ マンション管理業者は、従前の管理受託契約と同一の条件で管理組

合との管理受託契約を更新しようとするときは、あらかじめ、当該管理組合を構成するマンションの区分所有者等全員に対し、重要事項を記載した書面を交付しなければならない。

ウ　マンション管理業者が、重要事項を記載した書面の交付に代えて、当該書面に記載すべき事項を電子情報処理組織を使用する方法その他の情報通信の技術を利用する方法により提供する場合において、管理組合を構成するマンションの区分所有者等又は当該管理組合の管理者等の承諾を得る必要はない。

エ　管理業務主任者は、重要事項の説明をするときは、相手方からの請求の有無にかかわらず、管理業務主任者証を提示しなければならない。

1　一つ
2　二つ
3　三つ
4　四つ

〔問　49〕　マンション管理業者Ａが、管理組合Ｂから委託を受けて、Ｂの修繕積立金等金銭の管理を行う場合に関する次の記述のうち、マンション管理適正化法に違反する記述のみを全て含むものは次の1〜4のうちどれか。

ア　Ａは、マンション管理適正化法施行規則（以下、本問において「規則」という。）第87条第2項第1号イに定める方法によりＢの修繕積立金等金銭の管理を行っており、Ｂの管理者等の承認を得て、Ｂを名義人とする収納口座に係る印鑑及びＢを名義人とする保管口座に係る印鑑のいずれも管理している。

イ　Ａは、規則第87条第2項第1号ロに定める方法によりＢの修繕積立金等金銭の管理を行っており、Ｂを名義人とする収納口座に係る印鑑を管理しているが、Ｂの承認を得て、その月分として徴収されたものから当該月中の管理事務に要した費用を控除した残額を、引き続き当該収納口座において管理している。

ウ　Aは、規則第87条第2項第1号ハに定める方法によりBの修繕積立
　　金等金銭の管理を行っているが、Bの区分所有者等から徴収される一
　　月分の修繕積立金等金銭の合計額以上の額につき有効な保証契約を締
　　結していない。

1　ア・イ
2　ア・ウ
3　イ・ウ
4　ア・イ・ウ

〔問　50〕　マンション管理業者に関する次の記述のうち、マンション管
　　　理適正化法によれば、最も適切なものはどれか。

1　マンション管理業者は、公衆の見やすい場所に、その登録番号等を
　記載した標識を掲示しなければならないが、当該マンション管理業者
　が複数の事務所を有する場合は、そのうち主たる事務所にのみ掲示す
　ればよい。

2　国土交通大臣は、マンション管理業者の役員が、「暴力団員による
　不当な行為の防止等に関する法律」第2条第6号に規定する暴力団員
　であることが判明した場合は、当該マンション管理業者に対し、1年
　以内の期間を定めて、その業務の全部又は一部の停止を命ずることが
　できる。

3　マンション管理業者は、契約の成立時の書面を交付するときは、管
　理組合に管理者等（当該マンション管理業者が当該管理組合の管理者
　等である場合を除く。）が置かれている場合には、当該管理組合の管
　理者等に対してのみ交付すればよい。

4　マンション管理業者は、毎月、管理事務の委託を受けた管理組合の
　その月における会計の収入及び支出の状況に関する書面を作成し、当
　該管理組合の管理者等に交付していれば、マンション管理適正化法第
　77条に規定する管理事務の報告を行うときは、当該管理組合の事業年
　度に係る会計の収入及び支出の状況については報告を省略することが
　できる。

令和4年度

試験問題

〔問　1〕　委任契約に関する次の記述のうち、民法の規定によれば、最も適切なものはどれか。

1　受任者は、委任が終了した後に、遅滞なくその経過及び結果を報告すればよく、委任者の請求があっても委任事務の処理の状況を報告する義務はない。
2　受任者は、特約がなければ、委任者に対して報酬を請求することができない。
3　委任者は、受任者に不利な時期には、委任契約を解除することができない。
4　受任者が報酬を受けるべき場合、履行の中途で委任が終了したときには、受任者は、委任者に対し、既にした履行の割合に応じた報酬についても請求することはできない。

〔問　2〕　時効に関する次の記述のうち、民法の規定によれば、最も不適切なものはどれか。

1　消滅時効が完成し、時効が援用されて権利が消滅すると、その権利は最初からなかったものとされる。
2　時効の利益は、時効完成後には放棄することができない。
3　債権者が、債務者に対して金銭の支払を求めて訴えを提起した場合に、確定判決によって権利が確定したときは、時効が更新される。
4　地上権や地役権についても、時効による権利の取得が認められる。

〔問　3〕　マンションの管理組合Ａが、施工会社Ｂとの間で締結したリフォーム工事の請負契約に関する次の記述のうち、民法の規定によれば、適切なものはいくつあるか。

ア　Ａは、Ｂとの別段の合意がない限り、Ｂに対し、仕事に着手した時に報酬の全額を支払わなければならない。
イ　Ａは、仕事が完成した後でも、Ｂに生じた損害を賠償して請負契約

を解除することができる。

ウ　Bの行ったリフォーム工事に契約不適合がある場合、Aは、その不適合を知った時から1年以内にその旨をBに対して通知しなければ、履行の追完の請求をすることができない。

エ　請負契約が仕事の完成前に解除された場合であっても、Bが既にしたリフォーム工事によってAが利益を受けるときは、Bは、Aが受ける利益の割合に応じて報酬を請求することができる。

1　一つ
2　二つ
3　三つ
4　四つ

〔問　4〕　甲土地を所有するAが、B銀行から融資を受けるに当たり、甲土地にBのために抵当権を設定した場合に関する次の記述のうち、民法の規定によれば、最も適切なものはどれか。ただし、甲土地には、Bの抵当権以外の担保権は設定されていないものとする。

1　抵当権設定当時、甲土地上にA所有の建物があった場合には、当該抵当権の効力は当該建物にも及ぶ。

2　抵当権設定当時、甲土地が更地であった場合、当該抵当権の実行手続により買い受けたCから甲土地の明渡しが求められたときには、Aは、その請求に応じなければならない。

3　抵当権の設定行為において別段の合意がない限り、被担保債権の利息は当該抵当権によって担保されない。

4　Bの抵当権は、Aに対しては、被担保債権が存在していても、時効によって消滅する。

〔問　5〕　Aが死亡した場合における相続に関する次の記述のうち、民法の規定によれば、不適切なものはいくつあるか。

ア　Aの子Bが相続放棄をした場合は、Bの子でAの直系卑属であるC

が、Bに代わって相続人となる。

イ　Aの子Dに相続欠格事由が存在する場合は、Dの子でAの直系卑属
　　であるEが、Dに代わって相続人となる。

ウ　Aの遺言によりAの子Fが廃除されていた場合は、Fの子でAの直
　　系卑属であるGが、Fに代わって相続人となる。

エ　Aの子HがAより前に死亡し、さらにHの子でAの直系卑属である
　　IもAより前に死亡していた場合は、Iの子でAの直系卑属であるJ
　　が相続人となる。

1　一つ

2　二つ

3　三つ

4　四つ

◎〔問　6〕　標準管理委託契約書「別表第1事務管理業務」に関する次の
　記述のうち、最も適切なものはどれか。

1　管理業者は、年に一度、管理組合の組合員の管理費等の滞納状況を、
　当該管理組合に報告する。

2　管理業者は、長期修繕計画案の作成業務並びに建物・設備の劣化状
　況等を把握するための調査・診断の実施及びその結果に基づき行う当
　該計画の見直し業務を実施する場合は、本契約の一部として追加・変
　更することで対応する。

3　管理業者は、管理組合の要求に基づいて、自己の名をもって総会議
　事録を作成し、組合員等に交付する。

4　管理業者は、管理対象部分に係る各種の点検、検査等の結果を管理
　組合に報告するとともに、改善等の必要がある事項については、具体
　的な方策を当該管理組合に助言する。

◎〔問　7〕　標準管理委託契約書に関する次の記述のうち、最も不適切なものはどれか。

1　標準管理委託契約書は、管理組合が管理事務を管理業者に委託する場合を想定しており、マンション管理計画認定制度及び民間団体が行う評価制度等に係る業務並びに警備業法に定める警備業務及び消防法に定める防火管理者が行う業務は、管理事務に含まれない。

2　管理業者の管理対象部分は敷地及び共用部分等であるが、専有部分の設備であっても、管理組合が管理を行うとされている場合において、管理組合から依頼があるときには、契約内容にこれを含めることも可能である。

3　管理事務室は、管理組合が管理業者に管理事務を行わせるため、有償で使用させるものとしている。

4　組合員が滞納した管理費等の督促については、弁護士法第72条の規定を踏まえ、債権回収はあくまで管理組合が行うものであることに留意し、管理業者の管理費等滞納者に対する督促に関する協力について、事前に協議が調っている場合は、協力内容、費用の負担等に関し、具体的に規定するものとする。

〔問　8〕　標準管理委託契約書「別表第2管理員業務」に関する次の記述のうち、最も不適切なものはどれか。

1　受付等の業務には、宅配物の預かり、引渡し、利害関係人に対する管理規約等の閲覧が含まれる。

2　点検業務には、建物の外観目視点検、無断駐車等の確認が含まれる。

3　立会業務には、災害、事故等の処理の立会い、そのための専有部分の鍵の保管が含まれる。

4　報告連絡業務には、立会結果等の報告、事故等発生時の連絡が含まれる。

〔問 9〕 管理費の滞納に関する次の記述のうち、民法及び民事訴訟法によれば、最も適切なものはどれか。

1 管理組合が、管理費の滞納者に対し、滞納管理費の支払を内容証明郵便で請求した後、その時から6箇月を経過するまでの間に、再度、滞納管理費の支払を内容証明郵便で請求すれば、あらためて時効の完成猶予の効力が生じる。

2 管理費を滞納している区分所有者が死亡した場合、遺産分割によって当該マンションを相続した相続人が滞納債務を承継し、他の相続人は滞納債務を承継しない。

3 管理費の滞納者が、滞納額25万円の一部であることを明示し、管理組合に対し5万円を支払った場合には、残りの20万円については、時効の更新の効力を有する。

4 管理費の滞納者が行方不明になった場合には、管理組合は、当該滞納者に対し、滞納管理費の支払についての訴えを提起することができない。

〔問 10〕 管理組合Aが、区分所有者Bに対して滞納管理費の支払を請求するために民事訴訟法上の「少額訴訟」を利用する場合に関する次の記述のうち、適切なものはいくつあるか。

ア A又はBが、当該少額訴訟の終局判決に対して不服があるときは、管轄の地方裁判所に控訴することができる。

イ Bは、訴訟が係属している間であれば、いつでも、当該少額訴訟を通常の訴訟手続に移行させる旨の申述をすることができる。

ウ Bが滞納している管理費の総額が70万円である場合に、Aは、訴訟の目的の価額を60万円として少額訴訟を利用することができる。

エ Bは、当該少額訴訟において反訴を提起することはできない。

1 一つ

2 二つ

3 三つ

4 四つ

〔問 11〕 管理費の滞納に対する法的手続等に関する次の記述のうち、最も適切なものはどれか。

1 管理費を滞納している区分所有者が、不可抗力により、管理費を支払うことができないときは、債務不履行に係る遅延損害金の賠償については、不可抗力をもって抗弁とすることができる。

2 管理費を滞納している区分所有者からその区分所有するマンションを購入した買主は、売主の滞納管理費債務を承継するが、当該債務に係る遅延損害金の債務は承継しない。

3 管理組合は、管理費を滞納している区分所有者に対する訴訟の目的の価額が140万円を超えない場合は、簡易裁判所に訴えを提起することができる。

4 管理組合が、管理費を滞納している区分所有者に対し、滞納管理費の支払を普通郵便により催告しても、時効の完成猶予の効力は生じない。

〔問 12〕 管理組合の監事に関する次の記述のうち、標準管理規約（単棟型）によれば、最も不適切なものはどれか。

1 監事は、いつでも、理事及び管理組合の職員に対して業務の報告を求め、又は業務及び財産の状況の調査をすることができる。

2 監事は、管理組合の業務の執行及び財産の状況について不正があると認めるときは、臨時総会を招集することができる。

3 監事は、理事会に出席し、必要があると認めるときは、意見を述べなければならない。

4 監事は、理事が不正の行為をし、若しくは当該行為をするおそれがあると認めるときは、直ちに、理事会を招集することができる。

〔問 13〕 管理組合の会計等に関する次の記述のうち、標準管理規約（単棟型）によれば、最も不適切なものはどれか。

1 理事長は、管理組合の会計年度の開始後、通常総会において収支予算案の承認を得るまでの間に、通常の管理に要する経費のうち、経常的であり、かつ、通常総会において収支予算案の承認を得る前に支出することがやむを得ないと認められるものについては、理事会の承認を得て支出を行うことができ、当該支出は収支予算案による支出とみなされる。

2 駐車場使用料収入は、当該駐車場の管理に要する費用に充てるほか、修繕積立金として積み立てる。

3 収支決算の結果、管理費に余剰を生じた場合には、その余剰は翌年度における管理費に充当する。

4 管理組合の会計処理に関する細則の変更は、総会の特別多数決議を経なければならない。

◎〔問 14〕 以下の表アは、甲管理組合の令和6年3月末日の決算において作成された一般（管理費）会計に係る未完成の貸借対照表（勘定式）である。表アを完成させるために、表ア中の（A）及び（B）に入る科目と金額の組合せとして最も適切なものは、表イの1～4のうちどれか。

一般（管理費）会計貸借対照表
令和6年3月31日現在

表ア
(単位：円)

資産の部		負債・繰越金の部	
科　目	金　額	科　目	金　額
現金預金	1,000,000	未払金	300,000
		預り金	200,000
（　　A　　）		（　　B　　）	
未収入金	500,000	次期繰越金	1,500,000

什器及び備品	500,000		
資産の部合計	2,100,000	負債・繰越金の部合計	2,100,000

表イ （単位：円）

	A　資産の部		B　負債・繰越金の部	
	科　目	金　額	科　目	金　額
1	仮払金	200,000	仮受金	200,000
2	仮受金	200,000	仮払金	200,000
3	仮受金	100,000	仮払金	100,000
4	仮払金	100,000	仮受金	100,000

◎〔問　15〕　管理組合における以下の①〜③の活動に関し、令和6年3月分の仕訳として、最も適切なものはどれか。ただし、会計処理は毎月次において発生主義の原則によって処理されているものとする。

（管理組合の会計年度：毎年4月1日から翌年3月31日まで）

活動

令和6年3月中の管理組合の普通預金の入金の内訳は、次の①〜③の通りである。

① 令和6年2月以前分

管理費収入	250,000円		
修繕積立金収入	70,000円		
駐車場使用料収入	10,000円		
専用庭使用料収入	3,000円	計	333,000円

② 令和6年3月分

管理費収入	350,000円		
修繕積立金収入	100,000円		
駐車場使用料収入	20,000円		
専用庭使用料収入	6,000円	計	476,000円

③　令和6年4月以降分

管理費収入	2,600,000円
修繕積立金収入	750,000円
駐車場使用料収入	70,000円
専用庭使用料収入	15,000円

計　3,435,000円

合　計　4,244,000円

（単位：円）

1

（借　　方）		（貸　　方）	
普通預金	4,244,000	未収入金	333,000
		管理費収入	2,950,000
		修繕積立金収入	850,000
		駐車場使用料収入	90,000
		専用庭使用料収入	21,000

2

（借　　方）		（貸　　方）	
普通預金	4,244,000	管理費収入	3,200,000
		修繕積立金収入	920,000
		駐車場使用料収入	100,000
		専用庭使用料収入	24,000

3

（借　　方）		（貸　　方）	
普通預金	4,244,000	管理費収入	600,000
		修繕積立金収入	170,000
		駐車場使用料収入	30,000
		専用庭使用料収入	9,000
		前受金	3,435,000

4	(借　　方)		(貸　　方)	
	普通預金	4,244,000	未収入金	333,000
			管理費収入	350,000
			修繕積立金収入	100,000
			駐車場使用料収入	20,000
			専用庭使用料収入	6,000
			前受金	3,435,000

◎〔問　16〕　管理組合における以下の①～③の活動に関し、令和6年3月分の仕訳として、最も適切なものはどれか。ただし、会計処理は毎月次において発生主義の原則によって処理されているものとする。

（管理組合の会計年度：毎年4月1日から翌年3月31日まで）

活動

①　令和6年1月に防犯カメラ更新工事をA社に3,500,000円で発注し、令和6年2月末日に更新が完了した。その代金は令和6年3月15日に普通預金から支払った。

②　給水ポンプに係る機器が故障したので、その修理を令和6年3月5日にB社に450,000円で発注した。令和6年3月10日にB社から完了報告があり、その代金は令和6年4月20日に普通預金から支払う予定である。

③　6年周期で実施される避難階段の錆止め塗布について、令和6年3月15日にC社に1,000,000円で発注し、錆止め塗布は令和6年4月15日から20日の間に実施し、その工事代金は完了月の月末に支払う契約となっている。

（単位：円）

1	(借　　方)		(貸　　方)	
	修繕費	1,450,000	未払金	1,450,000
	未払金	3,500,000	普通預金	3,500,000

2	（借　　方）		（貸　　方）	
	修繕費	3,950,000	普通預金	3,950,000

3	（借　　方）		（貸　　方）	
	未払金	3,500,000	普通預金	3,500,000
	修繕費	450,000	未払金	450,000

4	（借　　方）		（貸　　方）	
	器具備品	3,500,000	普通預金	3,500,000
	修繕費	450,000	未払金	450,000

〔問　17〕　建築基準法第2条及び同法施行令第1条の用語の定義に関する次の記述のうち、最も不適切なものはどれか。

1　「建築物」とは、土地に定着する工作物のうち、屋根及び柱若しくは壁を有するもの（これに類する構造のものを含む。）などをいい、建築設備を含まない。

2　「敷地」とは、一の建築物又は用途上不可分の関係にある二以上の建築物のある一団の土地をいう。

3　「主要構造部」とは、壁、柱、床、はり、屋根又は階段をいい、建築物の構造上重要でない部分を除く。

4　「大規模の修繕」とは、建築物の主要構造部の一種以上について行う過半の修繕をいう。

〔問　18〕　消防法第9条の2に規定する住宅用防災機器である住宅用防災警報器に関する次の記述のうち、最も不適切なものはどれか。

1　住宅用防災警報器とは、住宅における火災の発生を未然に又は早期に感知して報知する警報器をいう。

2　消防法の規定により住宅用防災警報器を設置する必要がある場合に

は、その住宅用防災警報器は、天井又は壁の屋内に面する部分に設置
しなければならない。

3　住宅用防災警報器は、市町村の火災予防条例による別段の定めがあ
る場合を除き、台所にのみ設置すればよい。

4　住宅の関係者には、住宅用防災警報器を設置する義務に加えて、適
切に維持する義務が課せられている。

〔問　19〕　竣工後25年の時点で、コア採取によりコンクリートの中性化
深さを測定したところ20mmであった場合に、この中性化が、かぶり
厚さ40mmの鉄筋に到達するまで、竣工後25年時点から要する年数と
して、最も適切なものはどれか。

1　中性化深さは経過年数（ t ）に比例するので、鉄筋に到達するまで
約25年かかる。

2　中性化深さは経過年数の二乗（ t^2 ）に比例するので、鉄筋に到達
するまで約10年かかる。

3　中性化深さは経過年数の平方根（$\sqrt{t}$）に比例するので、鉄筋に到
達するまで約75年かかる。

4　中性化深さは経過年数の立方根（$\sqrt[3]{t}$）に比例するので、鉄筋に到
達するまで約175年かかる。

〔問　20〕　コンクリートのひび割れの補修に関する次の記述のうち、「コ
ンクリートのひび割れ調査、補修・補強指針2013」（公益社団法人　日
本コンクリート工学会）によれば、最も不適切なものはどれか。

1　外気温の変動による挙動が小さいひび割れ幅0.1mmの補修に、ポリ
マーセメントペーストによるひび割れ被覆工法を適用した。

2　外気温の変動による挙動が小さいひび割れ幅0.5mmの補修に、アク
リル樹脂系注入材による注入工法を適用した。

3　外気温の変動による挙動が大きいひび割れ幅0.5mmの補修に、ポリ
マーセメントペーストによる注入工法を適用した。

4　外気温の変動による挙動が大きいひび割れ幅1.0mmの補修に、可撓^{かとう}性エポキシ樹脂による充填^{じゅうてん}工法を適用した。

〔問　21〕　マンションの塗装部分の汚れや付着物の除去方法に関する次の記述のうち、「建築保全標準・同解説　ＪＡＭＳ　４－ＲＣ　補修・改修設計規準」（一般社団法人　日本建築学会）によれば、最も不適切なものはどれか。

1　塵埃^{じんあい}については、ブラシを用いて水洗いした。
2　カビについては、ワイヤブラシでかき落とした後に、水洗いした。
3　油脂類については、中性洗剤洗いをした後に、水洗いした。
4　鉄錆^{てっさび}については、ディスクグラインダーを用いて除去した後に、水洗いした。

〔問　22〕　住戸セントラル給湯方式の熱源機器及び配管に関する次の記述のうち、最も不適切なものはどれか。

1　自然冷媒ヒートポンプ給湯機とは、貯湯タンクを設ける必要がなく、冷媒として二酸化炭素を用い水を昇温させた後、湯を直接、必要箇所へ供給できる給湯機である。
2　潜熱回収型ガス給湯機とは、燃焼ガス排気部に給水管を導き、燃焼時に熱交換して昇温してから、燃焼部へ水を送り再加熱するものである。
3　さや管ヘッダ式配管工法とは、住戸の入口近くにヘッダを設置し、床下などに各衛生器具と一対一で対応させたさや管を敷設しておき、後からさや管内に樹脂管を通管して配管する工法である。
4　ガス給湯機の能力表示における１号とは、毎分流量１ℓの水の温度を25℃上昇させる能力をいう。

〔問　23〕　換気設備に関する次の記述のうち、最も不適切なものはどれか。

1　全熱交換型の換気は、「第1種換気方式」である。

2　建築基準法によれば、居室には、政令で定める技術的基準に従って換気設備を設けた場合を除いて、換気のための窓その他の開口部を設け、その換気に有効な部分の面積は、その居室の床面積に対して、20分の1以上としなければならない。

3　換気効率の指標の一つである「空気齢」は、その数値が小さいほど、その地点に供給される空気が汚染されている可能性が高い。

4　建築基準法によれば、建築物の調理室等で火を使用する設備又は器具の近くに排気フードを有する排気筒を設ける場合においては、排気フードは、不燃材料で造らなければならない。

〔問　24〕　エレベーターに関する次の記述のうち、建築基準法によれば、最も不適切なものはどれか。

1　地震時等管制運転装置とは、地震等の加速度を検知して、自動的に、かごを昇降路の出入口の戸の位置に停止させ、かつ、当該かごの出入口の戸及び昇降路の出入口の戸を開き、又はかご内の人がこれらの戸を開くことができることとする安全装置をいう。

2　乗用エレベーターには、駆動装置又は制御器に故障が生じ、かご及び昇降路のすべての出入口の戸が閉じる前にかごが昇降したときなどに、自動的にかごを制止する安全装置を設けなければならない。

3　火災時などの災害時に消防隊が人の救助活動及び消火活動に利用するための非常用エレベーターは、高さ40mを超える建築物に設置が義務付けられている。

4　非常用エレベーターの乗降ロビーの床面積は、非常用エレベーター1基について10㎡以上としなければならない。

〔問　25〕　長期修繕計画の作成に関する次の記述のうち、長期修繕計画作成ガイドラインによれば、最も不適切なものはどれか。

1　長期修繕計画の対象の範囲は、単棟型のマンションの場合、管理規約に定めた組合管理部分である敷地、建物の共用部分及び附属施設（共用部分の修繕工事又は改修工事に伴って修繕工事が必要となる専有部分を含む。）である。

2　計画期間の設定の際は、新築マンションの場合は30年以上で、かつ大規模修繕工事が2回含まれる期間以上とする必要があり、既存マンションの場合は20年以上の期間とする必要がある。

3　推定修繕工事費の算定における単価の設定の際は、新築マンション、既存マンションのどちらの場合であっても、修繕工事特有の施工条件等を考慮する。

4　長期修繕計画は、計画的に見直す必要があり、また、その際には、併せて、修繕積立金の額も見直す必要がある。

〔問　26〕　次の長期修繕計画作成ガイドライン本文のうち、「はじめに（2）長期修繕計画標準様式、長期修繕計画作成ガイドライン及び同コメントの必要性及び位置づけ②長期修繕計画標準様式、長期修繕計画作成ガイドライン及び同コメントの必要性」の（ア）～（ウ）に入る語句の組合せとして、最も適切なものはどれか。

　建物等の劣化に対して適時適切に修繕工事等を行うために作成する長期修繕計画は、
　　ⅰ　計画期間
　　ⅱ　推定修繕工事項目
　　ⅲ　（ア）
　　ⅳ　推定修繕工事費
　　ⅴ　収支計画
を含んだもので作成し、これに基づいて
　　ⅵ　（イ）

の算出を行います。

　長期修繕計画標準様式、長期修繕計画作成ガイドライン及び同コメントは、長期修繕計画の標準的な様式を示し、長期修繕計画を作成・見直しするための基本的な考え方と長期修繕計画標準様式を使用しての作成方法を示すことで、計画の内容及び修繕積立金額の設定等について（ウ）で合意形成を行いやすくするために作成したものです。

	（ア）	（イ）	（ウ）
1	修繕周期	修繕積立金の額	区分所有者間
2	修繕周期	見直し期間	理事会
3	推定修繕施工者	修繕積立金の額	理事会
4	推定修繕施工者	見直し期間	区分所有者間

〔問　27〕　長期修繕計画の作成における管理組合の役割に関する次の記述のうち、長期修繕計画作成ガイドラインによれば、適切なものはいくつあるか。

ア　管理組合は、分譲会社から交付された設計図書、数量計算書等のほか、計画修繕工事の設計図書、点検報告書等の修繕等の履歴情報を整理し、区分所有者等の求めがあれば閲覧できる状態で保管することが必要である。

イ　管理組合は、長期修繕計画の見直しに当たっては、必要に応じて専門委員会を設置するなど、検討を行うために管理組合内の体制を整えることが必要である。

ウ　管理組合は、長期修繕計画の作成及び修繕積立金の額の設定に当たって、総会の開催に先立ち説明会等を開催し、その内容を区分所有者に説明するとともに、長期修繕計画について総会で決議することが必要である。

エ　管理組合は、長期修繕計画を管理規約等と併せて、区分所有者等から求めがあれば閲覧できるように保管することが必要である。

1　一つ

2　二つ

3　三つ

4　四つ

〔問　28〕　修繕積立金の額の目安を確認する場合に、長期修繕計画の計画期間（以下、本問において「計画期間」という。）全体における修繕積立金の専有面積当たりの月額単価の算出方法の式として、修繕積立金ガイドラインによれば、最も適切なものはどれか。ただし、機械式駐車場に係る修繕積立金は考慮しないものとする。

a：計画期間当初における修繕積立金の残高（円）
b：計画期間全体で集める修繕積立金の総額（円）
c：計画期間全体における専用使用料等からの繰入額の総額（円）
d：マンションの建築延床面積（㎡）
e：マンションの総専有床面積（㎡）
f：長期修繕計画の計画期間（ヶ月）
g：計画期間全体における修繕積立金の平均額（円／㎡・月）

1　g＝（a＋b）÷d÷f
2　g＝（a＋b）÷e÷f
3　g＝（a＋b＋c）÷d÷f
4　g＝（a＋b＋c）÷e÷f

〔問　29〕　マンションの管理規約の定めに関する次の記述のうち、区分所有法によれば、不適切なものはいくつあるか。

ア　管理組合法人の理事の任期を１年と定めること
イ　共用部分の管理に関する事項を議事とする総会が成立する定足数を組合員総数の３分の２以上と定めること
ウ　共用部分の変更（その形状又は効用の著しい変更を伴わないものを除く。）は、組合員総数の過半数及び議決権総数の４分の３以上の多

数による集会の決議で決すると定めること

エ　マンションの価格の2分の1以下に相当する部分が滅失した場合の
　　共用部分の復旧は、組合員総数及び議決権総数の各過半数の賛成によ
　　る集会の決議で決すると定めること

1　一つ
2　二つ
3　三つ
4　なし

〔問　30〕　次の記述のうち、標準管理規約（単棟型）によれば、修繕積
　　立金を取り崩して充当することができるものとして最も適切なものは
　　どれか。

1　建物の建替えに係る合意形成に必要となる事項の調査に要する経費
　　に充当する場合
2　共用部分の階段のすべり止めに数箇所の剥離(はくり)が生じたため、その補
　　修費に充当する場合
3　共用部分に係る火災保険料に充当する場合
4　ＷＥＢ会議システムを用いて理事会を開催するため、パソコン数台
　　を購入する費用に充当する場合

〔問　31〕　理事会に関する次の記述のうち、標準管理規約（単棟型）に
　　よれば、適切なものはいくつあるか。

ア　会計担当理事の会計担当の職を解くことは、出席理事の過半数によ
　　り決することができる。
イ　ＷＥＢ会議システムを用いて理事会を開催する場合は、当該理事会
　　における議決権行使の方法等を、規約や細則において定めなければな
　　らない。
ウ　理事会の議事録については、議長及び議長の指名する2名の理事会
　　に出席した理事がこれに署名しなければならない。

エ　総会提出議案である収支予算案は、理事の過半数の承諾があるとき
　　は、電磁的方法により決議することができる。

1　一つ
2　二つ
3　三つ
4　なし

〔問　32〕　マンション管理組合総会での議決権行使に関する議長の取扱
　　いについての次の記述のうち、民法、標準管理規約（単棟型）、標準
　　管理規約（団地型）及び標準管理規約（複合用途型）によれば、不適
　　切なものはいくつあるか。

ア　2住戸を有する区分所有者が、同一議案について1住戸の議決権は
　　反対し、他の1住戸の議決権は賛成する議決権行使書を提出したの
　　で、それらの議決権行使を認めた。
イ　団地総会において、当該団地1号棟の組合員Aが当該団地5号棟の
　　組合員Bを代理人とする委任状を提出したので、BによるAの議決権
　　行使を認めた。
ウ　全ての議案に「反対」の記載があり、当該区分所有者の署名はなさ
　　れているが、押印がないため有効な議決権行使書として認めなかっ
　　た。
エ　店舗の営業制限が議題になっているため、当該店舗区分所有者から
　　の委任状を提出した弁護士に、弁護士であることを理由に議決権行使
　　を認めた。

1　一つ
2　二つ
3　三つ
4　四つ

〔問 33〕 専有部分にある設備の管理に関し、理事長から次のア～エの順で説明があった。標準管理規約（単棟型）によれば、不適切なものはいくつあるか。

ア そもそも、専有部分に係る配管の取替えに要する費用については、各区分所有者が実費に応じて負担するのが原則です。

イ ただし、専有部分に係る配管のうち共用部分と構造上一体となった部分の管理を共用部分の管理と一体として行う必要があるときは、専有部分に係る配管を含めて管理組合が管理を行うことができます。

ウ その場合には、あらかじめ長期修繕計画において専有部分の配管の取替えについても記載することで、共用部分と一体的な専有部分の配管の取替工事も行うことができます。

エ そして、その工事費用を修繕積立金から拠出することについて規約に規定することで、修繕積立金を取り崩して専有部分の工事費用に充てることができます。

1 一つ
2 二つ
3 三つ
4 なし

〔問 34〕 マンションの規約の保管に関する次の記述のうち、区分所有法によれば、最も不適切なものはどれか。

1 区分所有者全員で構成する団体に管理者が選任されている場合には、規約は、管理者が保管しなければならない。

2 区分所有者全員で構成する団体に管理者がいない場合には、区分所有者で規約又は集会の決議で定めるものが保管しなければならない。

3 規約を保管する者は、利害関係人の請求があったときは、正当な理由がある場合を除いて、規約の閲覧（規約が電磁的記録で作成されているときは、当該電磁的記録に記録された情報の内容を法務省令で定める方法により表示したものの当該規約の保管場所における閲覧）を

拒んではならない。

4 規約の保管場所は、建物内の見やすい場所に掲示しなければならない。

〔問 35〕 借地上のマンションに関する次の記述のうち、民法及び区分所有法によれば、最も適切なものはどれか。

1 土地所有者と各区分所有者との間で締結された借地契約相互の関係は、一つの借地契約を準共有する関係にある。

2 区分所有者の一人に借地料の不払いが生じた場合には、土地所有者は、当該区分所有者の借地料を他の区分所有者に請求することができる。

3 区分所有者の一人が借地契約を解除された場合には、当該区分所有者は、敷地利用権を有しない区分所有者となる。

4 敷地利用権を有しない区分所有者は、土地所有者に対して当該区分所有権を時価で買い取るように請求することができる。

〔問 36〕 集会及び集会招集通知に関する次の記述のうち、区分所有法によれば、最も適切なものはどれか。

1 規約には集会の招集の通知を少なくとも会日の2週間前までに発すると定めていたが、集会の会議の目的たる事項が理事会でまとまらなかったため、集会の開催日時及び場所を会日の2週間前に通知し、その1週間後に会議の目的たる事項が記載された招集の通知を発した。

2 集会招集通知で示していなかった会議の目的たる事項について、出席した区分所有者から決議を求められたが、規約に別段の定めがなかったので議事とすることを認めなかった。

3 集会の招集通知手続は、あらかじめ各区分所有者の日程や会議の目的たる事項についての熟慮期間を確保するものであるから、区分所有者全員の同意があっても、当該手続を省略することはできない。

4 一部の区分所有者による集会招集権の濫用を防ぐため、規約を変更

して、集会の招集を請求できる者の定数を区分所有者及び議決権の各
4分の1以上にすることは可能である。

〔問　37〕　滞納管理費が一部弁済された場合の充当順序を判断する要素
　　である次のア〜オについて、民法の規定によれば、優先順位の高い順
　　に並べたものとして、最も適切なものはどれか。

ア　規約の定めによる充当順序
イ　管理組合が滞納組合員に対する意思表示により指定した充当順序
　（滞納組合員から直ちに異議を意思表示しなかった場合）
ウ　滞納組合員が管理組合に対する意思表示により指定した充当順序
エ　滞納組合員の利益の多い順序
オ　弁済期の先後

充当順序

	第一順位	第二順位	第三順位	第四順位	第五順位
1	ア	ウ	イ	エ	オ
2	イ	オ	ア	ウ	エ
3	ウ	イ	エ	ア	オ
4	オ	ウ	ア	イ	エ

〔問　38〕　団地関係に関する次の図についての各記述のうち、区分所有法によれば、最も不適切なものはどれか。

1

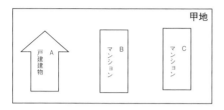

Aの建物所有者とBの建物所有者とCの建物所有者が甲地を共有している場合には、甲地を目的とするAとBとCの団地関係が成立する。

2

Aの建物所有者とBの建物所有者が敷地駐車場を共有し、Aの建物所有者とBの建物所有者とCの建物所有者がDと通路を共有している場合には、Dと通路を目的としたAとBとCの団地関係と、敷地駐車場を目的としたAとBの団地関係が、重畳的に成立する。

3

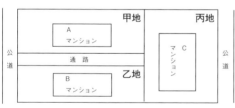

Aの建物所有者とBの建物所有者が通路を共有している場合でも、規約で定めれば、甲地と乙地と丙地を団地共用部分とするAとBとCの団地関係が成立する。

4

Aの建物所有者が甲地を単独所有し、Bの建物所有者とCの建物所有者が乙地を共有し、Aの建物所有者とBの建物所有者とCの建物所有者が通路を共有し、AとB、AとCの往来に利用されている場合には、通路を目的としたAとBとCの団地関係と、乙地を目的としたBとCの団地関係が、重畳的に成立する。

〔問 39〕 次の記述のうち、判例によれば、適切なものはいくつあるか。

ア 区分所有者の団体のみが共用部分から生ずる利益を収取する旨を集会で決議し、又は規約で定めた場合には、各区分所有者は、その持分割合に相当する利益についての返還を請求することはできない。

イ 区分所有者の集会で複数の理事を選任し、理事長は理事会で理事の互選で選任する旨を規約で定めた場合には、理事の職は維持しつつ、理事長の職を解くことについて、理事会の決議で決することができる。

ウ 建物の建築に携わる設計者、施工者及び工事監理者は、建物の建築に当たり、契約関係にない居住者を含む建物利用者、隣人、通行人等に対する関係でも、当該建物の建物としての基本的な安全性が欠けることのないように配慮すべき注意義務を負う。

エ 管理組合の業務を分担することが一般的に困難な不在組合員に対し一定の金銭負担を求めることは、規約の変更に必要性及び合理性があり、不在組合員の受ける不利益の程度を比較衡量して一定の金銭負担に相当性のある場合には、受忍限度を超えるとまではいうことはできない。

1 一つ

2　二つ

3　三つ

4　四つ

〔問　40〕　新築の分譲マンションの売買契約における売主の担保責任に関する次の記述のうち、住宅の品質確保の促進等に関する法律（以下、本問において「品確法」という。）によれば、最も不適切なものはどれか。ただし、当該マンションは、品確法上の新築住宅に該当するものとする。

1　当該マンションの構造耐力上主要な部分等の瑕疵については、売主とは別の建築請負会社が建築したものである場合、当該売主が瑕疵担保責任を負う期間は、当該売主がその建築請負会社から引渡しを受けた時から10年間とされる。

2　買主が購入後１年以内に当該マンションを第三者に転売した場合に、その第三者（転得者）は、当初の買主（転売者）が引渡しを受けた時から10年以内であれば、元の売主に対して直接に瑕疵担保責任を当然に追及することができる。

3　当該マンションの買主は、売主に対し、瑕疵の修補請求はできるが、損害賠償請求はできない旨の特約は、買主がそれを容認したとしても無効である。

4　当該マンションが建設工事の完了の日から起算して１年を経過して初めて分譲された場合には、品確法上の担保責任は問えない。

〔問　41〕　次の記述のうち、マンションの建替え等の円滑化に関する法律によれば、最も不適切なものはどれか。ただし、本問において「マンション」とは、同法第２条第１項第１号に規定するものとする。

1　非法人の管理組合において、マンションの管理者又は区分所有者集会で指定された区分所有者は、特定行政庁に対し、当該マンションを除却する必要がある旨の認定を申請することができる。

2　特定行政庁が行う除却の必要性に係る認定は、外壁等が剥離し、落下することにより周辺に危害を生ずるおそれに対する安全性に係る基準に該当するのみでは行われない。

3　特定要除却認定を受けた場合において、特定要除却認定マンションに係る敷地利用権が数人で有する所有権又は借地権であるときは、区分所有者集会において、区分所有者、議決権及び当該敷地利用権の持分の価格の各5分の4以上の多数で、当該特定要除却認定マンション及びその敷地（当該敷地利用権が借地権であるときは、その借地権）を売却する旨の決議をすることができる。

4　その敷地面積が政令で定める規模以上であるマンションのうち、要除却認定マンションに係るマンションの建替えにより新たに建築されるマンションで、特定行政庁が交通上、安全上、防火上及び衛生上支障がなく、かつ、その建ぺい率、容積率及び各部分の高さについて総合的な配慮がなされていることにより市街地の環境の整備改善に資すると認めて許可したものの容積率には、特例が認められる。

〔問　42〕　次の記述のうち、地震保険に関する法律によれば、適切なものの組合せはどれか。

ア　地震保険契約は、居住の用に供する建物又は生活用動産のみを保険の目的とする。

イ　地震保険契約は、特定の損害保険契約に附帯して締結する必要がある。

ウ　地震保険契約は、地震による津波を間接の原因とする流失による損害は、てん補の対象としない。

エ　地震保険契約では、保険の対象である居住用建物が全損になったときに保険金が支払われ、一部損では保険金は支払われない。

1　ア・イ
2　ア・ウ
3　イ・エ
4　ウ・エ

◎〔問 43〕 次の記述のうち、国土交通省が公表している分譲マンションに関する統計・データ等によれば、最も適切なものはどれか。

1 令和4年末時点における分譲マンションストック総数は、900万戸を超えている。
2 分譲マンションストック総数は、昭和43年以降増加傾向であったが、令和元年をピークに減少に転じている。
3 令和4年末時点における築40年超の分譲マンション戸数は100万戸を超えており、令和14年末には200万戸、令和24年末には400万戸を超える見込みとなっている。
4 建替えが行われたマンションの件数は、令和5年4月1日時点の累計で、100件未満である。

〔問 44〕 次の賃貸住宅管理業法第1条の（ア）〜（ウ）に入る語句の組合せとして最も適切なものはどれか。

（目的）
第1条 この法律は、社会経済情勢の変化に伴い国民の生活の基盤としての（ア）の役割の重要性が増大していることに鑑み、（ア）の入居者の居住の安定の確保及び（ア）の賃貸に係る事業の公正かつ円滑な実施を図るため、賃貸住宅管理業を営む者に係る（イ）を設け、その業務の適正な運営を確保するとともに、（ウ）の適正化のための措置等を講ずることにより、良好な居住環境を備えた（ア）の安定的な確保を図り、もって国民生活の安定向上及び国民経済の発展に寄与することを目的とする。

	（ア）	（イ）	（ウ）
1	賃貸住宅	登録制度	特定賃貸借契約
2	共同住宅	免許制度	特定賃貸借契約
3	共同住宅	申請制度	建物賃貸借契約
4	賃貸住宅	認可制度	建物賃貸借契約

〔問　45〕　宅地建物取引業者の媒介によりマンションの売買契約が成立
した場合における宅地建物取引業法第37条の規定により交付すべき書
面（以下、本問において「37条書面」という。）に関する次の記述のうち、
宅地建物取引業法によれば、最も不適切なものはどれか。

1　宅地建物取引業者は、専有部分の用途その他の利用の制限に関する
規約において、ペットの飼育が禁止されているときは、その旨を37条
書面に記載しなければならない。

2　宅地建物取引業者は、契約の解除に関する定めがあるときは、その
内容を37条書面に記載しなければならない。

3　宅地建物取引業者は、代金についての金銭の貸借のあっせんに関す
る定めがある場合、当該あっせんに係る金銭の貸借が成立しないとき
の措置を37条書面に記載しなければならない。

4　宅地建物取引業者は、天災その他不可抗力による損害の負担に関す
る定めがあるときは、その内容を37条書面に記載しなければならない。

〔問　46〕　次の記述のうち、マンション管理適正化法によれば、不適切
なものはいくつあるか。

ア　国土交通大臣は、住生活基本法第15条第1項に規定する全国計画と
の調和が保たれたマンションの管理の適正化の推進を図るための基本
的な方針を定めなければならない。

イ　都道府県等は、あらかじめマンション管理適正化推進計画を作成し
たうえで、管理組合の管理者等（管理者等が置かれていないときは、
当該管理組合を構成するマンションの区分所有者等。）に対し、マン
ションの管理の適正化を図るために必要な助言及び指導をしなければ
ならない。

ウ　管理組合の管理者等は、国土交通省令で定めるところにより、当該
管理組合による管理計画を作成し、計画作成都道府県知事等の認定を
申請することができる。

エ　計画作成都道府県知事等は、認定管理者等が認定管理計画に従って

管理計画認定マンションの管理を行っていないと認めるときは、直ちに、当該認定管理計画の認定を取り消すことができる。

1　一つ
2　二つ
3　三つ
4　四つ

〔問　47〕　次のマンション管理適正化法第72条の（ア）〜（ウ）に入る語句の組合せとして、最も適切なものはどれか。

（重要事項の説明等）

第72条　マンション管理業者は、管理組合から管理事務の委託を受けることを内容とする契約（新たに建設されたマンションの分譲に通常要すると見込まれる期間その他の管理組合を構成するマンションの区分所有者等が変動することが見込まれる期間として国土交通省令で定める期間中に契約期間が満了するものを除く。以下「管理受託契約」という。）を締結しようとするとき（次項に規定するときを除く。）は、あらかじめ、国土交通省令で定めるところにより説明会を開催し、当該管理組合を構成するマンションの区分所有者等及び当該管理組合の管理者等に対し、（ア）をして、管理受託契約の内容及びその履行に関する事項であって国土交通省令で定めるもの（以下「重要事項」という。）について説明をさせなければならない。この場合において、マンション管理業者は、当該説明会の日の（イ）までに、当該管理組合を構成するマンションの区分所有者等及び当該管理組合の管理者等の全員に対し、重要事項並びに説明会の日時及び場所を記載した書面を交付しなければならない。

2　マンション管理業者は、従前の管理受託契約と同一の条件で管理組合との管理受託契約を更新しようとするときは、あらかじめ、当該管理組合を構成するマンションの区分所有者等全員に対し、重要事項を記載した書面を交付しなければならない。

3　前項の場合において当該管理組合に管理者等が置かれているとき

は、マンション管理業者は、当該管理者等に対し、（ア）をして、重要事項について、これを記載した書面を交付して説明をさせなければならない。ただし、当該説明は、（ウ）から重要事項について説明を要しない旨の意思の表明があったときは、マンション管理業者による当該（ウ）に対する重要事項を記載した書面の交付をもって、これに代えることができる。

4 ～ 7 （略）

	（ア）	（イ）	（ウ）
1	管理業務主任者	前日	認定管理者等
2	管理業務主任者	一週間前	監事
3	従業者	前日	監事
4	管理業務主任者	一週間前	認定管理者等

〔問 48〕 マンション管理業者が管理組合から管理事務を受託する際の次の記述のうち、マンション管理適正化法によれば、適切なものを全て含む組合せはどれか。

ア マンション管理業者は、管理組合から管理事務の委託を受けることを内容とする契約を締結したときは、当該管理組合の管理者等（当該マンション管理業者が当該管理組合の管理者等である場合又は当該管理組合に管理者等が置かれていない場合にあっては、当該管理組合を構成するマンションの区分所有者等全員）に対し、遅滞なく、管理事務の対象となるマンションの部分等を記載した書面を交付しなければならず、当該書面を作成するときは、管理業務主任者をして、当該書面に記名させなければならない。

イ マンション管理業者は、管理組合から委託を受けた管理事務について、管理受託契約を締結した年月日や管理組合の名称等を記載した帳簿を作成し、また、当該帳簿を各事業年度の末日をもって閉鎖するものとし、閉鎖後5年間当該帳簿を保存しなければならない。

ウ マンション管理業者は、管理組合から委託を受けた管理事務のうち

基幹事務については、当該管理組合の管理者等が承諾すれば、これを一括して他人に委託することができる。

1　ア・イ
2　ア・ウ
3　イ・ウ
4　ア・イ・ウ

〔問　49〕　修繕積立金等が金銭である場合における財産の分別管理に関する次の記述のうち、マンション管理適正化法によれば、最も不適切なものはどれか。

1　マンション管理業者は、マンションの区分所有者等から徴収された修繕積立金等金銭を収納・保管口座に預入し、当該収納・保管口座において預貯金として管理する方法による場合、マンションの区分所有者等から徴収され1月分の修繕積立金等金銭以上の額につき有効な保証契約を締結していなければならない。

2　マンション管理業者は、保管口座又は収納・保管口座に係る管理組合等の印鑑、預貯金の引出用のカードその他これらに類するものを管理してはならない。ただし、管理組合に管理者等が置かれていない場合において、管理者等が選任されるまでの比較的短い期間に限り保管する場合は、この限りでない。

3　管理組合に管理者等が置かれていない場合には、マンション管理業者は、毎月、管理事務の委託を受けた当該管理組合のその月における会計の収入及び支出の状況に関する書面を作成し、対象月の属する当該管理組合の事業年度の終了の日から2月を経過する日までの間、当該書面をその事務所ごとに備え置き、当該管理組合を構成するマンションの区分所有者等の求めに応じ、当該マンション管理業者の業務時間内において、これを閲覧させなければならない。

4　マンション管理業者は、管理組合から委託を受けて管理する修繕積立金等金銭を整然と管理する方法により、自己の固有財産及び他の管理組合の財産と分別して管理しなければならない。

〔問 50〕 次の管理業務主任者の設置に関する規定の（ア）～（ウ）に入る語句の組合せとして、マンション管理適正化法によれば、最も適切なものはどれか。

（管理業務主任者の設置）

マンション管理適正化法第56条第1項

　マンション管理業者は、その（ア）ごとに、（ア）の規模を考慮して国土交通省令で定める数の成年者である専任の管理業務主任者を置かなければならない。ただし、人の居住の用に供する独立部分（区分所有法第1条に規定する建物の部分をいう。以下同じ。）が国土交通省令で定める数以上である第2条第1号イに掲げる建物の区分所有者を構成員に含む管理組合から委託を受けて行う管理事務を、その業務としない（ア）については、この限りでない。

（法第56条第1項の国土交通省令で定める管理業務主任者の数）

マンション管理適正化法施行規則第61条

　国土交通省令で定める管理業務主任者の数は、マンション管理業者が管理事務の委託を受けた管理組合の数を（イ）で除したもの（1未満の端数は切り上げる。）以上とする。

（法第56条第1項の国土交通省令で定める人の居住の用に供する独立部分の数）

マンション管理適正化法施行規則第62条

　国土交通省令で定める人の居住の用に供する独立部分の数は、（ウ）とする。

	（ア）	（イ）	（ウ）
1	事務所	10	3
2	営業所	30	6
3	営業所	10	3
4	事務所	30	6

令和3年度

試 験 問 題

分野	問	テーマ	分野	問	テーマ
❶ 管理に関する法令・実務	1	民法（意思表示）	❸ 建物と設備の形質・構造	25	長期修繕計画作成ガイドライン（対象の範囲）
	2	民法（連帯債務）	❹ 管理組合の運営	26	長期修繕計画作成ガイドライン（用語の定義）
	3	民法（債権者代位権）		27	長期修繕計画作成ガイドライン（長期修繕工事の見直し）
	4	民法（代理）		28	標準管理規約（監事の職務）
	5	民法（管理費の滞納・時効）		29	標準管理規約（団地型、団地の雑排水管等の管理及び更新工事）
	6	標準管理委託契約書		30	標準管理規約（単棟型・複合用途型）
	7	標準管理委託契約書		31	標準管理規約（理事会）
	8	標準管理委託契約書		32	区分所有法（共用部分とその持分等）
❷ 管理組合の税務・会計	9	区分所有法、民法、破産法、標準委託契約書（管理費の滞納）		33	区分所有法（共用部分の変更）
	10	民法、民事訴訟法等（管理費の滞納）		34	区分所有法（建替え決議後の売渡請求）
	11	民法、破産法等（管理費の滞納）		35	区分所有法（管理組合法人）
	12	標準管理規約（管理組合の会計等）		36	標準管理規約（総会の決議）
	13	標準管理委託契約書（管理事務の報告等）		37	区分所有法（規約共用部分）
	14	税務・会計（貸借対照表）		38	区分所有法・標準管理規約（理事会）
	15	税務・会計（仕訳）		39	判例（区分所有法）
	16	税務・会計（仕訳）		40	消費者契約法
❸ 建物と設備の形質・構造	17	建築材料（防水）		41	借地借家法
	18	建築構造・建築材料（鉄筋コンクリート）		42	各種の法令
	19	建築構造・建築材料（マンションの構造・部材）		43	統計
	20	建築設備（給水設備）		44	賃貸住宅管理業法
	21	建築設備（排水通気設備）		45	宅建業法（重要事項の説明）
	22	建築設備（換気設備）	❺ マンション管理適正化法	46	適正化法（契約の成立時の書面）
	23	建築基準法（用語の定義）		47	適正化法（重要事項の説明）
	24	消防法（防火管理者）		48	適正化法（管理業務主任者）
				49	適正化法（財産の分別管理）
				50	適正化法（マンション管理業の登録）

〔問 1〕 Aが、Bとの間で、自己の所有するマンションの一住戸甲を Bに売却する旨の契約を締結した場合に関する次の記述のうち、民法 の規定によれば、最も適切なものはどれか。

1 Aが、所有権を移転する意思がないにもかかわらず、Bと売買契約 を締結した場合に、Bがその真意を知り、又は知ることができたとき は、Aは、Bに対して当該契約の無効を主張することができる。

2 Aが、所有権を移転する意思がないにもかかわらず、Bと通謀して 売買契約を締結し、所有権移転登記を済ませた後に、BがAに無断で、 その事情を知らない第三者Cに甲を転売した場合に、Cにその事情を 知らないことについて過失があるときは、Aは、Cに対して、虚偽表 示による当該売買契約の無効を主張することができる。

3 Aが、Bの詐欺を理由として当該売買契約を取り消した場合に、A の取消し前に、Bが、その事情を知らず、かつその事情を知らないこ とについて過失のある第三者Dに甲を転売していたときは、Aは、D に対して取消しの効果を主張することができない。

4 Aが、Bの強迫を理由として当該売買契約を取り消した場合に、A の取消し前に、Bが、その事情を知らず、かつその事情を知らないこ とについて過失のない第三者Eに甲を転売していたときは、Aは、E に対して取消しの効果を主張することができない。

〔問 2〕 A、B、Cが、マンションの一住戸甲を共同して購入するた めの資金として、Dから900万円を借り受け、Dとの間で、各自が連 帯してその債務を負う旨の合意をした場合に関する次の記述のうち、 民法の規定によれば、最も不適切なものはどれか。ただし、A、B、 Cの間の負担部分は等しいものとし、元本900万円以外は考慮しない ものとする。

1 Aが、Dに対して600万円を弁済し、残債務の支払を免除された場 合に、Bは、Dから300万円の支払の請求を受けたときは、これを拒 むことができない。

2　Bが、Dに対して、270万円を弁済した場合に、Bは、AとCのそれぞれに対して、90万円について求償することができる。

3　Cが、Dに対して有する600万円の代金債権との相殺を援用しない場合に、Aは、Dから900万円の支払請求を受けたときは、CがDに対して当該債権を有することを理由に600万円についてDの支払請求を拒むことができる。

4　Cが、Dに対して、700万円を弁済したが、Bに資力がない場合に、Bから償還を受けることができないことについてCに過失がないときは、Cは、Aに対して、350万円を求償することができる。

〔問　3〕　マンションの管理組合法人Aは、区分所有者Bに対して有する200万円の管理費債権を保全するため、Bの債務者Cに対する500万円の金銭債権を代位行使した場合に関する記述のうち、民法の規定によれば、最も適切なものはどれか。

1　Aの代位権の行使は、Bの代理人としてBの権利を行使するものであるから、Aが自己の権利として行使することは認められない。

2　Aが代位権を行使をすることができる債権額は500万円であり、Bに対する債権額である200万円に制限されない。

3　CがBに対して反対債権を有していたときでも、Cは、Aに対して、相殺の抗弁を主張することができない。

4　Aは、Cに対して、A自身への直接の支払を求めることができる。

〔問　4〕　Aが、自己の所有するマンションの一住戸甲をBに売却する契約の締結について、Cに代理権を授与した場合に関する次の記述のうち、民法の規定によれば、最も不適切なものはどれか。

1　Cが制限行為能力者であった場合に、Aは、Cの制限行為能力を理由に代理行為を取り消すことができない。

2　Cが、売却代金を着服する目的で、当該代理権の範囲内において、当該契約を締結した場合に、Bが、Cの当該目的を知ることができた

ときは、Cの行為は代理権を有しない者がした行為とみなされる。

3　Cの子Dは、CがAから預かった書類をA及びCに無断で持ち出し、Aの代理人と称して当該契約を締結したところ、これを知ったBが、Aに対して、追認をするかどうかを確答すべき旨の催告をした場合に、相当の期間内に確答がなかったときは、Aは追認をしたものとみなされる。

4　Cは、Aの許諾を得たとき、又はやむを得ない事由があるときでなければ、復代理人を選任することができない。

〔問　5〕　マンションの管理組合Aの管理費に関する次の記述のうち、民法の規定によれば、最も不適切なものはどれか。

1　Aが、管理費を滞納している区分所有者Bに対して、滞納管理費を請求する訴訟を提起し、勝訴した場合には、当該滞納管理費債権は、確定判決を得た時から10年間これを行使しないときは、時効によって消滅する。

2　Aが、管理費を滞納している区分所有者Cに対して、管理費の支払を催告した場合に、その時から6箇月を経過するまでに管理組合が再度催告をしたときには、再度の催告は時効の完成猶予の効力を有しない。

3　管理費を滞納している区分所有者Dが、Aに対して、管理費を滞納していることを書面により認めたときは、その時から時効の更新の効力が生じる。

4　Aの管理規約において、各区分所有者は、Aに対する債務の消滅時効を主張することができない旨が定められていた場合には、区分所有者Eは、滞納した管理費の債務について、時効が完成したとしても、それによる債務の消滅を主張することができない。

〔問　6〕　次の記述のうち、標準管理委託契約書によれば、最も不適切なものはどれか。

1　管理業者は、事務管理業務の管理事務の全部を、第三者に再委託することができる。

2　管理組合は、管理業者に管理事務を行わせるために不可欠な管理事務室、管理用倉庫、清掃員控室、器具、備品等を無償で使用させるものとする。

3　管理業者は、事務管理業務のうち出納業務を行う場合において、管理組合の組合員に対し管理委託契約に従って管理費等の督促を行っても、なお当該組合員が支払わないときは、その責めを免れるものとし、その後の収納の請求は管理組合が行うものとする。

4　管理組合及び管理業者は、解除事由の有無にかかわらず、その相手方に対し、少なくとも3月前に書面で解約の申入れを行うことにより、本契約を終了させることができる。

〔問　7〕　宅地建物取引業者が、管理組合の組合員から、当該組合員が所有する専有部分の売却の依頼を受け、その媒介の業務のために、管理規約の提供及び「別表第5（宅地建物取引業者等の求めに応じて開示する事項）」に掲げる事項の開示を求めてきた場合に、管理業者が当該管理組合に代わって行う対応に関する次の記述のうち、標準管理委託契約書によれば、適切なものはいくつあるか。ただし、管理業者は、その対応にあたって組合員等の個人情報の保護等を踏まえながら行うものとする。

ア　管理業者は、管理規約の提供等の業務に要する費用を当該宅地建物取引業者から受領することはできない。

イ　管理業者は、当該組合員が管理費等を滞納していることが明らかな場合であっても、当該宅地建物取引業者に対し、その清算に関する必要な措置を求めることはできない。

ウ　管理業者が管理規約の提供等を行う場合にあっては、管理規約等に

おいて宅地建物取引業者等への提供・開示に関する根拠が明確に規定されるとともに、これと整合的に管理委託契約書において管理業者による提供・開示に関して規定されることが必要である。

エ　管理組合の財務・管理に関する情報を、宅地建物取引業者を通じて専有部分の購入等を予定する者に提供・開示することは、当該購入予定者等の利益の保護等に資するとともに、マンション内におけるトラブルの未然防止、組合運営の円滑化、マンションの資産価値の向上等の観点からも有意義である。

1　一つ
2　二つ
3　三つ
4　四つ

〔問　8〕　次の記述のうち、標準管理委託契約書によれば、最も不適切なものはどれか。

1　管理業者は、地震の発生により、管理組合のために、緊急に行う必要がある業務で、管理組合の承認を受ける時間的な余裕がないものについて、管理組合の承認を受けないで実施した場合においては、速やかに、書面をもって、その業務の内容及びその実施に要した費用の額を管理組合に通知しなければならない。

2　管理組合は、管理業者が火災の発生により、緊急に行う必要がある業務を遂行する上でやむを得ず支出した費用であれば、その発生原因が当該管理業者の責めによるものであったとしても、当該管理業者に対して、その費用を速やかに支払わなければならない。

3　管理業者は、漏水の発生により、管理組合のために緊急に行う必要がある場合、専有部分等に立ち入ることができるが、この場合において、管理業者は、管理組合及び管理業者が立ち入った専有部分等に係る組合員等に対し、事後速やかに、報告をしなければならない。

4　管理業者は、管理業者の責めによらない火災の発生により、管理組合又は管理組合の組合員等が損害を受けたときは、その損害を賠償す

る責任を負わない。

〔問　9〕　管理業務主任者が、管理費の滞納問題について、管理組合の理事会で行った次の説明のうち、最も不適切なものはどれか。

1　管理費を滞納している区分所有者がその有する専有部分を第三者に賃貸しているときは、現に専有部分に居住している賃借人が、管理組合に対して管理費の支払義務を負います。

2　専有部分を2名の区分所有者が各2分の1の持分で共有しているときには、管理組合は、そのいずれか一方の区分所有者に対して滞納管理費の全額を請求することができます。

3　区分所有者が自己破産し、破産手続開始の決定があったときには、管理組合は、滞納管理費債権について、破産手続に参加することができます。

4　滞納管理費について、マンション管理業者は、地方裁判所においては、管理組合の訴訟代理人になることはできません。

〔問　10〕　管理費の滞納が生じたときにとられる通常の民事訴訟によらない法的手段に関する次の記述のうち、最も適切なものはどれか。

1　「内容証明郵便による督促」の場合は、簡便な手続であるが、消滅時効の完成猶予をさせる催告としての効力は生じない。

2　「支払督促」による場合は、簡易裁判所に申し立てることにより書記官が支払を命ずる簡略な手続であるが、債務者から異議申立てがなされると通常の訴訟に移行してしまう。

3　「調停」による場合は、弁護士等の専門家に依頼することはできないが、手続が訴訟に比べ簡明であり、調停委員の意見には強制力があることから、紛争が早期に解決される。

4　「少額訴訟」による場合は、通常訴訟に比べ、少ない経済的負担で迅速かつ効果的に解決することができるが、訴訟の目的の価額が60万円以下に制限されるため、滞納額が60万円を超えるときは、制限額以

下に分割したとしてもこの手続を利用できない。

〔問 11〕 管理費の滞納に関する次の記述のうち、最も不適切なものは
どれか。

1 滞納者が、所有している専有部分を売却し、区分所有者でなくなっ
た場合、その専有部分の買受人である区分所有者が滞納管理費債務を
承継し、当該滞納者は滞納管理費債務を免れる。
2 滞納者が破産手続開始の決定を受けた場合でも、その決定だけで
は、当該滞納者は管理費の支払義務を免れるわけではない。
3 滞納者が死亡し、その相続人全員が相続放棄した場合には、いずれ
の相続人も滞納管理費債務を負わない。
4 管理規約に管理費について遅延損害金の定めがない場合でも、民法
に定める法定利率によって遅延損害金を請求することができる。

〔問 12〕 管理組合の会計等に関する次の記述のうち、標準管理規約（単
棟型）によれば、不適切なものはいくつあるか。

ア 預金口座に係る印鑑等の保管にあたっては、適切な取扱い方法を検
討し、その取扱いについて総会の承認を得て細則等に定めておくこと
が望ましい。
イ 理事会の議決事項の中には、収支決算案、事業報告案、収支予算案
及び事業計画案がある。
ウ 災害等により総会の開催が困難である場合に、応急的な修繕工事の
実施等を理事会で決議したときには、理事会は、当該工事の実施に充
てるための修繕積立金の取崩しについて決議できるが、資金の借入れ
については決議できない。
エ 修繕積立金の保管及び運用方法を決めるにあたっては、理事会の決
議だけで足り、総会の決議は不要である。
1 一つ
2 二つ

3 三つ

4 四つ

〔問 13〕 管理業者による管理事務の報告等に関する次の記述のうち、標準管理委託契約書によれば、最も適切なものはどれか。

1 管理業者は、管理組合の事業年度終了後あらかじめ管理委託契約書で定められた期間内に、管理組合に対し、当該年度における管理事務の処理状況及び管理組合の会計の収支の結果を記載した書面を交付し、報告しなければならないが、その報告をする者は管理業務主任者である必要はない。

2 管理業者は、毎月末日までに、管理組合に対し、前月における管理事務の処理状況に関する書面を交付しなければならない。

3 管理組合から管理業者に対し、あらかじめ管理委託契約書で定められていない時期に、管理事務の処理状況及び管理組合の会計の収支状況について報告を行うよう請求があるときは、管理業者は、管理業務主任者をして、その報告をさせなければならない。

4 管理業者が、管理組合に対し、管理事務の処理状況及び管理組合の会計の収支状況について報告を行う場合に、管理組合は、管理業者に対し、それらに係る関係書類の提示を求めることができる。

〔問 14〕 以下の貸借対照表（勘定式）は、甲管理組合の令和6年3月末日の決算において作成された一般（管理費）会計にかかる未完成の貸借対照表である。貸借対照表を完成させるために、表中の（A）及び（B）の科目と金額の組合せとして最も適切なものは、次の1〜4のうちどれか。

一般（管理費）会計貸借対照表
令和6年3月31日現在

（単位：円）

資産の部		負債・繰越金の部	
科　目	金　額	科　目	金　額
現金	100,000	未払金	200,000
普通預金	900,000	預り金	100,000
（　　A　　）		（　　B　　）	
未収入金	100,000	次期繰越剰余金	800,000
資産の部　合計	1,500,000	負債・繰越金の部　合計	1,500,000

	資産の部	科目	金額	負債・繰越金の部	科目	金額
1	A	前払金	400,000	B	前受金	400,000
2	A	前払金	600,000	B	前受金	600,000
3	A	前受金	400,000	B	前払金	400,000
4	A	前受金	600,000	B	前払金	600,000

◎〔問　15〕　管理組合における以下の①～③の活動に関し、令和6年3月分の仕訳として最も適切なものは、次の1～4のうちどれか。ただし、会計処理は毎月次において発生主義の原則によって処理されているものとする。

（管理組合の会計年度：毎年4月1日から翌年3月31日まで）
活動
　令和6年3月中の管理組合の普通預金の入金の内訳は、次の①～③の通りである。
①　令和6年2月以前分

管理費収入	1月分	100,000円		
	2月分	150,000円	計	250,000円
修繕積立金収入	1月分	10,000円		
	2月分	20,000円	計	30,000円

②　令和6年3月分
　管理費収入　　3月分　250,000円
　修繕積立金収入　3月分　50,000円　　　　計　300,000円
③　令和6年4月分
　管理費収入　　4月分　2,500,000円
　修繕積立金収入　4月分　500,000円　　　計　3,000,000円
　　　　　　　　　　　　　　　　　　合　計　3,580,000円

（単位：円）

1

（借　　方）		（貸　　方）	
普通預金	3,580,000	未収入金	280,000
		管理費収入	250,000
		修繕積立金収入	50,000
		前受金	3,000,000

2

（借　　方）		（貸　　方）	
普通預金	3,580,000	管理費収入	3,000,000
		修繕積立金収入	580,000

3

（借　　方）		（貸　　方）	
普通預金	3,580,000	管理費収入	500,000
		修繕積立金収入	80,000
		前受金	3,000,000

4

（借　　方）		（貸　　方）	
普通預金	3,580,000	未収入金	280,000
		管理費収入	2,750,000
		修繕積立金収入	550,000

◎〔問 16〕 管理組合における以下の①～③の活動に関し、令和6年3月
分の仕訳として最も適切なものは、次の1～4のうちどれか。ただし、
会計処理は毎月次において発生主義の原則によって処理されているも
のとする。

（管理組合の会計年度：毎年4月1日から翌年3月31日まで）

活動

① 令和5年12月1日に壁面の補修のためにA社に発注し、令和6年2
月末日に完了した塗装工事の代金2,350,000円を令和6年3月15日に普
通預金から支払った。

② 令和6年1月10日にB社に1,200,000円で発注した外階段の補修工事
について、令和6年3月15日にB社から完了報告があり、工事代金は
令和6年4月15日に普通預金から支払われる。

③ 令和6年3月1日にC社に350,000円で発注した備品である除雪機
が、令和6年4月1日に納入され、納入後10日以内にその代金が支払
われる契約となっている。

（単位：円）

1

（借　方）		（貸　方）	
未払金	2,350,000	普通預金	2,350,000
修繕費	1,200,000	未払金	1,200,000

2

（借　方）		（貸　方）	
修繕費	3,550,000	普通預金	2,350,000
		未払金	1,200,000

3

（借　方）		（貸　方）	
未払金	2,350,000	普通預金	3,550,000
修繕費	1,200,000		

4	（借　　　方）		（貸　　　方）	
	修繕費	3,550,000	普通預金	3,550,000
	備　品	350,000	未払金	350,000

〔問　17〕　マンションの屋上の防水に関する次の記述のうち、最も不適切なものはどれか。

1　メンブレン防水とは、被膜を形成して防水層を作る工法の総称である。

2　シート防水に用いられる、プラスチック系の材料等で作られたシートは、変形能力が大きく下地の動きに追従する。

3　建築改修工事監理指針によれば、外気温の著しい低下が予想されるときは、塗膜防水を施工しなければならない。

4　ウレタン系塗膜防水工法は、突出物の多い屋上の改修工事の際に、施工が容易なため採用されることが多い。

〔問　18〕　鉄筋コンクリートに関する次の記述のうち、最も不適切なものはどれか。

1　建築基準法によれば、特定の要件を満たす部材を除いて、布基礎の立上り部分を除いた基礎においては、鉄筋に対するコンクリートのかぶり厚さは、捨コンクリートの部分を除き、6cm以上としなければならない。

2　コンクリートは、通常の使用範囲において温度上昇に伴う膨張の程度が鉄筋とほぼ等しい。

3　硬化したコンクリートが、空気中の二酸化炭素の作用によって次第にアルカリ性を失って中性に近づく現象を中性化という。

4　アルカリ骨材反応とは、アルカリ反応性骨材と鉄筋が長期にわたる化学反応により、その鉄筋が発錆（はっせい）し膨張することで、コンクリートにひび割れを生じたり崩壊したりする現象をいう。

〔問 19〕 マンションの構造・部材に関する次の記述のうち、最も不適切なものはどれか。

1 免震装置を設置することにより、建築物がゆっくりと水平移動し、建築物に作用する地震力を低減する構造形式を免震構造という。

2 建築基準法に定める「主要構造部」には、建築物の構造上重要でない間仕切壁は、含まれない。

3 建築基準法によれば、1つの建築物で高さが部分的に異なる場合には、原則として、各部分の高さに応じて異なる構造方法による基礎を併用しなければならない。

4 建築基準法によれば、特定の要件を満たす場合を除いて、各戸の界壁は小屋裏又は天井裏に達していなければならない。

〔問 20〕 上水の給水設備に関する次の記述のうち、最も不適切なものはどれか。

1 水道法によれば、簡易専用水道とは、水道事業の用に供する水道及び専用水道以外の水道であって、水道事業の用に供する水道から供給を受ける水のみを水源とし、その供給を受けるために設けられる水槽の有効容量の合計が20㎥を超えるものをいう。

2 建築基準法により、共同住宅の給水タンクに保守点検用のマンホールを設置する必要がある場合には、そのマンホールは、直径60cm以上の円が内接することができるものとしなければならない。

3 給水管でのウォーターハンマーを防止するために、管内流速が過大とならないように流速は毎秒1.5～2.0m以下が標準とされている。

4 流しの水栓の開口部にあっては、あふれ面と水栓の開口部との垂直距離を保つ等、水の逆流防止のための有効な措置を講ずる。

〔問 21〕 建築基準法及び給排水衛生設備規準・同解説（公益社団法人空気調和・衛生工学会）によれば、排水通気設備に関する次の記述のうち、最も不適切なものはどれか。

1 衛生器具の排水トラップは、二重トラップとならないように設けることとする。

2 通気弁は、吸気機能だけを有する弁で、排水通気管内が負圧になる部分のみに設ける。

3 特殊継手排水システムは、超高層共同住宅に対応するために、伸頂通気管と通気立て管を併設し、許容排水流量を大きくした排水通気方式である。

4 排水立て管の管径は、どの階においても最下部の管径と同一とする。

〔問 22〕 換気設備に関する次の記述のうち、最も不適切なものはどれか。

1 建築基準法のホルムアルデヒドに関する技術的基準によれば、住宅等の居室における機械換気設備（居室内の空気を浄化して供給する方式を用いるものを除く。）の必要有効換気量は、居室の床面積に天井高さを乗じたものの0.5倍である。

2 全熱交換型の換気は、「第2種換気方式」である。

3 建築基準法によれば、換気設備を設けるべき調理室等に、火を使用する設備又は器具の近くに排気フードを有する排気筒を設ける場合においては、排気フードは、不燃材料で造らなければならない。

4 浴室や便所等の換気に用いる「第3種換気方式」では、必要換気量を確保するために、換気扇の運転時に給気を確保できるよう十分な大きさの給気口を設ける必要がある。

〔問 23〕 建築基準法第2条（用語の定義）に関する次の記述のうち、最も不適切なものはどれか。

1 特殊建築物には、病院、劇場、百貨店、工場などのほか、共同住宅も含まれる。

2 建築設備とは、建築物に設ける電気、ガス、給水、排水、換気、暖

房、冷房、消火、排煙若しくは汚物処理の設備又は煙突、昇降機若しくは避雷針をいう。

3　居室とは、居住、執務、作業、集会、娯楽その他これらに類する目的のために継続的に使用する室をいう。

4　建築とは、建築物を新築し、増築し、改築し、移転し、大規模の修繕をし、又は大規模の模様替えをすることをいう。

〔問　24〕　防火管理者に関する次の記述のうち、消防法によれば、最も不適切なものはどれか。ただし、本問において共同住宅とは消防法施行令別表第一（五）項ロに掲げる防火対象物とする。

1　高さ40mの共同住宅で100人が居住している場合に、その管理について権原が分かれているものの管理について権原を有する者は、統括防火管理者を協議して定めなければならない。

2　法第8条第1項の管理について権原を有する者は、政令で定める資格を有する者のうちから防火管理者を定め、政令で定めるところにより、消防計画に基づく消火、通報及び避難の訓練の実施を行わせなければならない。

3　法第8条第1項の管理について権原を有する者は、管理的又は監督的な地位にある者のいずれもが遠隔の地に勤務していることその他の事由により防火管理上必要な業務を適切に遂行することができない場合であっても、防火管理業務を外部へ委託することはできない。

4　法第8条第1項の管理について権原を有する者は、政令で定める資格を有する者のうちから防火管理者を定め、政令で定めるところにより、避難又は防火上必要な構造及び設備の維持管理を行わせなければならない。

〔問　25〕　長期修繕計画の対象の範囲に関する次の記述のうち、長期修繕計画作成ガイドラインによれば、最も不適切なものはどれか。

1　単棟型のマンションの場合は、管理規約に定めた組合管理部分であ

る敷地を全て対象とする。

2　単棟型のマンションの場合は、専有部分を全て対象としない。

3　団地型のマンションの場合は、一般的に、団地全体の土地、附属施設及び団地共用部分を対象とする。

4　団地型のマンションの場合は、一般的に、各棟の共用部分を対象とする。

〔問　26〕　長期修繕計画作成ガイドラインに用いられている用語の定義について、最も不適切なものはどれか。

1　推定修繕工事とは、長期修繕計画において、計画期間内に見込まれる修繕工事（補修工事（経常的に行う補修工事を除く。）を含む。以下本問において同じ。）及び改修工事をいう。

2　計画修繕工事とは、長期修繕計画に基づいて計画的に実施する修繕工事及び改修工事をいう。

3　修繕工事費とは、計画修繕工事の実施に要する費用をいう。

4　修繕積立金とは、推定修繕工事に要する費用に充当するための積立金をいう。

〔問　27〕　長期修繕計画の見直しに関する以下のア～ウの記述のうち、長期修繕計画作成ガイドラインによれば、適切なものを全て含む組合せは、次の1～4のうちどれか。

ア　大規模修繕工事と大規模修繕工事の中間の時期に単独で、長期修繕計画の見直しを行う。

イ　大規模修繕工事の直前に基本計画の検討に併せて、長期修繕計画の見直しを行う。

ウ　大規模修繕工事の実施の直後に修繕工事の結果を踏まえて、長期修繕計画の見直しを行う。

1　ア

2　ア・ウ

3　イ・ウ

4　ア・イ・ウ

〔問　28〕　監事の職務に関する次の記述のうち、標準管理規約（単棟型）によれば、適切なものはいくつあるか。

ア　監事は、管理組合の業務執行及び財産の状況について不正があると認めるときは、臨時総会を招集することができる。

イ　監事は、当該会計年度の収支決算案の会計監査をし、通常総会に報告し、その承認を得なければならない。

ウ　監事は、理事の業務執行が著しく不当であると認めるときは、直ちに理事会を招集することができる。

エ　監事は、理事が理事会の決議に違反する事実があると認めるときは、遅滞なく、その旨を理事会に報告しなければならない。

1　一つ

2　二つ

3　三つ

4　四つ

〔問　29〕　団地の雑排水管等の管理及び更新工事に関する次の記述のうち、標準管理規約（団地型）によれば、適切なものはいくつあるか。

ア　全棟の雑排水管の高圧洗浄に要する費用は、その年度の事業計画・予算の承認を得ていれば、管理費から支出することができる。

イ　各棟の雑排水管の立て管及び継手部分の更新工事に要する費用は、各棟修繕積立金から支出することができない。

ウ　新築時から全棟の全住戸に設置されている給湯器ボイラーの一斉取替えに要する費用は、管理組合の普通決議により、団地修繕積立金から支出することができる。

エ　集会所の雑排水管の更新工事に要する費用は、管理組合の普通決議により、団地修繕積立金から支出することができる。

1 一つ
2 二つ
3 三つ
4 四つ

〔問 30〕 次の記述のうち、標準管理規約（単棟型）又は標準管理規約
（複合用途型）によれば、適切なものはいくつあるか。

ア 窓枠及び窓ガラスの一斉交換工事は、総会の普通決議により行うこ
とができる。
イ 店舗用階段を店舗用エレベーターに変更する工事を行うためには、
店舗部会の特別多数決議のみで足りる。
ウ 新築時から全戸に設置されている台所・浴室の換気扇の一斉取替え
は、総会の普通決議により行うことができる。
エ ＩＴ化工事に関し、既存のパイプスペースを利用して光ファイ
バー・ケーブルを敷設する工事は、総会の普通決議により行うことが
できる。

1 一つ
2 二つ
3 三つ
4 四つ

〔問 31〕 甲マンションにおいて、理事会に出席できない理事の取扱い
等に関する次の記述のうち、標準管理規約（単棟型）によれば、最も
適切なものはどれか。なお、甲マンションの管理規約は、標準管理規
約（単棟型）と同一の定めがあるものとし、そのコメントに基づく別
段の定めはないものとする。

1 外国に出張中で理事会に出席できない理事がいたが、議長（理事長）
一任の委任状の提出を求めた。
2 議題が「長期修繕計画の変更案について」と既に決まっていたため、

理事会に出席できない理事には議決権行使書の提出を求めた。

3　専有部分の改良工事の申請について、理事会に出席できない理事がいたため、電磁的方法による決議をしようとしたとき、監事は電磁的方法について反対したが、理事の過半数の承諾があったので、当該申請について電磁的方法により理事会で決議した。

4　病気で入院中の理事がいたので、その理事に代わって、その理事の配偶者に、理事会への出席と決議への参加を求めた。

〔問　32〕　共用部分及びその持分等に関する次の記述のうち、区分所有法の規定によれば、最も不適切なものはどれか。

1　区分所有者が数個の専有部分を所有する場合の各敷地利用権の割合は、共用部分の持分の割合と同一であり、規約で別段の定めをすることができない。

2　共用部分の管理に関する事項であっても、それが専有部分の使用に特別の影響を及ぼすべきときは、その専有部分の所有者の承諾を得なければならない。

3　共用部分の持分の割合と管理費等の負担割合は、一致しないこともある。

4　共用部分の共有者は、この法律に別段の定めがある場合を除いて、その有する専有部分と分離して共用部分の持分を処分することができない。

〔問　33〕　共用部分の変更（その形状又は効用の著しい変更を伴わないものを除く。）又は規約の変更を集会で決議する場合に関する次の記述のうち、区分所有法の規定によれば、適切なものはいくつあるか。

ア　集会決議の要件に関し、共用部分の変更については、規約で別段の定めをして区分所有者の定数のみを過半数まで減ずることはできるが、規約については、同様の変更はできない。

イ　共用部分の変更は、区分所有者全員の承諾があれば、集会によらず

書面による決議ですることができるが、規約の変更は、集会によらず書面による決議ですることはできない。

ウ　集会の招集通知を発するに際して、共用部分の変更にかかる議案については、議案の要領を各区分所有者に通知しなければならないが、規約の変更にかかる議案については、その必要はない。

エ　規約の変更は、その規約事項について区分所有者間の利害の衡平が図られなければならない。

1　一つ
2　二つ
3　三つ
4　四つ

〔問　34〕　区分所有法の規定によれば、建替え決議が可決した後、建替えに参加するか否かの催告期間が終了するまでの間に、次の行動をとった区分所有者に対し、買受指定者として定められている者が、当該催告期間経過後に、売渡請求できるのはどれか。

1　建替え決議で建替えに賛成したが、事情により建替えに参加できない旨を申し出た。
2　建替え決議で建替えに反対したが、建替えに参加する旨を回答し、その後さらに、その回答を撤回して、参加しない旨を申し出た。
3　建替え決議で建替えに反対し、建替えに参加しない旨を回答したが、その後さらに、その回答を撤回して、参加する旨を申し出た。
4　建替え決議で議決権を行使しなかったが、建替えに参加するか否かの回答もしなかった。

〔問　35〕　管理組合法人に関する次の記述のうち、区分所有法の規定によれば、最も不適切なものはどれか。

1　代表理事を管理者とする旨を規約で定めても無効である。
2　管理組合法人及び理事について、その代理権に加えた制限を規約で

定めても、善意の第三者に対抗することができない。

3　代表権のない理事を置くことを規約で定めても無効である。

4　監事の任期を３年間とすることを規約で定めることができる。

〔問　36〕　総住戸数96（この中には、１人で２住戸を所有する区分所有
　　者が６人おり、それ以外に２人で１住戸を共有する住戸が３つ含まれ
　　る。）の甲マンションにおける総会に関する次のア〜エの記述のうち、
　　標準管理規約（単棟型）によれば、不適切なものはいくつあるか。た
　　だし、議決権については１住戸１議決権の定めがあるものとする。

ア　総会開催のための招集通知書は、最低93部が必要である。

イ　総会の会議は、出席する組合員の議決権数の合計が49以上でなけれ
　　ば成立しない。

ウ　理事長に対し会議の目的を示して総会の招集を請求するためには、
　　組合員数18以上及び議決権数20以上の同意が必要である。

エ　総会で規約変更の決議をするためには、組合員数68以上及び議決権
　　数72以上の賛成が必要である。

1　一つ

2　二つ

3　三つ

4　四つ

〔問　37〕　次に掲げるもののうち、区分所有法第４条第２項の規定によ
　　り規約共用部分とすることができるものは、どれか。

1　団地内にある集会場に使われている建物

2　建物横に設置した屋根のない駐輪場

3　区分所有者全員が利用可能な専有部分

4　エントランスホール

〔問 38〕 次の記述のうち、区分所有法の規定、標準管理規約（単棟型）及び判例によれば、理事会の決議のみで行うことができるものはいくつあるか。

ア 管理組合の業務を委託するマンション管理業者を変更すること。

イ 組合員が利用していないマンションの屋上部分に、携帯電話基地局の設置を認めて、電信電話会社から賃料収益を得る契約を締結すること。

ウ 敷地及び共用の施設での禁煙細則案と、それに伴う規約の改正案を検討するために、別途の予算を要さずに組合員で構成される専門委員会を設置すること。

エ 管理者である理事長が1箇月入院することになったため、理事長と他の理事との職務を交代すること。

1 一つ
2 二つ
3 三つ
4 四つ

〔問 39〕 次の記述のうち、判例によれば、適切なものはいくつあるか。

ア 特定の専有部分の排水を階下の専有部分の天井裏の枝管を通じて排水する場合、その枝管は、その構造及び設置場所に照らし、専有部分に属しない建物の附属物に当たり、区分所有者全員の共用部分と解される。

イ 区分所有者の全員又は管理組合法人が、共同利益背反行為をした賃借人に係る賃貸借契約を解除し、賃借人に対し、当該専有部分の引渡しを求める集会決議をするには、あらかじめ、賃貸人たる区分所有者及び当該賃借人に対し、弁明の機会を与えなければならない。

ウ 管理組合は、区分所有者全員の共有に属する敷地につき、一部の区分所有者に係る駐車場専用使用料の増額について、その必要性及び合理性が認められ、かつ、その増額された額が社会通念上相当な額であ

ると認められる場合には、規約又は集会決議をもって、その専用使用権者の承諾を得ることなく増額を決することができる。

エ　政党ビラの配布行為は、憲法21条１項で保障されている表現の自由の行使に該当することから、マンションの各住戸のポストへの政党ビラの投函のために各階の廊下等に立ち入る行為が住居侵入罪（刑法130条）に該当することはない。

1　一つ

2　二つ

3　三つ

4　四つ

〔問　40〕　マンションの売買又は賃貸借に関する次の記述のうち、消費者契約法が適用されるものはいくつあるか。

ア　マンションの分譲業者が、マンションの一住戸を合同会社に、その従業員の個人居住用として使用することの明示を受けて売却する契約

イ　宅地建物取引業者が、いわゆる「買取再販事業」として、既存のマンションを購入し、個人に居住用として売却する契約

ウ　個人が、マンションの賃貸業者から、１階の店舗部分を店舗用として賃借する契約

エ　マンションの賃貸業者から、マンションの一住戸を個人の居住用として賃借する契約の場合に、その賃借人が個人の宅地建物取引業者であるとき

1　一つ

2　二つ

3　三つ

4　四つ

〔問 41〕 区分所有者Ａが、自己の所有するマンションの専有部分をＢに賃貸する契約において、ＡＢ間で合意した次の特約のうち、民法及び借地借家法の規定によれば、無効であるものを全て含む組合せはどれか。

ア　Ｂが、賃料を滞納した場合には、Ａは、直ちに専有部分に入る玄関扉の鍵を取り替える特約

イ　Ｂは、賃貸借の契約期間中、中途解約できる特約

ウ　Ｂが死亡したときは、同居する相続人がいる場合であっても、賃貸借契約は終了する特約

エ　ＢがＡの同意を得て建物に付加した造作であっても、賃貸借契約の終了に際して、造作買取請求はできない特約

1　エ
2　ア・イ
3　ア・ウ
4　イ・ウ・エ

〔問 42〕 各種の法令に関する次の記述のうち、最も適切なものはどれか。

1　「景観法」によれば、景観計画区域内において、マンション等の建築物の外観を変更することとなる修繕若しくは模様替又は色彩の変更を行おうとする者は、あらかじめ、国土交通省令で定めるところにより、行為の種類、場所、設計又は施行方法、着手予定日その他国土交通省令で定める事項を景観行政団体の長に届け出なければならない。

2　「動物の愛護及び管理に関する法律」によれば、動物の所有者又は占有者は、その所有し、又は占有する動物の逸走を防止するために必要な措置を講じなければならず、これに違反した場合は、同法により一定の罰則が科せられる。

3　「個人情報の保護に関する法律」によれば、取り扱う個人情報によって識別される特定の個人の数の合計が、過去６月以内のいずれの日に

おいても5,000を超えない管理組合は、同法の個人情報取扱事業者に
該当しない。
4　「浄化槽法」によれば、浄化槽管理者は、使用されている浄化槽に
ついては、3年に1回、保守点検及び清掃をしなければならない。

◎〔問　43〕　国土交通省が公表している分譲マンションの新規供給戸数及
びストック戸数の推計に関する次の記述のうち、最も適切なものはど
れか。

1　築40年超の分譲マンションの戸数は、令和4年末において、分譲マ
ンションストック総数の約3割を占めている。
2　公表の対象となっている分譲マンションとは、中高層（3階建て以
上）・分譲・共同建で、鉄筋コンクリート、鉄骨鉄筋コンクリート又
は鉄骨造の住宅をいう。
3　令和4年末における分譲マンションストック総数に対して、令和2
年の国勢調査による一世帯当たり平均人員をかけると、国民の約2割
が分譲マンションに居住していることになる。
4　令和4年末現在の分譲マンションストック総数は、約500万戸であ
る。

〔問　44〕　賃貸住宅管理業法によれば、次の記述のうち、最も適切なも
のはどれか。ただし、勧誘者とは、特定転貸事業者が特定賃貸借契約
の締結についての勧誘を行わせる者をいう。

1　特定転貸事業者又は勧誘者は、特定賃貸借契約に基づき賃借した賃
貸住宅を第三者に転貸する事業に係る特定賃貸借契約の条件について
広告をするときは、特定賃貸借契約に基づき特定転貸事業者が支払う
べき家賃、賃貸住宅の維持保全の実施方法、特定賃貸借契約の解除に
関する事項その他の国土交通省令で定める事項について、著しく事実
に相違する表示をし、又は実際のものよりも著しく優良であり、若し
くは有利であると人を誤認させるような表示をしてはならない。

2 　特定転貸事業者は、特定賃貸借契約を締結しようとするときは、特定賃貸借契約の相手方となろうとする者（特定転貸事業者である者その他の特定賃貸借契約に係る専門的知識及び経験を有すると認められる者として国土交通省令で定めるものを除く。）に対し、業務管理者をして、当該特定賃貸借契約を締結するまでに、特定賃貸借契約の内容及びその履行に関する事項であって国土交通省令で定めるものについて、書面を交付して説明しなければならない。

3 　特定転貸事業者は、国土交通省令で定めるところにより、当該特定転貸事業者の業務及び財産の状況を記載した書類を、特定賃貸借契約に関する業務を行う営業所又は事務所に備え置き、特定賃貸借契約の相手方又は相手方となろうとする者の求めに応じ、その写しを交付しなければならない。

4 　特定転貸事業者は、第29条の不当な勧誘等の禁止の規定に違反して、故意に事実を告げない場合、懲役若しくは罰金に処せられるか、又はこれを併科されるが、勧誘者は、特定転貸事業者と同様に違反したとしても罰則の対象にはならない。

〔問　45〕　宅地建物取引業者Ａが自ら売主としてマンションの一住戸の売買を行う場合、宅地建物取引業法第35条の規定に基づく重要事項の説明に関する次の記述のうち、最も適切なものはどれか。なお、説明の相手方は宅地建物取引業者ではないものとし、また、重要事項説明書の交付に代えて電磁的方法により提供する場合については考慮しないものとする。

1 　Ａは、「水防法施行規則」第11条第１号の規定により当該マンションが所在する市町村の長が提供する図面に当該マンションの位置が表示されているときは、当該図面における当該マンションの所在地を買主に説明しなければならない。

2 　Ａは、当該マンションについて、石綿の使用の有無を買主に説明するために、自らその調査を行わなければならない。

3 　Ａは、当該マンションが既存の建物である場合には、当該マンショ

ンについて、建物状況調査結果の概要を記載した書面で、買主に説明するために、自らその調査を実施しなければならない。

4　Aは、台所、浴室、便所その他の当該住戸の設備の整備の状況について、記載した書面で、買主に説明しなければならない。

〔問　46〕　マンション管理業者が行うマンション管理適正化法に基づく契約の成立時の書面の交付に関する次の記述のうち、最も不適切なものはどれか。ただし、同法第73条第3項における、管理者等及び区分所有者等の承諾は得ていないものとする。

1　法第73条第1項の規定によれば、マンション管理業者は、管理組合から管理事務の委託を受けることを内容とする契約を締結したときは、当該管理組合の管理者等（当該マンション管理業者が当該管理組合の管理者等である場合又は当該管理組合に管理者等が置かれていない場合にあっては、当該管理組合を構成するマンションの区分所有者等全員）に対し、遅滞なく、契約の成立時の書面を交付しなければならない。

2　マンション管理業者は、法第73条第1項の規定に基づく書面の交付に代えて、当該書面に記載すべき事項を、電子情報処理組織を使用する方法その他の情報通信の技術を利用する方法により提供する場合においては、管理組合の管理者等又は管理組合を構成するマンションの区分所有者等の承諾を得る必要はない。

3　法第73条第1項の規定によれば、マンション管理業者が、管理組合から管理事務の委託を受けることを内容とする契約を締結した場合において、管理事務の一部の再委託に関する定めがあるときは、契約の成立時に交付する書面にその内容を記載しなければならない。

4　マンション管理業者が、法第73条第1項の規定に違反して、虚偽の記載のある書面を交付したときは、30万円以下の罰金に処せられる。

〔問　47〕　マンション管理業者がマンション管理適正化法第72条の規定に基づく重要事項を記載した書面の交付、説明を行う場合における次の記述のうち、マンション管理適正化法によれば、適切なものはいくつあるか。ただし、同法第72条第6項における、管理者等及び区分所有者等の承諾は得ていないものとする。

ア　マンション管理業者は、新たに建設されたマンションが分譲された場合、当該マンションの人の居住の用に供する独立部分の引渡しの日のうち最も早い日から1年の間に契約期間が満了する管理組合との管理受託契約を締結しようとするときであっても、当該管理組合を構成するマンションの区分所有者等及び当該管理組合の管理者等に対し、重要事項を記載した書面を交付し、管理業務主任者をして、説明をさせなければならない。

イ　マンション管理業者は、重要事項説明会の開催日の1週間前までに説明会の開催の日時及び場所について、管理組合を構成するマンションの区分所有者等及び管理組合の管理者等の見やすい場所に掲示しなければならない。

ウ　マンション管理業者は、重要事項説明会を開催するときは、できる限り説明会に参加する者の参集の便を考慮して開催の日時及び場所を定め、管理事務の委託を受けた管理組合ごとに開催するものとする。

エ　法第72条第3項の規定によれば、マンション管理業者は、従前の管理受託契約と同一の条件で管理組合との管理受託契約を更新しようとする場合において、当該管理組合に管理者等が置かれているときは、当該管理者等に対し、管理業務主任者をして、重要事項について、これを記載した書面を交付して説明をさせなければならない。

1　一つ
2　二つ
3　三つ
4　四つ

〔問 48〕 管理業務主任者及び管理業務主任者証に関する次の記述のうち、マンション管理適正化法によれば、適切なものはいくつあるか。

ア 管理業務主任者証の有効期間は、5年である。

イ 管理業務主任者が、管理業務主任者証がその効力を失ったにもかかわらず、速やかに、管理業務主任者証を国土交通大臣に返納しない場合は、10万円以下の過料に処せられる。

ウ 管理業務主任者証の有効期間は、申請により更新することができる。

エ 管理業務主任者が、管理業務主任者として行う事務に関し、不正又は著しく不当な行為をし、その情状が特に重いときは、国土交通大臣は、当該管理業務主任者の登録を取り消さなければならない。

1 一つ
2 二つ
3 三つ
4 四つ

〔問 49〕 マンション管理業者が行うマンション管理適正化法第76条の規定に基づく管理組合の財産の分別管理に関する次の記述のうち、マンション管理適正化法によれば、適切なものを全て含む組合せはどれか。

ア マンション管理業者は、管理組合から委託を受けて管理する修繕積立金等については、自己の固有財産及び他の管理組合の財産と分別して管理しなければならない。

イ マンション管理業者は、同法施行規則第87条第2項第1号ハに定める方法により収納・保管口座で修繕積立金等金銭を管理する場合にあっては、マンションの区分所有者等から徴収される1月分の修繕積立金等金銭の合計額以上の額につき有効な保証契約を締結していなければならない。

ウ　マンション管理業者は、修繕積立金等金銭を管理するにあたり、管理組合に管理者等が置かれていない場合で管理者等が選任されるまでの比較的短い期間に限り保管する場合を除き、保管口座又は収納・保管口座に係る管理組合等の印鑑、預貯金の引出用のカードその他これらに類するものを管理してはならない。

エ　保管口座とは、マンションの区分所有者等から徴収された修繕積立金を預入し、又は修繕積立金等金銭若しくは管理組合又はマンションの区分所有者等から受領した管理費用に充当する金銭の残額を収納口座から移し換え、これらを預貯金として管理するための口座であって、管理組合等を名義人とするものをいう。

1　ア・ウ
2　イ・エ
3　ア・ウ・エ
4　ア・イ・ウ・エ

〔問 50〕　マンション管理業の登録に関する次の記述のうち、マンション管理適正化法によれば、適切なものを全て含む組合せはどれか。

ア　マンション管理業の更新の登録を受けようとする者は、登録の有効期間満了の日の90日前から30日前までの間に登録申請書を提出しなければならない。

イ　マンション管理業者が更新の登録の申請を行った場合において、従前の登録の有効期間の満了の日までにその申請に対する処分がなされないときは、当該マンション管理業者の従前の登録は、当該有効期間の満了後もその処分がなされるまでの間は、なお効力を有する。

ウ　マンション管理業を営もうとする者は、法人でその役員のうちに、「暴力団員による不当な行為の防止等に関する法律」第2条第6号に規定する暴力団員又は同号に規定する暴力団員でなくなった日から5年を経過しない者がいた場合は、マンション管理業の登録を受けることができない。

エ　マンション管理業者が、マンション管理業を廃止した場合において
　　は、その日から2週間以内に、その旨を国土交通大臣に届け出なけれ
　　ばならない。
1　ア・イ
2　ア・ウ
3　ア・イ・ウ
4　イ・ウ・エ

令和2年度

試 験 問 題

分野	問	テーマ	分野	問	テーマ
❶ 管理に関する法令・実務	1	民法（相続）	❸ 建物と設備の形質・構造	25	品確法（総合）
	2	民法（請負契約）		26	長期修繕計画作成ガイドライン
	3	民法（制限行為能力）		27	長期修繕計画作成ガイドライン
	4	民法（不法行為）		28	長期修繕計画作成ガイドライン
	5	民法（代理）	❹ 管理組合の運営	29	区分所有法（集会）
	6	民法（債務不履行解除）		30	区分所有法・標準管理規約（総会の招集通知）
	7	標準管理委託契約書		31	標準管理規約（共有部分の工事における総会の決議要件）
	8	標準管理委託契約書		32	区分所有法・標準管理規約（集会に出席することができる者）
	9	標準管理委託契約書（マンションの維持・修繕に関する企画・実施の調整）		33	区分所有法・標準管理規約（管理組合法人・管理組合）
❷ 管理組合の税務・会計	10	民事訴訟法・裁判所法（管理費の滞納）		34	区分所有法（共用部分）
	11	民事訴訟法（少額訴訟）		35	区分所有法（敷地）
	12	標準管理規約（管理組合の会計等）		36	区分所有法（管理所有）
	13	標準管理規約（管理組合の役員）		37	区分所有法（区分所有者の責任）
	14	税務・会計（管理組合の税務）		38	区分所有法（公正証書による原始規約）
	15	税務・会計（仕訳）		39	民法（不法行為・最高裁判所判決）
	16	税務・会計（仕訳）		40	不動産登記法
❸ 建物と設備の形質・構造	17	建築基準法（総合）		41	個人情報保護法
	18	建築基準法（建築確認等）		42	住宅宿泊事業法・ガイドライン
	19	建築設備（換気）		43	民法・借地借家法
	20	消防法（防火管理者）		44	各種法令
	21	建築設備（住宅用防災機器）		45	宅建業法（重要事項の説明）
	22	建築材料（アスベスト）	❺ マンション管理適正化法	46	適正化法（管理業務主任者・管理業務主任者証）
	23	建築設備（給排水衛生設備）		47	適正化法（マンション管理業者の業務）
	24	バリアフリー法		48	適正化法（組合財産の分別管理）
				49	適正化法（マンション管理業の登録）
				50	適正化法（重要事項の説明等・契約の成立時の書面の交付）

〔問 1〕 土地甲を所有するAが死亡した場合に、甲の相続に関する次の記述のうち、民法の規定によれば、正しいものはどれか。なお、Aには配偶者B、子C、直系尊属の父Dのみがいるものとする。

1 AとCは同乗する飛行機の墜落事故で死亡したが、AとCのどちらが先に死亡したか明らかでない場合は、Dの相続分は2分の1である。

2 Aが死亡した後に、Cが交通事故で死亡した場合には、Bのみが甲を相続する。なお、Cには配偶者及び直系卑属はいないものとする。

3 Aが死亡する前に、Cが交通事故で死亡していた場合には、Bの相続分は2分の1である。

4 BとCが法定相続分に従い甲を共同相続したが、その後、Cが甲の共有持分を放棄した場合には、その持分は国庫に帰属する。

〔問 2〕 マンションの区分所有者Aは、リフォーム会社Bとの間で、住戸内の浴室をリフォームする内容の請負契約（以下、本問において「本件契約」という。）を締結したが、この場合に関する次の記述のうち、民法の規定によれば、誤っているものはどれか。

1 Bの施工ミスにより浴室から水漏れが生じていても、修補が可能な場合には、AはBに対して、直ちに代金減額請求をすることはできない。

2 Bの工事完成前に、Aが破産手続開始の決定を受けたときは、B又は破産管財人は、本件契約の解除をすることができる。

3 Bが本件契約内容に適合した工事を完成させた場合であっても、Aは、Bに生じる損害を賠償すれば、本件契約の解除をすることができる。

4 Bの工事完成後に、完成品に本件契約内容との不適合があることをAが知った場合には、AはBに対し、その時から1年以内にその旨を通知しなければ、追完請求としての修補請求をすることはできない。

〔問　3〕　Aが所有するマンションの一住戸甲の売却に関する次の記述のうち、民法の規定によれば、正しいものはどれか。

1　成年被後見人であるAが、甲を第三者に売却した場合に、Aが成年後見人Bの事前の同意を得ていたときは、Aは、甲の売買を取り消すことができない。

2　行為能力者であるAが、Cを代理人として甲を第三者に売却した場合に、代理行為の時にCが被保佐人であったときは、Aは、Cの制限行為能力を理由に、甲の売買を取り消すことができる。

3　被保佐人であるAが、保佐人Dの同意を得ることなく甲を売却した後に、相手方がAに対し、1箇月以上の期間を定めて、Dの追認を得るべき旨の催告をした場合において、Aがその期間内にその追認を得た旨の通知を発しないときは、Dがその行為を追認したものとみなされる。

4　被保佐人であるAが甲を売却しようとした場合に、保佐人であるEが、Aの利益を害するおそれがないにもかかわらずこれに同意をしないときは、家庭裁判所は、Aの請求により、Eの同意に代わる許可を与えることができる。

〔問　4〕　マンションにおいて不法行為が発生した場合に関する次の記述のうち、民法及び区分所有法の規定並びに判例によれば、正しいものはどれか。

1　マンション甲の管理組合法人でない管理組合Aから甲の外壁の修繕工事を依頼された施工会社Bの従業員Cが、建物の周囲に足場を組んでいたところ、その部品が外れて落下し、通行人Dが負傷した場合には、Aが損害賠償責任を負う。

2　マンション乙の外壁のタイルが落下し、通行人Eが負傷した場合には、管理組合法人FがEに対して負う損害賠償債務は、EがFに損害賠償を請求した時点で履行遅滞になる。

3　マンション丙において、区分所有者Gが所有し、現に居住している

専有部分に設置又は保存に瑕疵があり、それにより他人に損害が発生した場合には、当該瑕疵が丙の建築工事を請負った施工会社Hの過失によるものであっても、Gは損害賠償責任を免れない。

4　マンション丁において、区分所有者Iの17歳の子Jが、丁の敷地内を自転車で走行中に不注意で他の区分所有者Kに衝突し、Kが負傷した場合には、KはIに対して損害賠償を請求することはできるが、Jに対しては、原則として損害賠償を請求できない。

〔問　5〕　AがマンションＢ管理業者Ｂの代理人と称して、マンション甲の管理組合Ｃとの間で管理委託契約（以下、本問において「本件契約」という。）を締結したが、Ａは代理権を有していなかった場合に関する次の記述のうち、民法の規定によれば、誤っているものはどれか。

1　ＣがＢに対し、相当の期間を定めて、その期間内に本件契約を追認するかどうかを確答すべき旨の催告をしたが、当該期間内にＢから確答を得られなかった場合には、Ｂは、追認をしたものとみなされる。

2　Ｃは、本件契約の締結時に、Ａが代理権を有していないことを知らなかったときは、Ｂが追認しない間は、本件契約を取り消すことができる。

3　Ｂが本件契約の追認を拒絶した場合には、Ｃは、Ａに対し、Ｃの選択に従い、損害賠償の請求又は契約の履行を請求することができる。

4　Ａが本件契約の締結時に制限行為能力者であった場合に、Ａの代理行為が制限行為能力を理由に取り消されたときは、ＣはＡに対し、無権代理人の責任を追及することができない。

〔問　6〕　マンションの管理組合Ａとマンション管理業者Ｂとの間の管理委託契約が、Ａの責めに帰する事由がなく、Ｂの債務不履行を理由として解除された場合に関する次の記述のうち、民法の規定によれば、誤っているものはどれか。

1　Ａは、この解除の意思表示を撤回することができない。

2 ＡＢ間の管理委託契約の解除により、Ｂが、Ａに対して、受領した
金銭を返還する義務を負う場合は、Ｂは受領した金額を返還すればよ
く、利息を付す必要はない。

3 Ｂの債務の全部が履行不能である場合には、それについてＢの責め
に帰する事由がないときでも、Ａは直ちに管理委託契約を解除するこ
とができる。

4 Ｂの債務の履行不能が一部である場合であっても、残存する部分の
みでは契約の目的を達することができないときは、Ａは契約の全部を
解除することができる。

◎〔問 7〕 次のア～エの記述のうち、標準管理委託契約書の定めによれ
ば、適切なものはいくつあるか。

ア 管理組合及び管理業者は、その相手方が、本契約に定められた義務
の履行を怠った場合は、直ちに本契約を解除することができる。

イ 管理組合は、管理業者に、破産手続、会社更生手続、民事再生手続
その他法的倒産手続開始の申立て、若しくは私的整理の開始があった
ときは、本契約を解除することができる。

ウ 管理組合は、管理業者がマンション管理適正化法の規定に違反し、
マンション管理業の登録の取消しの処分を受けたときは、本契約を解
除することができる。

エ 管理組合及び管理業者は、その相手方に対し、少なくとも一月前に
書面で解約の申入れを行うことにより、本契約を終了させることがで
きる。

1 一つ
2 二つ
3 三つ
4 四つ

◎〔問 8〕 次の記述のうち、標準管理委託契約書の定めによれば、最も不適切なものはどれか。

1 管理業者は、建物・設備管理業務の全部を第三者に再委託することはできない。

2 管理業者は、管理事務を第三者に再委託した場合においては、再委託した管理事務の適正な処理について、管理組合に対して、責任を負う。

3 管理業者は、事務管理業務の管理事務の全部を第三者に再委託することはできないが、その一部を第三者に再委託することはできる。

4 管理業者は、契約締結時に再委託先の名称が明らかな場合又は契約締結後に明らかになったときには、管理組合に通知することが望ましい。

◎〔問 9〕 マンションの維持又は修繕に関する企画又は実施の調整の業務に関する次のア～エの記述のうち、標準管理委託契約書の定めによれば、適切なものはいくつあるか。

ア 管理業者は、管理組合の長期修繕計画の見直しのため、管理事務を実施する上で把握した本マンションの劣化等の状況に基づき、当該計画の修繕工事の内容、実施予定時期、工事の概算費用若しくは修繕積立金の見直しが必要であると判断した場合には、書面をもって管理組合に助言する。

イ 管理業者が、管理組合の委託により、長期修繕計画案の作成業務並びに建物・設備の劣化状況等を把握するための調査・診断の実施及びその結果に基づき行う当該計画の見直し業務を実施する場合には、管理委託契約とは別個の契約にすることが望ましい。

ウ 管理業者は、管理組合が本マンションの維持又は修繕（大規模修繕を除く修繕又は保守点検等。）を外注により、当該管理業者以外の業者に行わせる場合には、見積書の受理、管理組合と受注業者との取次ぎ、実施の確認を行う。

エ　「大規模修繕」とは、建物の全体又は複数の部位について、修繕積立金を充当して行う計画的な修繕又は特別な事情により必要となる修繕等をいう。

1　一つ
2　二つ
3　三つ
4　四つ

〔問　10〕　マンション甲の管理組合の理事長兼管理者Aが、甲の管理費を滞納する区分所有者Bに対して、滞納管理費の請求訴訟を提起する場合に関する次の記述のうち、民事訴訟法及び裁判所法の規定によれば、誤っているものはどれか。

1　Aは、裁判所に対して訴えを提起する前に、Bに対して内容証明郵便による催告を行うことが必要である。
2　Bが行方不明である場合であっても、AがBに対して裁判所に訴えを提起することはできる。
3　Bの滞納額が140万円を超えない場合は、Aは、簡易裁判所に対して訴えを提起することができる。
4　Aが、裁判所に訴えを提起した場合に、Bが甲とは別の場所を生活の本拠としているときは、裁判所からのBへの訴状は、Bが生活の本拠としている住所に送達される。

〔問　11〕　少額訴訟に関する次の記述のうち、民事訴訟法によれば、正しいものはどれか。

1　少額訴訟による審理及び裁判を求めることができる回数は、同一人が、同一の簡易裁判所において、同一年に10回までである。
2　少額訴訟の終局判決に不服のある当事者は、控訴をすることができる。
3　少額訴訟の被告は、いつでも、通常の訴訟手続に移行させる旨の申述をすることができる。

4　少額訴訟における被告は、反訴を提起することができる。

〔問　12〕　管理組合の会計等に関する次の記述のうち、標準管理規約の
　　定めによれば、最も適切なものはどれか。

1　管理組合は、通常の管理に要する経費の支払いに不足が生じた場合
　には、理事長は、理事会の決議を経て、業務を行うため必要な範囲内
　の借入れをすることができる。
2　管理組合は、収支決算の結果、管理費に余剰を生じた場合には、そ
　の余剰は修繕積立金として積み立てなければならない。
3　管理組合は、管理費等に不足を生じた場合には、総会の決議により、
　組合員に対して共用部分の共有持分に応じて、その都度必要な金額の
　負担を求めることができる。
4　理事長は、毎会計年度の収支決算案について、やむを得ない場合に
　は、通常総会での承認後に会計監査を受けることができる。

〔問　13〕　管理組合の役員に関する次のア～エの記述のうち、標準管理
　　規約の定めによれば、適切なものはいくつあるか。

ア　理事長は、必要と認める場合には、理事長の権限で臨時総会を招集
　することができる。
イ　監事は、必要と認めるときは、直ちに理事会を招集することができる。
ウ　理事は、管理組合に著しい損害を及ぼすおそれのある事実があるこ
　とを発見したときは、直ちに、当該事実を監事に報告しなければなら
　ない。
エ　管理組合は、会計に関する業務を担当させるために、会計担当理事
　を置かなければならない。
1　一つ
2　二つ
3　三つ
4　四つ

〔問　14〕　管理組合の税務の取扱いに関する次の記述のうち、法人税法及び消費税法によれば、最も不適切なものはどれか。

1　消費税法上、管理組合が大規模修繕工事のため、金融機関から借入れをする場合には、その借入金の支払利息は、課税されない。

2　法人税法上、管理組合が運営する駐車場の組合員のみへの貸付に係る使用料は、収益事業として課税される。

3　法人税法上、管理組合がマンションの共用部分を携帯電話の基地局設置のために通信事業者に賃貸する場合には、その賃貸料は、収益事業として課税される。

4　消費税法上、その事業年度の基準期間における課税売上高が1,000万円以下となる場合であっても、その事業年度に係る特定期間における課税売上高が1,000万円を超え、かつ、特定期間の給与総額が1,000万円を超えるときは、消費税の納税義務は免除されない。

◎〔問　15〕　管理組合における以下の①～③の活動に関し、令和6年3月分の仕訳として最も適切なものは、次の1～4のうちどれか。ただし、会計処理は、毎月次において発生主義の原則によるものとする。

《管理組合の会計年度：毎年4月1日から翌年3月31日まで》
活動
　　令和6年3月中の管理組合の普通預金の入金内訳は、次の①から③の通りである。

①　令和6年2月以前分に係る収入として

管理費収入	100,000円
修繕積立金収入	30,000円
駐車場使用料収入	5,000円
計	135,000円

② 令和 6 年 3 月分に係る収入として

管理費収入	150,000円
修繕積立金収入	45,000円
駐車場使用料収入	10,000円
計	205,000円

③ 令和 6 年 4 月分に係る収入として

管理費収入	1,200,000円
修繕積立金収入	360,000円
駐車場使用料収入	150,000円
計	1,710,000円
3 月分収入合計	2,050,000円

(単位：円)

1

（借　　方）		（貸　　方）	
普通預金	2,050,000	管理費収入	1,450,000
		修繕積立金収入	435,000
		駐車場使用料収入	165,000

2

（借　　方）		（貸　　方）	
普通預金	2,050,000	未収入金	135,000
		管理費収入	1,350,000
		修繕積立金収入	405,000
		駐車場使用料収入	160,000

3

（借　方）		（貸　　方）	
普通預金	2,050,000	管理費収入	250,000
		修繕積立金収入	75,000
		駐車場使用料収入	15,000
		前受金	1,710,000

4	（借　　方）		（貸　　方）	
	普通預金	2,050,000	未収入金	135,000
			管理費収入	150,000
			修繕積立金収入	45,000
			駐車場使用料収入	10,000
			前受金	1,710,000

◎〔問　16〕　管理組合における以下の①～③の活動に関し、令和6年3月分の仕訳として最も適切なものは、次の1～4のうちどれか。ただし、会計処理は、毎月次において発生主義の原則によるものとする。

《管理組合の会計年度：毎年4月1日から翌年3月31日まで》

活動

①　令和6年2月3日に発注し、令和6年2月15日に工事が実施され、令和6年2月20日に工事が完了した排水管更新工事の代金85万円を、令和6年3月20日に普通預金から支払った。

②　令和6年2月25日に150万円で発注した什器備品としての監視用カメラの取付工事が、令和6年3月2日に完了したという報告があり、代金は令和6年3月末に普通預金から支払った。

③　外階段の塗装剥がれに伴う修理として、令和6年3月12日に塗装業を営むA社に300万円にて発注し、工事は令和6年4月1日から5日間にわたって実施され、その支払は工事完了から1週間以内に、普通預金から振込む予定である。

（単位：円）

1	（借　　方）		（貸　　方）	
	修繕費	3,000,000	普通預金	850,000
	建物付属設備	850,000	前払金	3,000,000
	什器備品	1,500,000	未払金	1,500,000

2

（借　　方）		（貸　　方）	
修繕費	3,000,000	普通預金	5,350,000
建物付属設備	850,000		
前払金	1,500,000		

3

（借　　方）		（貸　　方）	
未払金	850,000	普通預金	2,350,000
什器備品	1,500,000		

4

（借　　方）		（貸　　方）	
修繕費	3,000,000	普通預金	2,350,000
建物付属設備	850,000	未払金	3,000,000
前払金	1,500,000		

〔問　17〕　次の記述のうち、建築基準法によれば、誤っているものはどれか。

1　準耐火構造が要求される建築物は、耐火構造で建てることも可能である。

2　火炎を遮る設備である防火設備には、ドレンチャー、防火戸などがある。

3　建築基準法による「主要構造部」と、建築基準法施行令による「構造耐力上主要な部分」に共通して規定されている部材として、壁、柱などがある。

4　建築物の用途・規模などに応じて、内装の仕上げ材料の制限を受ける部位は、壁、天井及び床である。

◎〔問 18〕 都市計画区域における建築物の工事のうち、建築基準法によれば、建築物の建築等に関する申請及び確認が不要なものは、次のうちどれか。

1 既存建築物の全部又は一部を除却し、それらの建築物又は建築物の部分を、従前と同様の用途・構造・規模のものに建て替える改築をする建築工事

2 床面積200㎡を超える共同住宅の主要構造部の一種以上について行う過半の修繕工事

3 増築、改築、大規模の修繕又は大規模の模様替えを行わずに、ホテルを、用途を変更してその用途に供する床面積が200㎡を超える旅館とする工事

4 準防火地域内にある既存建築物と同一敷地内に、床面積の合計が15.0㎡の土地に定着する物置を増築する建築工事

〔問 19〕 建築物の換気に関する次の記述のうち、最も不適切なものはどれか。

1 住宅等の居室において、ホルムアルデヒドに関する技術的基準として、機械式換気設備の必要有効換気量の計算に求められる換気回数は、建築基準法によれば、原則として、3時間に1回である。

2 換気効率の指標の一つである「空気齢」は、その数値が大きいほど、その地点に供給される空気が汚染されている可能性が高い。

3 「自然換気」とは、建物の内外の温度差、外部風を利用して換気する方式のことである。

4 マンションの換気方式としても採用される「第3種換気方式」とは、自然給気と機械排気を組み合わせた換気方式である。

〔問　20〕　防火管理者に関する次の記述のうち、消防法の規定によれば、誤っているものはどれか。

1　居住者が50人以上である共同住宅では、防火管理者を選任する必要がある。
2　高さ20mを超える建築物では、統括防火管理者を選任する必要がある。
3　甲種防火対象物である共同住宅についての防火管理者の資格を有する者には、当該共同住宅において防火管理上必要な業務を遂行することができる管理的又は監督的な地位にあるもので、総務大臣の登録を受けたものが行う甲種防火対象物の防火管理に関する講習の課程を修了した者が含まれる。
4　防火管理者の業務の中には、消防の用に供する設備、消防用水又は消火活動上必要な施設の点検及び整備がある。

〔問　21〕　住戸内に設置する住宅用防災機器に関する次の記述のうち、消防法によれば、誤っているものはどれか。

1　住宅用防災機器の設置は、新築住宅、既存住宅を問わず義務化されている。
2　就寝の用に供する居室には、住宅用防災機器を設置しなければならない。
3　共同住宅用スプリンクラー設備を設置した場合には、住宅用防災機器を設置しないことも可能である。
4　住宅用防災機器の設置場所は、天井面に限られ、壁面に設置してはならない。

〔問　22〕　石綿（アスベスト）に関する次の記述のうち、最も不適切なものはどれか。

1　微細な浮遊繊維が人体に有害となる石綿（アスベスト）の一つに、

クロシドライト（青石綿）がある。

2　事業者は、石綿障害予防規則の定めにより、石綿健康診断の結果に基づく石綿健康診断個人票を作成し、これを当該労働者が当該事業場において常時石綿等を取り扱う業務に従事しないこととなった日から40年間保存しなければならない。

3　吹付け石綿及び吹付けロックウールでその含有する石綿の重量が当該建築材料の重量の0.1％を超えるものは、建築基準法により、建築材料としての使用は禁止されている。

4　建築物などの内外装仕上げに用いられる建築用仕上げ塗材については、過去に石綿を含有するものは製造されたことがない。

〔問　23〕　給排水衛生設備に関する次の記述のうち、給排水衛生設備基準・同解説（公益社団法人　空気調和・衛生工学会）によれば、最も不適切なものはどれか。

1　排水口空間とは、間接排水管の管端と、一般排水系統に直結している水受け容器又は排水器具のあふれ縁との間の鉛直距離をいう。

2　インバートますとは、雨水中に含まれる土砂などを阻集するために、泥だめを設けたますをいう。

3　逆サイホン作用とは、水受け容器中に吐き出された水、使用された水、又はその他の液体が給水管内に生じた負圧による吸引作用のため、給水管内に逆流することをいう。

4　伸頂通気管とは、最上部の排水横管が排水立て管に接続した点よりも更に上方へ、その排水立て管を立ち上げ、これを通気管に使用する部分をいう。

〔問　24〕　「高齢者、障害者等の移動等の円滑化の促進に関する法律」に関する次の記述のうち、誤っているものはどれか。

1　この法律の基本理念の一つとして、この法律に基づく措置は、全ての国民が年齢、障害の有無その他の事情によって分け隔てられること

なく共生する社会の実現に資することを旨として、行われなければならないと示されている。

2 　建築主等とは、建築物の建築をしようとする者又は建築物の所有者をいい、管理者や占有者は含まれない。

3 　共同住宅は、特別特定建築物には該当しない。

4 　建築物特定施設には、廊下や階段などが含まれる。

〔問 25〕 「住宅の品質確保の促進等に関する法律」第1条（目的）に関する以下の文章について、（ ア ）〜（ ウ ）に入る語句の組み合わせとして、正しいものはどれか。

　　この法律は、住宅の性能に関する（ ア ）及びこれに基づく評価の制度を設け、住宅に係る紛争の処理体制を整備するとともに、（ イ ）の請負契約又は売買契約における瑕疵担保責任について特別の定めをすることにより、住宅の品質確保の促進、住宅購入者等の利益の保護及び住宅に係る紛争の迅速かつ適正な解決を図り、もって国民生活の安定向上と（ ウ ）に寄与することを目的とする。

　　　（ ア ）　　　（ イ ）　　　　（ ウ ）
1 　表示基準　　　新築住宅　国民経済の健全な発展
2.　表示基準　　　住宅　　　公共の福祉の増進
3 　性能基準　　　住宅　　　国民経済の健全な発展
4 　性能基準　　　新築住宅　公共の福祉の増進

〔問 26〕 国土交通省策定による長期修繕計画作成ガイドライン（以下、本問において「本ガイドライン」という。）によれば、次の記述のうち、「ガイドラインの目的」として最も不適切なものはどれか。

1 　本ガイドラインは、適切な内容の長期修繕計画の作成を促すことを目的としている。

2 　本ガイドラインは、長期修繕計画に基づいた修繕積立金の額の設定を促すことを目的としている。

3　本ガイドラインは、マンションの計画修繕工事の適時適切かつ円滑な実施を図ることを目的としている。
4　本ガイドラインは、外部の専門的知識を有する者による専門委員会を設置し、長期修繕計画における基本方針を決定させることを促すことを目的としている。

〔問　27〕　国土交通省策定による長期修繕計画作成ガイドラインによれば、次の記述のうち、「長期修繕計画の作成の前提条件」として、適切なものはいくつあるか。

ア　推定修繕工事は、建物及び設備の性能・機能を新築時と同等水準に維持、回復させる修繕工事を基本とする。
イ　区分所有者の要望など必要に応じて、建物及び設備の性能を向上させる改修工事を設定する。
ウ　計画期間において、法定点検等の点検及び経常的な補修工事を適切に実施する。
エ　計画修繕工事の実施の要否、内容等は、事前に調査・診断を行い、その結果に基づいて判断する。
1　一つ
2　二つ
3　三つ
4　四つ

〔問　28〕　国土交通省策定による長期修繕計画作成ガイドラインによれば、「修繕積立金の額の設定方法」に関する次の記述のうち、最も不適切なものはどれか。

1　修繕積立金の積立ては、長期修繕計画の作成時点において、計画期間に積み立てる修繕積立金の額を均等にする積立方式を基本とする。
2　長期修繕計画及び修繕積立金の額を一定期間（５年程度）ごとに見直しを行う規定を管理規約に定めることが望まれる。

3 修繕積立基金又は一時金の負担がある場合は、これらを修繕積立金会計とは区分して管理する。

4 専用庭等の専用使用料及び駐車場等の使用料から、それらの管理に要する費用に充当した残金を修繕積立金会計に繰り入れる。

〔問 29〕 集会に関する次の記述のうち、区分所有法の規定によれば、正しいものはいくつあるか。

ア 集会は、会日より少なくとも1週間前に、会議の目的たる事項を示して各区分所有者に通知を発しなければならず、議案の要領をも通知しなければならない場合もある。

イ 集会は、区分所有者全員の同意があるときは、招集の手続きを経ないで開催することができる。

ウ 集会で決議すべき場合において、区分所有者全員の承諾があるときは、書面による決議をすることができ、その承諾を得た事項についての書面による決議は、集会の決議と同一の効力を有する。

エ 集会で決議すべきものとされた事項について、区分所有者全員の書面による合意があったときは、書面による決議があったものとみなす。

1 一つ
2 二つ
3 三つ
4 四つ

〔問 30〕 甲マンションの管理組合の総会の招集通知に関する次の記述のうち、区分所有法及び標準管理規約の定めによれば、最も適切なものはどれか。ただし、ＷＥＢ会議システム等を用いて会議を開催する場合ではないものとする。

1 甲マンションに現に居住していない区分所有者の相続人から、電話により当該区分所有者が死亡した旨の連絡があったので、当該相続人

の住所、氏名を聞き、そこにあてて総会の招集通知を発送した。

2　組合員名簿によると妻が甲マンションの区分所有者となっていたが、管理費等の引落し口座は夫の名義になっているので、夫にあてて総会の招集通知を発送した。

3　甲マンションの区分所有者が、新たに購入した乙マンションの住所を、通知を受けるべき場所として届出をしてきたが、甲マンションの住戸にも毎日来ているので、甲マンションの住戸にあてて、甲マンションの総会の招集通知を発送した。

4　外国に長期間滞在する甲マンションの区分所有者から、購入当初より通知を受けるべき場所の届出がないので、規約の定めに従って、甲マンション内の見やすい場所にある掲示板に総会の招集通知を掲示した。

〔問　31〕　マンションの共用部分の工事における総会の決議要件に関する次の記述のうち、標準管理規約の定めによれば、最も不適切なものはどれか。

1　各住戸の玄関扉の一斉交換工事には、出席組合員の議決権の過半数の賛成が必要である。

2　マンションの耐震改修工事のために、1階の全ての柱下部を切断し、その箇所に免震部材を挿入する工事には、組合員総数の4分の3以上及び議決権総数の4分の3以上の賛成が必要である。

3　下水道が完備されたため、不要となった浄化槽を撤去する工事には、組合員全員の合意が必要である。

4　エントランスホールの一部を集会室に変更する工事には、組合員総数の4分の3以上及び議決権総数の4分の3以上の賛成が必要である。

〔問 32〕 総会に出席することができる者に関する次の記述のうち、区分所有法及び標準管理規約の定めによれば、最も不適切なものはどれか。

1 数人の共有に属する場合の住戸で、議決権を行使する者として選任され理事長に届け出た者以外の当該住戸の区分所有者
2 修繕積立金の値上げが議題になっている場合の賃借人
3 区分所有者から議決権行使の委任状を受け取った当該区分所有者の配偶者
4 共同利益背反行為により、賃借人に対する専有部分の引渡し請求訴訟が議題になっている場合の当該賃借人

〔問 33〕 区分所有法に規定する管理組合法人及び標準管理規約に定める管理組合に関する次の1〜4の記述の組み合わせのうち、誤りが含まれているものはどれか。

	区分所有法に規定する管理組合法人	標準管理規約に規定する管理組合
1	代表する理事を複数名とすることができる。	代表する理事は理事長1名である。
2	理事の任期は規約により3年以内とすることができるが、再任することはできない。	理事の任期は規約により自由に定めることができ、再任することもできる。
3	管理組合法人と理事との利益相反事項については、監事が管理組合法人を代表する。	管理組合と理事長との利益相反事項については、監事又は理事長以外の理事が管理組合を代表する。
4	監事は、理事の業務執行について法令違反等があると認める場合に、その報告をするため必要があるときは、集会を招集することができる。	監事は、管理組合の業務執行等について不正があると認めるときは、臨時総会を招集することができる。

〔問 34〕 共用部分に関する次の記述のうち、区分所有法の規定によれば、誤っているものはどれか。

1 区分所有法第2条第4項に規定される共用部分には、全体共用部分と一部共用部分がある。

2 一部共用部分を管理する団体は、全体共用部分を管理する団体とは別に、当然に団体が構成される。

3 一部共用部分は、全体の利害に関係する場合でも、規約を定めなければ、区分所有者全員で管理することはできない。

4 民法第177条の登記に関する規定は、法定共用部分には適用しない。

〔問 35〕 敷地に関する次の記述のうち、区分所有法の規定によれば、正しいものはどれか。

1 区分所有者が建物及び建物が所在する土地と一体として管理又は使用をする庭、通路その他の土地は、その旨の登記により建物の敷地とすることができる。

2 甲地と乙地の2筆の土地の上に1棟のAマンションが建っていた場合には、規約で、甲地、乙地ともにAマンションの敷地とする旨の定めが必要である。

3 甲地と乙地の2筆の土地の上に1棟のAマンションが建っていた場合に、Aマンションの一部が滅失して、乙地上には建物部分がなくなったときは、乙地は、規約でAマンションの敷地であることを定めない限り、Aマンションの敷地ではなくなる。

4 1筆の甲地の上にAマンションが建っていたが、その後、甲地が乙地と丙地に分筆され、丙地上にAマンションの建物部分がなくなった場合には、丙地は、規約でAマンションの敷地であることを定めなくても、Aマンションの敷地である。

〔問 36〕 管理所有に関する次の記述のうち、区分所有法の規定によれば、正しいものはどれか。

1 管理所有の主体は、区分所有権を有する管理者でなければならない。
2 管理所有の対象物は、共用部分、共有の建物、附属施設、敷地に限られる。
3 管理者が、その職務の範囲内の行為として、区分所有者の専有部分等の一時使用権を請求する場合には、当該管理者は管理所有者であることが必要である。
4 管理所有が成立するためには、区分所有者及び議決権の各4分の3以上の多数による集会の決議と管理所有である旨の登記が必要である。

〔問 37〕 区分所有者の責任に関する次の記述のうち、区分所有法の規定によれば、正しいものはどれか。なお、規約に別段の負担割合の定めはないものとする。

1 区分所有法第7条第1項に係る債権については、債務者たる区分所有者の特定承継人に対しても行うことができる。
2 管理組合が権利能力なき社団の性質を有する場合には、組合財産の有無にかかわらず、各区分所有者は、連帯して無限責任を負う。
3 管理組合が法人である場合には、区分所有者は、その法人の総財産の範囲で有限責任を負う。
4 管理者がその職務の範囲内において第三者との間にした行為につき、区分所有者の負担は共用部分の持分の割合に応じた負担であるが、第三者との関係では連帯かつ無限責任を負う。

〔問 38〕 公正証書による原始規約（以下、本問において「本件規約」という。）の設定に関する次の記述のうち、区分所有法の規定によれば、誤っているものはどれか。

1　本件規約は内部関係に関する規律であるため、規約共用部分を定める場合に、その旨の登記をしなくても第三者に対抗することができる。

2　本件規約の設定ができる者には、最初に建物の専有部分の全部を所有する者や、当該建物を新たに区分所有建物とすることによってその全部を所有することになった者が想定されている。

3　本件規約の設定は相手方のない単独行為であり、かつ、その後に取得する区分所有者の、団体的な権利義務関係を規律することから、あらかじめその内容を明確にしておくために、公正証書によることが求められている。

4　本件規約に設定できる内容は、規約共用部分に関する定め、規約による建物の敷地に関する定め、専有部分と敷地利用権を分離処分できる旨の定め、各専有部分に係る敷地利用権の割合に関する定めに限られる。

〔問 39〕 次の文章は、マンション等の建物に関する最高裁判所の判決の一部である。その文中の （ ア ）～（ エ ）に入る語句の組み合わせとして正しいものはどれか。なお、文中にある「居住者等」は、建物利用者、隣人、通行人等である。

　建物の建築に携わる設計者、施工者及び（ ア ）（以下、併せて「設計・施工者等」という。）は、建物の建築に当たり、契約関係にない居住者等に対する関係でも、当該建物に建物としての（ イ ）が欠けることがないように配慮すべき注意義務を負うと解するのが相当である。そして、設計・施工者等がこの義務を怠ったために建築された建物に建物としての（ イ ）を損なう瑕疵があり、それにより居住者等の（ ウ ）が侵害された場合には、設計・施工者等は、…（中略）…これによって生じた損害について（ エ ）による賠償責任を

負うというべきである。

	（　ア　）	（　イ　）	（　ウ　）	（　エ　）
1	工事監理者	契約適合性	生命又は身体	不法行為
2	工事監理者	基本的な安全性	生命、身体又は財産	不法行為
3	工事注文者	基本的な安全性	生命又は身体	債務不履行
4	工事注文者	契約適合性	生命、身体又は財産	債務不履行

〔問　40〕　不動産登記法に関する次の記述のうち、正しいものはどれか。

1　区分建物の所有権に関する事項は、登記記録の甲区欄に記録され、所有権の仮登記、仮差押え登記は乙区欄に記録される。

2　区分建物の表示に関する登記における区分建物の床面積は、各階ごとに壁その他の区画の中心線で囲まれた部分の水平投影面積（いわゆる壁心計算による面積）により算出する。

3　権利に関する登記を申請する場合において、その申請情報と併せて登記原因を証する情報をその登記所に提供しなければならない。

4　登記記録の表題部には、土地又は建物の固定資産税評価額も記録される。

〔問　41〕　管理業務主任者が、マンションの管理組合の役員に対して説明した内容に関する次の記述のうち、「個人情報の保護に関する法律」によれば、誤っているものはどれか。

1　管理組合の組合員の氏名が記載されている名簿が、紙面によるものであっても、五十音順など一定の規則に従って整理・分類され、容易に検索できるものであれば、その名簿上の氏名は「個人データ」に該当します。

2　マンションの共用部分に設置された防犯カメラに映る映像は、特定の個人が識別できるものであれば「個人情報」に該当します。

3　このマンションの居住者の数は、5,000人を超えていないので、管理組合は、個人情報取扱事業者に該当せず、この法律の対象にはなり

ません。

4　マンション管理業者は、特定の組合員から当該本人が識別される保有個人データの開示を求められたときは、その開示に係る手数料を徴収することができます。

〔問　42〕　マンションにおける住宅宿泊事業に関する次の記述のうち、「住宅宿泊事業法」及び「住宅宿泊事業施行要領（ガイドライン）」によれば、適切なものはいくつあるか。

ア　区分所有者は、当該マンションの管理規約に住宅宿泊事業を禁止する旨の規定がなければ、専有部分を住宅宿泊事業の用に供することができる。

イ　マンションで住宅宿泊事業を行う場合は、住宅宿泊事業者は、標識の掲示場所等の取扱いについて、予め管理組合と相談することが望ましい。

ウ　住宅宿泊事業者は、住宅の家屋内に、台所、浴室、便所、洗面設備を設けなければならない。

エ　住宅宿泊事業を営む場合に、住宅に人を宿泊させることができる日数は1年間で90日が上限である。

1　一つ
2　二つ
3　三つ
4　四つ

〔問　43〕　区分所有者Aが、自己所有のマンションの専有部分をBに賃貸した場合に関する次の記述のうち、民法及び借地借家法の規定によれば、正しいものはどれか。なお、AB間の賃貸借契約は、定期建物賃貸借契約ではないものとする。

1　Bが、Aの承諾を得ないで、その専有部分を第三者Cに転貸する契約を締結した場合でも、Cがその専有部分の使用・収益を始めない限

り、AはBとの賃貸借契約を解除することができない。

2　AB間で建物賃貸借の期間を2年間と定め、中途解約ができる旨の特約を定めなかった場合でも、Bからは、1箇月の予告期間を置けば中途解約ができる。

3　BがAの同意を得て付加した畳、建具その他の造作について、Bは、Aに対し、賃貸借が終了したときにそれらの買取りを請求することができない旨の特約は無効である。

4　Bが賃料を支払わなければならない時期は、特約をしなければ、当月分について前月末日である。

◎〔問　44〕　各種の法令に関する次の記述のうち、誤っているものはどれか。

1　「自動車の保管場所の確保等に関する法律」によれば、自動車を夜間（日没時から日出時までの時間をいう。）に道路上の同一の場所に引き続き8時間以上駐車してはならない。

2　警備業法によれば、警備業者は、警備業務を行うに当たって用いようとする服装の色、型式を変更したときは、当該変更に係る公安委員会を管轄する都道府県公安委員会に届け出なければならない。

3　郵便法によれば、郵便受箱を設置すべき高層建築物に設置する郵便受箱の郵便物の差入口の大きさは、縦2センチメートル以上、横16センチメートル以上のものでなければならない。

4　「建築物の耐震改修の促進に関する法律」によれば、建築物の所有者は、所管行政庁に対し、当該建築物について地震に対する安全性に係る基準に適合している旨の認定を申請することができるが、昭和56年の建築基準法施行令改正以前の耐震基準（旧耐震基準）に基づく建物は対象外である。

◎〔問 45〕 宅地建物取引業者Ａが、自ら売主として、宅地建物取引業者ではないＢを買主として、マンションの住戸の売買を行う場合に、宅地建物取引業法によれば、同法第35条の規定に基づく重要事項の説明等に関する次の記述のうち、誤っているものはどれか。

1　Ａは、Ｂに対して、損害賠償額の予定又は違約金に関する事項について、その内容を説明しなければならない。

2　Ａは、Ｂに対して、当該マンションが既存の建物であるときは、建物状況調査（実施後国土交通省令で定める期間を経過していないものに限る。）を実施しているかどうか、及びこれを実施している場合におけるその結果の概要を説明しなければならない。

3　Ａは、Ｂに対して、当該マンションの計画的な維持修繕のための費用の積立てを行う旨の規約の定めがあるときは、その規約の内容について説明すれば足りる。

4　ＡがＢに対して交付する重要事項説明書に記名する宅地建物取引士は、専任の宅地建物取引士である必要はない。

〔問 46〕 管理業務主任者及び管理業務主任者証に関する次の記述のうち、マンション管理適正化法の規定によれば、誤っているものはいくつあるか。

ア　管理業務主任者証の交付を受けようとする者（試験合格日から1年以内の者を除く。）は、登録講習機関が行う講習を、交付の申請の日の90日前から30日前までに受講しなければならない。

イ　管理業務主任者証の有効期間は、3年である。

ウ　管理業務主任者の登録を受けた者は、登録を受けた事項に変更があったときは、遅滞なく、その旨を国土交通大臣に届け出なければならない。

エ　管理業務主任者は、国土交通大臣から管理業務主任者としてすべき事務を行うことを禁止する処分を受けたときは、速やかに、管理業務主任者証を国土交通大臣に提出しなければならない。

1　一つ

2　二つ

3　三つ

4　四つ

〔問　47〕　マンション管理業者Ａが行う業務に関する次のア～エの記述のうち、マンション管理適正化法に違反するものを全て含む組み合わせは、次の1～4のうちどれか。

ア　Ａは、管理組合から委託を受けた管理事務に関する帳簿について、各事業年度の末日をもって閉鎖し、3年間保存した後に、これを廃棄した。

イ　Ａは、国土交通大臣に登録事項変更届出書により届出を行い、マンション管理業者登録簿に神奈川支店（従たる事務所）の登録を受けたが、すでに東京本店（主たる事務所）に標識が掲げられているため神奈川支店に標識を掲げることなくマンション管理業を行った。

ウ　Ａは、自己が区分所有者ではなく、かつ、管理者が区分所有者であるマンションの管理組合と管理委託契約を締結したため、当該管理組合の管理者に対して、遅滞なく、契約の成立時の書面を交付した。

エ　Ａは、管理組合から委託を受けた管理事務のうち、基幹事務の全てを当該管理組合の承諾を得て一括して他社に再委託した。

1　ア・イ

2　ア・ウ

3　ア・イ・エ

4　イ・ウ・エ

〔問　48〕　管理組合の財産の分別管理に関する次の記述のうち、マンション管理適正化法によれば、正しいものの組み合わせはどれか。

ア　マンション管理業者は、修繕積立金等金銭を収納口座で管理するにあたり、管理組合の収納口座の印鑑を保管する場合に、管理組合の承

諾があれば、マンションの区分所有者等から徴収される1月分の修繕積立金等金銭の合計額以上の額につき有効な保証契約を締結する必要はない。

イ　マンション管理業者は、管理事務の委託を受けた管理組合に管理者等が置かれていないときは、毎月、管理事務の委託を受けた当該管理組合のその月における会計の収入及び支出の状況に関する書面を作成し、翌月末日までに、当該書面を当該管理組合の区分所有者等に交付しなければならない。

ウ　マンション管理業者は、修繕積立金等金銭を管理するにあたり、管理組合に管理者等が置かれていない場合で管理者等が選任されるまでの比較的短い期間を除き、保管口座又は収納・保管口座に係る管理組合等の印鑑、預貯金の引出用のカードその他これらに類するものを管理してはならない。

エ　収納・保管口座とは、マンションの区分所有者等から徴収された修繕積立金等金銭を預入し、預貯金として管理するための口座であって、管理組合等を名義人とするものをいう。

1　ア・イ
2　ア・ウ
3　イ・エ
4　ウ・エ

〔問　49〕　マンション管理業の登録に関する次の記述のうち、マンション管理適正化法の規定によれば、正しいものはどれか。

1　マンション管理業者が更新の登録の申請を行った場合において、従前の登録の有効期間の満了の日までにその申請に対する処分がなされないときは、当該マンション管理業者の従前の登録は、当該有効期間の満了によりその効力を失う。

2　登録を受けていた個人が死亡した場合に、その相続人は、当該個人が死亡した日から30日以内にその旨を国土交通大臣に届け出なければならない。

3 マンション管理業を営もうとする者は、その役員のうちに、破産手続開始の決定を受けた後、復権を得てから2年を経過しない者がいる場合には、マンション管理業の登録を受けることができない。

4 マンション管理業を営もうとする者は、その役員のうちに、マンション管理適正化法の規定により、罰金の刑に処せられ、その刑の執行が終わった日から2年を経過しない者がいる場合には、マンション管理業の登録を受けることができない。

◎〔問 50〕 マンション管理業者が行うマンション管理適正化法第72条の規定に基づく重要事項の説明等及び同法第73条の規定に基づく契約の成立時の書面の交付に関する次の記述のうち、マンション管理適正化法によれば、誤っているものはどれか。ただし、同法第72条第6項及び第73条第3項における、管理者等及び区分所有者等の承諾は得ていないものとする。

1 マンション管理業者は、管理組合から管理事務の委託を受けることを内容とする契約を締結したときは、当該管理組合の管理者等に対し、遅滞なく、管理業務主任者をして、契約の成立時の書面を交付して説明をさせなければならない。

2 マンション管理業者は、契約の成立時に交付すべき書面を作成するときは、管理業務主任者をして、当該書面に記名させなければならない。

3 マンション管理業者は、管理組合から管理事務の委託を受けることを内容とする契約を新たに締結しようとするときは、あらかじめ、説明会を開催し、当該管理組合を構成するマンションの区分所有者等及び当該管理組合の管理者等に対し、管理業務主任者をして、重要事項の説明をさせなければならない。ただし、当該契約は、新たに建設されたマンションの分譲に通常要すると見込まれる期間その他の管理組合を構成するマンションの区分所有者等が変動することが見込まれる期間として国土交通省令で定める期間中に契約期間が満了するものではないものとする。

4　マンション管理業者は、重要事項の説明会を開催するときは、でき
る限り説明会に参加する者の参集の便を考慮して開催の日時及び場所
を定め、管理事務の委託を受けた管理組合ごとに開催するものとす
る。

令和元年度 試験問題

〔問　1〕　相続に関する次の記述のうち、民法の規定によれば、正しいものはどれか。

1　未成年者が法定代理人の同意を得ずに相続を放棄した場合において、当該未成年者及びその法定代理人は、制限行為能力を理由に、相続の放棄の意思表示を取り消すことができない。

2　相続人が数人あるときは、限定承認は、共同相続人の全員が共同してのみこれをすることができる。

3　相続の放棄は、相続の開始があった時から3箇月以内にしなければならない。

4　被相続人Aの子Bが相続の放棄をした場合において、Bの子CがAの直系卑属であるときは、CがBを代襲する。

◎〔問　2〕　Aは、自己の所有するマンション（マンション管理適正化法第2条第1号に規定するものをいう。以下同じ。）の一住戸甲（以下、本問において「甲」という。）をBに贈与する契約を締結した。この場合に関する次の記述のうち、民法の規定及び判例によれば、誤っているものはどれか。

1　負担付きではない贈与において、引き渡された目的物が種類、品質又は数量に関して契約の内容に適合しないものであるときは、受贈者は、贈与者に対し、原則として担保責任を請求することができる。

2　AB間の贈与契約が書面でなされた場合において、その贈与契約の効力がAの死亡によって生じるものとされていたときは、遺贈の規定が準用されるから、Aはいつでもこの贈与契約を書面で撤回することができる。

3　AB間の贈与契約が口頭でなされた場合において、甲をBに引き渡した後は、Bに所有権移転登記をする前であっても、Aは、贈与契約を撤回することができない。

4　AB間の贈与契約が書面でなされた場合において、AB間の贈与契約の内容に、BがAを扶養する旨の負担が付いていたときは、Bが契

約で定められた扶養を始めない限り、Aは、甲の引渡しを拒むことができる。

〔問　3〕　不法行為に関する次の記述のうち、民法の規定及び判例によれば、正しいものはどれか。

1　債権が不法行為によって生じたときは、被害者は、加害者の反対債権が金銭債権の場合であっても、相殺をもってその加害者に対抗することができない。

2　土地の工作物の設置又は保存に瑕疵があり、それによって他人に損害を生じた場合において、当該工作物の占有者及び所有者は、その損害の発生を防止するのに必要な注意をしたときは、その損害を賠償する責任を負わない。

3　被害者に対する加害行為とその加害行為の前から存在した当該被害者の疾患がともに原因となり損害が発生した場合において、加害者にその損害の全部を賠償させるのが公平を失するときは、裁判所は、その加害行為の前から存在した当該被害者の疾患を考慮して、損害賠償の額を定めることができる。

4　不法行為により被害者が死亡した場合において、当該被害者の父母は、非財産的損害については、加害者に対して、賠償請求をすることができない。

〔問　4〕　留置権に関する次の記述のうち、民法の規定及び判例によれば、正しいものはどれか。

1　AB間で建物甲（以下、本問において「甲」という。）につき売買契約が締結されたが、買主Bが代金を支払わずに甲をCに転売し、Cへの登記を済ませた場合においては、Aは、Cからの甲の所有権に基づく引渡請求に対し、甲について留置権を主張することができる。

2　AB間で甲につき売買契約が締結され、売主Aが買主Bへの登記を済ませたが、代金の支払いがなされていなかった場合において、Bへ

の引渡し前に甲が火災により焼失したときは、Aは、売買代金を確保するため、Bが取得する火災保険金請求権に対し、留置権に基づく物上代位をすることができる。

3　Aが、Bに甲を譲渡し、その後、Cにも甲を譲渡した場合において、CがBより先に登記を備えたときは、Bは、Aに対する履行不能に基づく塡補賠償請求権を保全するため、甲について留置権を主張することができる。

4　AB間における甲の賃貸借契約が終了し、賃借人Bが賃貸人Aに対して造作買取請求権を行使した場合においては、Bは、その造作代金債権を保全するため、甲について留置権を主張することができる。

〔問　5〕　Aが、Bに対するCの債務を保証するためBとの間で保証契約を締結する場合に関する次の記述のうち、民法の規定及び判例によれば、正しいものはどれか。

1　AがCの委託を受けて保証人となり、保証債務を弁済した場合において、BがC所有の不動産に抵当権の設定を受けていたときは、Aは、Bの同意を得なければ、Bに代位して当該抵当権を実行することができない。

2　AがCの委託を受けずに保証人となったが、それがCの意思に反する場合において、AがCに代わり弁済をしたときは、Aは、弁済の当時にCが利益を受けた限度で求償することができる。

3　BC間で特定物の売買を内容とする契約が締結され、売主Cの目的物引渡債務についてAが保証人となった場合において、Aは、Cの債務不履行により契約が解除されたときの代金返還債務については、特に保証する旨の意思表示のない限り、責任を負わない。

4　AがCの委託を受けずに保証人となった場合において、Aは、Cに対し、事前の求償権を行使することはできない。

〔問　6〕　同時履行の抗弁権に関する次の記述のうち、民法の規定及び判例によれば、誤っているものはどれか。

1　ＡＢ間の売買契約を、売主Ａが、買主Ｂの詐欺を理由として取り消した場合においては、Ａの原状回復義務とＢの原状回復義務とは同時履行の関係に立たない。

2　ＡＢ間の建物の賃貸借契約が期間の満了により終了する場合において、それに伴う賃貸人Ａの敷金返還債務と賃借人Ｂの建物明渡債務とは、特別の約定のない限り、同時履行の関係に立たない。

3　ＡＢ間の借地契約の終了に伴い、賃貸人Ａに対して賃借人Ｂの建物買取請求権が行使された場合においては、その土地の賃貸人Ａの建物代金債務と賃借人Ｂの建物土地明渡債務とは、同時履行の関係に立つ。

4　ＡＢ間の金銭消費貸借契約にかかる担保のために、債権者Ａに対して債務者Ｂが、自己所有の土地に抵当権を設定した場合においては、Ａの抵当権設定登記の抹消義務とＢの債務の弁済とは、同時履行の関係に立たない。

〔問　7〕　次のア～エの記述のうち、標準管理委託契約書によれば、適切なものはいくつあるか。

ア　管理業者が行う管理事務の対象となる部分は、管理規約により管理組合が管理すべき部分のうち、管理業者が受託して管理する部分であり、オートロック設備や宅配ボックスも管理事務の対象に含まれる。

イ　管理業者が行う管理事務の内容として、事務管理業務、管理員業務、清掃業務、建物・設備等管理業務及び警備業法に定める警備業務がある。

ウ　管理業者は、建築基準法第12条第1項に規定する特定建築物定期調査及び同条第3項に規定する特定建築物の建築設備等定期検査を行うとともに、その報告等に係る補助を行うものとする。

エ　管理業者は、受託した管理事務の内容にかかわらず、災害又は事故

等の事由により、管理組合のために、緊急に行う必要がある業務で、管理組合の承認を受ける時間的な余裕がないものについては、管理組合の承認を受けないで実施することができる。

1　一つ
2　二つ
3　三つ
4　四つ

〔問　8〕　次の記述のうち、標準管理委託契約書によれば、最も不適切なものはどれか。

1　管理業者が、管理委託契約の有効期間内に、自ら又は第三者を利用して、相手方に対する脅迫的な言動又は暴力を用いる行為をしないことの確約に反する行為をした場合には、管理組合は、相当の期間を定めて催告しなければ、当該契約を解除することができない。

2　管理業者が、管理委託契約に従い、組合員に対し管理費等の督促を行っても、なお当該組合員が支払わないときは、その責めを免れるものとし、その後の収納の請求は管理組合が行うものとする。

3　消費税法等の税制の制定又は改廃により、税率等の改定があった場合には、委託業務費のうちの消費税額等は、その改定に基づく額に変更するものとする。

4　管理業者が、専有部分内を対象とする業務を実施しようとする場合においては、費用負担をめぐってトラブルにならないよう、原則として便益を受ける者が費用を負担することに留意した契約方法とする必要がある。

〔問　9〕　次の記述のうち、標準管理委託契約書によれば、最も不適切なものはどれか。

1　管理組合又は管理業者は、その相手方が、管理委託契約に定められた義務の履行を怠った場合は、相当の期間を定めてその履行を催告

し、相手方が当該期間内に、その義務を履行しないときは、当該契約を解除することができる。

2　管理事務を受託する管理組合のマンションにおける管理業者の免責事項については、排水設備の能力以上に機械式駐車場内に雨水流入があったときの車両に対する損害等、必要に応じて具体的な内容を記載することができる。

3　管理組合又は管理業者は、マンションにおいて滅失、き損、瑕疵等の事実を知った場合においては、書面をもって、相手方に通知しなければならない。

4　管理業者は、マンション管理適正化法の規定に基づく処分を受けたときには、管理事務を受託する管理組合に対して、速やかに、書面をもって、通知しなければならない。

〔問　10〕　マンションの管理費又はその滞納に関する次の記述のうち、民法、民事訴訟法及び区分所有法の規定によれば、正しいものはどれか。

1　競売によって区分所有権を買い受けた者は、通常の売買の場合と異なり、前区分所有者の滞納管理費の支払債務を承継しない。

2　区分所有者は、自己の所有する住戸を賃貸し、そこに賃借人が居住するときでも、管理費の支払債務を負う。

3　管理者が病気で長期入院した場合においては、その期間の滞納管理費の消滅時効は、完成しない。

4　管理者は、滞納管理費に対する支払請求訴訟を提起するためには、管理費の滞納者に対し、あらかじめ書面により滞納管理費に対する支払督促をしておかなければならない。

◎〔問　11〕　マンションの管理費の支払債務の時効の完成猶予・更新に関する次のア～エの記述のうち、民法の規定によれば、正しいものはいくつあるか。

155

ア 管理費の滞納者が死亡した場合においては、時効は更新される。

イ 管理費の滞納者が破産手続開始の決定を受けた場合においては、その破産手続開始決定の時に時効は更新される。

ウ 管理費の滞納者に対して内容証明郵便による催告をすると、催告後6箇月を経過するまでの間は、時効は完成しない。

エ 管理費の滞納者が、滞納している事実を認める旨の承認書を管理組合に提出した場合においては、その承認書が公正証書によるものでなくても、時効が更新される。

1　一つ

2　二つ

3　三つ

4　四つ

〔問　12〕　区分所有者が負担する管理費及び修繕積立金に関する次の記述のうち、標準管理規約（単棟型）によれば、最も不適切なものはどれか。

1　管理組合は、官公署との渉外業務に要する経費を負担してはならない。

2　管理組合は、共用部分等に係る火災保険料、地震保険料その他の損害保険料を支払うため、修繕積立金を取り崩して充当してはならない。

3　管理組合は、マンション管理業者に対する管理委託業務費を支払うため、修繕積立金を取り崩して充当してはならない。

4　管理組合は、一定年数の経過ごとに計画的に行う修繕に関する経費を金融機関からの借入金で賄った場合においては、当該借入金の償還に充てるため、修繕積立金を取り崩すことができる。

〔問　13〕　管理業者が行う管理組合への管理事務の報告等に関する次の記述のうち、標準管理委託契約書によれば、適切なものの組み合わせはどれか。

ア　管理業者は、管理組合の事業年度終了後、管理組合と合意した期限
　　内に、当該年度における管理事務の処理状況及び管理組合の会計の収
　　支の結果を記載した書面を管理組合に交付し、管理業務主任者をし
　　て、報告をさせなければならない。

イ　管理業者は、毎月末日までに、前月における管理組合の会計の収支
　　状況に関する書面を管理組合に交付し、管理業務主任者をして、報告
　　をさせなければならない。

ウ　管理業者は、管理組合から請求があるときは、管理事務の処理状況
　　及び管理組合の会計の収支状況についての書面を管理組合に交付し、
　　管理業務主任者をして、報告をさせなければならない。

エ　管理業者は、管理組合の会計の収支状況に関する書面について、あ
　　らかじめ管理組合が当該書面の交付に代えて電磁的方法による交付を
　　承諾した場合には、当該方法による交付を行うことができる。

1　ア・イ
2　ア・エ
3　イ・ウ
4　ウ・エ

〔問　14〕　管理組合の監事が行う業務に関する次の記述のうち、標準管
　　理規約（単棟型）の定めによれば、最も不適切なものはどれか。

1　監事は、理事が不正の行為をし、若しくは当該行為をするおそれが
　　あると認めるときは、遅滞なく、その旨を理事会に報告しなければな
　　らない。

2　監事は、管理組合の業務の執行及び財産の状況について特段の意見
　　がない場合であっても、理事会に出席しなければならない。

3　監事は、管理組合の業務の執行及び財産の状況について不正がある
　　と認めるときは、直ちに、理事会を招集することができる。

4　監事は、いつでも、理事に対して業務の報告を求め、又は業務及び
　　財産の状況の調査をすることができる。

◎〔問　15〕　管理組合の活動における以下のア〜エの取引に関し、令和6年3月分のア〜エそれぞれの仕訳として、最も適切なものは、次の1〜4のうちのどれか。なお、この管理組合の会計は、企業会計の原則に基づき、毎月厳格な発生主義によって経理しているものとする。

《管理組合の会計年度：毎年4月1日から翌年3月31日まで》

ア　排水管塗装工事一式　　　　　　　　560,000円

　　令和6年2月1日　　　　発注した

　　令和6年2月28日　　　　完成した

　　令和6年3月20日　　　　普通預金にて支払った

イ　防犯カメラ取替（取付費も含む）　450,000円

　　令和6年3月1日　　　　発注した

　　令和6年3月15日　　　　取付を完了した

　　令和6年3月20日　　　　普通預金にて支払った

ウ　高置水槽清掃　　　　　　　　　　100,000円

　　令和6年3月1日　　　　発注した

　　令和6年3月21日　　　　清掃を完了した

　　令和6年4月20日　　　　普通預金にて支払う予定

エ　エレベーター改良工事　　　　　6,800,000円

　　令和6年3月1日　　　　発注した

　　令和6年3月1日　　　　前払金として3,000,000円を普通預金にて支払った

　　令和6年3月10日　　　　工事に着手した

　　令和6年4月30日　　　　完成する予定

　　令和6年5月20日　　　　普通預金にて残金を支払う予定

（単位：円）

1　アの取引に関わる令和6年3月分の仕訳

（借　　方）		（貸　　方）	
修　繕　費	560,000	普　通　預　金	560,000

158

2 イの取引に関わる令和6年3月分の仕訳

（借　　方）		（貸　　方）	
修　繕　費	450,000	普 通 預 金	450,000

3 ウの取引に関わる令和6年3月分の仕訳

（借　　方）		（貸　　方）	
清　掃　費	100,000	未　払　金	100,000

4 エの取引に関わる令和6年3月分の仕訳

（借　　方）		（貸　　方）	
前　払　金	3,000,000	普 通 預 金	3,000,000
付 属 設 備	3,800,000	未　払　金	3,800,000

◎〔問　16〕　管理組合の活動における以下のア～エの入金状況に関し、令和6年3月分のア～エを合わせた仕訳として、最も適切なものは、次の1～4のうちのどれか。なお、この管理組合の会計は、企業会計の原則に基づき、毎月厳格な発生主義によって経理しているものとする。

《管理組合の会計年度：毎年4月1日から翌年3月31日まで》

ア　令和6年2月末日までに普通預金口座に入金された管理費・修繕積立金
（内訳）
　①　令和6年3月分管理費　　　1,300,000円
　②　令和6年3月分修繕積立金　　650,000円
　　　合計　　　　　　　　　　1,950,000円
イ　令和6年3月1日から3月末日までに普通預金口座に入金された管理費
（内訳）
　①　令和6年2月以前分　　　　150,000円
　②　令和6年3月分　　　　　　200,000円

159

③　令和6年4月分　　　　　　　1,200,000円

　　　　合計　　　　　　　　　　1,550,000円

ウ　令和6年3月1日から3月末日までに普通預金口座に入金された修繕積立金

（内訳）

①　令和6年2月以前分　　　　　　70,000円

②　令和6年3月分　　　　　　　100,000円

③　令和6年4月分　　　　　　　600,000円

　　　　合計　　　　　　　　　　　770,000円

エ　令和6年3月末日までに普通預金口座に入金されていない管理費・修繕積立金

（内訳）

①　令和6年3月分管理費　　　　　60,000円

②　令和6年3月分修繕積立金　　　30,000円

　　　　合計　　　　　　　　　　　90,000円

〈令和6年3月分の仕訳〉　　　　　　　　　　　　（単位：円）

1

（借　　方）		（貸　　方）	
普通預金	2,320,000	管理費収入	1,550,000
		修繕積立金収入	770,000

2

（借　　方）		（貸　　方）	
前受金	1,950,000	管理費収入	2,760,000
普通預金	2,320,000	修繕積立金収入	1,380,000
未収入金	90,000	未収入金	220,000

3

（借　　方）		（貸　　方）	
前受金	1,950,000	管理費収入	1,500,000
普通預金	2,320,000	修繕積立金収入	750,000
管理費収入	60,000	前受金	1,800,000
修繕積立金収入	30,000	未収入金	310,000

4

（借　　方）		（貸　　方）	
前受金	1,950,000	管理費収入	1,560,000
普通預金	2,320,000	修繕積立金収入	780,000
未収入金	90,000	前受金	1,800,000
		未収入金	220,000

〔問　17〕　直上階の居室の床面積の合計が200㎡を超える地上階における共同住宅の共用階段に関する次の記述のうち、（ a ）〜（ d ）に入る数値の組み合わせとして、建築基準法によれば、正しいものはどれか。ただし、この階段は、屋外階段ではないものとする。

階段の踊場は、高さ（ a ）m以内ごとに設けなければならない。その踊場と階段の幅は（ b ）cm以上、蹴上げの寸法は（ c ）cm以下、踏面の寸法は（ d ）cm以上でなければならない。

	（ a ）	（ b ）	（ c ）	（ d ）
1	4	120	20	24
2	3	120	24	20
3	4	100	20	24
4	3	100	24	20

〔問　18〕　用途地域内の建築制限に関する次の記述のうち、建築基準法の規定によれば、正しいものはどれか。ただし、特定行政庁の許可は受けないものとし、用途地域以外の地域、地区等は考慮しないものとする。

1　共同住宅は、工業地域に建築することができる。

2　倉庫業を営む倉庫は、第一種中高層住居専用地域に建築することができる。

3　旅館は、第二種中高層住居専用地域に建築することができる。

4　病院は、田園住居地域に建築することができる。

〔問　19〕　建築物の容積率に関する次の記述のうち、建築基準法によれば、最も適切なものはどれか。

1　容積率の限度が前面道路の幅員によって定まる場合において、当該前面道路が2以上あるときは、それらの幅員のうち最小のものが、容積率の算定の基礎となる数値として採用される。

2　容積率を算定する場合において、宅配ボックス設置部分の床面積は、その敷地内の全ての建築物の各階の床面積の合計に100分の1を乗じて得た面積を限度として、延べ面積には算入されない。

3　エレベーターの昇降路の部分の床面積は、容積率の算定の基礎となる延べ面積に算入される。

4　容積率に関する制限を受ける地域、地区又は区域が2以上にわたる場合において、その敷地面積の過半を占める地域、地区又は区域の限度が適用される。

〔問　20〕　「特定住宅瑕疵担保責任の履行の確保等に関する法律」に関する次の記述のうち、最も不適切なものはどれか。

1　この法律は、「住宅の品質確保の促進等に関する法律」で定められた瑕疵担保責任の履行を確保するために制定された。

2　この法律が適用される住宅には、新築住宅であれば、賃貸住宅も含まれる。

3　建設業者は、注文住宅について、住宅建設瑕疵担保保証金の供託又は住宅建設瑕疵担保責任保険契約を締結しなければならない。

4　建設業者は、宅地建物取引業者が自ら売主となって買主に引き渡す新築の分譲住宅について、住宅販売瑕疵担保保証金の供託又は住宅販売瑕疵担保責任保険契約を締結しなければならない。

〔問　21〕　マンションの構造・部材に関する次の記述のうち、最も適切なものはどれか。

1　建築基準法に定める「主要構造部」には、最下階の床は含まれない。

2　鉄筋に対するコンクリートのかぶり厚さが同じ場合において、鉄骨鉄筋コンクリート造は、鉄筋コンクリート造に比べ、耐火性が劣る。

3　1つの建築物で高さが部分的に異なる場合において、原則として、各部分の高さに応じて異なる構造方法による基礎を併用しなければならない。

4　全ての地域において、平成29年4月1日以降に申請する性能評価に基づく大臣認定によって新築される地上4階建て以上の免震建築物については、長周期地震動による影響を検討する必要はない。

〔問　22〕　次の記述のうち、建築士法の規定によれば、正しいものはどれか。

1　「設計図書」とは、建築物の建築工事の実施のために必要な現寸図を含む図面をいい、仕様書は含まれない。

2　「構造設計」とは、建築設備の各階平面図及び構造詳細図その他の建築設備に関する設計図書で国土交通省令で定めるものの設計をいう。

3　「工事監理」とは、その者の責任において、工事を設計図書と照合し、当該工事が設計図書のとおりに実施されているかいないかを確認することをいう。

4　建築士事務所に属する一級建築士は、２年ごとに、登録講習機関が
　　行う講習を受けなければならない。

〔問　23〕　雨水排水設備に関する次の記述のうち、最も不適切なものは
　　どれか。

1　雨水排水管径の算定に用いる降水量は、各地域ごとの平均降水量を
　　採用する。
2　雨水排水ますは、敷地雨水管の起点や合流箇所、方向を変える箇所、
　　配管距離が長い箇所などの継手の代わりに設置し、敷地雨水管の掃除
　　口の役目を果たすものである。
3　雨水排水ますには、雨水中に混在する泥などが排水管に流れ込まな
　　いようにするために、150㎜以上の泥だまりを設ける。
4　雨水排水管を一般排水系統の敷地排水管と接続させる場合において
　　は、排水管や下水道からの臭気の侵入を防ぐため、雨水排水系統にト
　　ラップますを設置する。

〔問　24〕　次の消防用設備等のうち、消防法によれば、「消火活動上必
　　要な施設」に該当するものはどれか。

1　屋外消火栓設備
2　非常コンセント設備
3　非常警報設備
4　誘導灯

〔問　25〕　LEDランプ（エル・イー・ディー・ランプ）に関する次の記
　　述のうち、最も不適切なものはどれか。

1　LEDランプは、同じ光束の場合において、白熱灯や蛍光灯よりも
　　発熱量が少ない。
2　LEDランプは、電気用品安全法の規制の対象外となっている。

3　LEDランプは、消防法により設置が義務付けられる避難口誘導灯の光源に用いることができる。

4　LEDランプを、建築基準法により設置が義務付けられる非常用の照明装置の光源に用いる場合は、常温下で床面において水平面照度で2ルクス以上を確保することができるものとしなければならない。

〔問　26〕　標準管理規約（単棟型）の定めによれば、マンションの住戸の次の修繕工事のうち、共用部分の工事に該当するものの組み合わせとして、最も適切なものはどれか。

ア　床のフローリング工事
イ　玄関扉内部塗装の補修工事
ウ　網戸の交換工事
エ　バルコニー床面の防水工事

1　ア・イ
2　ア・エ
3　イ・ウ
4　ウ・エ

〔問　27〕　国土交通省による「長期修繕計画作成ガイドライン」によれば、次の用語の定義として、最も不適切なものはどれか。

1　推定修繕工事とは、長期修繕計画において、計画期間内に見込まれる修繕工事及び改修工事をいう。

2　修繕積立金とは、計画修繕工事に要する費用に充当するための積立金をいう。

3　計画修繕工事とは、長期修繕計画に基づいて計画的に実施する修繕工事及び改修工事をいう。

4　大規模修繕工事とは、建物の全体又は複数の主要構造部について、計画修繕工事とは別に実施される、大規模な修繕工事及び改修工事をいう。

〔問 28〕 国土交通省による「長期修繕計画作成ガイドライン」によれば、次の記述のうち、最も不適切なものはどれか。

1 新築マンションの場合においては、分譲事業者が提示した長期修繕計画（案）と修繕積立金の額について、購入契約時の書面合意により分譲事業者からの引渡しが完了した時点で決議したものとすることができる。

2 長期修繕計画の見直しに当たっては、必要に応じて専門委員会を設置するなど、検討を行うために管理組合内の体制を整えることが必要である。

3 長期修繕計画の見直しは、大規模修繕工事実施の直前又は直後に行うことにより、大規模修繕工事と大規模修繕工事の中間の時期に単独で行うことは不要となる。

4 計画修繕工事を実施する際は、その基本計画の検討時において、建物及び設備の現状、修繕等の履歴などの調査・診断を行い、その結果に基づいて内容や時期等を判断する。

〔問 29〕 次のア～オのうち、標準管理規約（単棟型）の定めによれば、共用部分の範囲に属するものはいくつあるか。

ア インターネット通信設備
イ 雑排水管の配管継手
ウ 集合郵便受箱
エ トランクルーム
オ 給湯器ボイラー

1 二つ
2 三つ
3 四つ
4 五つ

〔問　30〕　次の記述のうち、標準管理規約（団地型）の定めによれば、団地総会の決議を必要とせず、棟総会の決議のみで決することができる事項はどれか。

1　各棟修繕積立金の保管及び運用方法
2　1棟を同一規模の建物に建て替える場合の建替え決議の承認
3　各棟の階段及び廊下の補修工事
4　建物の一部が滅失した場合の滅失した棟の共用部分の復旧

〔問　31〕　理事長が、自己の経営する会社のために管理組合と取引（以下、本問において「当該取引」という。）をしようとする場合における次の記述のうち、標準管理規約（単棟型）によれば、最も不適切なものはどれか。

1　理事長は、理事会において、当該取引につき重要な事実を開示し、その承認を受けなければならない。
2　当該取引の承認について、理事長は、理事会の議決に加わることができない。
3　管理組合が当該取引のための契約を締結するに当たっては、必ず理事長以外の理事が、管理組合を代表しなければならない。
4　理事長以外の理事は、当該取引が管理組合に著しい損害を及ぼすおそれがあることを発見したときは、直ちに、その事実を監事に報告しなければならない。

〔問　32〕　複合用途型マンションに関する次の記述のうち、標準管理規約（複合用途型）によれば、最も適切なものはどれか。ただし、電磁的方法が利用可能ではないものとする。

1　管理組合は、区分所有者が納入する費用について、全体管理費、住宅一部管理費、店舗一部管理費及び全体修繕積立金の4つに区分して経理しなければならない。

2　駐車場使用料は、その管理に要する費用に充てるほか、全体修繕積立金として積み立てる。

3　新たに店舗部分の区分所有者となった者は、店舗として使用する場合の営業形態及び営業行為について書面で届け出なければ、組合員の資格を取得することができない。

4　管理組合には、その意思決定機関として、住宅部分の区分所有者で構成する住宅部会及び店舗部分の区分所有者で構成する店舗部会を置かなければならない。

〔問　33〕　専有部分の修繕等に関する次の記述のうち、区分所有法の規定及び標準管理規約（単棟型）によれば、最も不適切なものはどれか。ただし、電磁的方法が利用可能ではないものとする。

1　区分所有者は、工事業者に依頼し、畳の交換や壁紙の張替えを行う場合においては、あらかじめ、理事長にその旨を届け出る必要がある。

2　理事長の承認を受けた工事であっても、当該工事の結果、共用部分又は他の専有部分に生じた事後的な影響については、当該工事を発注した区分所有者は、その責任や負担を免れるわけではない。

3　理事長は、施工状況の確認のために立入り、調査を行った結果、申請又は届出を受けたものとは異なる内容の工事が行われていることが確認された場合においては、原状回復のための必要な措置等をとることができる。

4　理事長の承認を受けた工事であれば、総会の決議を経なくても、当該工事に必要な外壁の穿孔、躯体の一部撤去を行うことができる。

〔問　34〕　役員の任期に関する次のア～エの記述のうち、標準管理規約（単棟型）の定めによれば、適切なものはいくつあるか。

ア　任期満了により退任する会計担当理事は、後任の会計担当理事が就任するまでの間、引き続きその職務を行う。

イ　任期途中に理事長が海外に単身赴任した場合においては、後任の理

事長が就任するまでの間、当該住戸に居住する配偶者が、不在区分所
有者となった理事長の職務を代理する。

ウ　任期途中で辞任した監事は、後任の監事が就任するまでの間、引き
続きその職務を行う。

エ　任期途中で理事長が、総会決議で解任された場合においては、後任
の理事長が就任するまでの間、引き続きその職務を行う。

1　一つ
2　二つ
3　三つ
4　四つ

〔問　35〕　区分所有法第71条の罰則規定に関する次の記述のうち、誤っ
ているものはどれか。

1　管理組合法人において、登記に関して必要な事項の登記を怠った場
合にあっては、理事は過料に処せられる。
2　議長は、集会の議事において、議事録に記載すべき事項を記載しな
かった場合に、過料に処せられる。
3　監事は、集会の議事において、管理者の管理事務についての監査報
告を怠った場合に、過料に処せられる。
4　管理組合法人において、規約に定めた理事の員数が欠けた場合に
あって、その選任手続を怠ったときは、理事は過料に処せられる。

〔問　36〕　専有部分の用途に関する次の記述のうち、区分所有法の規定
及び標準管理規約（単棟型）によれば、最も不適切なものはどれか。

1　専有部分を居住用借家として使用することを可能とする場合におい
ては、専有部分の用途を住宅専用である旨を規約に明記しておくだけ
では足りない。
2　専有部分を住宅宿泊事業として使用することを禁止とする場合にお
いては、専有部分の用途を住宅専用である旨を規約に明記しておくだ

けでは足りない。

3　専有部分の用途として住宅宿泊事業を可能とする規約があったとしても、他の居住者の住宅としての使用を妨げる行為については、当該住宅宿泊事業を営む者は、共同の利益に反する義務違反者としての責任を免れない。

4　専有部分の用途として住宅宿泊事業を可能とする規約があったとしても、旅館業法に違反して行われる宿泊事業は認められない。

〔問　37〕　次の事項のうち、区分所有法の規定によれば、規約で別段の定めをすることができないものはどれか。

1　専有部分と敷地利用権の分離処分の禁止
2　先取特権の被担保債権の範囲
3　集会におけるあらかじめ通知していない事項（集会の決議につき特別の定数が定められているものを除く。）の決議
4　解散した管理組合法人の残余財産の帰属の割合

〔問　38〕　管理組合法人に関する次の記述のうち、区分所有法の規定によれば、誤っているものはどれか。

1　管理組合法人は、理事の任期を５年と定めることができる。
2　管理組合法人は、代表権のない理事を置くことができる。
3　管理組合法人は、管理者を置くことができない。
4　管理組合法人の監事は、理事又は管理組合法人の使用人を兼ねてはならない。

〔問　39〕　次のア～エの文を正しく並べると、理事長の解任に関する最高裁判所の判決文の一部となるが、正しい順番に並べたものは１～４のうちどれか。

ア　これは、理事長を理事が就く役職の１つと位置付けた上、総会で選

任された理事に対し、原則として、その互選により理事長の職に就く者を定めることを委ねるものと解される。

イ　そうすると、このような定めは、理事の互選により選任された理事長について理事の過半数の一致により理事長の職を解き、別の理事を理事長に定めることも総会で選任された理事に委ねる趣旨と解するのが、本件規約を定めた区分所有者の合理的意思に合致するというべきである。

ウ　そして、本件規約は、理事長を区分所有法に定める管理者とし（43条2項）、役員である理事に理事長等を含むものとした上（40条1項）、役員の選任及び解任について総会の決議を経なければならない（53条13号）とする一方で、理事は、組合員のうちから総会で選任し（40条2項）、その互選により理事長を選任する（同条3項）としている。

エ　区分所有法は、集会の決議以外の方法による管理者の解任を認めるか否か及びその方法について区分所有者の意思に基づく自治的規範である規約に委ねているものと解される。

1　ア、イ、ウ、エ
2　イ、ア、ウ、エ
3　ウ、ア、イ、エ
4　エ、ウ、ア、イ

〔問　40〕　「住宅の品質確保の促進等に関する法律」に関する次の記述のうち、誤っているものはどれか。

1　新築住宅とは、新たに建設された住宅で、かつ、まだ人の居住の用に供したことのないもので、建設工事完了の日から1年を経過していないものをいう。

2　新築住宅について、住宅新築請負契約に基づき請負人が注文者に引き渡した時から10年間瑕疵担保責任を負う部位は、同住宅の構造耐力上主要な部分又は雨水の浸入を防止する部分として政令で定めるものである。

3　新築住宅に係る瑕疵担保責任の特例の規定は、法人が買主である売

買契約においては適用されない。

4　新築住宅の瑕疵担保責任について、瑕疵を修補する責任に限定し、契約の解除や損害賠償の請求はできないこととする特約は無効である。

〔問　41〕　マンションの損害保険に関する次の記述のうち、区分所有法、地震保険に関する法律及び標準管理規約（単棟型）によれば、最も不適切なものはどれか。

1　地震若しくは噴火又はこれらによる津波を直接又は間接の原因とする火災、損壊、埋没、流失による損害（政令で定めるものに限る。）をてん補する地震保険契約は、火災保険契約等特定の損害保険契約に附帯して締結される。

2　共用部分に係る損害保険料は、各区分所有者が、その有する専有部分の床面積の割合に応じて負担するが、規約でこれと異なる定めをすることができる。

3　理事長（管理者）は、共用部分に係る損害保険契約に基づく保険金額の請求及び受領について、区分所有者を代理する。

4　共用部分について、損害保険契約をするか否かの決定を、理事会の決議により行う旨を規約で定めることはできない。

〔問　42〕　Ａが所有するマンションの一住戸について、自らを貸主とし、借主Ｂと、期間を５年とする定期建物賃貸借契約（以下、本問において「本件契約」という。）を締結しようとする場合に関する次の記述のうち、借地借家法の規定及び判例によれば、正しいものはどれか。

1　本件契約において、相互に賃料の増減額請求をすることはできない旨の特約は無効である。

2　Ａは、本件契約を締結するに当たり、あらかじめＢに対し、本件契約期間満了後の更新はなく終了することについて、その旨を記載した書面を交付して説明しなければならないが、本件契約書に明確にその

旨が記載され、Bがその内容を認識しているときは、説明をしなくて
もよい。

3　本件契約の期間を6箇月とした場合においては、本件契約は期間の
定めのない契約とみなされる。

4　本件契約の目的が、事業用のものであるか否かにかかわらず、公正
証書による等書面によりしなければならない。

〔問　43〕　マンション建替事業に関する次の記述のうち、「マンション
の建替え等の円滑化に関する法律」の規定によれば、正しいものはど
れか。

1　権利変換計画の決定及びその変更を行うときは、マンション建替組
合（以下、本問において「組合」という。）の総会において、組合員
の議決権及び持分割合の各4分の3以上の決議で決する。

2　マンション建替事業は、組合によるほか、区分所有者又はその同意
を得た者が1人でも施行することができる。

3　参加組合員として組合の組合員となることができる者は、当該マン
ションの区分所有者又はその包括承継人に限られる。

4　建替えに参加しない旨を組合に回答した区分所有者（その承継人を
含み、その後に建替え合意者等となった者を除く。）は、組合に対し、
区分所有権及び敷地利用権を時価で買い取るべきことを請求すること
ができる。

〔問　44〕　各種の法令に関する次の記述のうち、誤っているものはどれ
か。

1　「個人情報の保護に関する法律」によれば、個人情報取扱事業者で
あるマンション管理業者が、管理費を滞納している組合員の氏名及び
滞納額が記載されたリストを、その管理事務を受託する管理組合に提
出するときは、当該組合員の同意を得なければならない。

2　身体障害者補助犬法によれば、身体障害者補助犬を同伴して同法の

定める施設等（住宅を除く。）の利用又は使用する身体障害者は、その身体障害者補助犬に、その者のために訓練された身体障害者補助犬である旨を明らかにするための表示をしなければならない。

3　消防法によれば、共同住宅等の一定の防火対象物の管理について権原を有する者は、防火管理者を定め、遅滞なく所轄消防長又は消防署長に届け出なければならない。

4　「高齢者、障害者等の移動等の円滑化の促進に関する法律」によれば、国民は、高齢者、障害者等の円滑な移動及び施設の利用を確保するために必要な協力をするよう努めなければならない。

〔問　45〕　宅地建物取引業者Aが、自ら売主として、宅地建物取引業者ではないB又は宅地建物取引業者Cを買主として、マンションの一住戸の売買を行う場合における、宅地建物取引業法第35条の規定に基づき宅地建物取引士が書面を交付して行う重要事項の説明等に関する次の記述のうち、正しいものはどれか。

1　AB間の売買において、天災その他不可抗力による損害の負担に関する定めがあるときは、Aは、Bに対して、その内容について、説明しなければならない。

2　AB間の売買において、Aは、Bに対して、代金又は交換差金に関する金銭の貸借のあっせんの内容及び当該あっせんに係る金銭の貸借が成立しないときの措置について、説明しなければならない。

3　AB間の売買において、共用部分に関する規約が案の段階である場合にあっては、Aは、Bに対して、当該規約案の内容について、説明する必要はない。

4　AC間の売買において、Aは、Cに対して、重要事項について説明しなければならない。

〔問　46〕　次のア〜エの記述のうち、マンションの管理の適正化の推進を図るための基本的な方針によれば、適切なものはいくつあるか。

ア　管理組合は、マンションの快適な居住環境を確保するため、あらかじめ、共用部分の範囲及び管理費用を明確にし、トラブルの未然防止を図ることが重要である。

イ　建設後相当の年数を経たマンションにおいては、長期修繕計画の検討を行う際には、必要に応じ、建替え等についても視野に入れて検討することが望ましい。

ウ　複合用途型マンションにあっては、住宅部分と非住宅部分との利害の調整を図り、その管理、費用負担等について適切な配慮をすることが重要である。

エ　マンションの管理は、専門的な知識を必要とすることが多いため、管理組合は、問題に応じ、マンション管理士等専門的知識を有する者の支援を得ながら、主体性をもって適切な対応をするよう心がけることが重要である。

1　一つ
2　二つ
3　三つ
4　四つ

〔問　47〕　マンション管理業者が行うマンション管理適正化法第76条の規定に基づく財産の分別管理に関する次の記述のうち、マンション管理適正化法によれば、最も不適切なものはどれか。

1　マンション管理業者は、マンション管理適正化法施行規則第87条第2項第1号イに定める方法により修繕積立金等金銭を管理する場合にあっては、原則、保管口座に係る管理組合等の印鑑、預貯金の引出用のカードその他これらに類するもの（以下、本肢において「印鑑等」という。）を管理してはならないが、管理者から依頼を受けた場合は、一時的に当該保管口座の印鑑等を管理することができる。

2　マンション管理業者は、マンション管理適正化法施行規則第87条第3項に基づき保証契約を締結しなければならない場合において、管理委託契約の契約期間の途中に当該保証契約の期間が満了するときは、

当該保証契約の更新等を行う必要がある。

3　分別管理の対象となる財産とは、管理組合から委託を受けて修繕積立金として管理する金銭又は有価証券及び管理組合又はマンションの区分所有者等から受領した管理費用に充当する金銭又は有価証券である。

4　マンション管理業者は、管理組合から委託を受けて有価証券を管理する場合においては、金融機関又は証券会社に、当該有価証券の保管場所を自己の固有財産及び他の管理組合の財産である有価証券の保管場所と明確に区分させ、かつ、当該有価証券が受託契約を締結した管理組合の有価証券であることを判別できる状態で管理させなければならない。

◎〔問　48〕　マンション管理業者が行うマンション管理適正化法第72条の規定に基づく重要事項の説明等に関する次の記述のうち、マンション管理適正化法によれば、最も適切なものはどれか。ただし、同法第72条第6項における、管理者等及び区分所有者等の承諾は得ていないものとする。

1　マンション管理業者は、新規に管理受託契約を締結しようとする場合において、当該マンション管理業者が管理者等に選任されているときは、重要事項の説明会を開催する必要はない。

2　マンション管理業者は、重要事項並びに説明会の日時及び場所を記載した書面を作成し、管理組合を構成するマンションの区分所有者等及び当該管理組合の管理者等の全員に対し交付するときは、管理業務主任者をして、当該書面に記名させなければならない。

3　マンション管理業者は、管理者等の置かれた管理組合と、従前の管理受託契約と同一の条件で管理受託契約を更新しようとするときは、当該管理者等に対して、管理業務主任者をして、重要事項について記載した書面を交付して説明すれば足りる。

4　マンション管理業者は、当初の管理受託契約に係る変更契約を締結しようとする場合においては、同一の条件でない管理受託契約に変更

するときであっても、管理組合の管理者等に対して、管理業務主任者をして、重要事項について記載した書面を交付して説明すれば足りる。

〔問　49〕　マンション管理業者が行うマンション管理適正化法第77条の規定に基づく管理事務の報告に関する次の記述のうち、マンション管理適正化法によれば、最も適切なものはどれか。

1　マンション管理業者は、管理事務の委託を受けた管理組合に管理者等が置かれている場合であっても、当該管理者等に報告するとともに、説明会を開催し、当該管理組合を構成する区分所有者等全員に対して、管理業務主任者をして、当該管理事務の報告をさせなければならない。

2　マンション管理業者は、管理組合の同意があれば、当該管理組合の管理者等に対し、管理業務主任者以外の者をして報告させることができる。

3　管理事務報告書には、報告の対象となる期間、管理組合の会計の収入及び支出の状況並びにその他管理受託契約の内容に関する事項を記載しなければならない。

4　管理事務の報告の説明会が開催される場合においては、説明会の参加者の参集の便を考慮して、説明会の開催日の2週間前までに、当該説明会を開催する日時及び場所の掲示をしなければならない。

〔問　50〕　マンション管理業者の登録等に関する次の記述のうち、マンション管理適正化法によれば、最も不適切なものはどれか。

1　マンション管理業の更新の登録を受けようとする者は、登録の有効期間満了の日の90日前から30日前までの間に登録申請書を提出しなければならないが、当該有効期間の満了の日までにその申請に対する処分がなされないときは、従前の登録は、当該有効期間の満了後もその処分がなされるまでの間は、なお効力を有する。

2　マンション管理業の登録申請書に記載すべき事務所とは、本店又は

支店（商人以外の者にあっては、主たる事務所又は従たる事務所）のほか、継続的に業務を行うことができる施設を有する場所で、マンション管理業に係る契約の締結又は履行に関する権限を有する使用人を置く事務所をいう。

3　国土交通大臣は、マンション管理適正化法施行規則により算定した、マンション管理業の登録を受けようとする者の資産額が1,000万円以上でない場合においては、その登録を拒否しなければならない。

4　マンション管理業者がマンション管理業を廃止した場合においては、マンション管理業者であった個人又はマンション管理業者であった法人を代表する役員は、その日から30日以内に、その旨を国土交通大臣に届け出なければならない。

平成30年度

試験問題

分野	問	テーマ	分野	問	テーマ
❶ 管理に関する法令・実務	1	民法（委任）	❸ 建物と設備の形質・構造	25	バリアフリー法
	2	民法（手付）		26	調査診断（劣化現象）
	3	民法（債務不履行）		27	維持保全（マンションの耐震改修）
	4	民法（代理）		28	維持保全（改修工事）
	5	民法（賃貸借）	❹ 管理組合の運営	29	標準管理規約・区分所有法（総会の決議）
	6	民法（不法行為）		30	標準管理規約（集会等）
	7	標準管理委託契約書（管理事務）		31	標準管理規約（理事会の決議）
	8	標準管理委託契約書（維持又は修繕に関する企画又は実施の調整）		32	標準管理規約（総合）
	9	標準管理委託契約書（管理事務）		33	区分所有法・標準管理規約（総合）
❷ 管理組合の税務・会計	10	民法・区分所有法（管理費の滞納）		34	区分所有法（特定承継人）
	11	民法・区分所有法（管理費の滞納）		35	標準管理規約・区分所有法（義務違反者）
	12	標準管理規約（管理組合の会計）		36	区分所有法（復旧）
	13	標準管理規約（管理費等）		37	標準管理規約（専門的知識を有する者の活用）
	14	税務・会計（仕訳）		38	標準管理規約（専有部分）
	15	税務・会計（仕訳）		39	民法（管理費の消滅時効）
	16	税務・会計（管理組合の税務）		40	民法（担保責任）
❸ 建物と設備の形質・構造	17	建築基準法（日影規制）		41	消費者契約法（総合）
	18	建築基準法（補強コンクリートブロック造）		42	民法・借地借家法（賃貸借契約）
	19	建築材料（鉄筋コンクリート）		43	個人情報保護法
	20	建築設備（給排水衛生設備）		44	不動産登記法（総合）
	21	建築設備（給水設備）		45	宅建業法（重要事項の説明）
	22	建築設備（電気設備）	❺ マンション管理適正化法	46	適正化法（管理業務主任者）
	23	建築設備（消防用設備）		47	適正化法（用語の定義）
	24	住生活基本法		48	適正化法（重要事項の説明）
				49	適正化法（財産の分別管理）
				50	適正化法（管理事務の報告）

〔問　1〕　委任契約に関する次の記述のうち、民法の規定によれば、正しいものはどれか。

1　委任とは、当事者の一方が相手方のために法律行為をすることを約し、相手方がこれに対してその報酬を支払うことを約することによって、その効力を生ずる契約である。

2　受任者が、委任事務を処理するのに必要と認められる費用を支出したときは、委任者は、現に利益を受けている限度において受任者に対して費用の償還義務を負う。

3　委任契約が解除された場合に、解除の効力は将来に向かってのみ生じる。

4　受任者が、委任者に引き渡すべき金額を自己のために消費した場合でも、委任者に損害が生じていないときは、受任者は、利息を支払う義務を負わない。

◎〔問　2〕　ＡＢ間で、Ａの所有するマンション（マンション管理適正化法第2条第1号に規定するものをいう。以下同じ。）の1住戸甲（以下、本問において「甲」という。）をＢに売却する契約（以下、本問において「本件契約」という。）が締結され、ＡＢ間の協議により、ＢはＡに解約手付としての手付金を交付した。また、本件契約において、Ａは、契約締結の日から1か月後に代金と引換えに甲を引き渡すことが約定されていた。この場合に関する次の記述のうち、民法の規定及び判例によれば、正しいものはどれか。

1　Ｂが本件契約の履行に着手していない場合、Ａは、Ｂに対し、手付金の倍額を現実に提供することにより本件契約を解除する旨の通知を送達さえすれば、本件契約を解除することができる。

2　Ａが本件契約の履行に着手していない場合、ＢがＡに対し、手付金を放棄し、本件契約を解除する旨の意思表示をしたときは、Ａは、Ｂに対して損害賠償を請求することができない。

3　契約締結の日から1か月後に、Ａが甲の引渡しの準備をしていな

かった場合でも、Bが代金の支払の準備を整えていたときは、AとBはいずれも、解約手付による解除権を行使することができない。

4　BがAの債務不履行により売買契約を解除した場合、Bは、Aに対して手付金の返還を請求することができるが、損害賠償を請求することはできない。

◎〔問　3〕　債務不履行責任に関する次の記述のうち、民法の規定及び判例によれば、誤っているものはどれか。

1　損害賠償額が予定されている場合において、債務不履行の事実があったときは、債権者は、原則として、損害の発生及び損害額を証明することなく、予定された賠償額を請求することができる。

2　損害賠償額が予定されている場合において、債務不履行の事実があったとき、債権者は、実際の損害額が予定賠償額より大きいことを立証しても賠償額の増額を請求することができない。

3　債務不履行により通常生ずべき損害が生じた場合、債務者が、当該債務不履行時までにその損害が生じることを予見すべきであった場合でなければ、債権者は、損害賠償を請求することができない。

4　金銭債務の債務者は、不可抗力により期日に金銭の支払をすることができなかったときであっても、その不履行によって生じた損害の賠償責任を免れない。

〔問　4〕　Aは、Bに対し、Aが所有するマンションの1住戸甲（以下、本問において「甲」という。）に抵当権を設定する旨の代理権を授与していた。この場合に関する次の記述のうち、民法の規定及び判例によれば、正しいものはどれか。

1　Bが、Cとの間で、甲の売買契約を締結した場合において、Bの無権代理行為について表見代理が成立するときでも、Cは、Aに対して表見代理の成立を主張せず、Bに対して、無権代理人としての責任を追及することができる。

2　AがBに代理権を授与した時に、Bが制限行為能力者であった場合は、Bは、代理人となることはできない。

3　Bは、Aが復代理人の選任について拒否し、かつ、やむを得ない事由がない場合でも、自己の責任で復代理人Dを選任することができる。

4　Bがやむを得ない事由により復代理人Eを選任した場合、Eは、Bの名においてBを代理する。

◎〔問　5〕　AとBとの間で、Aが所有するマンションの1住戸甲（以下、本問において「甲」という。）についての賃貸借契約が締結され、AはBに甲を引き渡した。この場合に関する次の記述のうち、民法の規定及び判例によれば、誤っているものはどれか。

1　Bが、Aの承諾を得ないで、甲をCに転貸した場合であっても、Bの行為についてAに対する背信行為と認めるに足りない特段の事情があるときは、Aは、Bとの間の賃貸借契約を、無断転貸を理由として解除することができない。

2　Bが、Aの承諾を得て、甲をCに転貸した場合、Bの債務不履行を理由としてAが賃貸借契約を解除したときは、Cの転借権も消滅する。

3　Bが、Aの承諾を得て、甲をCに転貸した場合、Cは、AとBとの間の賃貸借に基づくBの債務の範囲を限度として、Aに対して転貸借に基づく債務を直接履行する義務を負う。

4　Bが、Aの承諾を得て、甲の賃借権をCに譲渡した場合、BがAに交付した敷金に関する権利義務関係は、当然にCに承継される。

〔問　6〕　不法行為に関する次の記述のうち、民法の規定及び判例によれば、正しいものはどれか。

1　不法行為の時点で胎児であった被害者は、出生後、加害者に対して財産的損害の賠償を請求することはできない。

2 不法行為による慰謝料請求権は、被害者がこれを行使する意思を表明し、又はこれを表明したと同視すべき状況にあったときはじめて相続の対象となる。

3 使用者が被用者の選任及びその事業の監督について相当の注意をしたこと、又は相当の注意をしても損害が生ずべきであったことを証明できなければ、被用者に故意又は過失がなくても、使用者は、被用者がその事業の執行につき第三者に加えた損害を賠償しなければならない。

4 土地の工作物の設置又は保存に瑕疵(かし)があることによって他人に損害を生じたときは、その工作物の占有者がその損害を賠償する責任を負うが、当該占有者が損害の発生を防止するのに必要な注意をしたときは、所有者がその損害を賠償しなければならない。

◎〔問 7〕 次の記述のうち、**標準管理委託契約書**によれば、適切なものはいくつあるか。

ア 管理業者の管理対象部分は、原則として敷地及び共用部分等であるが、専有部分である設備のうち共用部分と構造上一体となった配管や配線は共用部分と一体で管理を行う必要があるため、管理組合が管理を行うとされている場合において、管理組合から依頼があるときに管理委託契約に含めることも可能である。

イ 管理業者は、管理事務の遂行に際して組合員等に関する個人情報を取り扱う場合には、管理委託契約の目的の範囲において取り扱い、正当な理由なく、第三者に提供、開示又は漏えいしてはならない。

ウ 管理組合及び管理業者は、それぞれ相手方に対し、自らが、暴力団、暴力団関係企業、総会屋、社会運動等標ぼうゴロ若しくはこれらに準ずる者又はその構成員ではないことを確約するが、管理委託契約の有効期間内に、当該確約に反する事実が判明した場合、管理組合が当該契約を解除するには、管理業者に対して相当の期間を定めて催告しなければならない。

エ 管理業者は、管理組合が、管理委託契約にかかるマンションの維持

又は修繕（大規模修繕を除く修繕又は保守点検等。）を外注により、当該マンション管理業者以外の業者に行わせる場合、見積書の受理を行うが、当該見積書の内容に対する管理組合への助言は含まれない。

1　一つ
2　二つ
3　三つ
4　四つ

◎〔問　8〕　マンションの維持又は修繕に関する企画又は実施の調整の業務に関する次の記述のうち、標準管理委託契約書によれば、最も不適切なものはどれか。

1　管理業者は、管理組合が、管理委託契約にかかるマンションの維持又は修繕（大規模修繕を除く修繕又は保守点検等。）を外注により、当該管理業者以外の業者に行わせる場合、実施の確認を行うこととされているが、当該実施の確認は、管理員が外注業務の完了の立会いにより確認できる内容のほか、管理員業務に含まれていない場合又は管理員が配置されていない場合には、管理業者の使用人等が完了の立会いを行うことにより確認できる内容のものをいう。

2　管理業者は、管理組合の長期修繕計画における修繕積立金の額が著しく低額である場合若しくは設定額に対して実際の積立額が不足している場合又は管理事務（マンション管理適正化法第2条第6号に規定するものをいう。以下同じ。）を実施する上で把握したマンションの劣化等の状況に基づき、当該計画の修繕工事の内容若しくは修繕積立金の見直しが必要であると判断した場合には、書面又は口頭により当該管理組合に助言をする。

3　長期修繕計画案の作成業務以外にも、必要な年度に特別に行われ、業務内容の独立性が高いという業務の性格から、建物・設備の性能向上に資する改良工事の企画又は実施の調整の業務を管理業者に委託するときは、管理委託契約とは別個の契約にすることが望ましい。

4　長期修繕計画案の作成及び見直しは、長期修繕計画標準様式、長期

修繕計画作成ガイドライン、長期修繕計画作成ガイドラインコメントを参考にして作成することが望ましい。

〔問　9〕　次の記述のうち、**標準管理委託契約書**によれば、**最も不適切**なものはどれか。

1　宅地建物取引業者が媒介等の業務のために、管理規約等の提供・開示を求めてきた場合に、管理業者が、当該宅地建物取引業者に対して、管理規約等の提供・開示を行うときは、管理規約等において宅地建物取引業者等への提供・開示に関する根拠が明確に規定されるとともに、これと整合的に管理委託契約書において管理業者による提供・開示に関して規定されることが必要である。

2　管理業者は、理事会支援業務や総会支援業務について、区分所有法及び管理組合の管理規約に照らし、当該管理組合の管理者以外に、正規に招集の権限があると考えられる者から当該支援業務に関する契約書に規定する業務の履行の要求があった場合は、これを拒否すべき正当な理由がある場合を除き、業務を履行すべきである。

3　理事会及び総会の議事録については、議事の経過の要点及びその結果を記載する必要があり、「議事の経過」とは議題、議案、討議の内容及び採決方法等を指すところ、それらの要点を記載することで足り、すべての発言を一言一句記録するものではないが、議事に影響を与える重要な発言は記録することに留意する必要がある。

4　管理業者が管理事務の一部を第三者に再委託した場合においては、当該管理業者は、再委託した管理事務の適正な処理について、管理組合に対する責任を免れる。

〔問　10〕　マンションの管理費の滞納等に関して、管理業務主任者（マンション管理適正化法第2条第9号に規定する者をいう。以下同じ。）が管理組合の管理者等に対して行った次のア～エの説明のうち、**誤っているもの**の組み合わせはどれか。

ア　滞納管理費の額が60万円以下のときは、民事訴訟法に定める「少額訴訟」の手続によらなければなりません。

イ　管理費を滞納している区分所有者が死亡した場合、当該区分所有権を取得する相続人が決定していなくても、すべての相続人に対し、その法定相続分に応じて滞納管理費を請求することができます。

ウ　専有部分の売買契約によって、区分所有権を取得した買主は、売主が滞納していた管理費の支払債務を負いますが、売主の支払債務がなくなるわけではありません。

エ　区分所有者が破産手続開始の決定を受けたときは、当該区分所有者は、破産手続開始決定の日の翌日以降の管理費の支払債務を負わなくてよいことになります。

1　ア・ウ
2　ア・エ
3　イ・ウ
4　イ・エ

◎〔問　11〕　マンションの管理費の滞納に対する対策及び法的手続に関する次の記述のうち、最も適切なものはどれか。

1　管理組合が管理費を滞納している区分所有者に書面で督促する場合、内容証明郵便で行わなければ、「催告」に該当せず、時効の完成猶予の効力を生じない。

2　管理規約に管理費の遅延損害金の定めがない場合には、管理組合は、民法所定の法定利率による遅延損害金を請求することができない。

3　管理費を滞納している区分所有者が、自己破産の申立てを行い、破産手続開始の決定を受けた場合、管理組合は、先取特権の実行を除き、破産手続に参加しなければ、滞納管理費の回収をすることができない。

4　管理費を滞納している区分所有者が行方不明の場合は、管理組合は、その者に対して、滞納管理費の支払請求についての訴えを提起す

ることはできない。

〔問　12〕　管理組合の会計等における理事長の職務に関する次の記述のうち、標準管理規約によれば、最も不適切なものはどれか。

1　毎会計年度の収支予算案を通常総会に提出し、その承認を得なければならない。

2　会計年度の開始後、収支予算案が通常総会で承認を得るまでの間に、通常の管理に要する経費のうち、経常的であり、かつ、収支予算案が通常総会で承認を得る前に支出することがやむを得ないと認められるものについては、理事会の承認を得ずに支出を行うことができる。

3　収支予算を変更しようとするときは、その案を臨時総会に提出し、その承認を得なければならない。

4　毎会計年度の収支決算案を監事の会計監査を経て、通常総会に報告し、その承認を得なければならない。

〔問　13〕　標準管理規約によれば、管理費等に関する次の記述のうち、最も不適切なものはどれか。

1　管理費等に不足を生じた場合には、管理組合は組合員に対して、管理費等の負担割合により、その都度必要な金額の負担を求めることができる。

2　管理費等の負担割合を定めるに当たっては、共用部分等の使用頻度等は勘案しない。

3　管理費のうち、管理組合の運営に要する費用については、組合費として管理費とは分離して徴収することができる。

4　議決権割合の設定方法について、1戸1議決権や価値割合を採用する場合、管理費等の負担もこの割合によらなければならない。

◎〔問　14〕　管理組合の活動における以下の取引に関して、令和6年3月分の仕訳として最も適切なものは次のうちどれか。ただし、この管理組合の会計年度は、毎年4月1日から翌年3月31日までとし、期中の取引においても、企業会計原則に基づき厳格な発生主義によって経理しているものとする。

（取　引）

> 令和6年4月20日に、マンション管理業者を通じて、以下の内訳の請求書が管理組合宛に届いたので、同年4月30日に普通預金から振込により支払った。
> （請求書の内訳）
> ①　5月分委託業務費　　　　　　　　　1,200,000円
> ②　3月分電話料　　　　　　　　　　　　15,000円
> ③　3月分電気料　　　　　　　　　　　175,000円
> ④　5月分管理事務室用コピー機リース料　20,000円
> 　　　合　計　　　　　　　　　　　1,410,000円

（単位：円）

1
（借　方）		（貸　方）	
通信費	15,000	普通預金	190,000
水道光熱費	175,000		

2
（借　方）		（貸　方）	
通信費	15,000	未払金	190,000
水道光熱費	175,000		

3
（借　方）		（貸　方）	
通信費	15,000	未払金	190,000
水道光熱費	175,000	委託業務費	1,200,000
前払金	1,220,000	リース料	20,000

188

	（借　　　方）		（貸　　　方）	
4	委託業務費	1,200,000	普通預金	1,410,000
	通信費	15,000		
	水道光熱費	175,000		
	リース料	20,000		

◎〔問　15〕　管理組合の活動における以下の取引に関して、令和6年3月分の仕訳として最も適切なものは次のうちどれか。ただし、この管理組合の会計年度は、毎年4月1日から翌年3月31日までとし、期中の取引においても、企業会計原則に基づき厳格な発生主義によって経理しているものとする。

（取　引）

外壁の補修工事及び防犯カメラの設置について見積書を取得し、令和6年1月に、総会の決議を経た上で、甲社及び乙社に、それぞれ見積書記載の内容のとおり発注した。甲社及び乙社の見積書の内容は以下のとおりである。

（見積書の内容）

件名	外壁補修工事	防犯カメラ設置
会社名	甲　社	乙　社
金額	250,000円	3,500,000円（取付費含む）
期間	着工予定日 　令和6年3月5日 工事完了、引渡予定日 　令和6年3月15日	着手予定日 　令和6年2月25日 設置完了、引渡予定日 　令和6年3月5日
支払条件	引渡日の1か月後に指定口座に振込	着手時、手付金500,000円 残金は引渡日の10日後に指定口座に振込

それぞれは、見積書の期間のとおり行われ、予定の日に引渡しを受けたので、必要な支払について、見積書の支払条件のとおり、普通預金から振込により支払った。

（単位：円）

1

（借　　方）		（貸　　方）	
什器備品	3,500,000	前払金	500,000
修繕費	250,000	普通預金	3,000,000
		未払金	250,000

2

（借　　方）		（貸　　方）	
什器備品	3,500,000	普通預金	3,500,000
修繕費	250,000	未払金	250,000

3

（借　　方）		（貸　　方）	
修繕費	3,750,000	前払金	500,000
		普通預金	3,250,000

4

（借　　方）		（貸　　方）	
什器備品	3,750,000	前払金	500,000
		普通預金	3,000,000
		未払金	250,000

〔問　16〕　次のうち、消費税法によれば、管理組合が当課税期間において、必ず消費税の課税事業者となるものはどれか。

1　基準期間における管理組合が運営する売店の売上高は820万円、組合員以外の第三者からの駐車場使用料収入は120万円であり、特定期間の当該売店の売上高は750万円、組合員以外の第三者からの駐車場使用料収入は60万円であったが、特定期間の給与等支払額は1,025万円であった。

2　基準期間における管理組合の全収入は1,120万円で、その内訳は、管理費等収入が950万円、駐車場使用料収入が145万円（組合員以外の第三者からのもの28万円を含む）、専用庭使用料収入が25万円であったが、基準期間以降についても、同額の収入構成であった。

3　基準期間における管理組合の課税売上高は890万円、特定期間の課税売上高は1,020万円であったが、特定期間の給与等支払額は650万円であった。

4　基準期間における管理組合の課税売上高は850万円、特定期間の課税売上高は1,050万円であったが、特定期間の給与等支払額は1,020万円であった。

〔問　17〕　建築基準法による「日影による中高層の建築物の高さの制限」（以下、本問において「日影規制」という。）に関する次の記述のうち、正しいものはどれか。

1　日影規制の対象区域とは、同法別表第4に掲げる地域又は区域の全部又は一部で、地方公共団体の条例で指定する区域をいう。

2　日影規制の対象となる用途地域には、中高層住居専用地域は含まれるが、近隣商業地域、準工業地域は含まれない。

3　同法によれば、日影は、冬至日の日本標準時による午前8時から午後5時までの間において、平均地盤面に生ずるもので判断する。

4　建築物が日影規制の対象区域外にあれば、高さが10mを超える建築物でも日影規制は適用されない。

〔問　18〕　補強コンクリートブロック造の塀に関する次の記述のうち、建築基準法によれば、誤っているものはどれか。ただし、国土交通大臣が定める基準に従った構造計算によって構造耐力上安全であることの確認はしていないものとする。

1　塀の高さは3m以下とする。

2　塀の高さが1.2mを超える場合には、長さ3.4m以下ごとに、所定の基準に従った控壁を設ける。

3　塀の高さが1.2mを超える場合には、塀の基礎の丈は35cm以上とし、根入れの深さは30cm以上とする。

4　同法第12条に基づく定期調査報告の対象となる塀についての劣化及

び損傷の状況は、目視、下げ振り等により確認する。

〔問　19〕　鉄筋コンクリートに関する次の記述のうち、最も不適切なものはどれか。

1　中性化とは、硬化したコンクリートが空気中の炭酸ガス（CO_2）の作用によって次第にアルカリ性を失って中性に近づく現象をいう。

2　中性化の進行を遅らせるためには、モルタル塗り等の仕上げが有効である。

3　アルカリ骨材反応とは、アルカリ反応性骨材と鉄筋が長期にわたって反応し、その鉄筋が発錆し膨張することにより、コンクリートにひび割れを生じたり崩壊したりする現象をいう。

4　アルカリ骨材反応を抑制するためには、「コンクリート中のアルカリ総量の抑制」、「抑制効果のある混合セメントの使用」、「安全と認められる骨材の使用」の抑制対策のうち、いずれか一つについて確認をとらなければならない。

〔問　20〕　給排水衛生設備に関する次の記述のうち、最も不適切なものはどれか。

1　飲料水の給水タンク等の天井が蓋を兼ねていない場合に当該給水タンク等に設けるマンホールは、外部から内部の保守点検を容易かつ安全に行うことができる小規模な給水タンク等を除き、直径60cm以上の円が内接できるものとする。

2　飲料水の給水タンクの局部震度法による設計用標準震度は、同じ耐震クラスでは、地階よりも屋上の方が大きい。

3　ガス瞬間式給湯器の能力表示は、一般に「号」で表され、1号は、流量毎分1リットルの水の温度を25℃上昇させる能力を表している。

4　排水横管の必要最小こう配は、管径が大きくなるほど大きくなる。

〔問 21〕 給水装置に関する次の記述のうち、水道法によれば、正しい
ものはどれか。

1 水道水を受水槽に受けて給水しているマンションにおいては、水道
事業者の施設した配水管から分岐して設けられた給水管及びこれに直
結している受水槽の給水用具までが給水装置に該当する。
2 水道事業者は、当該水道によって水の供給を受ける者の給水装置の
構造及び材質が、政令で定める基準に適合していないときであって
も、その者に対する給水を停止することはできない。
3 「給水装置の構造及び材質の基準に関する省令」では、一定のもの
を除く給水装置は、厚生労働大臣が定める耐圧に関する試験により1.0
メガパスカルの静水圧を１分間加えたとき、水漏れ、変形、破損その
他の異常を生じないこととしている。
4 「給水装置の構造及び材質の基準に関する省令」では、給水装置か
ら金属等が浸出し、汚染されることを防止するために、「水質基準に
関する省令」に定められる51種類の水質基準項目について、浸出液の
濃度が基準値以下であることを確認しなければならないとしている。

〔問 22〕 住宅用分電盤に関する次の記述のうち、最も不適切なものは
どれか。

1 分電盤内に設置されている漏電遮断器（漏電ブレーカー）及び配線
用遮断器（安全ブレーカー）は、電力会社の所有物である。
2 電気設備の技術上必要な事項を規定した民間規格である内線規程
（以下、本問において「内線規程」という。）によれば、単相３線式電
路に施設する漏電遮断器は、中性線欠相保護機能付きのものとするこ
とが望ましいとされている。
3 内閣府等が推奨している感震遮断機能付住宅用分電盤は、安全確保
を行うことを目的に、揺れを感知すると警報を発し、一定時間を経過
してから電気が遮断されるものである。
4 内線規程によれば、「地震時等に著しく危険な密集市街地」の住宅

などには、感震遮断機能付住宅用分電盤を施設することが勧告的事項とされている。

〔問　23〕　次の記述のうち、「特定共同住宅等における必要とされる防火安全性能を有する消防の用に供する設備等に関する省令」によれば、誤っているものはどれか。

1　「特定共同住宅等」には、ホテルも含まれる。
2　住居専用のマンションにおいて、住宅用消火器及び消火器具は、火災の拡大を初期に抑制する性能を主として有する「通常用いられる消防用設備等」に代えて用いることのできる設備等に含まれる。
3　住居専用のマンションにおいて、共同住宅用自動火災報知設備は、火災時に安全に避難することを支援する性能を主として有する「通常用いられる消防用設備等」に代えて用いることのできる設備等に含まれる。
4　住居専用のマンションにおいて、共同住宅用連結送水管は、消防隊による活動を支援する性能を主として有する「通常用いられる消防用設備等」に代えて用いることのできる設備等に含まれる。

◎〔問　24〕　住生活基本法に基づき、令和3年に閣議決定された「住生活基本計画（全国計画)」に関する次の記述のうち、誤っているものはどれか。

1　高齢者、障害者等が健康で安心して暮らせる住まいの確保に関し、基本的な施策の一つとして、「改修、住替え、バリアフリー情報の提供等、高齢期に備えた適切な住まい選びの総合的な相談体制の推進」が示された。
2　長寿命化に向けた適切な維持管理・修繕、老朽化マンションの再生（建替え・マンション敷地売却）の円滑化に関し、基本的な施策の一つとして、「マンションの適正管理や老朽化に関する基準の策定等により、マンション管理の適正化や長寿命化、再生の円滑化を推進」す

ることが示された。

3 空き家の適切な管理の促進と周辺の居住環境に悪影響を及ぼす空き家の除却に関し、基本的な施策として、「地方公共団体と地域団体等が連携し相談体制を強化し、空き家の発生抑制や空き家の荒廃化の未然防止、除却等を推進」することが示された。

4 新技術の開発や新分野への進出等による生産性向上や海外展開の環境整備を通じた住生活産業の更なる成長に関し、基本的な施策として、「住生活産業の市場規模をさらに拡大するための、新築住宅の供給戸数の増大に資する支援の推進」が示された。

〔問 25〕 次の記述のうち、高齢者、障害者等の移動等の円滑化の促進に関する法律によれば、誤っているものはどれか。

1 共同住宅は特定建築物であり、特定建築物には、これに附属する建築物特定施設を含む。

2 建築主等は、特定建築物（特別特定建築物を除く。）の建築をしようとするときは、当該特定建築物を建築物移動等円滑化基準に適合させるために必要な措置を講ずるよう努めなければならない。

3 建築物移動等円滑化基準では、主として高齢者、障害者等が利用する階段は、回り階段以外の階段を設ける空間を確保することが困難であるときを除き、主たる階段は回り階段でないこととしている。

4 建築物移動等円滑化基準では、主として高齢者、障害者等が利用する駐車場を設ける場合には、そのうち1以上に、車いす使用者が円滑に利用することができる駐車施設を3以上設けなければならない。

〔問 26〕 鉄筋コンクリート造のマンションに生じる劣化現象とその推測される原因に関する次の記述のうち、最も不適切なものはどれか。

1 コンクリートの表面に白い粉状のものが付着していたので、鉄筋に塩害が生じていると判断した。

2 コンクリート柱の表面に水平な茶色のシミが出ている亀裂が、等間

隔で数本確認されたので、内部の鉄筋に錆が生じていると判断した。

3　モルタル塗り面を鋼球型テストハンマーで叩くと、高く硬い音がしたので、浮きが無いと判断した。

4　北側外部に面した壁の室内側表面の壁紙に黒いしみのようなものが見えたので、カビが生じていると判断した。

〔問　27〕　鉄筋コンクリート造のマンションの耐震改修の方法として、最も不適切なものはどれか。

1　給水方法を高置水槽方式から直結増圧方式に変更し、屋上の高置水槽を撤去する。

2　地震時にエキスパンションジョイント部のカバーが落下することを防止するため、そのカバーを両端で躯体に固定する。

3　構造耐力上主要な独立柱に炭素繊維シートを巻き付ける。

4　耐震設計において考慮していなかった非構造の腰壁が、構造耐力上主要な柱と接続している部分に、縁を切るためのスリットを入れる。

〔問　28〕　マンションの屋上にコンクリート保護層のあるアスファルト防水が施工されている場合、建築改修工事監理指針によれば、改修工事の計画として最も適切なものは、次のうちどれか。

1　冬季の工事において、外気温の著しい低下が予想されるときは、既存保護層及び防水層を撤去し、塗膜防水を施工する。

2　最上階住戸の断熱性能の向上を目的として、既存保護層（立上り部等を除く）は撤去しないで、新たに、粘着層付改質アスファルトシートを用いた常温粘着工法による改質アスファルトシート防水を施工する。

3　工事費用を削減し、居住者に対する施工時の環境を改善するため、既存保護層及び防水層を撤去し、新たに熱工法によるアスファルト防水を施工する。

4　施工期間を短縮するため、既存保護層（立上り部等を除く）は撤去

しないで、下地調整を行った後、その上にウレタンゴム系塗膜防水を施工する。

〔問　29〕　地震等の災害時に備えて管理組合が共用部分の工事を行う場合の次の記述のうち、区分所有法の規定及び標準管理規約によれば、集会（総会）の普通決議で行うことができないものはどれか。

1　マンションの地下に設けられた駐輪場を、壁と扉を設置して、災害用の備蓄倉庫とすること。

2　エレベーター設備を、地震時には最寄りの階に停止して、扉が開く性能のものに更新すること。

3　各住戸の玄関扉を、枠を含めて耐震（対震）性のあるものに更新すること。

4　マンションの敷地のブロック塀が地震時に倒壊しないよう、必要な箇所に控壁を設置すること。

〔問　30〕　甲マンションに居住している組合員Ａが死亡し、同居する妻Ｂと、甲マンションの近隣に住む子Ｃが共同相続した場合に関する次の記述のうち、標準管理規約によれば、最も適切なものはどれか。

1　総会の招集通知を発するときは、ＢとＣの両方に対して発しなければならない。

2　Ｃが議決権を行使する者としての届出をしたときは、Ｂは、議決権を行使することができない。

3　ＢとＣが議決権を行使する者の届出をしなかったときは、ＢとＣは、その相続分に応じて議決権を行使することができる。

4　Ｃは、甲マンションに現に居住している組合員ではないので、管理組合の役員になることはできない。

〔問 31〕 理事会に関する次の取扱いのうち、標準管理規約によれば、最も適切なものはどれか。

1　出席が予定されていた理事が急病になったので、理事会の決議によって、その配偶者の出席を認め、議決権を代理行使してもらった。
2　組合員から、給排水管の改修を伴う浴室の改修工事についての「専有部分修繕等工事申請書」が提出されたので、理事の過半数の承諾を得て、電磁的方法により承認の決議をした。
3　海外出張のため出席できない理事に対して、理事会の決議によって、議決権行使書により議決権を行使してもらった。
4　不正が明らかになった会計担当理事の役職を解くため、入院中で出席できない理事に対して、理事会の決議によって、委任状により議決権を行使してもらった。

〔問 32〕 専用使用権の設定された1階に面する庭（以下、本問において「専用庭」という。）又はマンションの敷地上の駐車場に関する次の記述のうち、標準管理規約によれば、最も不適切なものはどれか。なお、駐車場は、現在、区分所有者のみが駐車場使用契約により使用しているものとする。

1　駐車場使用料は、総会の決議により値上げすることができる。
2　専用庭使用料は、総会の決議により値上げすることができる。
3　区分所有者が専有部分を譲渡した場合、譲受人は、前区分所有者が管理組合と締結した駐車場使用契約に基づいて、その契約期間中は当該駐車場を使用することができる。
4　区分所有者が専有部分を賃貸した場合、賃借人は、専用庭を使用することができるが、駐車場は当然には使用することができない。

〔問　33〕　次の表は、各項目について、A欄には区分所有法の原則的な内容、B欄には標準管理規約の原則的な内容をそれぞれ記載したものであるが、A欄、B欄の内容の組み合わせとして、最も不適切なものは次の1〜4のうちどれか。

	項目	A欄	B欄
1	集会（総会）の招集通知の発信日（会議の目的が、建替え決議又はマンション敷地売却決議である場合を除く。）	会日より少なくとも1週間前に発しなければならない	少なくとも会議を開く日の2週間前までに発しなければならない
2	共用部分の負担の割合	壁その他の区画の内側線で囲まれた部分の水平投影面積による専有部分の床面積の割合	界壁の中心線で囲まれた部分の面積による専有部分の床面積の割合
3	集会（総会）の議事の普通決議要件	区分所有者及び議決権の各過半数	総組合員の議決権の過半数
4	集会（通常総会）の開催	少なくとも毎年1回招集しなければならない	毎年1回新会計年度開始以後2か月以内に招集しなければならない

〔問　34〕　区分所有法第8条に規定される特定承継人の責任に関する次の記述のうち、民法及び区分所有法の規定によれば、誤っているものの組み合わせはどれか。

ア　債務者たる区分所有者の特定承継人とは、特定の原因により区分所有権を承継して実質的に区分所有関係に入る者をいい、単に当該区分所有権を転売する目的で取得した者は、特定承継人には該当しない。

イ　区分所有者は、共用部分、建物の敷地若しくは共用部分以外の建物

の附属施設につき他の区分所有者に対して有する債権について、債務者たる区分所有者の特定承継人に対しても行うことができる。

ウ 区分所有者は、規約若しくは集会の決議に基づき他の区分所有者に対して有する債権について、債務者たる区分所有者の特定承継人に対しても行うことができる。

エ マンションの外壁の剥落事故により負傷した第三者は、事故後に当該マンションの区分所有者となった特定承継人に対して、その損害の賠償を請求することができる。

1 ア・イ

2 ア・ウ

3 ア・エ

4 イ・エ

〔問 35〕 マンションにおける平穏な居住環境の維持を目的として、暴力団員（暴力団員による不当な行為の防止等に関する法律第2条第6号に規定する暴力団員をいう。以下同じ。）への専有部分の貸与を禁止する場合等における次の記述のうち、区分所有法の規定、標準管理規約及び判例によれば、最も不適切なものはどれか。

1 組合員が、その専有部分を賃貸する場合、契約の相手方が暴力団員でないこと及び契約後に暴力団員にならないことを確約することを、当該賃貸借契約に定めなければならない。

2 組合員が、その専有部分を賃貸する場合、契約の相手方が暴力団員であることが判明したときには、管理組合は、相当の期間を定めた催告後、区分所有者に代理して解約権を行使することができることを、当該賃貸借契約に定めなければならない。

3 組合員が所有する専有部分を暴力団組長に賃貸した場合、常時暴力団員が出入りするなど、居住者の日常生活に著しい障害を与えているときは、管理組合の管理者又は集会において指定された区分所有者は、区分所有法第60条に基づき、当該専有部分の占有者に弁明の機会を与え、当該賃貸借契約の解除及び専有部分の引渡しを請求すること

200

ができる。

4　暴力団員である者又は暴力団員でなくなった日から５年を経過しない者は、管理組合の役員となることができない。

〔問　36〕　１棟の区分所有建物の復旧に関する次の記述のうち、区分所有法の規定によれば、誤っているものはどれか。

1　建物の価格の２分の１以下に相当する部分が滅失した場合、規約に別段の定めがない限り、滅失した共用部分について、各区分所有者は、その復旧工事に着手するまでに、集会において、滅失した共用部分を復旧する旨の決議、建物の建替え決議又は団地内の建物の一括建替え決議があったときは、滅失した共用部分を復旧することができない。

2　建物の価格の２分の１を超える部分が滅失（以下、本問において「大規模滅失」という。）した場合、復旧の決議がされた後２週間を経過したときは、復旧の決議に賛成しなかった者（以下、本問において「決議非賛成者」という。）は、賛成者（以下、本問において「決議賛成者」という。）の全部又は一部に対して、その者が有する建物及び敷地に関する権利を時価で買い取るべきことを請求（以下、本問において「買取請求」という。）することができる。

3　大規模滅失した場合、復旧の決議の日から２週間以内に、決議賛成者の全員の合意により買取指定者が指定され、決議非賛成者が、当該買取指定者から書面でその旨の通知を受け取ったときは、以後、決議非賛成者は、その買取指定者に対してのみ、買取請求を行うことができる。

4　買取指定者が、買取請求に基づく売買の代金に係る債務の弁済をしないときは、当該債務について、決議賛成者は、当該買取請求を行う者に対して、決議非賛成者を除いて算定した区分所有法第14条に定める割合に応じて弁済の責めに任じられる。

〔問 37〕 標準管理規約に定める、マンションの管理に外部専門家を活用する場合の次の記述のうち、最も不適切なものはどれか。

1 「理事・監事外部専門家型」とは、理事会管理方式において、理事や監事に外部専門家が加わり、理事会の運営面の不全の改善を図るものであり、外部役員の選任・解任規定、役員の欠格要件、外部役員の業務執行のチェック体制について規約の規定等の整備が必要である。

2 「理事長外部専門家型」とは、理事会管理方式において、理事長に外部専門家が加わるものであり、理事長の選任・解任規定、理事長の業務執行に関する理事会の監督体制について規約の規定等の整備が必要である。

3 「外部管理者理事会監督型」とは、理事長が管理者を兼任することを撤廃し、外部専門家による管理者管理方式をとるものであり、理事会が監事的立場となり、管理者の業務執行を直接に監視するものである。

4 「外部管理者総会監督型」とは、理事会制度を撤廃し、管理者管理方式をとるもので、管理者及び監事を外部専門家が担当し、各区分所有者は、総会を通じた監督にとどまることから管理の負担は最も軽減される。

〔問 38〕 専有部分の範囲に関する次の記述のうち、標準管理規約によれば、不適切なものはいくつあるか。

ア 天井、床及び壁は、躯体の中心線から内側が専有部分である。

イ 玄関扉は、錠及び内部塗装部分のみが専有部分である。

ウ 窓枠は専有部分に含まれないが、窓ガラスは専有部分である。

エ 雨戸又は網戸は、専有部分に含まれない。

1 一つ

2 二つ

3 三つ

4 四つ

◎〔問　39〕　以下の文章は、民法に規定されている消滅時効に関するものである。文中の（　ア　）から（　エ　）に入るべき語句の組み合わせとして、正しいものは次の1～4のうちどれか。

「消滅時効に関し、民法166条1項では、債権は、債権者が権利を行使することができることを知った時から（　ア　）行使しないとき、又は、権利を行使することができる時から（　イ　）行使しないときは、時効によって消滅するものとする。

ただし、同169条において、確定判決又は確定判決と同一の効力を有するものによって確定した権利については、（　ウ　）より短い時効期間の定めがあるものであっても、その時効期間は、（　エ　）とするものとされている。」

	（　ア　）	（　イ　）	（　ウ　）	（　エ　）
1	10年間	20年間	10年	10年
2	5年間	10年間	20年	20年
3	10年間	20年間	20年	20年
4	5年間	10年間	10年	10年

◎〔問　40〕　買主Aが売主Bからマンションの1住戸を買ったところ、その専有部分について契約の内容に適合しない部分（以下、本問において「本件不適合」という。）があった場合に関する次の記述のうち、民法の規定によれば、正しいものはどれか。なお、AとBは、ともに宅地建物取引業者ではない個人とする。

1　売買契約において、BがAに対して本件不適合の担保責任を一切負わない旨の特約をした場合には、Bが本件不適合を知りながら、Aに告げなかったときであっても担保責任を負わない。

2　売買契約において、別段の特約がない限り、Aが売買の目的物の引渡しを受けた時から1年以内にBに対して不適合である旨の通知をしなければ、Aは、担保責任を追及することができなくなる。

3　売買契約において、AとBが担保責任について何らの取り決めをし

なかった場合でも、AはBに対して、担保責任を追及することができる。

4　AがBに対して、本件不適合の履行の追完を請求する場合において、Aに不相当な負担を課するものでないときは、Aが請求した方法とは異なる方法による履行の追完をすることができる旨の特約は無効である。

〔問　41〕　消費者契約法の適用に関する次の記述のうち、誤っているものはどれか。

1　宅地建物取引業者ではないA株式会社が、宅地建物取引業者であるB株式会社に対し、社宅用としてマンションの1住戸を売却する契約には、消費者契約法が適用されない。

2　複合用途の賃貸用共同住宅を経営する個人Cが、個人経営者であるDに、当該共同住宅の1階の店舗部分をDの事業のために賃貸する契約には、消費者契約法が適用される。

3　宅地建物取引業者である個人Eが、賃貸用共同住宅を経営する個人Fから、自らの居住用として当該共同住宅の1室を賃借する契約には、消費者契約法が適用される。

4　賃貸用共同住宅を経営する個人Gが、宅地建物取引業者であるH株式会社に対し、当該共同住宅の媒介を依頼する契約には、消費者契約法が適用されない。

〔問　42〕　区分所有者Aが、自己所有のマンションの専有部分甲（以下、本問において「甲」という。）をBに賃貸する場合に関する次の記述のうち、民法、借地借家法の規定及び判例によれば、正しいものはどれか。なお、AB間の賃貸借契約は、定期建物賃貸借契約ではないものとする。

1　AB間において、一定期間、賃料を増額しない旨の特約がある場合には、経済事情の変動により、当該賃料が近傍同種の建物に比較して

不相当になったときでも、Aは、当該特約に定める期間、増額請求をすることができない。

2　AB間で賃貸借契約を締結し、Bが入居した後に、Aが甲を第三者Cに譲渡し、Cが移転登記をした場合でも、Cに賃貸人たる地位が移転した旨をAがBに通知しなければ、Cに賃貸人の地位は移転しない。

3　AB間の賃貸借契約において、Aからの解約は6月の予告期間を置き、Bからの解約は1月の予告期間を置けば、正当の事由の有無を問わず中途解約できる旨の特約は有効である。

4　AB間において、甲の使用目的を専らBの事務所として賃貸借する旨を賃貸借契約書に明示した場合は、借地借家法は適用されない。

◎〔問　43〕　個人情報の保護に関する法律第2条及び第16条に関する以下のア～エの文章について、（　　a　　）～（　　d　　）に入る語句の組み合わせとして、正しいものは次の1～4のうちどれか。

ア　「個人情報」とは、（　　a　　）に関する情報であって、当該情報に含まれる氏名、生年月日その他の記述等（文書、図画若しくは電磁的記録）に記載され、若しくは記録され、又は音声、動作その他の方法を用いて表された一切の事項（個人識別符号を除く。）により特定の個人を識別することができるもの、又は個人識別符号が含まれるものをいう。

イ　「個人情報データベース等」とは、個人情報を含む情報の（　　b　　）であって、特定の個人情報を電子計算機を用いて検索できるように体系的に構成したもの及び特定の個人情報を容易に検索することができるように体系的に構成したものとして政令で定めるものであって、利用方法からみて個人の権利利益を害するおそれが少ないものとして政令で定めるものを除くものをいう。

ウ　「個人情報取扱事業者」とは、（　　c　　）を事業の用に供している者であって、国の機関、地方公共団体、独立行政法人等、地方独立行政法人を除く者をいう。

エ 「(d)」とは、個人情報取扱事業者が、開示、内容の訂正、追加又は削除、利用の停止、消去及び第三者への提供の停止を行うことのできる権限を有する個人データであって、その存否が明らかになることにより公益その他の利益が害されるものとして政令で定めるもの又は1年以内の政令で定める期間以内に消去することとなるもの以外のものをいう。

	(a)	(b)	(c)	(d)
1	個人	集合物	個人データ	特別保護データ
2	生存する個人	集合物	個人情報データベース等	保有個人データ
3	個人	総体	個人情報データベース等	特別保護データ
4	生存する個人	総体	個人データ	保有個人データ

〔問 44〕 次の記述のうち、不動産登記法によれば、誤っているものはどれか。

1 登記記録の甲区及び乙区に記録する登記事項がない場合には、甲区及び乙区は作成されず、所有権の登記がない不動産（規約共用部分である旨の登記又は団地規約共用部分である旨の登記がある建物を除く。）については、表題部に所有者の氏名又は名称及び住所並びに所有者が2人以上であるときはその所有者ごとの持分が記録される。

2 敷地権付き区分建物において、表題部所有者から所有権を取得した者が、所有権の保存の登記を申請するときは、当該敷地権の登記名義人の承諾を得なければならない。

3 仮登記の登記権利者は、登記義務者の承諾書を添付して、単独で仮登記を申請することができる。

4 処分禁止の仮処分、差押え、所有権の買戻権の登記は、登記記録の権利部の乙区に記録される。

◎〔問　45〕　宅地建物取引業者Ａ（以下、本問において「Ａ」という。）が自ら売主として、宅地建物取引業者ではないＢ又は宅地建物取引業者であるＣを買主として、マンションの１住戸の売買を行う場合に、宅地建物取引業法第35条の規定に基づく重要事項の説明等に関する次の記述のうち、正しいものはどれか。

1　Ａは，当該マンションが既存の建物であるときは、自ら建物状況調査（実施後国土交通省令で定める期間を経過していないものに限る。）を実施した上で、その結果の概要について、Ｂに説明しなければならない。

2　Ａは、当該マンションの管理が他の者に委託されているときは、その委託を受けている者の氏名（法人にあっては、その商号又は名称）、住所（法人にあっては、その主たる事務所の所在地）及び主たる事務所に置かれる専任の管理業務主任者の氏名を、Ｂに説明しなければならない。

3　Ａは、当該マンションの所有者が負担しなければならない通常の管理費用の額について、Ｂに説明しなければならない。

4　Ａは、Ｃに交付する重要事項説明書への宅地建物取引士の記名を省略することができる。

〔問　46〕　管理業務主任者に関する次の記述のうち、マンション管理適正化法によれば、誤っているものはどれか。

1　管理業務主任者とは、管理業務主任者試験に合格した者で、管理事務に関し２年以上の実務の経験を有するもの又は国土交通大臣がその実務の経験を有するものと同等以上の能力を有すると認めたものであり、国土交通大臣の登録を受けた者をいう。

2　専任の管理業務主任者は、原則として、マンション管理業（マンション管理適正化法第２条第７号に規定するものをいう。以下同じ。）を営む事務所に常勤して、専らマンション管理業に従事する必要があるが、当該事務所がマンション管理業以外の業種を兼業している場合

等で、当該事務所において一時的にマンション管理業の業務が行われ
ていない間に他の業種に係る業務に従事することは差し支えない。

3　管理業務主任者試験に合格した者で、管理事務に関し2年以上の実
務の経験を有するものは、国土交通大臣の登録を受けることができる
が、マンション管理適正化法第65条第1項第2号に該当することによ
り登録を取り消され、その取消しの日から2年を経過しない者は登録
を受けることはできない。

4　マンション管理業者（法人である場合においては、その役員）が管
理業務主任者であるときは、その者が自ら主として業務に従事するマ
ンション管理業を営む事務所については、その者は、その事務所に置
かれる成年者である専任の管理業務主任者とみなされる。

〔問　47〕　マンション管理適正化法第2条に規定する用語の意義に関す
る次の記述のうち、マンション管理適正化法によれば、誤っているも
のはどれか。

1　マンションとは、2以上の区分所有者が存する建物で人の居住の用
に供する専有部分のあるもの並びにその敷地及び附属施設をいうが、
この場合、専有部分に居住する者がすべて賃借人であるときも含まれ
る。

2　管理者等とは、区分所有法第25条第1項の規定により選任された管
理者又は区分所有法第49条第1項の規定により置かれた理事をいう。

3　管理事務とは、マンションの管理に関する事務であって、管理組合
の会計の収入及び支出の調定及び出納並びに専有部分を除くマンショ
ンの維持又は修繕に関する企画又は実施の調整を含むものをいう。

4　マンション管理業とは、管理組合から委託を受けて、基幹事務を含
むマンションの管理事務を行う行為で業として行うものであり、当該
基幹事務すべてを業として行うものをいうが、「業として行う」に該
当するためには、営利目的を要し、また、反復継続的に管理事務を
行っている必要がある。

◎〔問　48〕　マンション管理業者が行うマンション管理適正化法第72条の規定に基づく重要事項の説明等に関する次の記述のうち、マンション管理適正化法によれば、正しいものはいくつあるか。ただし、同法第72条第6項における、管理者等及び区分所有者等の承諾は得ていないものとする。

ア　マンション管理業者は、管理受託契約を更新しようとする場合において、従前の管理受託契約に比して管理事務の内容及び実施方法の範囲を拡大し、管理事務に要する費用の額を同一とし又は減額しようとする場合、あらかじめ、重要事項の説明会を開催する必要はない。

イ　管理業務主任者は重要事項を記載した書面に記名をすべきこととされているが、この場合において「記名」されるべき管理業務主任者は、原則として、重要事項について十分に調査検討し、それらの事項が真実に合致し誤り及び記載漏れがないかどうか等を確認した者であって、実際に当該重要事項説明書をもって重要事項説明を行う者である。

ウ　マンション管理業者は、いわゆる「団地組合」が形成されており、その内部に複数の別の管理組合が存在している場合でこれらの組合からそれぞれ委託を受けて管理事務を行っている場合にあっては、重要事項の説明は、それぞれの管理組合の管理者等及び区分所有者等に対して行わなければならない。

エ　マンション管理業者は、管理組合から管理事務の委託を受けることを内容とする契約を締結しようとするときは、当該契約締結の1週間前までに、重要事項の説明会を開催しなければならない。

1　一つ
2　二つ
3　三つ
4　四つ

〔問　49〕　管理組合の財産の分別管理に関する次の記述のうち、マンション管理適正化法によれば、誤っているものはどれか。

1　収納口座とは、マンションの区分所有者等から徴収された修繕積立金等金銭又はマンション管理適正化法施行規則（以下、本問において「規則」という。）第87条第1項に規定する財産を預入し、一時的に預貯金として管理するための口座であって、マンション管理業者を名義人とすることもできるものをいう。

2　収納・保管口座とは、マンションの区分所有者等から徴収された修繕積立金等金銭を預入し、又は修繕積立金等金銭若しくは規則第87条第1項に規定する財産の残額を収納口座から移し換え、これらを預貯金として管理するための口座であって、管理組合等を名義人とするものをいう。

3　マンション管理業者は、規則第87条第2項第1号イに定める方法により修繕積立金等金銭を管理する場合にあっては、保管口座に係る管理組合の印鑑、預貯金の引出用のカードその他これらに類するものを管理してはならないが、管理組合に管理者等が置かれていない場合において、管理者等が選任されるまでの比較的短い期間に限り保管する場合は、この限りでない。

4　マンション管理業者は、規則第87条第2項第1号イに定める方法により修繕積立金等金銭を管理する場合において、マンション管理業者から委託を受けた者がマンションの区分所有者等から修繕積立金等金銭を徴収するときは、マンションの区分所有者等から徴収される1月分の修繕積立金等金銭の合計額以上の額につき、有効な保証契約を締結していなければならない。

◎〔問　50〕　マンション管理業者が行うマンション管理適正化法第77条の規定に基づく管理事務の報告に関する次の記述のうち、マンション管理適正化法によれば、誤っているものはいくつあるか。

ア　マンション管理業者は、管理事務の委託を受けた管理組合に管理者

等が置かれていないときは、定期に、説明会を開催し、当該管理組合を構成するマンションの区分所有者等に対し、管理業務主任者をして、当該管理事務に関する報告をさせなければならない。

イ　管理業務主任者は、管理事務の報告を行うときは、その相手方から求められなければ、管理業務主任者証を提示する必要はない。

ウ　マンション管理業者は、管理事務の委託を受けた管理組合に管理者等が置かれているときは、管理事務の報告を行う場合、報告の対象となる期間、管理組合の会計の収入及び支出の状況のほか、管理受託契約の内容に関する事項を記載した管理事務報告書を作成し、管理業務主任者をして、これを管理者等に交付して説明をさせなければならない。

エ　マンション管理業者は、管理事務の委託を受けた管理組合に管理者等が置かれていないときは、管理事務に関する報告の説明会の開催日の1週間前までに、当該説明会の開催の日時及び場所について、当該管理組合を構成するマンションの区分所有者等の見やすい場所に掲示しなければならない。

1　一つ
2　二つ
3　三つ
4　四つ

分野	問	テーマ	分野	問	テーマ
❶ 管理に関する法令・実務	1	民法（共有）	❸ 建物と設備の形質・構造	25	維持保全（長期優良住宅普及促進法）
	2	民法（不法行為）		26	維持保全（マンションの維持保全とマンション管理業者）
	3	民法（意思表示）		27	維持保全（建築設備等の報告、検査等）
	4	民法（代理）		28	標準管理委託契約書（管理対象部分）
	5	民法（連帯債務）	❹ 管理組合の運営	29	区分所有法・標準管理規約（占有者の集会への出席）
	6	民法（委任）		30	区分所有法（管理組合法人）
	7	標準管理委託契約書（管理事務）		31	標準管理規約（理事長と理事会の承認・決議）
	8	標準管理委託契約書（管理事務）		32	標準管理規約（理事長の職務と理事会の承認・決議）
	9	標準管理委託契約書（管理規約の提供等）		33	標準管理規約（管理組合の役員）
❷ 管理組合の税務・会計	10	少額訴訟		34	区分所有法（規約敷地）
	11	民法（管理費の消滅時効）		35	区分所有法（先取特権）
	12	標準管理規約（管理費等）		36	民法・区分所有法（専有部分と敷地利用権との分離処分等）
	13	標準管理規約（管理組合の監事）		37	区分所有法（集会の招集及び決議）
	14	税務・会計（仕訳）		38	区分所有法（管理組合法人）
	15	税務・会計（仕訳）		39	区分所有法（団地内の区分所有建物の建替え）
	16	税務・会計（管理組合の税務）		40	品確法（総合）
❸ 建物と設備の形質・構造	17	建築基準法（用語の定義・建築物の階数等）		41	民法（担保責任）
	18	建築基準法（居室）		42	建替え等円滑化法
	19	建築構造（鉄骨鉄筋コンクリート造）		43	地震保険に関する法律
	20	建築環境（地震）		44	借地借家法（定期建物賃貸借契約）
	21	建築環境（音）		45	宅建業法（重要事項の説明）
	22	建築設備（雨水排水設備）	❺ マンション管理適正化法	46	適正化方針
	23	建築設備（浄化槽）		47	適正化法（管理事務の報告）
	24	建築設備（照明用LEDランプ）		48	適正化法（マンションの定義）
				49	適正化法（管理業務主任者）
				50	適正化法（契約の成立時の書面の交付）

〔問　1〕　A、B及びCは、マンション（マンション管理適正化法第2条第1号に規定するものをいう。以下同じ。）の一住戸を共有しており、その持分は、Aが3分の2、BとCがそれぞれ6分の1である。この場合に関する次の記述のうち、民法、区分所有法の規定及び判例によれば、誤っているものはどれか。

1　Aは、BとCの同意を得なくても、当該住戸について、単独で抵当権を設定できる。
2　Cが当該住戸を単独で占有している場合に、AとBは、Cの持分が少ないからといって、Cに対して明渡しを請求できるとは限らない。
3　Bが、自らの専有部分の共有持分を放棄したときは、その共有持分は、共用部分及び敷地のBの共有持分とともに、AとCにそれぞれの持分に応じて帰属する。
4　Cは、当該住戸を不法占拠する第三者に対し、単独で、その明渡しを請求することができる。

〔問　2〕　甲マンション（以下、本問において「甲」という。）において生じた不法行為に関する次の記述のうち、民法、区分所有法の規定及び判例によれば、正しいものはどれか。

1　甲の管理組合法人の防災担当理事Aが、過失により防災訓練実施中に区分所有者Bにけがをさせた場合、甲の管理組合法人とともにAもBに対して損害賠償責任を負う。
2　甲の管理組合法人から設備点検を受託している設備会社Cの従業員が、過失により甲の施設を点検中に設備を損傷した場合、Cは、その従業員の選任及び監督について過失がなかったときでも、甲に生じた損害について損害賠償責任を負う。
3　甲の区分所有者Dが、過失により浴室から漏水させ、階下の区分所有者Eに損害を与えた場合、EがDに対して損害賠償請求をした時からDは遅滞の責任を負う。
4　甲の大規模修繕工事に際し、同工事を請け負った建設会社の従業員

が、過失により建築資材を地上に落下させ、通行人が負傷した場合、甲の管理組合法人は、注文又は指図について過失がない場合でも、当該通行人に対して損害賠償責任を負う。

◎〔問　3〕　売主Aと買主Bが、マンションの一住戸甲（以下、本問において「甲」という。）の売買契約（以下、本問において「本件契約」という。）を締結した場合に関する次の記述のうち、民法の規定及び判例によれば、正しいものはどれか。

1　本件契約が、AとBの通謀虚偽表示により締結された場合、Bが甲の所有者と称して、甲を、その事情を知らないCに譲渡したときであっても、AはCに対し、自己の所有権を主張することができる。

2　本件契約が、Bの強迫により締結された場合、Bが、甲を、その事情を知らないDに譲渡したときは、Aは、Bに対する意思表示を取り消したことをDに対抗することができない。

3　本件契約が、Bの詐欺により締結された場合、Aに、それを信じたことに重大な過失があったときでも、Aは、売却の意思表示を取り消すことができる。

4　本件契約が、甲とは別の住戸を購入する意思を有していたBの錯誤により締結された場合、Bがその錯誤によって本件契約を取り消さなくても、Aは、原則として本件契約を取り消すことができる。

〔問　4〕　Aは、所有するマンションの一住戸甲（以下、本問において「甲」という。）をBに売却しようと考え、Cとの間で、甲の売却についてCを代理人とする委任契約を締結した。この場合に関する次の記述のうち、民法の規定及び判例によれば、誤っているものはどれか。

1　AB間の売買契約の成立後に、甲についてAからBへの所有権移転登記手続を行う場合、Cは、AとBの双方を代理することができる。

2　甲の売却について、Cが、Aの許諾を得てDを復代理人に選任した場合、Cは代理権を失わず、CとDの両者がAの代理人となる。

3　ＡＣ間の委任契約が解除されＣの代理権が消滅した後に、ＣがＡの代理人と称してＢに対して甲を売却した場合、売買契約締結の際にＣに代理権がないことをＢが知っていたときは、Ｃは、Ｂに対し無権代理人の責任を負わない。

4　ＡＣ間の委任契約が解除されＣの代理権が消滅した後に、ＣがＡの代理人と称してＢに対して甲を売却した場合、売買契約締結の際にＣに代理権がないことをＢが知っていたときは、Ｂは、Ａに対し相当期間内に当該行為を追認するかどうかの催告をすることができない。

◎〔問　5〕　ＡとＢが、連帯債務者としてＣから5,000万円の融資を受け、甲マンションの一住戸を購入した場合に関する次の記述のうち、民法の規定によれば、誤っているものはどれか。

1　Ｃが、Ａに対し5,000万円の弁済を請求した場合、これにより、Ｂも5,000万円の弁済の請求を受けたことにはならない。

2　Ｂが、Ｃに対し、自己の300万円の反対債権をもって相殺する旨の意思表示をしたときは、これにより、300万円の範囲でＡとＢはともに債務を免れる。

3　Ｃに対するＡとＢの連帯債務につき、Ｄが保証人となる旨の保証契約は、ＣとＤの口頭による合意で成立する。

4　Ａが、Ｃに対し5,000万円を弁済したときは、Ａは、Ｂに対し、その免責を得るために支出した財産の額（その財産の額が共同の免責を得た額を超える場合にあっては、その免責を得た額）のうち各自の負担部分に応じた額について求償することができる。

〔問　6〕　ＡとＢが、Ｂを受任者とする委任契約を締結した場合に関する次の記述のうち、民法の規定及び判例によれば、正しいものはどれか。

1　Ｂは、Ａの承諾がなければ、受任者たる地位を第三者に譲渡することができない。

2　Ｂが後見開始又は保佐開始の審判を受けた場合、ＡＢ間の委任契約

は終了する。

3　Bが、委任事務の処理に際して、自己の過失によらず損害を受けた場合であっても、Aの指図について過失がなければ、Bは、Aに対し損害賠償の請求をすることができない。

4　Bが無償で受任した場合は、Bが委任事務の処理に際して善管注意義務に違反したときであっても、Bは、Aに対し債務不履行責任を負わない。

◎〔問　7〕　次の記述のうち、標準管理委託契約書の定めによれば、最も不適切なものはどれか。

1　管理業者は、管理事務を行うため必要があるときは、管理組合の組合員及びその所有する専有部分の占有者（以下「組合員等」という。）に対して、その専有部分又は専用使用部分への立入りを請求することができる。

2　管理業者は、地震等の災害により、管理組合のために、緊急に行う必要がある業務で、管理組合の承認を受ける時間的な余裕がないものについては、管理組合の承認を受けないで実施することができるが、この場合において、管理業者は、速やかに、書面をもって、その業務の内容及び実施に要した費用の額を管理組合に通知しなければならない。

3　管理業者は、火災等の事故（管理業者の責めによらない場合に限る。）により管理組合又は管理組合の組合員等が受けた損害について、その損害額が一定額を超えるときは、その一定額を超える損害部分については、賠償する責任を負わない。

4　管理業者は、管理事務を行うため必要なときは、管理組合の組合員等に対し、管理組合に代わって、建物の保存に有害な行為の中止を求めることができるが、管理業者が中止を求めても、なお管理組合の組合員等がその行為を中止しないときは、書面をもって管理組合にその内容を報告しなければならず、当該報告を行った場合、管理業者はさらなる中止要求の責務を免れるものとし、その後の中止等の要求は管

理組合が行う。

◎〔問　8〕　次の記述のうち、標準管理委託契約書の定めによれば、最も
　適切なものはどれか。

　1　管理業者は、管理組合の管理規約の原本、総会議事録、総会議案書
　　等を、管理業者の事務所で保管する。
　2　管理業者は、当該業者の使用人等が、管理事務の遂行に関し、管理
　　組合又は組合員等に損害を及ぼしたときは、管理組合又は管理組合の
　　組合員等に対し、使用者としての責任を負う。
　3　管理業者は、管理対象部分に係る各種の点検、検査等を実施した場
　　合、その結果を管理組合に口頭で報告するとともに、改善等の必要が
　　ある事項については、書面をもって、具体的な方策を管理組合に助言
　　する。
　4　管理組合は、管理業者がマンション管理業の登録の取消しの処分を
　　受けたとしても、管理委託契約を解除することはできない。

〔問　9〕　宅地建物取引業者（宅地建物取引業法第2条第3号に規定す
　る者をいう。以下同じ。）が、管理組合の組合員から、当該組合員が
　所有する専有部分の売却の依頼を受け、その媒介等の業務のために、
　宅地建物取引業法施行規則第16条の2に定める事項等について、管理
　業者に確認を求めてきた場合等の当該管理組合に代わって行う管理業
　者の対応に関する次の記述のうち、標準管理委託契約書の定めによれ
　ば、最も不適切なものはどれか。

　1　管理組合の組合員が、当該組合員が所有する専有部分の売却等を目
　　的とする情報収集のために、理由を付した書面により管理組合の収支
　　及び予算の状況の開示を求めてきたときは、管理業者はそのことにつ
　　いて開示するものとする。
　2　宅地建物取引業者が、理由を付した書面により管理規約の提供を求
　　めてきたときは、管理業者は管理規約の写しを提供するものとする。

3　管理業者は、管理規約の提供等に要する費用を、管理規約の提供等を行う相手方である宅地建物取引業者から受領することができる。

4　宅地建物取引業者が、理由を付した書面により管理費等の変更予定等について開示を求めてきたときは、変更予定の有無のいずれかを記載するが、変更について検討中の場合は、「変更予定有」と記載する。

〔問　10〕　管理組合Aが、区分所有者Bに対してマンションの滞納管理費を請求するために、民事訴訟法に定められている「少額訴訟」を利用する場合に関する次の記述のうち、誤っているものはどれか。

1　AとBは、口頭弁論が続行された場合を除き、第1回口頭弁論期日前又はその期日において、すべての主張と証拠を提出しなければならない。

2　Bは、所定の時期までは、少額訴訟を通常の訴訟手続に移行させる旨の申述をすることができる。

3　Aが、同一の年に同一の簡易裁判所において、少額訴訟による審理及び裁判を求めることができる回数には制限がある。

4　A又はBが、少額訴訟の終局判決に対する不服申立てをするには、地方裁判所に控訴をしなければならない。

◎〔問　11〕　マンションの管理組合が区分所有者に対して有する管理費支払請求権の消滅時効の完成猶予・更新に関する次の記述のうち、民法の規定によれば、誤っているものはどれか。

1　支払督促は、支払督促の手続きが終了するまでの間は、時効は、完成しない。

2　民事調停が開始された場合でも、6箇月以内に訴えを提起しなければ、時効は、完成しない。

3　管理費を滞納している区分所有者が、滞納の事実を認める承認書を管理組合の管理者あてに提出したときは、管理費支払請求権の時効が更新される。

4 管理組合の管理者が死亡し、後任の管理者が決まらなかったとしても、管理費支払請求権の時効の完成は猶予されない。

〔問 12〕 標準管理規約によれば、管理費等に関する次の記述のうち、最も不適切なものはどれか。

1 管理費等の負担割合を定めるに当たっては、共用部分等の使用頻度等は勘案しない。
2 管理組合は、目的を問わず、必要な範囲内において借入れをすることができる。
3 収支決算の結果、管理費に余剰を生じた場合には、その余剰は翌年度における管理費に充当する。
4 管理費等の額については、各区分所有者の共用部分の共有持分に応じて算出する。

〔問 13〕 管理組合の監事に関する次の記述のうち、標準管理規約の定めによれば、適切なものはいくつあるか。

ア 監事は、理事会に出席し、必要があると認めるときは、意見を述べなければならない。
イ 監事は、理事が不正の行為をするおそれがあると認めるときは、理事長に対し、臨時総会の招集を求めなければならない。
ウ 監事は、いつでも、理事に対して業務の報告を求め、又は業務及び財産の状況の調査をすることができる。
エ 監事は、管理組合の業務の執行及び財産の状況を監査し、その結果を総会に報告しなければならない。

1 一つ
2 二つ
3 三つ
4 四つ

◎〔問　14〕　管理組合の活動における以下の取引に関して、令和6年3月分の仕訳として最も適切なものは次のうちどれか。ただし、この管理組合の会計年度は、毎年4月1日から翌年3月31日までとし、期中の取引においても、企業会計原則に基づき厳格な発生主義によって経理しているものとする。

（取　引）

令和6年3月31日に、次の内容の諸費用690,000円を普通預金から振込みにより支払った。

（諸費用支払明細）
① 損害保険料（掛捨保険、令和6年4月1日〜令和7年3月31日までの1年分の保険料）　　　　　　　　　　240,000円
② 漏水補修工事費用（令和6年4月実施予定工事の着手金）　　　　　　　　　　　　　　　　　　　　　　　200,000円
③ 雑排水管清掃費用（令和6年2月実施完了、2月請求、3月支払分）　　　　　　　　　　　　　　　　　　　100,000円
④ 水道光熱費（令和6年3月分）　　　　　　　　　150,000円
　　　　　合　　計　　　　　　　　　　　　　　690,000円

（単位：円）

1

（借　　方）		（貸　　方）	
前払保険料	240,000	普通預金	690,000
前払金	200,000		
未払金	100,000		
水道光熱費	150,000		

2

（借　方）		（貸　　方）	
支払保険料	240,000	普通預金	690,000
修繕費	200,000		
未払金	100,000		
水道光熱費	150,000		

3

（借　　方）		（貸　　方）	
支払保険料	240,000	普通預金	690,000
前払金	200,000		
未払金	100,000		
水道光熱費	150,000		

4

（借　　方）		（貸　　方）	
前払保険料	240,000	普通預金	690,000
前払金	200,000		
排水管洗浄費	100,000		
水道光熱費	150,000		

◎〔問　15〕　管理組合の活動における以下の取引に関して、令和6年3月分の仕訳として最も適切なものは次のうちどれか。ただし、この管理組合の会計年度は、毎年4月1日から翌年3月31日までとし、期中の取引においても、企業会計原則に基づき厳格な発生主義によって経理しているものとする。

（取　引）

令和6年3月に、敷地内駐車場の利用者から、管理組合の普通預金に950,000円の入金があった。その内訳は、以下のとおりである。なお、3月分駐車場使用料のうち80,000円については、3月末現在、入金されていない。

（令和6年3月入金の内訳）

2月分駐車場使用料	100,000円
3月分駐車場使用料	240,000円
4月分駐車場使用料	560,000円
新規契約分敷金	50,000円
合　　計	950,000円

（単位：円）

1
（借　　方）		（貸　　方）	
普通預金	950,000	未収入金	100,000
		駐車場使用料収入	240,000
		前受金	560,000
		預り金	50,000

2
（借　　方）		（貸　　方）	
普通預金	950,000	未収入金	100,000
未収入金	80,000	駐車場使用料収入	370,000
		前受金	560,000

3
（借　　方）		（貸　　方）	
普通預金	950,000	未収入金	100,000
未収入金	80,000	駐車場使用料収入	320,000
		前受金	560,000
		預り金	50,000

4
（借　　方）		（貸　　方）	
普通預金	950,000	未収入金	100,000
		駐車場使用料収入	290,000
		前受金	560,000

〔問　16〕　管理組合の活動に係る税務の取扱いに関する次の記述のうち、最も適切なものはどれか。

1　消費税法上、消費税の納税義務者は事業者とされ、法人格を有しない管理組合及び管理組合法人は納税義務者とはならない。

2　消費税法上、管理組合が、組合員との駐車場使用契約に基づき収受した使用料は、課税取引として課税対象となる。

3　消費税法上、管理組合の支出のうち、火災保険料等の損害保険料は、

課税取引として課税対象となる。

4　法人税法上、管理組合法人が、その共用部分を携帯電話基地局設置のために通信事業者に賃貸することは、収益事業に該当する。

〔問　17〕　建築物の階数等に関する次の記述のうち、建築基準法によれば、誤っているものはどれか。

1　建築物の敷地が斜面又は段地である場合で、建築物の部分によって階数を異にする場合においては、これらの階数のうち最大のものが、その建築物の階数となる。

2　昇降機塔、装飾塔、物見塔その他これらに類する建築物の屋上部分の水平投影面積の合計が、当該建築物の建築面積の8分の1以下のものは階数に算入しない。

3　地階の倉庫、機械室その他これらに類する部分の水平投影面積の合計が、当該建築物の建築面積の8分の1以下のものは階数に算入しない。

4　地階とは、床が地盤面下にある階で、床面から地盤面までの高さがその階の天井の高さの2分の1以上のものをいう。

◎〔問　18〕　住宅における居住のための居室に関する次の記述のうち、建築基準法によれば、誤っているものはどれか。

1　居室の天井の高さは、一室で天井の高さの異なる部分がない場合においては、2.4m以上でなければならない。

2　居室を2階に設ける場合には、採光のための窓その他の開口部を設け、その採光に有効な部分の面積は、当該居室の床面積に対して、原則として7分の1以上としなければならない。

3　政令で定める技術的基準に従った換気設備を設けない限り、居室には、換気のための窓その他の開口部を設け、その換気に有効な部分の面積は、当該居室の床面積に対して、20分の1以上としなければならない。

4　国土交通大臣が定めるところにより、からぼりその他の空地に面する開口部を設けて直接土に接する外壁、床及び屋根又はこれらの部分に水の浸透を防止するための防水層が設けられていれば、居室を地階に設けることができる。

〔問　19〕　鉄骨鉄筋コンクリート造に関する次の記述のうち、最も不適切なものはどれか。

1　鉄骨鉄筋コンクリート造は、力学的には、鉄骨造と鉄筋コンクリート造それぞれの長所を生かした構造である。
2　鉄骨鉄筋コンクリート造は、高層建物に適しており、柱間のスパンを大きく取ることが可能となる。
3　建築基準法によれば、国土交通大臣が定めた構造方法を用いる部材及び国土交通大臣の認定を受けた部材を用いる場合を除き、鉄骨のかぶり厚さは、鉄筋のかぶり厚さと同様に 3 cm以上としなければならない。
4　建築基準法によれば、構造部分については、柱の防火被覆など一部の規定を除き、鉄骨造の規定が準用される。

〔問　20〕　地震に関する次の記述のうち、最も適切なものはどれか。

1　地震の規模を表すマグニチュードは、その値が 1 増えるごとにエネルギーが約10倍になる。
2　日本では、地震による揺れの強さを表す震度を 7 階級としている。
3　日本では、現在でも、震度の判定は体感及び目視によっている。
4　地震波にはP波とS波があり、P波の方がS波より速く伝わる性質がある。

〔問　21〕　音に関する次の記述のうち、最も不適切なものはどれか。

1　人間が聴き取ることのできる周波数帯は、約20ヘルツから20,000ヘ

ルツである。

2　加齢性難聴は、低い周波数から始まり、次第に高い周波数でもみられるようになる。

3　人間が聴き取ることのできる最小の音圧は、周波数によってかなり変化する。

4　固体伝搬音とは、建物の躯体構造を伝わる振動によって居室内の壁面や天井面等から発生する音のことである。

〔問　22〕　雨水排水設備に関する次の記述のうち、最も適切なものはどれか。

1　1㎜の雨が1㎡の面積に降ったときの量は、10リットルである。

2　敷地雨水管の流速は、毎秒2m以上になるように設計する。

3　敷地雨水管の起点や合流箇所、方向を変える箇所などに設置する雨水ますに設ける泥だまりは、100㎜以上とする。

4　敷地に降る雨の排水設備を設計する場合には、その排水設備が排水すべき敷地面積に、当該敷地に接する建物外壁面積の50%を加えて計算する。

〔問　23〕　浄化槽に関する次の記述のうち、最も不適切なものはどれか。

1　建築基準法によれば、屎尿浄化槽の漏水検査は、満水して12時間以上漏水しないことを確かめなければならない。

2　建築基準法によれば、地下浸透方式を除く合併処理浄化槽の汚物処理性能に関して、放流水に含まれる大腸菌群数の個数についての技術的基準がある。

3　「建築物の用途別による屎尿浄化槽の処理対象人員算定基準（JIS A 3302）」によれば、「共同住宅」と「住宅」の算定基準は異なる。

4　浄化槽の主たる処理方法は、生物膜法と活性汚泥法に大別される。

〔問　24〕　照明用LEDランプに関する次の記述のうち、最も不適切なものはどれか。

1　LEDランプから放射される全光束は、ルーメン単位で表される。
2　白色光のLEDランプは、一部の発光方式を除き、紫外線をほとんど放出しないため、照らされた物の退色を軽減できる。
3　LEDランプには、微量ながら水銀が含まれているので、破損に注意して処分しなければならない。
4　直管形のLEDランプを従来の蛍光灯照明器具に設置すると、発熱・発煙などの事故が起きる場合がある。

〔問　25〕　長期優良住宅の普及の促進に関する法律によれば、次の記述のうち、誤っているものはどれか。

1　同法の目的には、長期にわたり良好な状態で使用するための措置がその構造及び設備について講じられた優良な住宅の普及を促進することが含まれる。
2　同法における「建築」とは、住宅を新築することをいい、増築し、又は改築することを含まない。
3　長期優良住宅建築等計画の認定の申請に係る共同住宅の1戸の床面積の合計（共用部分の床面積を除く。）には、一定の基準がある。
4　所管行政庁から長期優良住宅建築等計画の認定を受けた者は、国土交通省令で定めるところにより、認定長期優良住宅の建築及び維持保全の状況に関する記録を作成し、これを保存しなければならない。

〔問　26〕　マンションの維持保全とマンション管理業者に関する次の記述のうち、最も不適切なものはどれか。

1　建築基準法によれば、マンション管理業者は、マンションの維持保全に関し、同法に規定されている義務を負い、当該マンションの所有者と管理組合にはその義務がない。

2　標準管理委託契約書によれば、マンション管理業者は、管理組合の長期修繕計画に改善の必要があると判断した場合には、書面をもって当該管理組合に助言する。

3　標準管理委託契約書によれば、マンション管理業者は、管理組合がマンションの維持又は修繕（大規模修繕を除く修繕又は保守点検等。）を当該マンション管理業者以外の業者に行わせる場合、当該工事に関する見積書の受理、発注補助、実施の確認を行う。

4　標準管理委託契約書によれば、マンション管理業者が、長期修繕計画案の作成業務を行う場合は、本契約とは別個の契約とする。

〔問　27〕　建築基準法第12条に規定する建築設備等の報告、検査等に関する次の記述のうち、誤っているものはどれか。

1　排煙設備の排煙風量測定の定期報告の時期は、５年の間隔をおいて特定行政庁が定める時期（建築基準法施行規則で別途定めるものを除く。）とする。

2　防火設備の定期報告の時期は、種類、用途、構造等に応じて、おおむね６月から１年まで（ただし、国土交通大臣が定める検査の項目については、１年から３年まで）の間隔をおいて特定行政庁が定める時期（建築基準法施行規則で別途定めるものを除く。）とする。

3　非常用の照明装置に白熱灯を用いる場合には、避難上必要となる最も暗い部分の水平床面においての照度が１ルクス以上であることを確認する。

4　昇降機を含む特定建築設備等について、一級建築士若しくは二級建築士又は建築設備等検査員資格者証の交付を受けている者は、建築基準法施行規則で定める定期検査を行うことができる。

〔問　28〕　標準管理委託契約書の定めによれば、管理対象部分に関する次の記述のうち、不適切なものはいくつあるか。

ア　エレベーターホールは、「専有部分に属さない建物の部分」に含ま

れる。

イ　テレビ共同受信設備は、「専有部分に属さない建物の附属物」に含まれる。

ウ　専用庭は、「規約共用部分」に含まれる。

エ　管理事務室は、「附属施設」に含まれる。

1　一つ

2　二つ

3　三つ

4　四つ

〔問　29〕　区分所有者の承諾を得て専有部分を占有する者（以下、本問において「占有者」という。）の集会（総会）への出席に関する次の記述のうち、最も不適切なものはどれか。

1　区分所有法によれば、占有者は、会議の目的たる事項につき利害関係を有する場合には、集会に出席して意見を述べることができる。

2　区分所有法によれば、集会における意見陳述権を有する占有者がいる場合には、集会を招集する者は、集会の日時、場所及び会議の目的たる事項を示して、招集の通知を区分所有者及び当該占有者に発しなければならない。

3　標準管理規約によれば、総会における意見陳述権を有する占有者が総会に出席して意見を述べようとする場合には、当該占有者は、あらかじめ理事長にその旨を通知しなければならない。

4　標準管理規約によれば、理事会が必要と認めた場合には、占有者は総会に出席することができる。

〔問　30〕　管理組合法人に関する次の記述のうち、区分所有法の規定によれば、誤っているものはどれか。

1　管理組合法人は、その事務に関し、区分所有者を代理する。

2　理事は、規約又は集会の決議によって禁止されていないときに限

り、特定の行為の代理を他人に委任することができる。

3　理事は、管理組合法人の事務のうち、保存行為について、決することができる。

4　理事は、管理組合法人の事務に関し、区分所有者のために、原告又は被告になることができる。

〔問　31〕　ともに専有部分のある建物であるＡ棟及びＢ棟の２棟からなる団地に関する次の記述のうち、マンション標準管理規約（団地型）及びマンション標準管理規約（団地型）コメントの定めによれば、最も不適切なものはどれか。

1　Ａ棟の外壁タイル剝離（はくり）の全面補修工事の実施及びそれに充てるためのＡ棟の各棟修繕積立金の取崩しには、Ａ棟の棟総会の決議が必要である。

2　Ｂ棟の建替えに係る合意形成に必要となる事項の調査の実施及びその経費に充当するためのＢ棟の各棟修繕積立金の取崩しには、Ｂ棟の棟総会の決議が必要である。

3　Ａ棟の区分所有者Ｃに対し、区分所有法第59条の競売請求の訴えを提起するには、Ａ棟の棟総会の決議が必要である。

4　Ｂ棟の建物の一部が滅失した場合、その共用部分を復旧するには、Ｂ棟の棟総会の決議が必要である。

〔問　32〕　次の記述のうち、標準管理規約の定めによれば、理事長がその職務を行うにつき、理事会の承認又は決議を必要としないものはどれか。

1　管理組合の業務の遂行に際し、職員を採用し、又は解雇すること

2　他の理事に、その職務の一部を委任すること

3　組合員の総会招集請求権に基づき、適正な手続を経て臨時総会の招集を請求された場合に、その招集通知を発すること

4　組合員から、その専有部分について、共用部分又は他の専有部分に

影響を与えるおそれのある修繕等の工事を行う旨の申請があった場合、当該申請に対し承認すること

〔問 33〕 管理組合の役員の職務に関する次の記述のうち、標準管理規約によれば、最も不適切なものはどれか。

1 会計担当理事は、管理費等の収納、保管、運用、支出等の会計業務を行う。
2 理事長は、管理組合が締結した共用部分等に関する損害保険契約に基づく保険金額の請求及び受領について、区分所有者を代理する。
3 理事長は、その責任と権限の範囲内において、専門委員会を設置し、特定の課題を調査又は検討させ、その結果を具申させることができる。
4 大規模な災害や突発的な被災では、理事会の開催も困難な場合があることから、そのような場合には、保存行為に限らず、応急的な修繕行為の実施まで理事長単独で判断し実施することができる旨を、規約において定めることもできる。

〔問 34〕 区分所有法の規定によれば、規約による建物の敷地に関する次の記述のうち、誤っているものはどれか。

1 区分所有者が建物及び建物が所在する土地と一体として管理又は使用をする庭、通路その他の土地は、規約により建物の敷地とすることができる。
2 建物が所在する土地が建物の一部の滅失により建物が所在する土地以外の土地となったときは、その土地は、規約で建物の敷地と定められたものとみなされる。
3 建物が所在する土地の一部が分割により建物が所在する土地以外の土地となったときは、その土地は、規約で建物の敷地と定められたものとみなされる。
4 建物が所在する土地に隣接する土地を、当該建物の区分所有者全員

が取得したときは、その土地は、規約で建物の敷地と定められたものとみなされる。

〔問 35〕 区分所有法第7条に規定される先取特権に関する次の記述のうち、民法及び区分所有法の規定によれば、誤っているものはどれか。

1 区分所有者は、共用部分、建物の敷地又は共用部分以外の建物の附属施設につき他の区分所有者に対して有する債権について、債務者の区分所有権（共用部分に関する権利及び敷地利用権を含む。）及び建物に備え付けた動産の上に先取特権を有する。

2 区分所有者は、規約又は集会の決議に基づき他の区分所有者に対して有する債権について、債務者の区分所有権（共用部分に関する権利及び敷地利用権を含む。）及び建物に備え付けた動産の上に先取特権を有する。

3 管理者又は管理組合法人は、その職務又は業務を行うにつき区分所有者に対して有する債権について、債務者の区分所有権（共用部分に関する権利及び敷地利用権を含む。）及び建物に備え付けた動産の上に先取特権を有する。

4 区分所有法第7条に規定される先取特権は、優先権の順位、効力及び目的物については、民法に規定される共益費用の先取特権とみなされる。

〔問 36〕 専有部分と敷地利用権との分離処分等に関する次の記述のうち、民法及び区分所有法の規定によれば、誤っているものはどれか。

1 敷地利用権が数人で有する所有権その他の権利である場合には、区分所有者は、規約に別段の定めがない限り、その有する専有部分とその専有部分に係る敷地利用権とを分離して処分することができない。

2 敷地利用権が数人で有する所有権その他の権利である場合、規約の定めに違反した専有部分又は敷地利用権の分離処分については、当該処分の前に、不動産登記法の定めるところにより分離して処分するこ

とができない専有部分及び敷地利用権であることを登記していたとき
は、当該規約の定めを知らなかった相手方に対して、その処分の無効
を主張することができる。

3　敷地利用権が借地権であるマンションにおいて、区分所有者の一人
が借地料を滞納し、当該区分所有者と土地所有者との借地契約が解除
された場合には、その区分所有者の敷地利用権は消滅する。

4　敷地利用権を有しない専有部分の所有者があるときは、その者は、
敷地の所有者に対して、それぞれの敷地利用権の持分の割合に応じ
て、敷地利用権を時価で売り渡すべきことを請求することができる。

〔問　37〕　集会の招集及び決議に関する次の記述のうち、区分所有法の
規定によれば、誤っているものはどれか。ただし、規約に別段の定め
はないものとする。

1　管理者を解任するには、集会において区分所有者及び議決権の各4
分の3以上の多数による決議が必要である。

2　共用部分の変更で、その形状又は効用の著しい変更を伴わないもの
については、集会において区分所有者及び議決権の各過半数による決
議が必要である。

3　集会の招集手続を省略して集会を開くには、区分所有者全員の同意
が必要である。

4　規約を変更するには、集会において区分所有者及び議決権の各4分
の3以上の多数による決議が必要であり、この場合において、当該変
更が一部の区分所有者の権利に特別の影響を及ぼすべきときは、その
承諾が必要である。

〔問　38〕　管理組合法人に関する次の記述のうち、区分所有法の規定に
よれば、誤っているものはどれか。

1　管理組合法人の住所は、その主たる事務所の所在地にあるものとす
る。

2　管理組合法人の財産をもってその債務を完済することができないときは、区分所有者は、規約に別段の定めがない限り共用部分の持分の割合に応じて、その債務の弁済の責任を負う。

3　法人格を有していない管理組合が管理組合法人になった場合、管理者の職務のうち、不当利得による返還金の請求及び受領については、当該管理組合法人の代表理事が承継することになる。

4　管理組合法人の代理権に加えた制限は、善意の第三者に対抗することができない。

〔問　39〕　次の文章は、団地内の区分所有建物の建替えに関する事件についての最高裁判所の判決の一部である。その文中の（　ア　）〜（　エ　）に入るべき語句の組み合わせとして正しいものはどれか。なお、文中の「同法」は、「建物の区分所有等に関する法律」をいう。

　「同法70条1項は、団地内の各建物の区分所有者及び議決権の各（　ア　）以上の賛成があれば、団地内区分所有者及び議決権の各（　イ　）以上の多数の賛成で団地内全建物一括建替えの決議ができるものとしているが、団地内全建物一括建替えは、団地全体として計画的に良好かつ安全な住環境を確保し、その敷地全体の効率的かつ一体的な利用を図ろうとするものであるところ、…（略）…、団地全体では同法62条1項の議決要件と同一の議決要件を定め、各建物単位では区分所有者の数及び議決権数の過半数を相当超える議決要件を定めているのであり、同法70条1項の定めは、なお合理性を失うものではないというべきである。また、団地内全建物一括建替えの場合、1棟建替えの場合と同じく、…（略）…、建替えに参加しない区分所有者は、（　ウ　）ことにより、区分所有権及び敷地利用権を（エ）こととされているのであり（同法70条4項、63条4項）、その経済的損失については相応の手当がされているというべきである。」

	（ ア ）	（ イ ）	（ ウ ）	（ エ ）
1	3分の2	4分の3	買取請求権を行使する	敷地利用権のみの価格で買い取らせる
2	3分の2	5分の4	売渡請求権の行使を受ける	時価で売り渡す
3	4分の3	5分の4	買取請求権を行使する	時価で買い取らせる
4	4分の3	4分の3	売渡請求権の行使を受ける	敷地利用権のみの価格で売り渡す

〔問　40〕　住宅の品質確保の促進等に関する法律に関する次の記述のうち、正しいものはどれか。

1　「新築住宅」とは、新たに建設された住宅で、建設工事の完了の日から起算して1年を経過していないものをいい、既に人の居住の用に供したことがあるか否かを問わない。

2　新築住宅の売買契約においては、売主が構造耐力上主要な部分及び雨水の浸入を防止する部分について瑕疵（かし）担保責任を負うべき期間を、買主に引き渡した時から5年間に短縮することができる。

3　既存の共同住宅に係る建設住宅性能評価を受ける場合、共用部分と専有部分の両方の評価が必要である。

4　指定住宅紛争処理機関が行う、建設住宅性能評価書が交付された住宅の建設工事の請負契約又は売買契約に関する紛争処理の対象は、新築住宅のみである。

◎〔問　41〕　買主Aと売主Bが、マンションの一住戸の売買契約を締結した場合におけるBの担保責任に関する次の記述のうち、民法の規定によれば、誤っているものはどれか。なお、AとBは、ともに宅地建物取引業者ではない個人とする。

1　別段の特約がない限り、AのBに対する担保責任に基づく請求は、Aがその不適合を知った時から1年以内にその旨をBに通知しなけれ

ば、行うことができない。

2 「AはBに対して、不適合の追完の請求はできるが、損害賠償請求
はできない」旨の特約をすることはできない。

3 「BはAに対して、いかなる不適合についてもその責任を負わない」
旨の特約があっても、Bが、売買契約締結時に不適合があることを知
りながらAに告げなかった事実については、Bはその責任を免れるこ
とができない。

4 Aが、売買契約締結時に目的物の不適合を知っていた場合でも、B
は担保責任を負う。

〔問 42〕 マンションの建替え等の円滑化に関する法律の規定によれ
ば、マンション敷地売却に関する次の記述のうち、誤っているものは
どれか。なお、本問において、「マンション」とは、同法第2条第1
項第1号に規定するものとする。

1 建築物の耐震改修の促進に関する法律に規定する耐震診断が行われ
た結果、耐震性が不足していると認められたマンションの管理者等
は、特定行政庁に対し、当該マンションを除却する必要がある旨の認
定を申請することができる。

2 除却する必要がある旨の認定を受けたマンションについては、区分
所有者集会において、区分所有者、議決権及び敷地利用権の持分の価
格の各5分の4以上の多数で、当該マンション及びその敷地（敷地利
用権が借地権であるときは、その借地権）を売却する旨の決議をする
ことができる。

3 マンション敷地売却組合は、その名称中に「マンション敷地売却組
合」という文字を用いた法人でなければならない。

4 マンション敷地売却組合を設立するためには、マンション敷地売却
合意者が5人以上共同して、定款及び資金計画を定め、都道府県知事
等の認可を求めるとともに、マンション敷地売却組合の設立につい
て、マンション敷地売却合意者の敷地利用権の持分の価格の5分の4
以上の同意を得なければならない。

〔問　43〕　次の記述のうち、「地震保険に関する法律」によれば、正しいものの組み合わせはどれか。

ア　地震保険は、地震若しくは噴火又はこれらによる津波を直接又は間接の原因とする火災、損壊、埋没又は流失による損害（政令に定めるものに限る。）をてん補することを内容とする損害保険である。

イ　地震保険は、火災保険等特定の損害保険に附帯して締結され、地震保険単独での締結はできない。

ウ　地震保険は、居住の用に供する建物のみを保険の目的とし、生活用動産を保険の目的とすることはできない。

エ　地震等により損害を受けた場合に支払われる保険金額は、損害の区分によって異なり、損害の区分として政令に定められているのは「全損」と「一部損」の2つである。

1　ア・イ
2　ア・エ
3　イ・ウ
4　ウ・エ

◎〔問　44〕　区分所有者Ａが、自己所有のマンションの専有部分についてＢと定期建物賃貸借契約（以下、本問において「本件契約」という。）を締結する場合に関する次の記述のうち、借地借家法の規定によれば、誤っているものはどれか。ただし、電磁的方法は用いないものとする。

1　本件契約は、公正証書によってしなければならない。

2　本件契約は、期間を1年未満とすることもできる。

3　本件契約を締結するに当たり、Ａが、あらかじめＢに対し、期間満了により当該建物の賃貸借が終了し、契約の更新がないことについて書面を交付して説明しなかった場合には、契約の更新がないこととする旨の本件契約の定めは無効となる。

4　本件契約においては、相互に賃料の増減額請求をすることはできない旨の特約は有効である。

〔問 45〕 宅地建物取引業者Ａが自ら売主として、宅地建物取引業者ではないＢ又は宅地建物取引業者Ｃとの間で、マンションの住戸の売買を行う場合、宅地建物取引業法第35条の規定に基づく重要事項の説明等に関する次の記述のうち、正しいものはどれか。なお、重要事項説明書の交付に代えて電磁的方法により提供する場合については考慮しないものとする。

1　ＡＢ間の売買において、Ａは、飲用水、電気及びガスの供給並びに排水のための施設の整備の状況について、これらの施設が整備されていない場合、これら施設の整備に関して説明する必要はない。

2　ＡＢ間の売買において、Ａが、Ｂから預り金を受領しようとする場合、当該預り金について保全措置を講ずるときは、ＡはＢに対して、保全措置を講ずる旨の説明をすれば、その措置の概要については説明する必要はない。

3　ＡＣ間の売買において、Ａは、売買契約締結後のマンションの住戸の引渡しの時期について、書面に記載しなければならない。

4　ＡＣ間の売買において、Ａは、書面の交付を行えば、重要事項の説明を行う必要はない。

〔問 46〕 次の記述のうち、マンションの管理の適正化の推進を図るための基本的な方針に定められているものはいくつあるか。

ア　マンションにおけるコミュニティ形成は、日常的なトラブルの防止や防災減災、防犯などの観点から重要なものであり、管理組合においても、区分所有法に則り、良好なコミュニティの形成に積極的に取り組むことが望ましい。

イ　管理業務の委託や工事の発注等については、利益相反等に注意して、適正に行われる必要があるが、とりわけ外部の専門家が管理組合の管理者等又は役員に就任する場合においては、マンションの区分所有者等から信頼されるような発注等に係るルールの整備が必要である。

ウ　管理組合の管理者等は、維持修繕を円滑かつ適切に実施するため、設計に関する図書等を保管することが重要であり、この図書等について、マンション管理業者の求めに応じ、適時閲覧できるようにすることが望ましい。

エ　マンションを購入しようとする者は、マンションの管理の重要性を十分認識し、売買契約だけでなく、管理規約、使用細則、管理委託契約、長期修繕計画等管理に関する事項に十分に留意する必要がある。

1　一つ

2　二つ

3　三つ

4　四つ

〔問　47〕　マンション管理業者が行う、マンション管理適正化法第77条の規定に基づく管理事務の報告に関する次の記述のうち、マンション管理適正化法によれば、正しいものはどれか。

1　マンション管理業者は、管理事務の委託を受けた管理組合に管理者等が置かれているときは、管理業務主任者（マンション管理適正化法第2条第9号に規定する者をいう。以下同じ。）をして、当該管理者等に対し、当該管理事務に関する報告をさせるとともに、説明会を開催し、区分所有者等に対しても、同様に報告をさせなければならない。

2　管理事務報告書には、報告の対象となる期間、管理組合の会計の収入及び支出の状況のほか、管理受託契約の内容に関する事項を記載しなければならない。

3　マンション管理業者による管理事務に関する報告の説明会の開催が必要な場合、当該説明会の参加者の参集の便を十分に考慮した結果であれば、説明会を開催する日時及び場所の掲示を開始する時期は、開催日まで1週間を下回ってもよい。

4　マンション管理業者は、管理組合の管理者等に対し、管理事務に関する報告を行う際に、管理業務主任者を同席させていれば、管理業務主任者ではない従業者に当該報告をさせることができる。

〔問 48〕 「マンション」の定義に関する次の記述のうち、マンション管理適正化法の規定によれば、正しいものはどれか。

1　2以上の区分所有者が存する建物であって、人の居住の用に供する専有部分のある建物は、「マンション」に当たらない。

2　2以上の区分所有者が存する建物であって、人の居住の用に供する専有部分のある建物の附属施設は、「マンション」に当たらない。

3　一団地内において、2以上の区分所有者が存する建物であってその専有部分のすべてを事務所又は店舗の用に供する建物と、専有部分のない建物であって居住の用に供する建物のみからなる、数棟の建物の所有者の共有に属する附属施設は、「マンション」に当たる。

4　一団地内において、2以上の区分所有者が存する建物であって人の居住の用に供する専有部分のある建物を含む、数棟の建物の所有者の共有に属する土地は、「マンション」に当たる。

〔問 49〕 管理業務主任者に関する次の記述のうち、マンション管理適正化法によれば、正しいものはどれか。

1　マンション管理業者の従業者である管理業務主任者は、その事務を行うに際し、管理業務主任者証を携帯しているため、マンション管理業者の従業者であることを証する証明書の携帯は省略することができる。

2　管理業務主任者が、管理業務主任者として行う事務に関し、不正又は著しく不当な行為をし、その情状が特に重いときは、国土交通大臣は、当該管理業務主任者の登録を取り消さなければならない。

3　管理業務主任者は、登録を受けている事項のうち、その住所に変更があった場合には、遅滞なく、その旨を国土交通大臣に届け出るとともに、管理業務主任者証を添えて提出し、その訂正を受けなければならない。

4　管理業務主任者は、管理業務主任者証の亡失によりその再交付を受けた後において、亡失した管理業務主任者証を発見したときは、速や

かに、発見した管理業務主任者証を廃棄しなければならない。

◎〔問　50〕　マンション管理業者であるＡが、管理組合であるＢに、マンション管理適正化法第73条の規定に基づき、同条第1項各号に定める事項を記載した書面（以下、本問において「契約の成立時の書面」という。）の交付を行う場合に関する次の記述のうち、マンション管理適正化法によれば、正しいものはどれか。なお、Ｂには管理者が置かれており、当該管理者はＡではないものとし、また、同法第73条第3項における、管理者等及び区分所有者等の承諾は得ていないものする。

1　Ａは、Ｂと新たに管理受託契約を締結したが、その契約の成立時の書面をＢの管理者にのみ交付した。

2　Ａは、Ｂと従前の管理受託契約と同一の条件で契約を更新したが、当該更新契約に係る契約の成立時の書面を新たに交付せずに、Ｂの管理者に対して、従前の管理受託契約を締結した際の契約の成立時の書面の写しのみを交付した。

3　Ａは、Ｂと新たに管理受託契約を締結したが、Ｂが新築マンションの管理組合であり、当該契約が当該マンションの建設工事完了の日から1年を経過する日までの間に契約期間が満了するものであったので、Ｂの管理者に対し、契約の成立時の書面を交付しなかった。

4　Ａは、Ｂと新たに管理受託契約を締結したことから、契約の成立時の書面を作成したが、その際に、Ａの従業者である管理業務主任者Ｃの記名ではなく、Ｃの管理業務主任者証の写しを添付してＢの管理者に交付した。

平成28年度 試験問題

〔問　1〕　被保佐人が所有するマンション（マンションの管理の適正化の推進に関する法律（以下、「マンション管理適正化法」という。）第2条第1号に規定するものをいう。以下同じ。）の一住戸甲（以下、本問において「甲」という。）の売却に関する次の記述のうち、民法の規定及び判例によれば、誤っているものの組み合わせはどれか。

ア　被保佐人が保佐人の同意を得ることなく甲を売却した場合、当該売買契約を取り消すことができる者は、被保佐人に限られている。

イ　保佐人の請求により、家庭裁判所が被保佐人のために甲の売却について当該保佐人に代理権を付与する旨の審判をするには、被保佐人の同意がなければならない。

ウ　被保佐人が、保佐人の同意を得ることなく甲を売却した場合、相手方が被保佐人に対し、1箇月以上の期間を定めて、保佐人の追認を得るべき旨の催告をしたときは、相手方がその期間内に追認を得た旨の通知を受けなくても、その行為を保佐人が追認したものとみなされる。

エ　被保佐人が甲を売却する際に、自らが行為能力者であることを信じさせるため、被保佐人であることを黙秘していたことが、他の言動などと相まって、相手方を誤信させ、又は誤信を強めたものと認められる場合には、被保佐人はその行為を取り消すことができない。

1　ア・ウ
2　ア・エ
3　イ・ウ
4　イ・エ

◎〔問　2〕　マンションの管理組合A（以下、本問において「A」という。）の管理者B（以下、本問において「B」という。）が、その職務に関し、C会社（以下、本問において「C」という。）との間で取引行為（以下、本問において「本件取引行為」という。）をする場合に関する次の記述のうち、民法の規定によれば、正しいものはどれか。

1　Bの本件取引行為に係る意思表示がその意思表示に対応する意思を欠く錯誤であって、その錯誤が法律行為の目的及び取引上の社会通念に照らして重要なものである場合には、Aは、Cに対してその意思表示の無効を主張することができる。

2　第三者DがBに詐欺を行い、これによりBが本件取引行為に係る意思表示をした場合、Cがその事実を知り、又は知ることができたときに限り、Aはその意思表示を取り消すことができる。

3　Bが、本件取引行為をする前に、補助開始の審判を受けていたときは、Bの代理権は消滅しているので、本件取引行為の効力は生じない。

4　Bが管理者を解任された後に本件取引行為をしていたとした場合、Cがその解任の事実を知らず、かつ知らなかったことにつき過失がなかったときでも、本件取引行為の効力は生じない。

〔問　3〕　消滅時効に関する次の記述のうち、民法の規定及び判例によれば、誤っているものはどれか。

1　売主の詐欺によりマンションの一住戸の売買契約が締結された場合、買主の意思表示の取消権は、追認をすることができる時から5年間行使しないとき、また意思表示の時から20年を経過したときは消滅する。

2　管理組合の組合員に対する管理費支払請求権は、滞納の時から5年間行使しないときは消滅する。

3　管理組合から請け負った工事に関する施工業者の報酬請求権は、当該施工業者が当該請求権を行使できることを知った時から3年間行使しないときは消滅する。

4　第三者の不法行為により、管理組合に財産上の損害が生じた場合、管理組合の損害賠償請求権は、損害及び加害者を知った時から3年間行使しないとき、また不法行為の時から20年を経過したときは消滅する。

〔問　4〕　甲マンションの一住戸乙（以下、本問において「乙」という。）を数人が共有する場合に関する次の記述のうち、民法及び建物の区分所有等に関する法律（以下、「区分所有法」という。）の規定によれば、正しいものはどれか。

1　各共有者は、5年を超えない期間内は乙の分割をしない旨の契約をしない限りは、いつでも乙の分割を請求することができる。

2　各共有者は、規約に別段の定めがある場合は、甲マンションの集会で、乙に対するそれぞれの持分に応じて議決権を行使することができる。

3　各共有者は、他の共有者全員の同意を得なければ、乙についての自己の持分を処分することができない。

4　共有者全員の合意により乙が売却された場合、各共有者は、別段の意思表示がない限り、その買主に対して売却代金全額を請求することができる。

◎〔問　5〕　マンションの管理組合A（以下、本問において「A」という。）は、敷地に集会棟を新築する工事（以下、本問において「本件工事」という。）を行うため、建設会社B（以下、本問において「B」という。）との間で請負契約を締結した。この場合に関する次の記述のうち、民法及び区分所有法の規定によれば、正しいものはどれか。

1　Bが本件工事を完成できず、それが当事者双方の責めに帰することができない事由によるものであった場合、Bが既にした仕事の結果のうち可分な部分の給付によってAが利益を受けるときでも、Bは、Aが受ける利益の割合に応じて報酬の支払いを請求することはできない。

2　Bが本件工事を完成したが、集会棟に契約不適合があり、そのために契約をした目的を達することができないときであっても、Aは契約を解除して、Bに対し損害賠償を請求することはできない。

3　本件工事に伴い既存の共用部分に生じた損害について、区分所有者

全員のためにAの管理者が原告となってBに訴訟を提起するには、その旨の規約の定めによるのではなく、集会の決議が必要である。

4　Bが本件工事を完成しない間は、Aは、いつでも損害を賠償して契約を解除することができる。

〔問　6〕　マンションの一住戸甲（以下、本問において「甲」という。）の区分所有者A（以下、本問において「A」という。）の死亡により、法定相続人であるBとCが甲を相続分2分の1ずつで共同相続した場合に関する次の記述のうち、民法の規定及び判例によれば、正しいものはどれか。

1　BとCが協議で遺産分割をするときには、自己のために相続開始があったことを知った時から3箇月以内にしなければならない。

2　Bが、甲を単独相続するために、Aの死亡後、遺言書を偽造した場合でも、Bは、家庭裁判所がその欠格事由を認定しない限り、相続人としての資格を失わない。

3　Bが、Cに無断で甲を単独で所有する旨の登記をした上で、Dに売却し、移転登記を完了させた場合でも、Cは、自らが相続した甲の持分について、登記がなくてもDに対抗することができる。

4　Bの相続放棄によりCが甲を単独相続したが、その前に、Bが相続した甲の持分についてEが差押えをしていた場合には、CはEの権利を害することができない。

◎〔問　7〕　次の記述のうち、マンション標準管理委託契約書及びマンション標準管理委託契約書コメントによれば、最も適切なものはどれか。

1　管理業者又は管理組合は、管理委託契約の更新について申出があった場合において、当該管理委託契約の有効期間が満了する日までに両者の間で更新に関する協議が調う見込みがないときは、当該管理委託契約と同一の条件で暫定契約を締結することができるが、その暫定契

約の期間は3月を超えることができない。

2　管理業者は、管理員業務、清掃業務又は建物・設備等管理業務について、それらの業務の一部を第三者に再委託することはできるが、当該業務の全部を第三者に再委託することはできない。

3　管理業者は、解約等により管理委託契約が終了した場合には、管理業者が保管する設計図書、管理規約の原本、総会議事録、総会議案書等の図書等に加え、組合員等の名簿及び出納事務のため管理業者が預かっている管理組合の口座の通帳等を遅滞なく管理組合に引き渡さなければならない。

4　管理業者は、定額委託業務費の内訳について、マンション管理適正化法第72条に基づく重要事項の説明の際に管理組合に対して見積書等であらかじめ明示している場合には、管理組合との合意を得ていなくても、管理委託契約に定額委託業務費の内訳を記載しないことができる。

◎〔問　8〕　次の記述のうち、標準管理委託契約書によれば、適切なものの組み合わせはどれか。

ア　管理業者は、3年ごとに実施する特定建築物定期調査のように、当該管理委託契約の契約期間をまたいで実施する管理事務を定額委託業務費に含める場合は、実施時期や費用を管理組合に明示するとともに、当該管理事務を実施しない場合の精算方法をあらかじめ明らかにすべきである。

イ　管理業者が行う管理事務の内容に、適正化法第3章に定めるマンション管理計画認定制度及び民間団体が行う評価制度等に係る業務並びに警備業法に定める警備業務及び消防法に定める防火管理者が行う業務及び浄化槽法に定める水質検査の業務は含まれない。

ウ　管理業者が行う管理事務の対象となる部分は、管理規約により管理組合が管理すべき部分のうち、管理業者が受託して管理する部分であり、専用使用部分（バルコニー、トランクルーム、専用庭等）については、管理組合が管理すべき部分の範囲内において、管理業者が管理

事務を行う。

エ　管理業者は、管理組合の債務不履行を理由に管理委託契約を解除する場合を除き、契約期間の中途において、管理委託契約を解約することはできない。

1　ア・ウ

2　ア・エ

3　イ・ウ

4　イ・エ

◎〔問　9〕　次の記述のうち、標準管理委託契約書によれば、最も不適切なものはどれか。

1　管理業者及びその使用人等は、管理委託契約が終了した後においても、正当な理由なく、管理事務に関して知り得た管理組合及び組合員等の秘密を漏らし、又は管理事務以外の目的に使用してはならない。

2　管理業者は、管理事務を通じて当該マンションの劣化等の状況を把握することができることから、長期修繕計画案の作成業務を実施する場合、当該業務に係る契約については、管理委託契約と別個の契約としてはならない。

3　管理業者は、管理組合の長期修繕計画における修繕積立金の額が著しく低額である場合若しくは設定額に対して実際の積立額が不足している場合又は管理事務を実施する上で把握した当該マンションの劣化等の状況に基づき、当該計画の修繕工事の内容等若しくは修繕積立金の見直しが必要であると判断した場合には、書面をもって管理組合に助言するものとする。

4　管理業者が、理事会の設置する各種専門委員会の運営支援業務を実施する場合は、その業務内容、費用負担について、別途、管理組合及び管理業者が協議して定めるものとする。

◎〔問　10〕　マンションの管理費の滞納に関する次の記述のうち、民法、民事訴訟法及び区分所有法の規定によれば、正しいものはどれか。

1　滞納額140万円の支払いを求める訴えを簡易裁判所に提起する場合には、民事訴訟法上の少額訴訟制度を利用することができる。

2　滞納者に対して、普通郵便による督促をした場合、その時から6箇月を経過するまでの間は、時効は、完成しない。

3　専有部分について賃貸借契約がなされた場合、管理組合は滞納管理費について、規約に別段の定めがなくても、貸主である区分所有者又は賃借人である占有者のいずれに対しても訴えを提起することができる。

4　滞納者に対して、訴えを提起したところ、「必ず払います。」との誓約書を提出したため、終局判決の前に訴えを取り下げた場合は、その後、支払いがなされなかったときでも再び訴えを提起することはできない。

◎〔問　11〕　マンションの管理費の滞納に関する次の記述のうち、最も適切なものはどれか。

1　管理費を滞納している区分所有者が、当該住戸を売却した場合、買主は、売買契約の締結時に滞納の事実を知らなかったとしても、当該滞納管理費の支払義務を負う。

2　規約に管理費に関する遅延損害金を定める場合は、民法所定の法定利率である年3％を超えて定めることはできない。

3　管理費を滞納している区分所有者が、裁判所に民事再生手続開始の申立てをした場合、当該区分所有者はその申立てにより滞納管理費の支払義務を免れる。

4　管理費を滞納している区分所有者が、当該住戸を贈与した場合、受贈者が滞納管理費の支払義務を負い、当該区分所有者はその義務を免れる。

〔問 12〕 建物の建替えに係る経費及び修繕積立金に関する次の記述のうち、マンション標準管理規約及びマンション標準管理規約コメント（単棟型）によれば、最も不適切なものはどれか。

1 建替え決議の前に、建物の建替えに係る合意形成に必要となる事項の調査に要する経費に充当するために修繕積立金を取り崩すには、総会の決議を経なければならない。

2 分譲会社が分譲時において将来の計画修繕に要する経費に充当するため、一括して購入者より修繕積立基金を徴収している場合には、当該金銭についても修繕積立金として区分経理すべきである。

3 建替え決議の後であっても、建物の建替えに係る計画又は設計等に必要がある場合には、その経費に充当するため、総会の決議を経て修繕積立金を取り崩すことができる場合がある。

4 建替えに係る調査に必要な経費の支出は、マンションの実態にかかわらず、管理費から支出する旨を管理規約に規定することはできない。

〔問 13〕 管理組合の会計等に関する次の記述のうち、標準管理規約の定めによれば、最も不適切なものはどれか。

1 管理組合は、その会計処理に関する規約及び細則を変更するには、いずれも総会の決議を経なければならない。

2 管理組合は、収支決算の結果、管理費に余剰が生じた場合、その余剰を翌年度における管理費に充当する。

3 管理組合は、計画修繕に要する経費に充てるために借入れをしたときは、管理費をもってその償還に充てるものとする。

4 管理組合は、不測の事故により必要となる修繕に要する経費に充てるため、修繕積立金を取り崩すことができる。

◎〔問 14〕 管理組合の活動における以下の取引に関して、令和6年3月分の仕訳として最も適切なものは次のうちどれか。ただし、この管理組合の会計年度は、毎年4月1日から翌年3月31日までとし、期中の取引において、企業会計原則に基づき厳格な発生主義によって経理しているものとする。

（取　引）

> 令和6年3月に、敷地内駐車場を使用している組合員から、管理組合の普通預金口座に合計1,000,000円の入金があった。入金の内訳は、以下のとおりである。なお、3月分駐車場使用料のうち20,000円については、3月末現在、入金されていない。
>
> （令和6年3月入金の内訳）
>
> 3月分駐車場使用料　　　100,000円
>
> 4月分駐車場使用料　　　850,000円
>
> 新規契約分敷金　　　　　50,000円
>
> 　合　　計　　　　　　1,000,000円

（単位：円）

1

（借　方）		（貸　方）	
普通預金	1,000,000	駐車場使用料収入	120,000
未収入金	20,000	前受金	850,000
		預り金	50,000

2

（借　方）		（貸　方）	
普通預金	1,000,000	駐車場使用料収入	100,000
		前受金	850,000
		預り金	50,000

3

（借　方）		（貸　方）	
普通預金	1,000,000	駐車場使用料収入	100,000
		前受金	900,000

4	（借 方）		（貸 方）	
	普通預金	1,000,000	駐車場使用料収入	120,000
	未収入金	20,000	前受金	900,000

◎〔問 15〕 管理組合の活動における以下の取引に関して、令和6年3月分の仕訳として最も適切なものは次のうちどれか。ただし、この管理組合の会計年度は、毎年4月1日から翌年3月31日までとし、期中の取引において、企業会計原則に基づき厳格な発生主義によって経理しているものとする。

（取　引）

> 共用部分である外階段の塗装が剥がれてきたため、令和6年2月10日に塗装会社に対して、塗装工事を代金1,500,000円で発注し、発注時に着手金として500,000円を支払い、塗装会社は同年3月中に塗装工事を完成させた。
>
> なお、この塗装工事代金の残金1,000,000円は、同年4月末日に振込により支払う約束である。

（単位：円）

1	（借 方）		（貸 方）	
	未払金	1,000,000	修繕費	1,500,000
	前払金	500,000		

2	（借 方）		（貸 方）	
	未払金	1,000,000	建物	1,500,000
	前払金	500,000		

3	（借 方）		（貸 方）	
	建物	1,500,000	未払金	1,000,000
			前払金	500,000

問題

平成28年度

4	（借　　方）		（貸　　方）	
	修繕費	1,500,000	未払金	1,000,000
			前払金	500,000

〔問　16〕　管理組合の活動に係る税務の取扱いに関する次の記述のうち、最も適切なものはどれか。

1　法人税法上、人格のない社団である管理組合においても、組合員から徴収する専用使用料収入については課税対象である収入となる。

2　消費税法上、管理組合が共用部分である駐車場を有償で使用させる場合、使用者が組合員であっても使用料は課税の対象となる。

3　消費税法上、管理組合が金融機関から借入れをした場合に生じる借入金の利子は、課税取引であり消費税の課税対象となる。

4　消費税法上、基準期間における課税売上高が1,000万円以下となる場合であっても、特定期間の課税売上高によっては、消費税の納税義務が免除されない場合がある。

◎〔問　17〕　建蔽率、容積率などに関する次の記述のうち、建築基準法によれば、誤っているものはどれか。

1　建蔽率とは、建築物の建築面積（同一敷地内に2以上の建築物がある場合においては、その建築面積の合計）の敷地面積に対する割合をいう。

2　建築面積の算定には、地階の面積はすべて含まれない。

3　容積率とは、建築物の延べ面積の敷地面積に対する割合をいう。

4　容積率の上限値には、前面道路の幅員による制限が加わる場合がある。

〔問 18〕 マンションの廊下及び屋内階段に関する次の記述のうち、建築基準法によれば、正しいものはどれか。なお、避難上の安全の検証は行わず、国土交通大臣が定めた構造方法については考慮しないものとする。

1 その階の住戸面積の合計が100㎡を超える場合の廊下の幅は、廊下の両側に居室がある場合には1.5m以上、その他の場合には1.0m以上としなければならない。

2 直上階の居室の床面積の合計が200㎡を超える地上階に設ける階段のけあげは24cm以下、踏面は20cm以上でなければならない。

3 回り階段の踏面の寸法は、階段の幅の中央において測るものとする。

4 階段の幅は、階段に設ける手すりの幅が10cm以下である場合、手すりの幅がないものとみなして算定する。

〔問 19〕 エレベーターの安全装置に関する次の記述のうち、最も不適切なものはどれか。

1 戸開走行保護装置とは、駆動装置又は制御器に故障が生じ、かご及び昇降路のすべての出入口の戸が閉じる前にかごが昇降したときなどに、自動的にかごを制止する装置をいう。

2 地震時等管制運転装置とは、地震等の加速度を検知し、自動的に、かごを昇降路の避難階の出入口の戸の位置に停止させ、かごと昇降路の各出入口の戸を開くことなどができる装置をいう。

3 火災時管制運転装置とは、防災センター等の火災管制スイッチの操作や自動火災報知器からの信号により、エレベーターを一斉に避難階に呼び戻す装置をいう。

4 建築基準法によれば、戸開走行保護装置及び地震時等管制運転装置の設置義務がある。

◎〔問 20〕 マンションの屋上、バルコニー等の防水に関する次の記述のうち、最も適切なものはどれか。

1 メンブレン防水とは、被膜を形成して防水層を作る工法の総称で、アスファルト防水を含めない。

2 アスファルト防水以外のシート防水、塗膜防水などに用いられる防水材の日本産業規格（JIS）のすべてが、1990年代になってから制定されたものである。

3 防水施工に関わる者には、国による技能検定制度があり、技能検定に合格した者は、技能士と称することができる。

4 日本建築学会の建築工事標準仕様書・同解説（JASS 8）に示されている仕様であれば、シート防水層、塗膜防水層は、仕上げの種類にかかわらず通常の歩行に耐えうる。

〔問 21〕 次の記述のうち、水道法及び「水質基準に関する省令」によれば、誤っているものはどれか。

1 「給水装置」とは、需要者に水を供給するために水道事業者の施設した配水管から分岐して設けられた給水管及びこれに直結する給水用具をいう。

2 「水質基準に関する省令」では、水道水の水質基準として、26の検査項目が示されている。

3 「水質基準に関する省令」では、塩素は検査項目に含まれていない。

4 「水質基準に関する省令」では、一般細菌の基準値は、「1ミリリットルの検水で形成される集落数が100以下」である。

〔問 22〕 共同住宅の消防用設備等の設置の特例を認める「特定共同住宅等における必要とされる防火安全性能を有する消防の用に供する設備等に関する省令」に関する次の記述のうち、誤っているものはどれか。

1　特定共同住宅等は、二方向避難型、開放型、二方向避難・開放型、その他の４つの構造類型に分けられる。

2　特定共同住宅等には、１階が飲食店、２階以上が住戸になっている建物は含まれない。

3　特定共同住宅等に、「通常用いる消防用設備等」に代えて設置できる「必要とされる防火安全性能を有する消防の用に供する設備等」は、特定共同住宅等の構造類型、階数により決められている。

4　特定共同住宅等における、「必要とされる防火安全性能を有する消防の用に供する設備等」は、火災時に安全に避難することを支援する性能を有する消防用設備に限られている。

〔問　23〕　「建築物の耐震診断及び耐震改修の促進を図るための基本的な方針」（平成18年国土交通省告示第184号）に示された建築物の耐震診断の指針（以下、本問において「本指針」という。）に関する次の記述のうち、誤っているものはどれか。

1　本指針は、建築物に対するものであり、敷地に関する基準等は含まれていない。

2　構造耐力上主要な部分の地震に対する安全性の評価に用いられる指標にはIsとｑがあり、Isは建築物の各階の構造耐震指標をいい、ｑは建築物の各階の保有水平耐力に係る指標をいう。

3　鉄筋コンクリート造のマンションでは、構造耐力上主要な部分が地震の振動及び衝撃に対して倒壊し、又は崩壊する危険性が低いと判断されるのは、Isが0.6以上の場合で、かつ、ｑが1.0以上の場合である。

4　国土交通大臣が本指針の一部又は全部と同等以上の効力を有すると認める方法によって耐震診断を行う場合においては、当該方法によることができる。

〔問 24〕 住宅の品質確保の促進等に関する法律に基づく住宅性能表示制度における新築住宅に関する次の記述のうち、誤っているものはどれか。

1 住宅性能の評価結果をまとめた性能評価書には、設計図書の段階の評価結果をまとめた「設計住宅性能評価書」と、施工・完成段階の検査を経た評価結果をまとめた「建設住宅性能評価書」の2種類がある。
2 新築住宅の請負契約書や売買契約書には、住宅性能評価書やその写しを添付することが義務づけられている。
3 性能表示事項は必須と選択に区分され、そのうち「空気環境に関すること」、「光・視環境に関すること」、「高齢者等への配慮に関すること」については、選択分野に含まれる。
4 性能表示事項は、等級や数値などで表示され、等級では、数字が大きいものほど性能が高いことを表す。

〔問 25〕 消費生活用製品安全法等に基づく長期使用製品安全点検制度に関する次の記述のうち、最も不適切なものはどれか。

1 本制度は、消費生活用製品のうち、長期間の使用に伴い生ずる劣化により安全上支障が生じ、一般消費者の生命又は身体に対して特に重大な危害を及ぼすおそれが多いと認められる製品の適切な保守を促進するために設けられたものである。
2 特定保守製品には、屋内式の都市ガス用及び液化石油ガス用の瞬間湯沸器及びふろがま、屋内式及び屋外式の石油ふろがま、密閉燃焼式の石油温風暖房機、ビルトイン式の電気食器洗機が含まれる。
3 特定保守製品には、製造年月を始期とし、経年劣化により安全上支障が生じるおそれが著しく少ないことを確認した時期を終期とした設計標準使用期間などを表示しなければならない。
4 特定保守製品取引事業者とは、特定保守製品の取得者に対し適切な保守の必要性や所有者情報の提供の必要性などを理解させるために、正当な理由のない限り説明義務のある事業者をいい、特定保守製品の付属する建物の販売を行う事業者は含まれない。

〔問 26〕 消防法第8条の規定内容に関する次の記述の（ ア ）、（ イ ）に入る語句の組み合わせとして、正しいものはどれか。

　共同住宅で居住者の数が（ ア ）人以上の場合、管理についての権原を有する者は防火管理者を定め、（ イ ）を作成させ、当該計画に基づく消火・避難訓練の実施、消防設備・施設の点検整備などのはか、防火管理上必要な業務を行わせなければならない。

	（ ア ）	（ イ ）
1	100	消防計画
2	100	避難計画
3	50	消防計画
4	50	避難計画

〔問 27〕 排水設備に関する次の記述のうち、最も適切なものはどれか。

1　排水槽には、汚水槽、雑排水槽、湧水槽、雨水槽がある。
2　屋外排水桝の清掃においては、ゴミ堆積物は引き上げ、汚泥は下水道などに流して処理をする。
3　排水ポンプは運転用と予備用の2台を設置し、予備用のポンプについては常時休止させておき、非常時以外は使用しない。
4　雑排水と雨水は、各階で同じ排水立て管に接続してよい。

〔問 28〕 窓サッシの改修工法に関する次の記述のうち、最も不適切なものはどれか。

1　カバー工法、持出し工法は、既存サッシ枠を残して、その上に新規のサッシ枠を取り付けるので、開口寸法は既存のものよりも小さくなる工法である。
2　ノンシール工法は、比較的大型の窓サッシに採用され、既存躯体との間には、タイト材を使用するので、外部側のシーリング充填作業が

省略できる工法である。

3 はつり工法は、既存サッシ枠回りの躯体をはつり取り、新規のサッシ枠を取り付けるので、振動、粉じんが多く周囲への影響が大きい工法である。

4 引抜き工法は、既存サッシ枠を油圧工具又はジャッキ等で撤去するので、はつり工法に比較して、騒音が発生しにくい工法である。

〔問 29〕 専用使用部分の損傷等に関する次の記述のうち、標準管理規約によれば、最も不適切なものはどれか。

1 区分所有者の不注意により損傷した窓ガラスを、区分所有者の希望により、窓枠等の変更を必要としない範囲で、強度の高いものに取り換える場合には、理事会の承認を得たうえ、区分所有者がその責任と負担で行う。

2 通常の使用に伴い損傷した網戸の補修は、区分所有者がその責任と負担で行う。

3 第三者による犯罪行為により損傷した面格子の補修をする場合には、管理組合がその責任と負担で行う。

4 専有部分の賃借人の不注意により損傷した玄関扉の補修については、賃貸人である区分所有者はその責任と負担を負わない。

〔問 30〕 管理組合の役員の職務に関する次の記述のうち、標準管理規約の定めによれば、最も適切なものはどれか。

1 理事長と管理組合との利益が相反する事項については、理事長は、管理組合が承認した場合を除いて、代表権を有しない。

2 監事は、理事会に出席し、必要があると認めるときは、意見を述べなければならない。

3 理事は、管理組合に著しい損害を及ぼすおそれのある事実があることを発見したときは、直ちに、その事実を理事長に報告しなければならない。

4　監事は、会計担当理事に不正行為があると認めたときは、直ちに理事会を招集しなければならない。

〔問　31〕　次のうち、標準管理規約によれば、理事長が、組合員又は利害関係人の閲覧請求に応じる必要のないものはどれか。

1　理由を付さない書面で、管理規約原本の閲覧請求があった場合
2　理由を付した書面で、会計帳簿と出金に関する請求書及び領収書の閲覧請求があった場合
3　理由を付した書面で、長期修繕計画書の閲覧請求があった場合
4　理由を付した書面で、各組合員の総会における議決権行使書及び委任状の閲覧請求があった場合

〔問　32〕　次のうち、標準管理規約によれば、専有部分であるものはいくつあるか。

ア　各住戸のメーターボックス内にある給湯器ボイラー
イ　パイプスペース
ウ　各住戸の水道メーター
エ　各住戸の玄関扉の錠
1　一つ
2　二つ
3　三つ
4　四つ

〔問　33〕　次のうち、区分所有法によれば、規約に定めることのできないものはどれか。

1　規約の設定、変更又は廃止は、区分所有者の過半数及び議決権の4分の3以上で決する。
2　総会の議長は、総会に出席した区分所有者のうちから選任する。

3　敷地及び共用部分等の変更は、その形状又は効用の著しい変更を伴わないものであっても、区分所有者及び議決権の各4分の3以上で決する。

4　管理組合の理事長を区分所有者から選任し、区分所有法に定める管理者を区分所有者以外の第三者から選任する。

〔問　34〕　マンションの専有部分及び専用使用権に関する次の記述のうち、区分所有法、標準管理規約及び判例によれば、最も不適切なものはどれか。

1　専有部分とは、一棟の建物に構造上区分され、かつ、住居、店舗、事務所又は倉庫その他建物としての用途に独立して供することができるように利用上区分された、区分所有権の目的である建物の部分である。

2　地下に設けられた駐車場部分は、必ずしも周囲すべてが完全に遮蔽されていなくても、構造上、利用上の独立性を備えている場合には、専有部分として登記して分譲することができる。

3　専用使用権とは、敷地及び共用部分等の一部について、特定の区分所有者が排他的に使用できる権利であり、専用使用権の対象となっている当該部分を専用使用部分という。

4　敷地に、特定の区分所有者に対して無償の駐車場専用使用権が規約に基づいて設けられていた場合、後に、当該駐車場部分の使用を有償化する決議をするには、必ず当該専用使用権者の承諾を得なければならない。

〔問　35〕　管理者の専有部分等への立入りに関する次の記述のうち、標準管理規約の定めによれば、最も不適切なものはどれか。

1　敷地及び共用部分等の管理の必要性がある場合に、管理を行う者は、管理を行うために必要な範囲内において、他の者が管理する専有部分又は専用使用部分への立入りを請求することができる。

2　敷地及び共用部分等の管理の必要性がある場合に、管理を行う者から、専有部分への立入りを請求された区分所有者は、正当な理由なく立入りを拒否したときは、その結果生じた損害を賠償しなければならない。

3　災害、事故等が発生した場合であって、緊急に立ち入らないと共用部分等又は他の専有部分に対して物理的に又は機能上重大な影響を与えるおそれがあるときは、理事長は、当該専有部分の区分所有者の承諾がなくても、自ら立ち入り、又は委任した者に立ち入らせることができる。

4　立入りをした者は、緊急性に基づかない立入りの場合には、速やかに立入りをした箇所を原状に復さなければならないが、緊急性に基づく立入りの場合には、そのような義務はない。

〔問　36〕　区分所有者の団体に関する次の記述のうち、区分所有法の規定によれば、誤っているものはどれか。

1　区分所有法第3条に規定される団体は、建物並びにその敷地及び附属施設を管理するための団体であり、区分所有者の合意によって設立されるものではない。

2　一部の区分所有者のみの共用に供されるべきことが明らかな共用部分の管理のうち、区分所有者全員の利害に関係するものは、区分所有者全員で構成する区分所有法第3条に規定する団体が、その管理を行う。

3　区分所有法第3条に規定される団体は、区分所有者及び議決権の各4分の3以上の多数によって管理組合法人となる旨を決議し、一般社団法人の設立に必要な定款作成や設立登記等の一連の事務手続が終了することにより、管理組合法人となる。

4　建物（一部共用部分を共用すべき区分所有者で構成する管理組合法人にあっては、その共用部分）の全部が滅失した場合には、管理組合法人は解散する。

〔問 37〕 管理者でない区分所有者Ａが、単独で行使できる裁判上の請求に関する次の記述のうち、民法及び区分所有法によれば、請求が認められないものの組み合わせはどれか。ただし、規約又は集会の決議による請求権者や請求方法についての定めはないものとする。

ア 区分所有者Ｂが、自らが所有する住戸の共用廊下側の窓を改造して出入口を作っていたところ、管理者が黙認し、放置状態にあるので、共用部分の共有持分権に基づく保存行為として、同改造部分の原状回復を請求すること

イ マンション管理業者がずさんな管理を続けているところ、管理者が黙認し、放置状態にあるので、管理委託契約の準共有持分権に基づく保存行為として、当該管理業者との契約の解除を請求すること

ウ 管理者に不正な行為その他その職務を行うに適しない事情があるので、管理者の解任を請求すること

エ 区分所有者Ｃが、自ら専有部分を暴力団事務所として利用し、他の方法によってはその障害を除去することが困難であるため、当該専有部分の競売を請求すること

1 ア・イ
2 ア・ウ
3 イ・エ
4 ウ・エ

〔問 38〕 次の記述のうち、区分所有法の規定及び判例によれば、誤っているものはどれか。

1 区分所有者の承諾を得て専有部分を占有する者（以下、本問において「占有者」という。）は、会議の目的たる事項につき利害関係を有する場合には、集会に出席して意見を述べることができるが、この占有者に区分所有者の同居の親族は含まれない。

2 会議の目的たる事項につき利害関係を有する占有者がいる場合には、集会を招集する者は、各区分所有者へ招集の通知を発した後遅滞

なく、集会の日時、場所及び会議の目的たる事項を建物内の見やすい場所に掲示しなければならない。

3　専有部分の占有者が、区分所有法第6条第1項に規定する建物の保存に有害な行為をした場合又はその行為をするおそれがある場合には、当該専有部分の区分所有者以外の区分所有者の全員又は管理組合法人は、その行為を停止し、その行為の結果を除去し、又はその行為を予防するため必要な措置を執ることを請求することができる。

4　区分所有法第60条に基づく、占有者に対する引渡し請求をする場合には、当該占有者が占有する専有部分の貸主である区分所有者と借主である占有者の双方に、あらかじめ集会で弁明する機会を与えなければならない。

〔問　39〕　以下のア～ウの記述は、最高裁判所の判決又は決定の一部に若干の修正をしたものであるが、（　a　）～（　c　）に入る用語の組み合わせとして、正しいものは、次の1～4のうちどれか。

ア　区分所有法第59条第1項の競売の請求は、特定の区分所有者が、（　a　）に反する行為をし、又はその行為をするおそれがあることを原因として認められるものである。

イ　区分所有法第31条第1項の「（　b　）を及ぼすべきとき」とは、規約の設定、変更等の必要性及び合理性とこれによって一部の区分所有者が受ける不利益とを比較衡量し、当該区分所有関係の実態に照らして、その不利益が区分所有者の受忍すべき限度を超えると認められる場合をいうものと解される。

ウ　本件専有部分にある排水管は、その構造及び設置場所に照らし、専有部分に属しない（　c　）に当たり、かつ、区分所有者全員の共用部分に当たると解するのが相当である。

	（　a　）	（　b　）	（　c　）
1	規約遵守義務	特別の影響	専用使用部分

2	区分所有者の共同の利益	特別の影響	建物の附属物
3	区分所有者の共同の利益	顕著な被害	専用使用部分
4	規約遵守義務	顕著な被害	建物の附属物

〔問 40〕 複合用途型の甲マンションにおいて、Aが区分所有する居住用の専有部分をBに、Cが区分所有する事務所用の専有部分をDに、それぞれが賃貸する契約を締結する場合に関する次の記述のうち、民法、借地借家法の規定及び判例によれば、正しいものはどれか。なお、いずれの賃貸借契約も、定期建物賃貸借契約ではないものとする。

1　AB間の賃貸借契約において、一定期間賃料を増額しない旨の特約は有効である。

2　AB間で賃貸借契約を締結し、Bが入居した後にAが当該専有部分を第三者であるEに譲渡する場合は、Bの同意を得なければ、賃貸人の地位はEに移転しない。

3　AB間の賃貸借契約において、解約の申入れは、Aからは解約日の6月前までに、Bからは解約日の1月前までに行えば、相互に正当の事由の有無を問わず解約できる旨の特約は有効である。

4　CD間の賃貸借契約には、借地借家法は適用されない。

◎〔問 41〕 宅地建物取引業者（宅地建物取引業法第2条第3号に規定する者をいう。以下同じ。）である売主A（以下、本問において「A」という。）が、宅地建物取引業者でない買主B（以下、本問において「B」という。）にマンションの一住戸甲（以下、本問において「甲」という。）を売却した場合におけるAの担保責任に関する次の記述のうち、民法及び宅地建物取引業法の規定によれば、正しいものはどれか。

1　甲の売買契約の特約で、Aが担保責任に関する通知期間について、引渡しの日から1年間と定めたとしても、Bは契約不適合を知った日から1年間以内にその旨をAに通知しないときは、Aに対し担保責任を追及することができない。

2　甲の契約不適合がBの責めに帰すべき事由によるものであるときでも、BはAに対し担保責任を追及することができる。

3　甲の契約不適合の原因について、Aに故意も過失もないときは、BはAに対し担保責任を追及することが一切できない。

4　甲の売買契約の特約において、Aは、契約不適合を原因とする損害賠償責任を負わない代わりに、甲の引渡しの日から5年以内に不適合である旨の通知をすれば、当該不適合の修補を行う旨の定めは有効である。

◎〔問　42〕　次の文章は、消費者契約法第1条（目的）の規定であるが、文中の（　ア　）〜（　エ　）に入る語句の組み合わせとして、正しいものはどれか。

　　この法律は、消費者と事業者との間の（　ア　）並びに交渉力の格差にかんがみ、事業者の一定の行為により消費者が誤認し、又は困惑した場合等について契約の申込み又はその承諾の意思表示を取り消すことができることとするとともに、事業者の（　イ　）を免除する条項その他の消費者の利益を不当に害することとなる条項の全部又は一部を無効とするほか、消費者の被害の発生又は拡大を防止するため（　ウ　）が事業者等に対し（　エ　）をすることができることとすることにより、消費者の利益の擁護を図り、もって国民生活の安定向上と国民経済の健全な発展に寄与することを目的とする。

	（　ア　）	（　イ　）	（　ウ　）	（　エ　）
1	情報の質及び量	損害賠償の責任	適格消費者団体	差止請求
2	取引形態の多様化及び複雑化	取引条件の説明	地方公共団体	立入調査
3	取引形態の多様化及び複雑化	取引条件の説明	適格消費者団体	損害賠償請求
4	情報の質及び量	損害賠償の責任	地方公共団体	是正指導

〔問　43〕　不動産登記法に関する次の記述のうち、正しいものはどれか。

1　登記記録のうち、建物の表題部には、所在地、家屋番号、種類、構造、床面積及び固定資産税評価額が記載される。
2　登記記録は、表題部と権利部に区分して作成され、権利部は甲区と乙区に区分され、所有権移転の仮登記は乙区に記録される。
3　区分建物が属する一棟の建物が新築された場合における表題登記の申請は、新築された一棟の建物に属する他の区分建物の全部について併せて申請しなければならない。
4　区分建物の表示に関する登記における区分建物の床面積は、各階ごとに壁その他の区画の中心線で囲まれた部分の水平投影面積により算出する。

〔問　44〕　各種の法令に関する次の記述のうち、誤っているものはどれか。

1　高齢者、障害者等の移動等の円滑化の促進に関する法律において、特定建築物とは、学校、病院、劇場その他多数の者が利用する政令で定める建築物をいい、共同住宅はこれに含まれない。
2　自動車の保管場所の確保等に関する法律によれば、自動車の保有者が確保しなければならない当該自動車の保管場所は、自動車の使用の本拠の位置との間の距離が、2㎞を超えないものでなければならない。
3　警備業法によれば、18歳未満の者は、警備員となってはならない。
4　身体障害者補助犬法によれば、住宅を管理する者（国等を除く。）は、その管理する住宅に居住する身体障害者が当該住宅において身体障害者補助犬を使用することを拒まないよう努めなければならない。

◎〔問 45〕 マンションの一住戸の売買の際に、宅地建物取引業者が、宅地建物取引業法第35条の規定に基づく重要事項の説明を行う場合において、説明しなければならない事項として定められていないものは、次のうちどれか。なお、説明の相手方は宅地建物取引業者ではないものとする。

1 中古マンションの売買の媒介において、当該マンションの維持修繕の実施状況が記録されている場合は、その内容

2 新築マンションの売買において、当該マンションが種類又は品質に関して契約の内容に適合しない場合におけるその不適合を担保すべき責任の履行に関し保証保険契約の締結措置を講じる場合は、その概要

3 新築マンションの売買においては、所有権の保存登記の申請の時期、中古マンションの売買の媒介においては、所有権の移転登記の申請の時期

4 中古マンションの売買の媒介において、当該マンションについて、石綿の使用がない旨の調査結果が記録されているときは、その内容

〔問 46〕 次の記述のうち、マンションの管理の適正化の推進を図るための基本的な方針に定められていないものはどれか。

1 管理組合を構成するマンションの区分所有者等は、管理組合の一員としての役割を十分認識して、管理組合の運営に関心を持ち、積極的に参加する等、その役割を適切に果たすよう努める必要がある。

2 マンションの状況によっては、外部の専門家が、管理組合の管理者等又は役員に就任することも考えられるが、その場合には、マンションの区分所有者等が当該管理者等又は役員の選任や業務の監視等を適正に行うとともに、監視・監督の強化のための措置等を講じることにより適正な業務運営を担保することが重要である。

3 マンションの管理は、専門的な知識を必要とすることが多いため、マンション管理業者は、問題に応じ、マンション管理業者の団体の支援を得ながら、主体性をもって適切な対応をするよう心がけることが

重要である。

4　マンションにおけるコミュニティ形成については、自治会及び町内会等（以下「自治会」という。）は管理組合と異なり、各居住者が各自の判断で加入するものであることに留意するとともに、特に管理費の使途については、マンションの管理と自治会活動の範囲・相互関係を整理し、管理費と自治会費の徴収、支出を分けて適切に運用することが必要である。

〔問　47〕　マンション管理業者Ａ（以下、本問において「Ａ」という。）は、管理組合Ｂ（以下、本問において「Ｂ」という。）と管理委託契約を締結し、Ｂの管理事務を行っているが、この業務に関する次の記述のうち、マンション管理適正化法に違反するものはどれか。

1　Ａは、Ｂとの管理委託契約の有効期間中に、マンション管理業（マンション管理適正化法第2条第7号に規定するものをいう。）を廃止し、その旨を国土交通大臣に届け出たが、Ｂとの管理委託契約の期間が満了する日まで、当該管理委託に係る管理事務を結了する目的の範囲内における業務を行った。

2　Ａは、Ｂから委託を受けた管理事務について、帳簿を作成し、その事務所に備え置いていたが、事務所に備え置いてから3年を経過したことから、当該帳簿を処分した。

3　Ａは、その業務及び財産の状況を記載した書類をその事務所に備え置いていたが、Ｂの組合員から当該書類の閲覧を求められたため、これを閲覧させた。

4　Ｂから管理事務の委託を受けたＡの事務所の成年者である専任の管理業務主任者（マンション管理適正化法第2条第9号に規定する者をいう。以下同じ。）はＣのみであったが、Ｂとの管理委託契約の有効期間中に、Ｃが急に退職したため、Ｃが退職した日の10日後に、Ａは、成年者である専任の管理業務主任者を新たに設置した。

〔問 48〕 マンション管理業者Ａ（以下、本問において「Ａ」という。）
が、管理受託契約を締結している管理組合Ｂ（以下、本問において「Ｂ」
という。）に、マンション管理適正化法第77条の規定に基づく管理事
務の報告を行う場合に関する次の記述のうち、マンション管理適正化
法によれば、最も適切なものはどれか。

1 Ａは、Ｂに管理者が置かれている場合、Ｂの事業年度終了後、遅滞
なく、管理事務報告書を作成し、管理業務主任者をして、これを管理
者等に交付して説明をさせなければならず、当該管理者等の承諾を得
ても、当該書面に記載すべき事項を電磁的方法で提供することはでき
ない。

2 Ａは、Ｂに管理者が置かれていないため、管理事務の報告のための
説明会の開催に代えて、管理事務報告書をＡの事務所に備え置き、Ｂ
の区分所有者等の求めに応じてこれを閲覧させた。

3 Ａは、毎月、マンションの管理の適正化の推進に関する法律施行規
則（以下、「マンション管理適正化法施行規則」という。）第87条第5
項に規定するＢのその月の会計の収入及び支出の状況に関する書面を
作成し、Ｂの管理者に交付していたことから、Ｂの事業年度に係る会
計の収入及び支出の状況については管理事務の報告を行わなかった。

4 Ａの従業者である管理業務主任者Ｃは、管理事務の報告を行う際
に、Ｂの管理者から提示を求められなかったが、携帯していた管理業
務主任者証を提示した。

〔問 49〕 マンション管理業者Ａ（以下、本問において「Ａ」という。）が、
管理組合法人Ｂ（以下、本問において「Ｂ」という。）から委託を受けて、
Ｂの修繕積立金等金銭の管理を行う場合に関する次の記述のうち、マ
ンション管理適正化法に違反するものはいくつあるか。

ア Ｂを名義人とする収納口座と保管口座がある場合において、Ａは、
当該収納口座に係るＢの印鑑を管理しつつ、マンション管理適正化法
施行規則第87条第2項第1号イに定める方法により修繕積立金等金銭

の管理を行っているが、Bの区分所有者等から徴収される1月分の修繕積立金等金銭の合計額以上の額につき保証契約を締結していない。

イ　Bを名義人とする収納口座と保管口座がある場合において、Aは、当該収納口座に係るBの印鑑を管理しつつ、マンション管理適正化法施行規則第87条第2項第1号ロに定める方法により修繕積立金等金銭の管理を行っているが、Bの承認を得て、Bの収納口座に預入された管理費用に充当する金銭のうち、その月分として徴収されたものから当該月中の管理事務に要した費用を控除した残額を、保管口座に移し換えずに、そのまま3月間当該収納口座で管理している。

ウ　Bを名義人とする収納・保管口座がある場合において、Aは、マンション管理適正化法施行規則第87条第2項第1号ハに定める方法により修繕積立金等金銭の管理を行っているが、Bの依頼を受けて、当該収納・保管口座の通帳を管理している。

エ　Aが、Bの修繕積立金等金銭を一時的に預貯金として管理するために、Aを名義人とする収納口座がある場合において、Aは、Bの区分所有者等から徴収される2月分の修繕積立金等金銭の合計額につき保証契約を締結し、当該収納口座に係る印鑑及び預貯金の引出用カードを管理している。

1　一つ
2　二つ
3　三つ
4　四つ

◎〔問　50〕　マンション管理業者A（以下、本問において「A」という。）が、管理組合から管理事務を受託する際に、マンション管理適正化法第72条の規定に基づく重要事項の説明を行う場合に関する次の記述のうち、マンション管理適正化法の規定に違反するものはどれか。ただし、同法第72条第6項における、管理者等及び区分所有者等の承諾は得ていないものとする。

1　Aは、人の居住の用に供する独立部分（区分所有法第1条に規定す

る建物の部分をいう。）の数が5戸であるマンションの管理組合Bと管理受託契約を新たに締結しようとするときに、重要事項の説明会を開催したが、管理業務主任者ではないAの事務所の代表者をして重要事項について説明させた。

2　Aは、管理受託契約の更新について、管理者の置かれていない管理組合Cに申し出たが、当該管理受託契約の有効期間が満了する日までに更新に関する協議がととのう見込みがなかったため、当該管理受託契約と契約内容が同一で契約期間を3月間に短縮した暫定契約を締結することとしたが、区分所有者の全員に対し重要事項を記載した書面を交付したのみで、重要事項の説明会を開催しなかった。

3　Aは、契約期間を3月間とする暫定契約を、管理者の置かれている管理組合Dと締結していたが、その後、当該暫定契約の有効期間が満了する日までに管理組合Dとの協議をととのえ、あらためて当該暫定契約前の契約と、契約内容及び契約期間1年間を同一とする管理受託契約を締結することとしたが、区分所有者及び管理者の全員に対し重要事項を記載した書面を交付したのみで、重要事項の説明会を開催しなかった。

4　Aは、管理受託契約の更新について、管理組合法人Eに申し出て、従前の管理受託契約と同一の条件で契約を更新することとなったが、区分所有者及び理事の全員に対し重要事項を記載した書面を交付する際に、専任ではない管理業務主任者をして当該書面に記名をさせた。

令和5年度

解答と解説

正解番号一覧

問	正解	問	正解	問	正解	問	正解	問	正解
1	2	11	2	21	3	31	3	41	3
2	2	12	2	22	3	32	4	42	1
3	2	13	3	23	1	33	2	43	3
4	4	14	2	24	1	34	3	44	2
5	4	15	1	25	4	35	2	45	2
6	1	16	3	26	2	36	4	46	3
7	4	17	1	27	2	37	2	47	2
8	1	18	1	28	1	38	4	48	2
9	3	19	4	29	4	39	4	49	1
10	4	20	4	30	3	40	3	50	3

合格基準点：35点

問 1　民法（不法行為）　　正解 2　重要度 ★★

ア　不適切である。ある事業のために他人を使用する者は、被用者がその事業の執行について第三者に加えた損害を賠償する責任を負う（使用者責任、民法715条１項）。そして、使用者責任は、代位責任としての性質から、被用者に（一般的な）不法行為が成立していることが、その前提となる（判例）。したがって、マンション管理業者は、本肢の管理員個人に不法行為が成立しなければ、使用者責任を負うことはない。

イ　不適切である。使用者等の責任の規定は、被用者に対する使用者又は監督者からの求償権の行使を妨げない（715条３項）。

ウ　適切である。土地の工作物の設置又は保存に瑕疵があることによって他人に損害を生じたときは、その工作物の占有者は、被害者に対してその損害を賠償する責任を負う。ただし、占有者が損害の発生を防止するのに必要な注意をしたときは、所有者がその損害を賠償しなければならない（工作物責任、717条１項）。この場合において、損害の原因について他にその責任を負う者があるときは、占有者又は所有者は、その者に対して求償権を行使することができる（717条３項）。

エ　適切である。注文者は、請負人がその仕事について第三者に加えた損害を賠償する責任を負わない。ただし、注文又は指図についてその注文者に過失があったときは、この限りでない（注文者の責任、716条）。

以上により、適切なものは**ウ**、**エ**の二つであり、肢**2**が正解。

問 2　民法（制限行為能力者）　　正解 2　重要度 ★★★

1　適切である。成年後見人は、成年被後見人に代わって、その居住の用に供する建物又はその敷地について、売却、賃貸、賃貸借の解除又は抵当権の設定その他これらに準ずる処分をするには、家庭裁判所の

許可を得なければならない（民法859条の3）。

2　最も不適切である。 成年後見人に同意権はない（9条参照）。した
がって、成年被後見人は、たとえあらかじめ成年後見人の同意を得た
上で本肢のリフォーム工事にかかる契約を締結したとしても、取消し
ができる契約としてしか締結できない。

3　適切である。 家庭裁判所は、被保佐人本人、配偶者、四親等内の親
族、後見人、後見監督人、補助人、補助監督人、検察官又は保佐人若
しくは保佐監督人の請求によって、被保佐人のために特定の法律行
為について保佐人に代理権を付与する旨の審判をすることができる
（876条の4第1項）。

4　適切である。 家庭裁判所は、被補助人本人、配偶者、四親等内の親
族、後見人、後見監督人、保佐人、保佐監督人、検察官又は補助人若
しくは補助監督人の請求により、被補助人が特定の法律行為をするに
はその補助人の同意を得なければならない旨の審判をすることができ
る。ただし、その審判によりその同意を得なければならないものとす
ることができる行為は、保佐人の同意を要する行為の一部に限る。そ
して、本人以外の者の請求によりこの審判をするには、本人の同意が
なければならない（17条1項・2項）。

✔ チェック□□□

問3　民法（代理（無権代理））　　正解 2　重要度 ★★★

1　適切である。 代理権を有しない者が他人の代理人としてした契約
は、本人がその追認をしなければ、本人に対してその効力を生じない
（民法113条1項）。したがって、本問のAの行為は無権代理行為であ
るが、本人Bが追認すれば、本件売買契約は有効となる。

2　最も不適切である。 無権代理の場合、相手方は、本人に対し、相当
の期間を定めて、その期間内に追認をするかどうかを確答すべき旨の
催告をすることができる（114条1項）。この催告は、相手方が無権
代理について悪意の場合でもすることができる。

3　適切である。 相手方が、本人に対し、相当の期間を定めて、その期

間内に追認をするかどうかを確答すべき旨の催告をした場合におい
て、本人がその期間内に確答をしないときは、追認を拒絶したとみな
される（114条2項）。

4　**適切である**。本人が無権代理行為の追認を拒絶した場合、無権代理
行為の効果が本人に帰属しないことが確定する（113条1項）。その
場合、無権代理人は、相手方の選択に従い、相手方（原則として善意・
無過失の場合に限る）に対して履行又は損害賠償の責任を負う（117
条）。

✔ チェック□□□

(問) **4**　民法（請負契約）　　　　**正解** 4　重要度 ★★★

1　**不適切である**。法律上の原因なく他人の財産又は労務によって利益
を受け、そのために他人に損失を及ぼした者（受益者）は、その利益
の存する限度において、これを返還する義務を負う（不当利得、民法
703条）。本肢でBは、契約で定めた工事代金を超過した分について
受領する「法律上の原因」がない。したがって、Aは、Bに対し、過
払い分の返還を請求することができる。

2　**不適切である**。当事者が債権の譲渡を禁止し、又は制限する旨の意
思表示（譲渡制限の意思表示）をしたときであっても、債権の譲渡は、
その効力を妨げられない（466条2項）。したがって、債権の譲渡禁
止特約があった場合でも、債権者Bが債務者Aの承諾を得ないで行っ
た当該債権の第三者への譲渡は、有効である。

3　**不適切である**。保証契約は、書面でしなければ、その効力を生じな
い（446条）。なお、保証契約がその内容を記録した電磁的記録によっ
てされたときは、その保証契約は、書面によってされたものとみなさ
れる。したがって、保証契約は、口頭の合意のみでは成立しない。

4　**最も適切である**。金銭債務の損害賠償については、債務者は、不可
抗力をもって抗弁とすることができない（419条3項）。したがって、
支払期日の前日に地震管理事務室が倒壊したため代金を支払うことが
できなかった場合であっても、金銭債務である請負代金の支払債務を

負うＡは、Ｂに対する債務不履行責任を免れない。

✔ チェック□□□

問 5 **標準管理委託契約書（管理事務の内容及び実施方法）** 正解 **4** 重要度 ★★★

ア 不適切である。理事会支援業務は、理事会の円滑な運営を支援するものであるが、理事会の運営主体はあくまで管理組合である（標準管理委託契約書コメント40 別表第1 2関係）。

イ 不適切である。標準管理委託契約書の別表第2 2（3）―の立会業務の「実施の立会い」とは、終業又は業務の完了確認等を行うものであり、「外注業者の業務中、常に立ち会う」ことを意味しない（コメント41 別表第2関係⑨）。

ウ 不適切である。管理業者は、長期修繕計画案の作成業務並びに建物・設備の劣化状況等を把握するための調査・診断の実施及びその結果に基づき行う当該計画の見直し業務を実施する場合は、管理委託契約とは別個の契約とする（別表第1 事務管理業務 1 基幹事務（3）マンション（専有部分を除く）の維持又は修繕に関する企画又は実施の調整 ―）。

以上により、不適切な記述は**ア**、**イ**、**ウ**であり、それを全て含む肢**4**が正解。

✔ チェック□□□

問 6 **標準管理委託契約書（管理委託契約の解除等）** 正解 **1** 重要度 ★★★

1 最も不適切である。管理組合又は管理業者は、その相手方に対し、少なくとも3か月前に「書面」で解約の申入れを行うことにより、管理委託契約を終了させることができる（標準管理委託契約書21条）。したがって、口頭で解約の申入れを行うことによって、管理委託契約を終了させることはできない。

2 適切である。管理委託契約の更新について申出があった場合において、その有効期間が満了する日までに更新に関する協議が調う見込み

がないときは、管理組合及び管理業者は、当該管理委託契約と同一の条件で、期間を定めて暫定契約を締結することができる（23条2項）。

3　適切である。 管理組合及び管理業者は、それぞれ相手方に対し、「自らが、暴力団、暴力団関係企業、総会屋、社会運動等標ぼうゴロ若しくはこれらに準ずる者又はその構成員（これらを総称して「反社会的勢力」という）ではないこと」等を確約する（27条2号）。そして、管理組合及び管理業者の一方について、この確約に反する事実が判明したときは、その相手方は、何らの催告を要せずして、本管理委託契約を解除することができる（20条2項5号）。

4　適切である。 管理組合又は管理業者は、その相手方が、本管理委託契約に定められた義務の履行を怠った場合は、相当の期間を定めてその履行を催告し、相手方が当該期間内に、その義務を履行しないときは、本契約を解除することができる。この場合、管理組合又は管理業者は、その相手方に対し、損害賠償を請求することができる（20条1項）。

✔ チェック□□□

| (問) **7** | **標準管理委託契約書（管理業者の業務）** | **正解** 4 | 重要度 ★★★ |

ア　適切である。 管理業者の管理対象部分は、原則として敷地及び共用部分等であるが、専有部分である設備のうち共用部分と構造上一体となった部分（配管、配線等）は共用部分と一体で管理を行う必要があるため、管理組合が管理を行うとされている場合において、管理組合から依頼があるときに管理委託契約に含めることも可能である（標準管理委託契約書コメント3　第3条関係③）。

イ　適切である。 管理業者は、事務管理業務のうち、出納業務を行う場合において、管理組合の組合員に対し管理費、修繕積立金、使用料その他の金銭（管理費等）の督促を行っても、なお当該組合員が支払わないときは、その責めを免れるものとし、その後の収納の請求は管理組合が行う（標準管理委託契約書11条1項）。

ウ　適切である。 管理業者は、管理組合の組合員から当該組合員が所有

する専有部分の売却等の依頼を受けた宅建業者が、その媒介等の業務のために、理由を付した書面の提出又は当該書面を電磁的方法により提出することにより、管理組合の管理規約、管理組合が作成し保管する会計帳簿、什器備品台帳及びその他の帳票類並びに管理組合が保管する長期修繕計画書及び設計図書（管理規約等）の提供又は別表第5に掲げる事項の開示を求めてきたときは、管理組合に代わって、当該宅建業者に対し、管理規約等の写しを提供し、別表第5に掲げる事項について書面をもって、又は電磁的方法により開示する。この場合、管理業者は、この業務に要する費用を管理規約等の提供又は別表第5に掲げる事項の開示を行う相手方から受領することができる（15条1項・2項）。

　以上により、適切な記述は**ア**、**イ**、**ウ**であり、これらを全て含む肢**4**が正解。

✔ チェック□□□

問8 標準管理委託契約書　　正解 1　重要度 ★★★

ア　不適切である。標準管理委託契約書は、典型的な住居専用の単棟型マンションに共通する管理事務に関する標準的な契約内容を定めたものであり、実際の契約書作成に当たっては、個々の状況や必要性に応じて適宜内容の追加・修正・削除を行いつつ活用されるべきものである（標準管理委託契約書コメント1　全般関係）。したがって、標準管理委託契約書については、そのまま使用しなければならないものではなく、また使用自体も義務ではない。

イ　不適切である。管理組合は、管理事務として管理業者に委託する事務（別表第1から別表第4までに定める事務）の**委託業務費**のほか、管理業者が管理事務を実施するのに伴い必要となる水道光熱費、通信費、消耗品費等の諸費用を負担する（標準管理委託契約書6条4項）。したがって、管理業者が管理事務を実施するのに伴い必要となる諸費用については、管理業者が負担するのではなく、管理組合が負担する。

ウ　不適切である。管理業者は、所定の災害又は事故等の事由により、

管理組合のために、緊急に行う必要がある業務で、管理組合の承認を受ける時間的な余裕がないものについては、管理組合の承認を受けないで実施することができる。この場合において、管理業者は、速やかに、「書面」をもって、その業務の内容及びその実施に要した費用の額を管理組合に通知しなければならない（9条1項）。したがって、口頭ではなく、書面で通知しなければならない。

エ　適切である。 管理業者は、管理組合が本マンションの維持又は修繕（大規模修繕を除く修繕又は保守点検等）を外注により管理業者以外の業者に行わせる場合には、見積書の受理、管理組合と受注業者との取次ぎ、実施の確認を行う（別表第1　1（3）二）。この「見積書の受理」には、見積書の提出を依頼する業者への現場説明や見積書の内容に対する管理組合への助言等（見積書の内容や依頼内容との整合性の確認の範囲を超えるもの）は含まれない（コメント39　別表第1　1（3）関係⑤）。

以上により、適切な記述は**エ**の一つであり、肢**1**が正解。

✔ チェック□□□

問9　標準管理規約（総会・理事会の決議事項）　正解**3**　重要度 ★★★

1　適切である。「修繕積立金の保管及び運用方法」については、総会の決議を経なければならない（標準管理規約（単棟型）48条7号）。

2　適切である。「管理費等及び使用料の額並びに賦課徴収方法」については、総会の決議を経なければならない（48条6号）。

3　最も不適切である。「役員の選任及び解任並びに役員活動費の額及び支払方法」については、総会の決議を経なければならない（48条2号）。したがって、理事会の決議では足りない。

4　適切である。 理事会は、「災害等により総会の開催が困難である場合における応急的な修繕工事の実施等」の決議をした場合においては、当該決議に係る応急的な修繕工事の実施に充てるための資金の借入れ及び修繕積立金の取崩しについて決議することができる（54条2項、1項10号）。

問10　標準管理規約（管理組合）　　正解 **4**　重要度 ★★

ア　適切である。 管理組合は、総会の決議を経て、敷地及び共用部分等（駐車場及び専用使用部分を除く）の一部について、第三者に使用させることができる（標準管理規約（単棟型）16条2項）。この対象となるのは、広告塔、看板等である（コメント第16条関係②）。

イ　適切である。 駐車場については、平置きか機械式か、屋根付きの区画があるかなど駐車場区画の位置等による利便性・機能性の差異や、使用料が高額になっても特定の位置の駐車場区画を希望する者がいる等の状況に応じて、柔軟な料金設定を行うことも考えられる（コメント第15条関係⑨）。

ウ　適切である。 管理組合は、建物並びにその敷地及び附属施設の管理のため、「官公署、町内会等との渉外業務」を行う（32条11号）。管理費は、この業務に要する費用に充当する（27条11号）。

エ　適切である。 専有部分である設備のうち共用部分と構造上一体となった部分の管理を共用部分の管理と一体として行う必要があるときは、管理組合がこれを行うことができる（21条2項）。そして、配管の清掃等に要する費用については、「共用設備の保守維持費」として管理費を充当することが可能である（コメント21条関係⑦）。

以上により、適切な記述は**ア**、**イ**、**ウ**、**エ**の四つであり、肢**4**が正解。

✔ チェック☐☐☐

問11　税務・会計（財務諸表）　　正解 **2**　重要度 ★★★

まず、（A）について検討する。資産の部の合計は1,000,000円である。ここから、現金預金300,000円、未収入金100,000円、什器及び備品400,000円を減ずる。これにより、（A）に入る金額は200,000円とわかる。また、科目は「前受金」か「前払金」となっているが、（A）には資産の科目が入るので、「前払金」となる。

次に（B）に付いて検討する。負債・繰越金の部の合計は1,000,000

円である。ここから、未払金200,000円、次期繰越金500,000円を減ずる。これにより、（B）に入る金額は300,000円とわかる。表イによれば、（B）に入る科目は「前受金」か「前払金」となっている。（B）には負債の科目が入るので、「前受金」となる。

以上により、肢**2**が正解。

✔ チェック□□□

問12 税務・会計（仕訳） 正解 2 重要度 ★★★

本問において、当期は令和6年3月であるが、当期において3,000,000円が普通預金口座に入金されているため、借方に普通預金3,000,000円を計上する。

次に、①について検討すると、令和6年2月以前分の管理費の入金については、未収入金の回収（減少）である。したがって、貸方に未収入金120,000円を計上する。次に令和6年3月分の管理費の入金は当月の管理費であり、貸方に管理費収入80,000円を計上する。最後に令和6年4月分の管理費の入金は前受金であり、貸方に前受金2,200,000円を計上する。

また、②について検討すると、令和6年2月以前分の修繕積立金の入金については、未収入金の回収（減少）である。したがって、貸方に未収入金60,000円を計上する。次に令和6年3月分の修繕積立金の入金は当月の修繕積立金であり、貸方に修繕積立金収入40,000円を計上する。最後に令和6年4月分の修繕積立金の入金は前受金であり、貸方に前受金500,000円を計上する。

以上を合計すると、借方に普通預金3,000,000円、貸方に未収入金180,000円、管理費収入80,000円、修繕積立金収入40,000円、前受金2,700,000円を計上することとなる。

以上により、肢**2**が正解。

問 13 税務・会計（仕訳） 正解 3 重要度 ★★★

　本問において、当期は令和6年3月であるが、当期において300,000
円が普通預金口座に入金されているため、借方に普通預金300,000円
を計上する。

　次に、敷金について検討すると、敷金は返還義務のある負債であるた
め、貸方に預り金として200,000円を計上する。

　また、令和6年4月分使用料は、当期である令和6年3月から見ると
前受金であるため、前受金として貸方に100,000円を計上する。

　以上を合計すると、借方に普通預金300,000円、貸方に預り金200,000
円、前受金100,000円を計上することとなる。

　以上により、肢**3**が正解。

問 14 建築基準法（建築基準法の目的） 正解 2 重要度 ★★★

　建築基準法1条によれば、「この法律は、建築物の敷地、構造、設備
及び用途に関する「最低の」基準を定めて、国民の「生命」、健康及び
財産の保護を図り、もつて「公共の福祉」の増進に資することを目的と
する。

　したがって、（ア）には「最低」が、（イ）には「生命」が、（ウ）に
は「公共の福祉」がそれぞれ入る。

　以上により、肢**2**が正解。

問 15 消防法（防火管理者） 正解 1 重要度 ★★★

　消防法8条1項によれば、学校、病院、工場、事業場、興行場、百貨
店、複合用途防火対象物その他多数の者が出入し、勤務し、又は居住す
る防火対象物で政令で定めるものの管理について権原を有する者は、政

令で定める資格を有する者のうちから防火管理者を定め、①当該防火対象物について消防計画の作成、②当該消防計画に基づく消火、通報及び避難の訓練の実施、③消防の用に供する設備、消防用水又は消火活動上必要な施設の点検及び整備、④火気の使用又は取扱いに関する監督、⑤避難又は防火上必要な構造及び設備の維持管理、⑥収容人員の管理その他防火管理上必要な業務を行わせなければならない。

1　**最も不適切である**。学校、病院、工場、事業場、興行場、百貨店、複合用途防火対象物その他多数の者が出入し、勤務し、又は居住する防火対象物で政令で定めるものの「管理について権原を有する者（＝管理権原者）」は、防火管理者を定めたときは、遅滞なくその旨を所轄消防長又は消防署長に届け出なければならない（8条2項）。防火管理者選任の届出は、管理権原者が行うものであり、防火管理者自ら届け出るわけではない。

2　**適切である**。前述②の通り、防火管理者は、「消防計画に基づく消火、通報及び避難の訓練の実施」を行わなければならない。

3　**適切である**。前述③の通り、防火管理者は、「消防の用に供する設備、消防用水又は消火活動上必要な施設の点検及び整備」を行わなければならない。

4　**適切である**。前述⑤の通り、防火管理者は、「避難又は防火上必要な構造及び設備の維持管理」を行わなければならない。

✔ チェック□□□

問16　建築材料（鉄筋コンクリート造マンションの劣化等調査方法）　正解 **3**　重要度 ★★★

1　**適切である**。クラックスケールは、コンクリートのひび割れ幅を測定するための器具である。

2　**適切である**。反発度法は、コンクリートの圧縮強度を推定する非破壊試験方法である。リバウンドハンマーでコンクリート表面を打撃し、返ってきた衝撃を計ることでコンクリートの圧縮強度を推定する。

3　**最も不適切である**。電磁誘導法は、磁場に影響を与える磁性体によ

る電圧の変化を測定する。その電圧の変化を把握することで、鉄筋など の金属の位置やかぶり、径などを測定することができる。塩化物イオン濃度を推定する方法ではない。

4　適切である。 赤外線サーモグラフィーは、対象物から放射される赤外線を検出して温度分布を可視化する装置である。外壁のタイルの浮きも探査することができる。

✔ チェック□□□

問 17　建築材料（壁面タイルの剥落による自己の危険性のある範囲）　正解 1　重要度 ★

　国土交通省「剥落による災害防止のためのタイル外壁、モルタル塗り外壁診断指針」によれば、災害危険度の大きい壁面とは、当該壁面の全面かつ当該壁面高さの概ね2分の1の水平面内に、講堂、不特定または多数の人が通行する私道、構内通路、広場を有するものをいう。ただし、壁面直下に鉄筋コンクリート造、鉄骨造等の強固な落下物防御施設（屋根、庇等）が設置され、または植え込み等により、影響角が完全に遮られ、災害の危険がないと判断される部分を除くものとする。したがって、剥落による事故の危険性のある範囲（R）は、壁面の高さ（h）の2分の1となり、$R = h/2$となる。

　以上により、肢**1**が正解。

✔ チェック□□□

問 18　建築設備（給水方式・給水設備）　正解 1　重要度 ★★

ア　適切である。 給水方式のうち、水道直結増圧方式においては、建物内の水が水道管（上水道）に逆流する恐れがある。そのため、逆流防止装置を設置する。

イ　不適切である。 内部の保守点検を容易かつ安全に行うことができる位置にマンホールを設ける必要がある場合、「直径60cm以上」の円が内接することができるものとしなければならない（建築基準法施行令129条の2の5第2項、建築物に設ける飲料水の配管設備及び排水

のための配管設備の構造方法を定める件第一・二イ(4)(ろ))。

ウ　適切である。 水道直結直圧方式においては、建物の規模が大きくなると使用水量が多くなり、給水圧力が低下して水が出にくくなるため、使用水量変動などによる水圧条件が最も低下する時期でも給水可能なように計画をする必要がある。

以上により、不適切なものは**イ**の一つであり、肢**1**が正解。

✔ チェック□□□

問19 建築設備（ガス設備・給湯設備）　　正解 4　重要度 ★★

1　**適切である。** 潜熱回収型ガス給湯機は、ガスの燃焼によって生じる熱を効率よく利用するための設備である。潜熱回収型ガス給湯機では、ガスを燃焼する際に生ずる水蒸気を冷却して水に変え（＝凝縮）、その際に放出される熱（＝潜熱）を回収するが、この潜熱回収の過程で酸性の凝縮水が発生する。この凝縮水は、配管や設備を浸食しないよう、機器内に確実に中和処理をし、排水系統に排出する必要がある。

2　**適切である。** 給湯設備において、湯待ち時間とは、給湯栓を開放してから湯が出てくるまでの時間をいう。

3　**適切である。** 深夜電力温水器は、安価な深夜の電力を使用して加熱した水をタンク内にためておいて給湯する仕組みである。

4　**最も不適切である。** 密閉燃焼式のガス機器における強制給排気方式（FF方式）とは、機器に内蔵されたファンで室外の空気を取り入れて燃焼し、室外へ強制排気するものをいう。自然換気力による排気ではなく、機械による強制排気である。

✔ チェック□□□

問20 建築設備（電気設備）　　正解 4　重要度 ★★★

1　**適切である。** 建築物への電力の供給を分類する場合、供給電圧により、低圧・高圧・特別高圧の3種類に分けることができる。

2　**適切である。** 単相3線式とは、2本の電圧線とそれに挟まれた1本

の中性線という３本の電線を利用する方式で、電圧線と中性線を接続すれば100Vの、また、電圧線同士を接続すれば200Vの電圧が使用できる。したがって、電圧線と中性線を使用することで、100ボルトの電気機械器具を利用できる。

3　適切である。 停電時の予備電源として蓄電池を用いる非常用の照明装置は、充電を行うことなく30分間継続して非常用の照明装置を点灯させることができるものなどとし、必要な照度を確保できるものである必要がある（建築基準法施行令126条の5、非常用の照明装置の構造方法を定める件第三・三）。

4　最も不適切である。 非常用の照明装置は、常温下で床面において水平面照度で１ルクス（蛍光灯又はLEDランプを用いる場合にあっては、２ルクス）以上を確保することができるものとしなければならない（建築基準法施行令126条の5、非常用の照明装置の構造方法を定める件第四・一）。LEDランプを用いる場合は、２ルクス以上である必要がある。

✔ チェック□□□

問21　長期修繕計画作成ガイドライン　　正解 3　重要度 ★★

ア　適切である。 単棟型のマンションの場合、管理規約に定めた組合管理部分である「敷地」、建物の共用部分及び附属施設（共用部分の修繕工事又は改修工事に伴って修繕工事が必要となる専有部分を含む。）を対象とする（長期修繕計画作成ガイドライン2章1節2一）。管理規約に定めた組合管理部分である敷地も対象とされている。

イ　適切である。 建物及び設備の調査・診断を長期修繕計画の見直しのために単独で行う場合は、長期修繕計画に必要とされる全ての項目について漏れのないように行う（2章2節4コメント）。

ウ　適切である。 計画修繕工事の実施の要否、内容等は、事前に調査・診断を行い、その結果に基づいて判断する（2章1節2二④）。

エ　不適切である。 長期修繕計画は、作成時点において、計画期間の推定修繕工事の内容、時期、概算の費用等に関して計画を定めるもので

あり、将来実施する計画修繕工事の内容、時期、費用等を確定するものではない（2章1節2三）。

以上により、適切なものは**ア**、**イ**、**ウ**の三つであり、肢**3**が正解。

問22 長期修繕計画作成ガイドライン　正解3　重要度 ★★★

1　**適切である**。不測の事故や自然災害（台風、大雨、大雪等）による被害の復旧など、特別な事由による修繕工事は、特別修繕として修繕積立金を取り崩すことができる（長期修繕計画作成ガイドライン2章1節3二コメント）。

2　**適切である**。積み立てた修繕積立金は、計画修繕工事に要する経費に充当する場合に取り崩すことができる。また、マンションの建替えを目的とした調査等に要する経費に充当する場合にも取り崩すことができる（2章1節3二コメント）。

3　**最も不適切である**。マンションの購入時に将来の計画修繕工事に要する経費として修繕積立基金を負担する場合又は修繕積立金の総額の不足などから一時金を負担する場合は、これらを修繕積立金会計に繰り入れる（3章2節2）。したがって、これらの場合、いずれも修繕積立金会計に繰り入れる。

4　**適切である**。長期修繕計画の作成又は変更に要する経費及び長期修繕計画の作成等のための劣化診断（建物診断）に要する経費の充当については、管理組合の財産状態等に応じて管理費又は修繕積立金のどちらからでもできる（2章1節3二コメント、標準管理規約（単棟型）32条関係コメント④）。

問23 長期修繕計画作成ガイドライン（推定修繕工事項目）　正解1　重要度 ★★★

ア　**不適切である**。推定修繕工事項目は、新築マンションの場合は、設計図書等に基づいて、また、既存マンションの場合は、現状の長期修

繕計画を踏まえ、保管されている設計図書、修繕等の履歴、現状の調
査・診断の結果等に基づいて設定する（長期修繕計画作成ガイドライ
ン3章1節6）。したがって、既存マンションの場合、新築時の設計
図書に基づく設定のみでは足りない。

イ　適切である。推定修繕工事項目の設定にあたって、修繕周期が計画
期間に含まれないため推定修繕工事費を計上していない項目がある場
合、その旨を明示する（3章1節6）。

ウ　適切である。建物及び設備の性能向上に関する項目は、区分所有者
等の要望など必要に応じて、追加することが望ましい（3章1節6）。
以上により、不適切なものは**ア**のみであり、肢**1**が正解。

✔ チェック□□□

（問）**24**　**長期修繕計画作成
ガイドライン**　正解 **1**　重要度 ★

1　最も不適切である。長期修繕計画の構成は、次に掲げる項目を基本
とする。①マンションの建物・設備の概要等、②調査・診断の概要、
③長期修繕計画の作成・修繕積立金の額の設定の考え方、④長期修繕
計画の内容、⑤修繕積立金の額の設定。したがって、本肢の①・②・
④⑤に加え、③長期修繕計画の作成・修繕積立金の額の設定の考え方
も含めた「5項目」である（長期修繕計画作成ガイドライン3章1節
1）。

2　適切である。長期修繕計画においては、敷地、建物・設備及び附属
施設の概要（規模、形状等）、関係者、管理・所有区分、維持管理の
状況（法定点検等の実施、調査・診断の実施、計画修繕工事の実施、
長期修繕計画の見直し等）、会計状況、設計図書等の保管状況等の概
要について示すことが必要である（3章1節3）。

3　適切である。前述のとおり、長期修繕計画においては、敷地、建物・
設備及び附属施設の概要（規模、形状等）、関係者、管理・所有区分、
維持管理の状況（法定点検等の実施、調査・診断の実施、計画修繕工
事の実施、長期修繕計画の見直し等）、会計状況、設計図書等の保管
状況等の概要について示すことが必要である（3章1節3）。

解説

令和5年度

291

4　適切である。外壁の塗装や屋上防水などを行う大規模修繕工事の周期は部材や工事の仕様等により異なるが、一般的に12〜15年程度である（3章1節5コメント）。

✔ チェック□□□

(問)25 修繕積立金ガイドライン（2つの積立方式）　正解 4　重要度 ★★★

修繕積立金の積立は、次の2つの方式がある。
- ①　均等積立方式：計画作成時に長期修繕計画の期間中の積立金の額が均等となるように設定する方式
- ②　段階増額積立方式：当初の積立額を抑え、段階的に増額する方式

1　適切である。均等積立方式は、将来にわたり定額負担として設定するため、将来の増額を組み込んでおらず、安定的な修繕積立金の積立てができる（修繕積立金ガイドライン4(2)）。

2　適切である。均等積立方式であっても、その後の長期修繕計画の見直しにより増額が必要になる場合もある（4(2)）。

3　適切である。段階増額積立方式は、修繕資金需要に応じて積立金を徴収する方式であり、当初の負担額は小さく、多額の資金の管理の必要性が均等積立方式と比べて低い（4(2)）。

4　最も不適切である。段階増額積立方式は、将来の負担増を前提としており、計画どおりに増額しようとする際に区分所有者間の合意形成ができず修繕積立金が不足する場合がある（4(2)）。

✔ チェック□□□

(問)26 区分所有法（集会の招集通知）　正解 2　重要度 ★★

ア　不適切である。専有部分が数人の共有に属するときは、集会の招集の通知は、定められた議決権を行使すべき者（その者がないときは、共有者の一人）にすれば足りる（区分所有法35条2項、40条）。したがって、本肢の場合、議決権行使者である夫にあてて集会の招集通

知を発すれば足り、妻にあてて招集通知を発する必要はない。

イ　適切である。集会の招集の通知は、区分所有者が管理者に対して通知を受けるべき場所を通知したときはその場所に、これを通知しなかったときは区分所有者の所有する専有部分が所在する場所にあててすれば足りる（35条3項）。

ウ　不適切である。建物内に住所を有する区分所有者又は通知を受けるべき場所を通知しない区分所有者に対する集会の招集の通知は、規約に特別の定めがあるときは、建物内の見やすい場所に掲示してすることができる（35条4項）。したがって、建物内に住所を有する区分所有者に対して、建物内の見やすい場所に掲示して集会の招集の通知をすることができるのは、規約の特別の定めがあるときだけである。この点は、全ての区分所有者が建物内に住所を有する場合であっても変わらない。

エ　適切である。集会は、区分所有者全員の同意があるときは、招集の手続を経ないで開くことができる（36条）。

以上により、不適切なものは**ア**、**ウ**の二つであり、肢**2**が正解。

✔チェック□□□

問27　標準管理規約単棟型（修繕積立金）　正解 2　重要度 ★

ア　不適切である。「共用設備の保守維持費及び運転費」は、管理費（通常の管理に要する経費）から充当することができる（標準管理規約（単棟型）27条3号）。外灯設備の管球の交換に要した費用は、この「共用設備の保守維持費」に該当するので、修繕積立金を充当することはできない。

イ　適切である。修繕工事の前提としての劣化診断（建物診断）に要する経費の充当については、修繕工事の一環としての経費であることから、原則として修繕積立金から取り崩す（コメント32条関係④）。

ウ　適切である。修繕積立金は、「敷地及び共用部分等の変更」に充当することができる（28条1項3号）。本記述の浄化槽を解体し、プレイロットを新設する行為は、この「敷地及び共用部分等の変更」に該

当すると解される。

エ　不適切である。専有部分である設備のうち共用部分と構造上一体となった部分の管理を共用部分の管理と一体として行う必要があるときは、管理組合がこれを行うことができる（21条2項）。この対象となる設備としては、配管、配線等がある。配管の清掃等に要する費用については、「共用設備の保守維持費」として管理費を充当することが可能であるが、配管の取替え等に要する費用のうち専有部分に係るものについては、各区分所有者が実費に応じて負担すべきものであり、原則として、修繕積立金を充当することはできない。なお、共用部分の配管の取替えと専有部分の配管の取替えを同時に行うことにより、専有部分の配管の取替えを単独で行うよりも費用が軽減される場合には、これらについて一体的に工事を行うことも考えられる。その場合には、あらかじめ長期修繕計画において専有部分の配管の取替えについて記載し、その工事費用を修繕積立金から拠出することについて規約に規定するとともに、先行して工事を行った区分所有者への補償の有無等についても十分留意することが必要である（コメント第21条関係⑦）。

以上により、適切なものは**イ**、**ウ**の二つであり、肢**2**が正解。

✔ チェック□□□

問28　標準管理規約単棟型（占有者等）　　正解**1**　　重要度 ★★

1　最も適切である。組合員が代理人により議決権を行使しようとする場合において、その代理人は、①その組合員の配偶者（婚姻の届出をしていないが事実上婚姻関係と同様の事情にある者を含む）又は一親等の親族、②その組合員の住戸に同居する親族、③他の組合員でなければならない（標準管理規約（単棟型）46条5項2号）。本肢の甥は「親族（三親等）」であり、「同居」しているため、上記②に該当する。

2　不適切である。理事長は、会計帳簿、什器備品台帳、組合員名簿及びその他の帳票類を作成して保管し、組合員又は利害関係人の理由を付した書面による請求があったときは、これらを閲覧させなければな

らない。(64条1項)。ここでの「利害関係人」とは、敷地、専有部分に対する担保権者、差押え債権者、賃借人、組合員からの媒介の依頼を受けた宅建業者等、当該書類の閲覧について、法律上の利害関係がある者をいう（コメント64条関係①、49条関係①参照）。したがって、本肢の賃借人は、会計帳簿に関して「利害関係人」に該当し、その閲覧請求ができると解される。なお、占有者として総会に出席して意見を陳述するための「利害関係」の有無とは結論が異なるため、注意すること。

3　不適切である。 理事長は、災害、事故等が発生した場合であって、緊急に立ち入らないと共用部分等又は他の専有部分に対して物理的に又は機能上重大な影響を与えるおそれがあるときは、専有部分又は専用使用部分に自ら立ち入り、又は委任した者に立ち入らせることができる（23条4項）。この緊急の立入りについては、拒むことはできない。なお、この緊急の立入りが認められるのは、災害時等における共用部分に係る緊急的な工事に伴い必要な場合や、専有部分における大規模な水漏れ等、そのまま放置すれば、他の専有部分や共用部分に対して物理的に又は機能上重大な影響を与えるおそれがある場合に限られる（コメント23条関係①）。

4　不適切である。 区分所有者は、その専有部分を第三者に貸与する場合には、この規約及び使用細則に定める事項をその第三者に遵守させなければならない。この場合において、区分所有者は、その貸与に係る契約にこの規約及び使用細則に定める事項を遵守する旨の条項を定めるとともに、契約の相手方にこの規約及び使用細則に定める事項を遵守する旨の誓約書を管理組合に提出させなければならない（19条1項・2項）。したがって、誓約書を管理組合に提出するのは、区分所有者ではなく、契約の相手方である賃借人自身である。

問 29 民法・区分所有法（共有等） 正解 4 重要度 ★

1 **不適切である**。各共有者は、いつでも共有物の分割を請求することができる。ただし、5年を超えない期間内は分割をしない旨の契約をすることを妨げない（民法256条1項）。

2 **不適切である**。共有物の分割について共有者間に協議が調わないとき、又は協議をすることができないときは、その分割を裁判所に請求することができる（258条1項）。そして、裁判所は、①共有物の現物を分割する方法（現物分割）、②共有者に債務を負担させて、他の共有者の持分の全部又は一部を取得させる方法（代償分割）により、共有物の分割を命ずることができる。その上で、これらの方法により共有物を分割することができないとき、又は分割によってその価格を著しく減少させるおそれがあるときは、裁判所は、③その競売を命ずること（競売分割）ができる（258条2項・3項）。したがって、共有物分割の協議が調わない場合でも、競売分割以外の分割の方法はある。

3 **不適切である**。共有者の持分は、その有する専有部分の処分に従う（区分所有法15条1項）。したがって、専有部分を時効取得すれば、それに伴って共用部分の共有持分も取得する。

4 **最も適切である**。占有者は、所有の意思をもって、善意で、平穏に、かつ、公然と占有をするものと「推定される」（民法186条1項）。本肢のDのような不法占拠者も「占有者」であるため、この規定は当てはまる。

問 30 民法・区分所有法（先取特権・抵当権） 正解 3 重要度 ★

区分所有者は、共用部分・建物の敷地・共用部分以外の建物の附属施設につき他の区分所有者に対して有する債権、または規約・集会の決議に基づき他の区分所有者に対して有する債権について、債務者の区分所

有権（共用部分に関する権利及び敷地利用権を含む）・建物に備え付け
た動産の上に「先取特権」を有する（区分所有法7条1項）。

1　**不適切である。**区分所有法7条の先取特権は、優先権の順位及び効
力については、（民法の）共益費用の先取特権とみなされる（区分所
有法7条2項）。この共益費用の先取特権は一般の先取特権の一つで
あるが、一般の先取特権を行使するためには、先取特権の登記は不要
である（民法336条、337条、338条参照）。

2　**不適切である。**共有者の持分は、その有する専有部分の処分に従う。
そして、共有者は、「区分所有法に別段の定め」がある場合を除いて、
その有する専有部分と分離して持分を処分することができない（区分
所有法15条）。抵当権設定契約での別段の設定は、「区分所有法に別
段の定め」がある場合には該当しないため、専有部分に及ぶ抵当権の
効力は、共用部分等の共有持分にも及ぶ。

3　**最も適切である。**肢1の解説で述べたように、区分所有法7条の先
取特権は、優先権の順位及び効力については、一般の先取特権の一種
である共益費用の先取特権とみなされる（7条2項）。そして、一般
の先取特権は、不動産について登記をしなくても、特別担保を有しな
い債権者に対抗することができる。ただし、登記をした第三者に対し
ては、この限りでない（民法336条）。したがって、この先取特権と
抵当権とは、登記の先後で優先関係が決まるのであって、対象となる
債権の差押えの先後で決まるのではない。

4　**不適切である。**抵当権は、設定行為に別段の定めがある場合等を除
き、その目的である不動産（抵当不動産）に「付加して一体となって
いる物」に及ぶ（370条）。また、抵当権の効力は、抵当権設定当時
に存在した不動産の従物（ある物（主物）の効用を助ける独立した物）
についても及ぶ。しかし、単に不動産に備え付けられただけの独立性
のある動産（付加一体物・従物ではないもの）には、効力が及ばない。

問31 民法・区分所有法（集会）　　正解 3　重要度 ★★

ア　適切である。 集会の招集の通知は、原則として、会日より少なくとも「1週間前」に、会議の目的たる事項を示して、各区分所有者に発しなければならない（区分所有法35条1項）。これは、会日と発送日との「間が7日間（＝中7日）」であることを意味する。したがって、集会招集通知は、11月25日までに発しなければならない。

イ　適切である。 本問の場合、総住戸数60戸のうち、2住戸を所有する区分所有者が5人いる。そのため、1住戸を有する区分所有者は50人となり、区分所有者数は55である。したがって、集会の招集通知書は、55部で足りる。

ウ　適切である。 管理組合は、「区分所有者及び議決権の各4分の3以上」の多数による集会の決議で法人となる旨並びにその名称及び事務所を定め、かつ、その主たる事務所の所在地において登記をすることによって法人（管理組合法人）となる（区分所有法47条1項）。したがって、この管理組合を管理組合法人とするには、区分所有者数55の4分の3（41.25）以上である「42以上」、及び議決権数60の4分の3以上である「45以上」の多数の決議が必要となる。

エ　不適切である。 集会の招集の通知をする場合において、会議の目的たる事項が区分所有法に定められた**特別決議事項のうちの一定の決議事項**（共用部分の重大変更、規約の設定・変更・廃止、大規模滅失の復旧、建替え、団地規約の設定、団地内の特定建物の建替え承認）であるときは、その議案の要領をも通知しなければならない（35条5項）。しかし、管理組合を管理組合法人にする場合は、**含まれていない**。

以上により、適切なものは**ア、イ、ウ**の三つであり、肢**3**が正解。

問 32 区分所有法（電磁的記録・電磁的方法）　正解 4　重要度 ★★★

1 **適切である**。集会の議事については、議長は、書面又は電磁的記録により、議事録を作成しなければならない（区分所有法42条1項）。したがって、規約に集会の議事録を電磁的記録により作成する旨の定めがなくても、電磁的記録により作成することができる。

2 **適切である**。規約は、書面又は電磁的記録により、これを作成しなければならない（30条5項）。したがって、規約に管理規約を電磁的記録により作成する旨の定めがなくても、電磁的記録により作成することができる。

3 **適切である**。区分所有者は、規約又は集会の決議により、書面による議決権の行使に代えて、電磁的方法によって議決権を行使することができる（39条3項）。したがって、書面に代えて電磁的方法によって議決権を行使するには、集会の決議又は規約にその旨を定めることが必要である。

4 **最も不適切である**。区分所有法又は規約により集会において決議をすべき場合において、「区分所有者全員の承諾」があるときは、書面又は電磁的方法による決議をすることができる（45条1項本文）。したがって、規約に定めるだけでは、集会の決議を電磁的方法によってすることは認められない。

問 33 区分所有法（団地内建物の建替え決議）　正解 2　重要度 ★★

ア **不適切である**。団地内の建物の一括建替え決議をするためには、①団地内建物の全部が専有部分のある建物であること、②当該団地内建物の敷地が当該団地内建物の区分所有者の共有に属すること、③団地管理規約が定められており、団地内の全ての建物が団地管理規約で管理することが定められていることが、その要件となっている（区分所有法70条1項、68条1項2号、66条、30条1項）。したがって、上

記①から、団地内の建物の一括建替え決議をするには、団地内建物の全部が専有部分のある建物である必要がある（区分所有法69条1項、70条1項）。

イ　適切である。肢アの解説②で述べたとおり、一括建替え決議をするには、団地内建物の敷地が、その団地内建物の区分所有者全員の共有になっている場合でなければならない。

ウ　適切である。肢アの解説③で述べたとおり、一括建替え決議をするには、団地管理規約が定められており、団地内の全ての建物が団地管理規約で管理することが定められていることが要件となっている。したがって、団地内の専有部分のある建物の管理を、団地管理組合ではなく、棟別の管理組合で行うことになっている場合は、団地管理組合の規約で、団地内の全ての建物を団地管理組合が管理する旨に改正しない限り、一括建替え決議をすることはできない。

エ　不適切である。建替え承認決議は、団地管理組合又は団地管理組合法人の集会において、「議決権」の4分の3以上の多数による承認の決議である（69条1項）。したがって、「敷地共有者の数」はカウントしない。

以上により、不適切なものは**ア**、**エ**の二つであり、肢**2**が正解。

✔チェック□□□

問34　区分所有法（管理組合法人）　正解 **3**　重要度 ★★★

ア　不適切である。理事が数人あるときは、各自管理組合法人を代表する。しかし、規約若しくは集会の決議によって、管理組合法人を代表すべき理事を定め、若しくは「数人の理事が共同して管理組合法人を代表すべきこと」を定め、又は規約の定めに基づき理事の互選によって管理組合法人を代表すべき理事を定めることは可能である（区分所有法49条4項・5項）。

イ　不適切である。理事の任期は、2年である。ただし、規約で3年以内において別段の期間を定めたときは、その期間となる（49条6項）。したがって、理事の任期を、規約で5年と定めることはできない。

ウ　適切である。管理組合法人の成立前の集会の決議、規約及び管理者
の職務の範囲内の行為は、管理組合法人につき効力を生ずる（47条
5項）。

エ　不適切である。管理組合法人には、理事を置かなければならない
（49条1項）。そして、第1章第4節の管理者の規定は、管理組合法
人には、適用しない（47条11項）。したがって、そもそも管理組合
法人には管理者を置くことができないため、管理組合法人の代表理事
に管理者を兼任させることもできない。

以上により、不適切なものは**ア、イ、エ**の三つであり、肢**3**が正解。

✔ チェック□□□

㉟ 35　標準管理規約単棟型 （管理組合の役員）　　正解 2　重要度 ★★

ア　適切である。組合員以外の者から理事又は監事を選任する場合の選
任方法については、細則で定める（標準管理規約35条（外部専門家
を役員として選任できることとする場合）4項）。

イ　不適切である。理事は、管理組合に著しい損害を及ぼすおそれのあ
る事実があることを発見したときは、直ちに、当該事実を「監事」に
報告しなければならない（40条2項）。理事長に報告するのではない。

ウ　適切である。役員は、別に定めるところにより、役員としての活動
に応ずる必要経費の支払と報酬を受けることができる（37条2項）。

エ　不適切である。監事は、管理組合の業務の執行及び財産の状況につ
いて不正があると認めるときは、「臨時総会」を招集することが「で
きる」（41条3項）。

以上により、適切なものは**ア、ウ**の二つであり、肢**2**が正解。

✔ チェック□□□

㊱ 36　標準管理規約単棟型（専有 部分・共用部分の工事等）　正解 4　重要度 ★★★

1　不適切である。区分所有者は、その専有部分について、修繕、模様
替え又は建物に定着する物件の取付け若しくは取替え（修繕等）で

あって共用部分又は他の専有部分に影響を与えるおそれのあるものを行おうとするときは、あらかじめ、理事長にその旨を申請し、書面又は電磁的方法による承認を受けなければならない（標準管理規約17条1項（電磁的方法が利用可能な場合））。この「共用部分又は他の専有部分に影響を与えるおそれのあるもの」には、専有部分の床のフローリングの設置が含まれる。そして、理事長は、この申請について、「理事会の決議」により、その承認又は不承認を決定しなければならない（17条3項）。したがって、承認の申請先は理事長であるが、承認、不承認の判断は、あくまで「理事会の決議」による（コメント第17条関係⑧）。

2　**不適切である。**敷地及び共用部分等の管理については、管理組合がその責任と負担においてこれを行う。ただし、バルコニー等の保存行為のうち、通常の使用に伴うものについては、専用使用権を有する者がその責任と負担においてこれを行わなければならない（21条1項）。この「通常の使用に伴う」保存行為とは、バルコニーの清掃や窓ガラスが割れた時の入替え等であり（コメント第21条関係④）、専用使用部分である窓ガラスが当該住戸の区分所有者の過失により破損した場合もこれに含まれる。

3　**不適切である。**区分所有者は、バルコニー等の保存行為のうち通常の使用に伴うものの場合又はあらかじめ理事長に申請して書面又は電磁的方法による承認を受けた場合を除き、敷地及び共用部分等の保存行為を行うことができない。ただし、専有部分の使用に支障が生じている場合に、当該専有部分を所有する区分所有者が行う保存行為の実施が、緊急を要するものであるときは、この限りでない（21条（電磁的方法が利用可能な場合）3項）。つまり、専有部分の使用に支障が生じている場合で緊急を要するものについては、あらかじめ理事長に申請して書面又は電磁的方法による承認を受けなくても、区分所有者は、保存行為を行うことができる。そして、この場合、あらかじめ理事長の書面等による承諾を受けなかったとしても、区分所有者が共用部分の保存行為に要した費用は、管理組合の負担となる（21条1項本文）。

4　最も適切である。共用部分のうち各住戸に附属する窓枠、窓ガラス、玄関扉その他の開口部に係る改良工事であって、防犯、防音又は断熱等の住宅の性能の向上等に資するものについては、管理組合がその責任と負担において、計画修繕としてこれを実施する（22条1項）。なお、区分所有者は、管理組合が当該工事を「速やかに実施できない場合」には、あらかじめ理事長に申請して書面による承認を受けることにより、当該工事を当該区分所有者の責任と負担において実施することができるが（22条2項）、本肢は、「計画修繕としてこれを速やかに実施できる場合」とされているので、前述の22条1項の規定に基づき、管理組合がその責任と負担において、計画修繕としてこれを実施する。

✔ チェック□□□

問37　区分所有法・標準管理規約（違反行為）　正解 2　重要度 ★★

ア　不適切である。区分所有者若しくはその同居人又は「専有部分の貸与を受けた者」若しくはその同居人（区分所有者等）が、法令、規約又は使用細則等に違反したとき、又は対象物件内における共同生活の秩序を乱す行為を行ったときは、理事長は、理事会の決議を経てその区分所有者等に対し、その是正等のため必要な勧告又は指示若しくは警告を行うことができる（標準管理規約67条1項）。したがって、理事長は、賃貸人である区分所有者だけでなく、賃借人に対しても、直接警告等をすることができる。

イ　不適切である。区分所有者等がこの規約若しくは使用細則等に違反したとき、又は区分所有者等若しくは区分所有者等以外の第三者が敷地及び共用部分等において不法行為を行ったときは、理事長は、「理事会の決議」を経て、①行為の差止め、排除又は原状回復のための必要な措置の請求に関し、管理組合を代表して、訴訟その他法的措置を追行すること、②敷地及び共用部分等について生じた損害賠償金又は不当利得による返還金の請求又は受領に関し、区分所有者のために、訴訟において原告又は被告となること、その他法的措置をとることを

講ずることができる（67条3項）。

ウ　適切である。区分所有者又は占有者が建物の保存に有害な行為その他建物の管理又は使用に関し区分所有者の共同の利益に反する行為をした場合又はその行為をするおそれがある場合には、区分所有法57条から60条までの規定に基づき必要な措置をとることができる（66条）。そして、区分所有者が共同の利益に反する行為をした場合又はその行為をするおそれがある場合において、その行為による区分所有者の共同生活上の障害が著しく、行為の停止等の請求によってはその障害を除去して共用部分の利用の確保その他の区分所有者の共同生活の維持を図ることが困難であるときは、他の区分所有者の全員又は管理組合法人は、集会の決議に基づき、訴えをもって、相当の期間の当該行為に係る区分所有者による専有部分の使用の禁止を請求することができる（区分所有法58条1項）。また、この決議をするには、あらかじめ、当該区分所有者に対し、弁明する機会を与えなければならない（58条3項）。

エ　適切である。区分所有者等がこの規約若しくは使用細則等に違反したとき等に、行為の差止め等の請求の訴えを提起する場合、理事長は、請求の相手方に対し、違約金としての弁護士費用及び差止め等の諸費用を請求することができる（標準管理規約67条4項）。

以上により、不適切なものは**ア**、**イ**の二つであり、肢**2**が正解。

✔ チェック□□□

問38　最高裁判所の判決（専用使用権・専用使用料）　正解**4**　重要度★★

区分所有法31条1項後段は、区分所有者間の利害を調整するため、「規約の設定、変更は廃止が一部の区分所有者の権利に特別の影響を及ぼすべきときは、その承諾を得なければならない」と定めているところ、右の「特別の影響を及ぼすべきとき」とは、規約の設定、変更等の必要性及び合理性とこれによって一部の区分所有者が受ける不利益とを比較衡量し、当該区分所有関係の実態に照らして、その不利益が区分所有者の受忍すべき限度を超えると認められる場合をいうものと解される。

　これを使用料の増額についていえば、使用料の増額は一般的に専用使用権に不利益を及ぼすものであるが、増額の必要性及び合理性が認められ、かつ、増額された使用料が当該区分所有関係において社会通念上相当な額であると認められる場合には、専用使用権者は使用料の増額を受忍すべきであり、使用料の増額に関する規約の設定、変更等は専用使用権者の権利に「特別の影響」を及ぼすものではない（最高裁判所判決平成10年10月30日）。

ア　不適切である。 専用使用権は、区分所有者全員の共有に属するマンション敷地の使用に関する権利であるから、これが分譲された後は、管理組合と組合員たる専用使用権者との関係においては、法の規定の下で、規約及び集会決議による団体的規制に服すべきものである。

イ　不適切である。 増額された使用料が受忍限度内であれば、専用使用権者の権利に「特別の影響」を及ぼすものではないので、使用料の増額に関する規約の設定、変更等は、専用使用権者の承諾を得る必要はない。

ウ　適切である。 規約の設定、変更又は廃止が一部の区分所有者の権利に「特別の影響を及ぼすべきとき」は、その承諾を得なければならない（区分所有法31条1項）。ここで「特別の影響を及ぼすべきとき」とは、規約の設定、変更等の必要性及び合理性とこれによって一部の区分所有者が受ける不利益とを比較衡量し、当該区分所有関係の実態に照らして、その不利益が区分所有者の受忍すべき限度を超えると認められる場合をいう。

エ　適切である。 増額の必要性及び合理性が認められ、かつ、増額された使用料が当該区分所有関係において社会通念上相当な額であると認められる場合には、専用使用権者は使用料の増額を受忍すべきである。

　以上により、適切なものの組合せは**ウ**、**エ**であり、肢**4**が正解。

問39 民法・区分所有法（管理費の滞納）
正解 4　重要度 ★★★

1　適切である。 金銭の給付を目的とする債務の不履行については、その損害賠償の額は、債務者が遅滞の責任を負った最初の時点における法定利率によって定められる（民法419条1項本文）。すなわち、金銭債務の履行遅滞については、遅延損害金の定めがなくても、遅延損害金を請求することができる。そして、管理費の滞納は、金銭債務の不履行（履行遅滞）といえる。したがって、管理規約に遅延損害金の定めがないときでも、遅延損害金を請求できる。

2　適切である。 各共有者は、規約に別段の定めがない限りその持分に応じて、共用部分の負担に任じ、共用部分から生ずる利益を収取する（区分所有法19条）。したがって、管理組合に対する管理費の支払債務は、常に区分所有者が負う。この点は、賃借人が賃貸借契約に基づいて管理費を管理組合に支払っていたからといって、変わりはない。

3　適切である。 共用部分、建物の敷地若しくは共用部分以外の建物の附属施設につき他の区分所有者に対して有する等の債権は、債務者たる区分所有者の特定承継人に対しても行うことができる（区分所有法8条）。この場合、区分所有者の特定承継人に管理費の支払債務が承継されたからといって、元の債務者たる区分所有者の支払債務が消滅するわけではない。

4　最も不適切である。 管理費債権は、債務者たる区分所有者の特定承継人に対しても行うことができる（区分所有法8条）。この特定承継人には、担保権の実行等による競売手続によって区分所有権を取得した者も含まれる。

問40 民法・民事訴訟法・区分所有法（管理費の滞納）
正解 3　重要度 ★★★

1　適切である。 時効は、権利の承認があったときは、その時から新たにその進行を始める（時効の更新、民法152条1項）。管理組合に対

し、滞納管理費の額と滞納の事実を認めることは、「権利の承認」に該当する。

2　適切である。各共同相続人は、その相続分に応じて被相続人の権利義務を承継する（899条）。この点は、その相続人が、相続の対象となるマンションに居住しているか否かに関わらない。

3　最も不適切である。訴えの提起は、訴状を裁判所に提出してしなければならない（民事訴訟法134条1項）。管理費の滞納者に対して訴訟を提起する場合であっても、事前に内容証明郵便による督促を行うことは要件となっていない。

4　適切である。相続の放棄をした者は、その相続に関しては、初めから相続人とならなかったものとみなされる（民法939条）。したがって、相続人全員が相続放棄をした場合は、全ての者が初めから相続人とならなかったとみなされるので、いずれの相続人も滞納管理費債務を負わない。

✔ チェック□□□

問41　品確法　正解 **3**　重要度 ★★★

1　適切である。新築住宅の売買契約においては、売主は、買主に引き渡した時から10年間、住宅の構造耐力上主要な部分又は雨水の浸入を防止する部分として政令で定めるもの（構造耐力上主要な部分等）の瑕疵について、民法に規定する担保の責任（瑕疵担保責任＝契約不適合責任）を負う（品確法95条1項）。

2　適切である。肢1の解説で述べたように、新築住宅の売買契約においては、売主は、買主に引き渡した時から10年間、住宅の構造耐力上主要な部分等の瑕疵について、担保責任を負い、この規定に反する特約で買主に不利なものは、無効となる（品確法95条1項・2項）。民法に規定する担保責任は、瑕疵修補等の追完請求、代金減額請求だけでなく、損害賠償請求や契約の解除も含む。したがって、契約の解除や損害賠償の請求ができないとする特約は、買主に不利なものとして無効となる。

3　最も不適切である。品確法において「新築住宅」とは、新たに建設された住宅で、まだ人の居住の用に供したことのないものをいい、建設工事の完了の日から起算して「1年」を経過したものが除かれる（2条2項）。

4　適切である。新築住宅の売買契約においては、売主が住宅の構造耐力上主要な部分等の瑕疵「その他の住宅の瑕疵」について担保の責任を負うべき期間は、買主に引き渡した時から20年以内とすることができる（97条）。したがって、構造耐力上主要な部分及び雨水の浸入を防止する部分だけでなく、その他の部分も含めて瑕疵担保責任の期間を引き渡した時から20年以内とすることができる。

✔ チェック□□□

問42　個人情報保護法　　　正解 1　　重要度 ★★★

1　最も適切である。個人情報取扱事業者は、個人情報を取得した場合は、あらかじめその利用目的を公表している場合を除き、速やかに、その利用目的を、本人に通知し、又は公表しなければならない（個人情報保護法21条1項）。

2　不適切である。「個人情報取扱事業者」とは、一定の者を除く、個人情報データベース等を事業の用に供している者をいう（16条2項）。管理組合も、区分所有者や居住者の情報をリスト化する等している場合は、個人情報取扱事業者に該当する。

3　不適切である。「個人情報」とは、生存する個人に関する情報であって、次の各号のいずれかに該当するものをいう。①当該情報に含まれる氏名、生年月日その他の記述等（文書、図画若しくは電磁的記録に記載され、若しくは記録され、又は音声、動作その他の方法を用いて表された一切の事項（個人識別符号を除く）をいう）により特定の個人を識別することができるもの（他の情報と容易に照合することができ、それにより特定の個人を識別することができることとなるものを含む。）、②個人識別符号が含まれるもの（2条1項1号）。管理組合の総会議事録の署名欄に書かれた氏名は①に該当し、個人情報に該当

する。

4 不適切である。「個人情報データベース等」とは、個人情報を含む情報の集合物であって、①特定の個人情報を電子計算機を用いて検索することができるように体系的に構成したもの、②このほか、個人情報を一定の規則に従って整理することにより特定の個人情報を容易に検索することができるように体系的に構成したものであって、目次、索引その他検索を容易にするためのものを有するもの（利用方法からみて個人の権利利益を害するおそれが少ないものとして政令で定めるものを除く）をいう（16条1項）。したがって、組合員名簿が、電子計算機を用いて検索することができるように体系的に構成したものでなくても、紙面で作成されており、五十音順など一定の規則に従って整理することにより、容易に検索できるものであれば、上記②にあたるので、「個人情報データベース等」に該当する。

✔ チェック□□□

問 43 統計（分譲マンションの統計・データ等） 正解 **3** 重要度 ★

1 不適切である。 2022年末における分譲マンションストック総数は、約694.3万戸である（国土交通省：分譲マンションストック数の推移）。したがって、700万戸を超えてはいない。

2 不適切である。 マンションの新規供給戸数は、2000年以降でも、2003年、2004年、2008年、2009年、2010年、2011年、2015年、2020年、2022年等は減少しており、一貫して増加傾向にあったわけではない（国土交通省：分譲マンションストック数の推移）。

3 最も適切である。「平成30年マンション総合調査結果」によれば、現在の修繕積立金の積立額が長期修繕計画に比べて不足しているマンションは「34.8％」となっており、3割を超えている。

4 不適切である。「平成30年マンション総合調査結果」によれば、回答した区分所有者のうち「永住するつもりである」が「62.8％」となっており、6割を超えている。

問44 賃貸住宅管理業法　　正解 2　重要度 ★★

1　**不適切である**。賃貸住宅管理業を営もうとする者は、「国土交通大臣」の登録を受けなければならない。ただし、賃貸住宅管理業に係る賃貸住宅の戸数が200戸未満であるときは、この限りでない（賃貸住宅管理業法3条1項、施行令3条）。つまり、一の都道府県の区域内にのみ事務所を設置して賃貸住宅管理業を営もうとする場合も、当該事務所の所在地を管轄する都道府県知事の登録を受けるのではなく、一律に国土交通大臣の登録を受ける。

2　**最も適切である**。賃貸住宅管理業者の登録は、5年ごとにその更新を受けなければ、その期間の経過によって、その効力を失う。登録の更新の申請があった場合において、登録の有効期間の満了の日までにその申請に対する処分がされないときは、従前の登録は、登録の有効期間の満了後もその処分がされるまでの間は、なおその効力を有する（3条2項・3項）。

3　**不適切である**。賃貸住宅管理業者は、その営業所又は事務所ごとに、「1人以上」の業務管理者を選任しなければならない（12条1項）。賃貸住宅管理業に従事する者の数に対し、その割合が5分の1以上となる数の業務管理者を置く旨の規定はない。

4　**不適切である**。賃貸住宅管理業者は、管理受託契約を締結しようとするときは、管理業務を委託しようとする賃貸住宅の賃貸人に対し、当該管理受託契約を締結するまでに、管理受託契約の内容及びその履行に関する事項であって国土交通省令で定めるものについて、書面を交付して説明しなければならない（13条1項）。この場合、賃貸人の承諾を得ても、説明を省略することはできない。

問45 宅建業法（重要事項の説明）　　正解 2　重要度 ★★

1　**不適切である**。宅建業者は、宅建業者の相手方等に対して、宅建士

をして、少なくとも所定の事項について、これらの事項を記載した書面を交付して説明をさせなければならない。そして、重要事項の説明書面の交付に当たっては、宅建士は、当該書面に記名しなければならない（宅建業法35条1項・5項）。したがって、重要事項の説明書面に記名するのは、宅建士である必要があるが、「専任の」宅建士である必要はない。

2　最も適切である。 宅建業者は、当該契約が建物の貸借の契約以外のものであるときは、「私道に関する負担」に関する事項を、重要事項として説明する必要がある（35条1項3号）。そして、私道に関する負担がない場合は、「負担がない旨」を説明しなければならない。

3　不適切である。「当該宅地・建物が土砂災害警戒区域等における土砂災害防止対策の推進に関する法律第7条第1項により指定された土砂災害警戒区域内にあるときは、その旨」は、重要事項の説明の対象である（35条1項14号、施行規則16条の4の3第2号）。そして、この事項は、「あるときは、その旨」を説明すれば足り、「ないときに、ない旨」の説明をする必要はない。

4　不適切である。「台所、浴室、便所その他の当該建物の設備の整備の状況」については、「建物の貸借」の契約に関してのみ、重要事項の説明の対象となる（35条1項14号、施行規則16条の4の3第7号）。よって、本問のマンションの売買を行おうとする場合は、重要事項の説明の対象ではない。

✔ チェック□□□

問46 マンション管理適正化法（基本方針等）　　正解 **3**　　重要度 ★★

ア　適切である。 都道府県等は、マンション管理適正化推進計画の作成及び変更並びにマンション管理適正化推進計画に基づく措置の実施に関して特に必要があると認めるときは、関係地方公共団体、管理組合、マンション管理業者その他の関係者に対し、調査を実施するため必要な協力を求めることができる（マンション管理適正化法3条の2第6項）。

イ　不適切である。管理組合は、マンション管理適正化指針の定めるところに留意して、マンションを適正に管理するよう自ら努めるとともに、国及び地方公共団体が講ずるマンションの管理の適正化の推進に関する施策に協力するよう努めなければならない。そして、マンションの区分所有者等は、マンションの管理に関し、管理組合の一員としての役割を適切に果たすよう努めなければならない（5条）。したがって、マンションの区分所有者等の役割についても規定されている。

ウ　適切である。都道府県知事（市又はマンション管理適正化推進行政事務を処理する町村の区域内にあっては、それぞれの長。）は、管理組合の運営がマンション管理適正化指針に照らして著しく不適切であることを把握したときは、当該管理組合の管理者等に対し、マンション管理適正化指針に即したマンションの管理を行うよう勧告することができる（5条の2第2項）。

エ　適切である。管理組合の管理者等は、当該管理組合によるマンションの管理に関する計画（管理計画）には、①当該マンションの修繕その他の管理の方法、②当該マンションの修繕その他の管理に係る資金計画、③当該マンションの管理組合の運営の状況、④その他国土交通省令で定める事項を記載しなければならない（5条の3）。したがって、上記②の「当該マンションの修繕その他の管理に係る資金計画」については、管理計画に必ず記載しなければならない。

　　以上により、適切なものは**ア**、**ウ**、**エ**の三つであり、肢**3**が正解。

✔ チェック□□□

問47　マンション管理適正化法（用語の定義）　　　正解 **2**　　　重要度 ★★

ア　不適切である。マンション管理適正化法における「マンション」とは、①2以上の区分所有者が存する建物で人の居住の用に供する専有部分のあるもの並びにその敷地及び附属施設、②一団地内の土地又は附属施設（これらに関する権利を含む）が当該団地内にある①に掲げる建物を含む数棟の建物の所有者（専有部分のある建物にあっては、区分所有者）の共有に属する場合における当該土地及び附属施設をい

う（マンション管理適正化法2条1号）。したがって、専有部分に居住する者が全て賃借人であっても、賃貸人である区分所有者が2以上あれば（専有部分の区分所有者が2名以上存在し、各賃借人とそれぞれ別の賃貸借契約を締結していれば）、「マンション」に該当する。

イ　適切である。「マンション管理業」とは、管理組合から委託を受けて管理事務を行う行為で業として行うもの（マンションの区分所有者等が当該マンションについて行うものを除く）をいう。そして、ここで「管理事務」とは、マンションの管理に関する事務であって、基幹事務「全て」を含むものをいうと解されている（2条7号・6号）。したがって、基幹事務の一部のみを業として行う場合は、マンション管理業に該当しない。

ウ　適切である。「マンション管理業者」とは、国土交通省に備えるマンション管理業者登録簿に登録を受けてマンション管理業を営む者をいう（2条8号、44条1項）。

エ　不適切である。「管理業務主任者」とは、マンション管理適正化法60条1項に規定する「管理業務主任者証の交付を受けた者」をいう。したがって、管理業務主任者試験に合格し、国土交通大臣の登録を受けただけでは、まだ管理業務主任者とはいえない。

以上により、適切なものは**イ**、**ウ**の二つであり、肢**2**が正解。

✔ チェック□□□

問48 マンション管理適正化法（重要事項の説明）

正解 2　重要度 ★★★

ア　不適切である。マンション管理業者は、管理組合から管理受託契約を締結しようとするときは、あらかじめ、説明会を開催し、当該管理組合を構成するマンションの区分所有者等及び当該管理組合の管理者等に対し、管理業務主任者をして、管理受託契約の重要事項について説明をさせなければならない。この場合、マンション管理業者は、「当該説明会の日の1週間前まで」に、当該管理組合を構成するマンションの区分所有者等及び当該管理組合の管理者等の全員に対し、重要事項並びに説明会の日時及び場所を記載した「書面を交付」しなければ

ならない（マンション管理適正化法72条1項、施行規則82条1号）。しかし、当該説明会を、管理受託契約の締結日の1週間前までに開催しなければならない旨の規定はない。

イ　適切である。マンション管理業者は、従前の管理受託契約と同一の条件で管理組合との管理受託契約を更新しようとするときは、あらかじめ、当該管理組合を構成するマンションの区分所有者等全員に対し、重要事項を記載した書面を交付しなければならない（72条2項）。

ウ　不適切である。マンション管理業者は、重要事項の説明書面の交付に代えて、「管理組合を構成するマンションの区分所有者等又は当該管理組合の管理者等の承諾」を得て、当該書面に記載すべき事項を電子情報処理組織を使用する方法により提供させることができる（72条6項・7項）。したがって、書面の交付に代えて電子情報処理組織を使用する方法によろうとする場合は、当該管理組合を構成するマンションの区分所有者等又は当該管理組合の管理者等の承諾を得る必要がある。

エ　適切である。管理業務主任者は、重要事項の説明をするときは、説明の相手方に対し、管理業務主任者証を提示しなければならない（72条4項）。これは、相手方からの請求の有無にかかわらない。

以上により、適切なものは**イ**、**エ**の二つであり、肢**2**が正解。

✔ チェック□□□

問49　マンション管理適正化法（修繕積立金の管理）　**正解 1**　重要度 ★★

マンション管理業者は、管理組合から委託を受けて管理する修繕積立金その他管理組合又はマンションの区分所有者等から受領した管理費用に充当する金銭又は有価証券については、整然と管理する方法として国土交通省令で定める方法により、自己の固有財産及び他の管理組合の財産と分別して管理しなければならない（マンション管理適正化法76条、施行規則87条1項）。

ア　違反する。「マンション管理適正化法施行規則87条2項1号イに定める方法」とは、「修繕積立金等が金銭である場合、マンションの区

分所有者等から徴収された修繕積立金等金銭を収納口座に預入し、毎月、その月分として徴収された修繕積立金等金銭から当該月中の管理事務に要した費用を控除した残額を、翌月末日までに収納口座から保管口座に移し換え、当該保管口座において預貯金として管理する方法」である。イ方式により修繕積立金等金銭を管理する場合、マンション管理業者は、管理組合を名義人とする収納口座に係る印鑑等を管理することができる。しかし、管理組合に管理者等が置かれていない場合において、管理者等が選任されるまでの比較的短い期間に限り保管するときを除き、保管口座に係る管理組合等の印鑑等を管理してはならない（施行規則87条4項）。管理者等の承認を得ても、当該印鑑等を管理することは認められない。

イ　違反する。「規則87条2項1号ロに定める方法」とは、「マンションの区分所有者等から徴収された修繕積立金（金銭に限る）を保管口座に預入し、当該保管口座において預貯金として管理するとともに、マンションの区分所有者等から徴収された管理費用（金銭に限る）を収納口座に預入し、毎月、その月分として徴収された管理費用から当該月中の管理事務に要した費用を控除した残額を、翌月末日までに収納口座から保管口座に移し換え、当該保管口座において預貯金として管理する方法」である。ロ方式により修繕積立金等金銭を管理する場合、マンション管理業者は、管理組合を名義人とする収納口座に係る印鑑等を管理することができる。しかし、収納口座に預け入れた管理費用は、残額を保管口座に移し換え、当該保管口座において預貯金として管理する必要があり、管理組合の承諾があっても、引き続き収納口座で管理することは認められない。

ウ　違反しない。「規則87条2項1号ハに定める方法」とは、「マンションの区分所有者等から徴収された修繕積立金等金銭を収納・保管口座に預入し、当該収納・保管口座において預貯金として管理する方法」である。ハ方式では、原則として、収納・保管口座の印鑑等を管理組合が保管するものとされ、管理業者が保管することはできないため、管理業者が収納・保管口座にある管理組合の修繕積立金等金銭を使い込むことはできない仕組みになっている。そのため、「規則87条

2項1号イ又は口」の場合とは異なり、マンション管理業者は、マンションの区分所有者等から徴収される1月分の修繕積立金等金銭等の合計額以上の額につき有効な保証契約を締結する必要はない。

以上により、違反するのは**ア**、**イ**であり、違反する記述のみを全て含む肢**1**が正解。

✔ チェック□□□

問50 マンション管理適正化法（マンション管理業者）　正解 **3**　重要度 ★★★

1　**不適切である。**マンション管理業者は、「その事務所ごと」に、公衆の見やすい場所に、国土交通省令で定める標識（別記様式第26号）を掲げなければならない（マンション管理適正化法71条）。主たる事務所にのみ掲示するのでは足りない。

2　**不適切である。**国土交通大臣は、マンション管理業者が暴力団員による不当な行為の防止等に関する法律2条6号に規定する暴力団員又は暴力団員でなくなった日から5年を経過しない者（暴力団員等）に該当するときは、その登録を「取り消さなければならない」（83条1号、47条7号）。この場合は、必ず登録が取り消されるのであり、業務停止命令をすることはできない。

3　**最も適切である。**マンション管理業者は、管理組合から管理事務の委託を受けることを内容とする契約を締結したときは、当該管理組合の管理者等（当該マンション管理業者が当該管理組合の管理者等である場合又は当該管理組合に管理者等が置かれていない場合にあっては、当該管理組合を構成するマンションの区分所有者等全員）に対し、遅滞なく、所定の事項を記載した書面（契約の成立時の書面）を交付しなければならない（73条1項）。したがって、管理組合に管理者等が置かれている場合には、当該マンション管理業者が当該管理組合の管理者等である場合を除き、当該管理組合の管理者等に対してのみ契約の成立時の書面を交付すればよい。

4　**不適切である。**マンション管理業者は、管理事務の委託を受けた管理組合に管理者等が置かれているときは、定期に、当該管理者等に対

し、管理業務主任者をして、当該管理事務に関する報告をさせなければならない。そして、マンション管理業者は、この管理事務に関する報告を行うときは、管理事務を委託した管理組合の事業年度終了後、遅滞なく、当該期間における管理受託契約に係るマンションの管理の状況について、①報告の対象となる期間、②管理組合の会計の収入及び支出の状況、③そのほか、管理受託契約の内容に関する事項を記載した管理事務報告書を作成し、管理業務主任者をして、これを管理者等に交付して説明をさせなければならない（77条1項、施行規則88条1項）。たとえマンション管理業者が、毎月、その月における会計の収入及び支出の状況に関する書面を作成し、管理者等に交付をしていたとしても、事業年度に係る会計の収入及び支出の状況の報告を省略することはできない。

令和4年度

解答と解説

正解番号一覧

問	正解	問	正解	問	正解	問	正解	問	正解
1	2	11	3	21	2	31	2	41	2
2	2	12	4	22	1	32	3	42	1
3	2	13	4	23	3	33	4	43	3
4	2	14	4	24	3	34	2	44	1
5	1	15	4	25	2	35	3	45	1
6	4	16	3	26	1	36	2	46	2
7	3	17	1	27	4	37	1	47	4
8	3	18	3	28	4	38	3	48	1
9	3	19	3	29	4	39	4	49	1
10	2	20	3	30	1	40	2	50	4

合格基準点：36点

問1 民法（委任）　　正解 2　　重要度 ★★★

1　**不適切である。** 受任者は、委任者の請求があるときは、いつでも委任事務の処理の状況を報告し、委任が終了した後は、遅滞なくその経過及び結果を報告しなければならない（民法645条）。したがって、受任者は、委任が終了した後に、遅滞なくその経過及び結果を報告するだけでなく、委任の終了前（＝契約期間中）には、委任者の請求があるときは、いつでも委任事務の処理の状況を報告する義務がある。

2　**最も適切である。** 受任者は、特約がなければ、委任者に対して報酬を請求できない（648条1項）。つまり、**委任**は無報酬が原則である。

3　**不適切である。** 委任は、各当事者がいつでもその解除ができる（651条1項）。なお、相手方に不利な時期に委任を解除したときは、原則として、相手方の損害を賠償しなければならない。

4　**不適切である。** 受任者は、委任者の責めに帰することができない事由で委任事務の履行をすることができなくなったときや、「委任が履行の中途で終了したとき」は、既にした履行の割合に応じて報酬を請求できる（648条3項1号・2号）。

問2 民法（時効）　　正解 2　　重要度 ★★★

1　**適切である。** 時効の効力は、その起算日にさかのぼる（民法144条）。したがって、消滅時効が完成し、その時効が援用されて権利が消滅すると、その権利は最初からなかったものとなる。

2　**最も不適切である。** 時効の利益は、あらかじめ放棄できない（146条）。したがって、時効の利益は、時効完成「前」に放棄できないが、逆に時効完成「後」に放棄することはできる。

3　**適切である。** 裁判上の請求等が行われた場合で、確定判決又は確定判決と同一の効力を有するものによって権利が確定したときは、時効は、裁判上の請求等が終了した時から新たにその進行を始める（時効

の更新、147条2項)。

4　適切である。地上権や地役権などの一定の所有権以外の財産権についても、取得時効の対象となり、時効による権利の取得が認められる（163条）。

管理業務主任者試験において、**時効制度は、管理費の滞納と関連して頻出**である。特に、「区分所有者は管理費債務の消滅時効の主張をしない」「区分所有者は時効の援用ができない」等を規約や集会の決議で定めたとしても、「時効利益の事前放棄を禁止するルール」に抵触して無効であり、時効の援用ができるという点に注意しよう。

✔ チェック□□□

問 3　民法（請負契約）　　正解 **2**　重要度 ★★

ア　不適切である。報酬は、原則として、仕事の目的物の引渡しと同時に、支払わなければならない（民法633条）。

イ　不適切である。請負人が仕事を完成しない間は、注文者は、いつでも損害を賠償して契約の解除をすることができる（641条）。この注文者の解除権は、仕事の完成「前」に限って認められている。

ウ　適切である。注文者が契約不適合を知った時から1年以内にその旨を請負人に通知しないときは、注文者は、その不適合を理由として、履行の追完の請求・報酬の減額の請求・損害賠償の請求・契約の解除をすることができない（637条1項）。

エ　適切である。①注文者の責めに帰することができない事由によって仕事を完成することができなくなった、②請負が仕事の完成前に解除された、という2つの場合で、請負人が既にした仕事の結果のうち可分な部分の給付によって注文者が利益を受けるときは、その部分を仕事の完成とみなし、請負人は、注文者が受ける利益の割合に応じて報酬を請求できる（634条）。

以上により、適切なものは**ウ・エ**の二つであり、肢**2**が正解。

問 4　民法（抵当権）　　正解 2　重要度 ★★

1　**不適切である。**抵当権は、抵当地の上に存する建物を「除き」、原則として、その目的である不動産（抵当不動産）に付加して一体となっている物に及ぶ（民法370条）。したがって、土地に設定した抵当権の効力は、その土地上の建物には及ばない。

2　**最も適切である。**抵当権の設定当時、抵当目的物である土地が更地であった場合は、法定地上権は成立しない（388条）。したがって、その土地上の建物の所有者は、当該土地に設定された抵当権の実行による買受人から土地の明渡しを求められたときは、その請求に応じなければならない。

3　**不適切である。**抵当権者は、利息その他の定期金を請求する権利を有するときは、その満期となった最後の2年分についてのみ、その抵当権を行使することができる（375条1項本文）。したがって、被担保債権の利息は、原則として満期となった最後の2年分に限定されるものの、当該抵当権によって担保自体はされるので、「まったく担保されない」わけではない。

4　**不適切である。**抵当権は、債務者及び抵当権設定者に対しては、その担保する債権と同時でなければ、時効によって消滅しない（396条）。

問 5　民法（相続）　　正解 1　重要度 ★★

被相続人の子が、①相続の開始以前に死亡したとき、②相続人の欠格事由に該当し相続権を失ったとき、③廃除によって相続権を失ったときは、その者の子が代襲して相続人となる（民法887条2項）。

ア　**不適切である。**相続の放棄をした者は、その相続に関しては、初めから相続人とならなかったとみなされる。そして、相続放棄は、上記①～③の代襲原因に該当しない。したがって、被相続人の子が相続放

棄をした場合、その子の直系卑属（被相続人の孫など）は、代襲して相続しない（民法939条、887条2項参照）。

イ　適切である。 上記②のとおり、被相続人の子が、相続人の欠格事由に該当し、相続権を失ったときは、その者の子が代襲して相続人となる（887条2項）。

ウ　適切である。 上記③のとおり、被相続人の子が、廃除によって相続権を失ったときは、その者の子が代襲して相続人となる（887条2項）。

エ　適切である。 上記①のとおり、被相続人の子が、相続の開始以前に死亡したときは、その者の子が代襲して相続人となる（887条2項）。さらに、その代襲者が、相続の開始以前に死亡した等によって、代襲相続権を失った場合、その者の子が代襲して相続人となる（再代襲、887条3項）。

以上により、不適切なものは**ア**の一つであり、肢**1**が正解。

✔ チェック□□□

問 6　標準管理委託契約書（事務管理業務）　　正解 **4**　　重要度 ★★★

1　不適切である。 管理業者は、毎月、管理組合の組合員の管理費等の滞納状況を、管理組合に報告する（標準管理委託契約書別表第1第1項（2）②）。したがって、管理費等の滞納状況の報告は、「年に一度」ではなく、「毎月」行わなくてはならない。

2　不適切である。 管理業者は、長期修繕計画案の作成業務並びに建物・設備の劣化状況等を把握するための調査・診断の実施及びその結果に基づき行う当該計画の見直し業務を実施する場合は、本契約とは「別個の契約」とする（別表第1第1項（3）一）。

3　不適切である。 管理業者は、管理組合がマンション管理業者の協力を必要とするときの総会議事録案の作成を総会支援業務として行う（別表第1第2項（2）六）。この「総会議事録の作成・組合員等への交付」は、管理組合の総会支援業務の一環であるので、管理組合の名で行うべきであり、管理業者の名で作成・交付を行うのではない。

4　最も適切である。 管理業者は、管理対象部分に係る各種の点検・検査等の結果を管理組合に報告するとともに、改善等の必要がある事項については、具体的な方策を管理組合に助言する（別表第１第２項（3）①）。

✔ チェック□□□

問7　標準管理委託契約書　　正解 3　重要度 ★★★

1　適切である。 標準管理委託契約は、管理組合が適正化法２条６号に定める管理事務を管理業者に委託する場合を想定しているため、適正化法３章に定めるマンション管理計画認定制度及び民間団体が行う評価制度等に係る業務並びに警備業法に定める警備業務及び消防法に定める防火管理者が行う業務は、管理事務に含まれない。そのため、これらの業務に係る委託契約については、本契約と別個の契約にすることが望ましい（標準管理委託契約書コメント全般関係③）。

2　適切である。 管理業者の管理対象部分は、原則として敷地及び共用部分等であるが、専有部分である設備のうち、共用部分と構造上一体となった部分（配管、配線等）は共用部分と一体で管理を行う必要があるため、管理組合が管理を行うとされている場合に、管理組合から依頼があるときには、契約に含めることも可能である（コメント３条関係③）。

3　最も不適切である。 管理組合は、管理業者に管理事務を行わせるために不可欠な**管理事務室**、**管理用倉庫**、**清掃員控室**、**器具**、**備品等**（管理事務室等）を「無償」で使用させる（7条）。

4　適切である。 組合員が滞納した管理費等の督促については、弁護士法の規定を踏まえ、債権回収はあくまで管理組合が行うものであることに留意し、管理業者の管理費等滞納者に対する督促に関する協力について、事前に協議が調っている場合は、協力内容（管理組合の名義による配達証明付内容証明郵便による督促等）・費用の負担等に関し、具体的に規定する（コメント11条関係）。

✔チェック□□□

問 **8** | **標準管理委託契約書（管理員業務）** | 正解 **3** | 重要度 ★★★

1　**適切である**。標準管理委託契約書では、「受付等の業務」として、次のものが規定されている。①管理組合が定める各種使用申込の受理及び報告、②管理組合が定める組合員等異動届出書の受理及び報告、③利害関係人に対する管理規約等の閲覧、④共用部分の鍵の管理及び貸出し、⑤管理用備品の在庫管理、⑥引越業者等に対する指示（標準管理委託契約書別表2　2（1））。

2　**適切である**。標準管理委託契約書では、「点検業務」として、次のものが規定されている。①建物、諸設備及び諸施設の外観目視点検、②照明の点灯及び消灯並びに管球類等の点検・交換（高所等危険箇所は除く）、③諸設備の運転及び作動状況の点検並びにその記録、④無断駐車等の確認（別表2　2（2））。

3　**最も不適切である**。標準管理委託契約書では、「立会業務」として、次のものが規定されている。①管理事務の実施に係る外注業者の業務の着手、実施の立会い、②ゴミ搬出時の際の立会い、③災害、事故等の処理の立会い（別表2　2（3））。しかし、災害、事故等の処理の立会いのための「専有部分の鍵の保管」は、含まれていない。

4　**適切である**。標準管理委託契約書では、「報告連絡業務」として、次のものが規定されている。①管理組合の文書の配付又は掲示、②各種届出、点検結果、立会結果等の報告、③災害、事故等発生時の連絡、報告（別表2　2（4））。

**民法・民事訴訟法
（管理費の滞納）** 　正解 **3**　重要度 ★★★

1　**不適切である**。催告によって時効の完成が猶予されている間にさ
　れた再度の催告は、時効の完成猶予の効力を有しない（民法150条2
　項）。

2　**不適切である**。各共同相続人は、その相続分に応じて被相続人の権
　利義務を承継する（899条）。債務者が死亡し、相続人が数人ある場
　合に、被相続人の金銭債務その他の可分債務は、法律上当然分割され、
　各共同相続人がその相続分に応じてこれを承継する（判例）。この場
　合、遺産分割によって滞納管理費を生じた当該マンションを相続した
　相続人だけが、当該滞納債務を承継するのではない。

3　**最も適切である**。時効は、権利の承認があったときは、その時から
　新たにその進行を始める（152条1項）。そして、債務の一部である
　ことを明示してする弁済は、債権者の残債権の存在を認めるものでも
　あるため、権利の承認に該当し、時効の更新の効力を有する。

4　**不適切である**。訴えの提起は、訴状を裁判所に提出してしなければ
　ならず（民事訴訟法134条1項）、訴状は、被告に送達しなければな
　らない（138条1項）。もっとも、当事者の住所・居所その他送達を
　すべき場所が知れないなどの場合は、裁判所書記官は、申立てにより、
　公示送達（裁判所の掲示場に掲示し、一定期間経過することで送達し
　たと扱う制度）をすることができる（110条1項1号）。したがって、
　管理費の滞納者が行方不明の場合であっても、訴えを提起することは
　可能である。

**民法・民事訴訟法等
（管理費の滞納）** 　正解 **2**　重要度 ★★★

ア　**不適切である**。少額訴訟の終局判決に対しては、控訴できない（民
　事訴訟法377条）。

イ　**不適切である**。被告は、訴訟を通常の手続に移行させる旨の申述が

できる。ただし、被告が最初にすべき口頭弁論の期日において弁論をし、又はその期日が終了した後は、この限りでない（373条1項）。したがって、訴訟が継続している間に「いつでも」通常の手続に移行させる旨の申述ができるわけではない。

ウ 適切である。 簡易裁判所においては、訴訟の目的の価額が60万円以下の金銭の支払の請求を目的とする訴えについて、少額訴訟による審理及び裁判を求めることができる（368条1項）。そして、民事訴訟の当事者には、訴訟の開始、審判対象の特定やその範囲の限定等をする権能が認められている（処分権主義）。したがって、滞納管理費の総額が少額訴訟の上限である60万円を超えている場合でも、60万円以下の部分に限定して、少額訴訟を利用することができる。

エ 適切である。 少額訴訟においては、反訴を提起することができない（369条）。

以上により、適切なものは**ウ**、**エ**の二つであり、肢**2**が正解。

✔チェック□□□

問11 民法・区分所有法等（管理費の滞納） 正解 3 重要度 ★★

1 不適切である。 金銭の給付を目的とする債務の不履行による損害賠償については、債務者は、不可抗力をもって抗弁とすることができない（民法419条3項）。

2 不適切である。 区分所有者の特定承継人は、前所有者の債務を承継する（区分所有法8条）。滞納管理費債務だけではなく、滞納管理費に係る遅延損害金の債務も承継する。

3 最も適切である。 訴訟の目的の価額が140万円を超えない請求については、簡易裁判所が第一審の裁判権を有する（裁判所法33条1項1号）。

4 不適切である。 催告があったときは、その時から6ヵ月を経過するまでの間は、時効は、完成しない（民法150条1項）。この「催告」の方法については特に限定されておらず、普通郵便による支払の催告であってもこれに該当し、時効の完成猶予の効力が生じる。

問 12 標準管理規約（管理組合の監事）　　正解 4　　重要度 ★★★

1　**適切である**。監事は、いつでも、理事及び管理組合の職員に対して業務の報告を求め、又は業務及び財産の状況の調査をすることができる（標準管理規約41条2項）。

2　**適切である**。監事は、管理組合の業務の執行及び財産の状況について不正があると認めるときは、臨時総会を招集することができる（41条3項）。

3　**適切である**。監事は、理事会に出席し、必要があると認めるときは、意見を述べなければならない（41条4項）。

4　**最も不適切である**。監事は、理事が不正の行為をし、若しくは当該行為をするおそれがあると認めるときは、遅滞なく、その旨を理事会に報告しなければならない（41条5項）。この場合、監事は、必要があると認めるときは、理事長に対し、理事会の招集を請求できる（41条6項）。そして、請求があった日から5日以内に、その請求があった日から2週間以内の日を理事会の日とする理事会の招集の通知が発せられない場合は、その請求をした監事は、理事会を招集できる（41条7項）。したがって、「直ちに」理事会を招集できるわけではない。

問 13 標準管理規約（管理組合の会計等）　　正解 4　　重要度 ★★★

1　**適切である**。理事長は、会計年度の開始後、通常総会による承認を得るまでの間に、通常の管理に要する経費のうち、経常的であり、かつ、通常総会による承認を得る前に支出することがやむを得ないと認められるものの支出が必要となった場合には、理事会の承認を得て支出できる（標準管理規約58条3項）。また、この支出は、通常総会により収支予算案の承認を得たときは、当該収支予算案による支出とみなされる（58条4項）。

2　**適切である**。駐車場使用料その他の敷地及び共用部分等に係る使用

料は、それらの管理に要する費用に充てるほか、修繕積立金として積み立てる（29条）。

3　適切である。 収支決算の結果、管理費に余剰を生じた場合には、その余剰は翌年度における管理費に充当する（61条1項）。

4　最も不適切である。 使用細則等の制定、変更又は廃止は、総会の普通決議を経ればよい（48条1号）。規約の制定、変更又は廃止と異なり、特別多数決議を経る必要はない。

✔ チェック□□□

問14　税務・会計（財務諸表）　正解 4　重要度 ★★

資産の部合計2,100,000円から現金預金（1,000,000円）、未収入金（500,000円）、什器及び備品（500,000円）の金額を差し引くと100,000円となる。また、負債・繰越金の部合計2,100,000円から、未払金（300,000円）、預り金（200,000円）、次期繰越金（1,500,000円）を差し引くと「100,000円」となる。したがって、A及びBに入る金額は、いずれも100,000円である。

また、仮払金は、内容や金額が未定の状態で「仮に」支払った金銭を計上する際の勘定科目で、内容・金額が確定すれば後から費用に振り替えるものの、それまでは費用として確定しておらず、そのまま返ってくる可能性もあるため「資産」である。他方、仮受金は、内容や金額が未定の状態で「仮に」受け取った金銭を計上する勘定科目で、内容・金額が確定すれば後から振り替えるものの、それまでは確定しておらず、そのまま返金しなければならない可能性もあるため「負債」である。

以上により、肢4が正解。

✔ チェック□□□

問15　税務・会計（仕訳）　正解 4　重要度 ★★★

普通預金に入金されているので、借方に普通預金を計上する。

①　2月以前分はいずれも未収入金である。入金によって未収入金が減

解説　令和4年度

329

少するため、「未収入金」を貸方に計上する。

② 3月分は、当月に計上する収入である。それぞれ「管理費収入」「修繕積立金収入」「駐車場使用料収入」「専用庭使用料収入」として貸方に計上する。

③ 4月以降分はいずれも前受金である。負債となるため、「前受金」を貸方に計上する。

以上により、肢**4**が正解。

✔ チェック□□□

問 16 税務・会計（仕訳）　正解 3　重要度 ★★★

① 防犯カメラ更新工事は2月末日に完了しているため、2月に発生した取引となる。2月に未払金が計上されているので、3月に普通預金から支払をした時点で貸方に普通預金3,500,000円、借方に未払金3,500,000円を計上する。

② 給水ポンプの修繕工事は3月10日に完了しているため、3月に発生した取引となるが、代金は4月20日に支払われる予定である。したがって、借方に修繕費450,000円、貸方に未払金450,000円を計上する。

③ 錆止め塗装は4月に行われ、支払も4月に行われる予定である。したがって、3月にすべき仕訳は発生しない。

以上により、肢**3**が正解。

 管理業務主任者の「仕訳」の問題では、毎年「発生主義」の理解が問われている。この発生主義と工事等との関係では、「いつ発注したか」という工事等の発注の時期ではなく、「いつ完了したか」という工事等の完了の時期や備品の設置の時期をもって「発生」と評価することを、しっかり押さえておこう。

✔ チェック☐☐☐

問 17 建築基準法（用語の定義）　正解 1　重要度 ★★★

1　**最も不適切である。**「建築物」とは、土地に定着する工作物のうち、屋根及び柱若しくは壁を有するもの（これに類する構造のものを含む）、これに附属する門若しくは塀、観覧のための工作物又は地下若しくは高架の工作物内に設ける事務所、店舗、興行場、倉庫その他これらに類する一定の施設をいい、「建築設備を含む」（建基法2条1号）。

2　**適切である。**「敷地」とは、一の建築物又は用途上不可分の関係にある二以上の建築物のある一団の土地をいう（施行令1条1号）。

3　**適切である。**「主要構造部」とは、壁、柱、床、はり、屋根又は階段をいい、建築物の構造上重要でない部分（間仕切壁、間柱、付け柱、揚げ床、最下階の床、回り舞台の床、小ばり、ひさし、局部的な小階段、屋外階段その他これらに類する建築物の部分）を除くものとする（建基法2条5号）。

4　**適切である。**「大規模の修繕」とは、建築物の主要構造部の一種以上について行う過半の修繕をいう（2条14号）。

✔ チェック☐☐☐

問 18 消防法（住宅用防災警報器）　正解 3　重要度 ★★★

1　**適切である。**住宅用防災警報器とは、住宅における火災の発生を未然に又は早期に感知し、及び報知する警報器をいう（消防法施行令5条の6第1号）。

2　**適切である。**住宅用防災警報器又は住宅用防災報知設備の感知器は、天井又は壁の屋内に面する部分（天井のない場合にあっては、屋根又は壁の屋内に面する部分）に、火災の発生を未然に又は早期に、かつ、有効に感知することができるように設置しなければならない（5条の7第1項2号）。

3　**最も不適切である。**住宅用防災警報器又は住宅用防災報知設備の感

331

知器は、寝室の用に供する居室、寝室の用に供する居室が存する階
（避難階を除く）から直下階に通ずる階段（屋外に設けられたものを
除く）などに設置しなければならない（5条の7第1項1号）。台所
のみに設置すればよいのではない。

4　適切である。 住宅の用途に供される防火対象物の関係者は、住宅用
防災機器の設置及び維持に関する基準に従って、住宅用防災機器（住
宅用防災警報器及び住宅用防災報知設備）を設置し、及び維持しなけ
ればならない（消防法9条の2第1項、施行令5条の6）。

問19 建築材料（コンクリートの中性化）　正解 3　重要度 ★

コンクリート表面からの中性化深さの進行は、経過年数の平方根で表
すことができる。

式で表すと、$C = A\sqrt{t}$ となる。

※：C＝中性化深さ（mm）、A＝中性化速度係数、t＝経過年数

本問においては、「A」を求める。「$20 = A\sqrt{25}$」となるため、「A＝
4」となる。

Cが「40」となるためには、「$40 = 4\sqrt{t}$」となる。よって「t＝
100」となる。

したがって、25年経過時点から要する年数は「100－25＝75」とな
る。

以上により、肢**3**が正解。

問20 建築材料（コンクリートのひび割れの補修）　正解 3　重要度 ★★

1　適切である。 外気温の変動による挙動が小さいひび割れ幅0.2mm
以下の補修に、ポリマーセメントペーストによるひび割れ被覆工法を
適用することは適切である。

2 **適切である**。外気温の変動による挙動が小さいひび割れ幅0.2mm 〜1.0mmの補修に、アクリル樹脂系注入材による注入工法を適用することは適切である。

3 **最も不適切である**。外気温の変動による挙動が大きいひび割れ幅0.5mmの補修に、ポリマーセメントペーストによるひび割れ被覆工法を適用することは不適切である。エポキシ樹脂注入剤又はアクリル樹脂系注入材を注入すべきである。

4 **適切である**。外気温の変動による挙動が大きいひび割れ幅1.0mmの補修に、可撓性エポキシ樹脂による充填工法を適用することは適切である。

✔ チェック□□□

問21 建築材料（塗装部分の汚れ等の除去方法）　正解 2　重要度 ★

1 **適切である**。「建築保全標準・同解説　JAMS　4－RC　補修・改修設計規準」（以下「規準」）によれば、塵埃については、ブラシを用いた水洗い又は高圧水洗で洗浄することが適切である。

2 **最も不適切である**。規準によれば、カビについては、ワイヤブラシ等でかき落とし、アルコール拭き又は塩素系漂白剤等で殺菌処理することが適切である。水洗いでは足りない。

3 **適切である**。規準によれば、油脂類については、中性洗剤洗いをした後に水洗いするか、溶剤拭きすることが適切である。

4 **適切である**。規準によれば、鉄錆については、ワイヤブラシ、ディスクグラインダー等を用いて除去するか、若しくはシュウ酸希釈液を用いて鉄錆を除去し、直ちに水洗いすることが適切である。

✔ チェック□□□

問22 建築設備（給湯設備）　正解 1　重要度 ★★★

1 **最も不適切である**。自然冷媒ヒートポンプ給湯機は、二酸化炭素の冷媒を圧縮し高熱にして熱源とするもので、割安な深夜電力で夜間に

高温の温水を沸かし、貯湯タンクに蓄えて、それ以外の時間帯の給湯をまかなう。したがって、貯湯タンクを設ける必要がある。

2　適切である。潜熱回収型ガス給湯機は、燃焼ガス排気部に給水管を導き、燃焼時に熱交換して昇温してから、燃焼部へ水を送り再加熱するもので、予熱してから沸かすため、エネルギー効率が高い。

3　適切である。さや管ヘッダ式配管工法は、住戸の入口近くにヘッダを設置し、床下などに各衛生器具と一対一で対応させたさや管を敷設し、さや管内に樹脂管（水道用架橋ポリエチレン管・ポリブテン管）を通管して配管するものである。

4　適切である。ガス給湯機の能力表示における1号は、毎分流量1リットルの水の温度を25度上昇させる能力である。

✔ チェック□□□

問23　建築設備（換気設備）　正解 3　重要度 ★★

1　適切である。第1種換気方式とは、給気、排気をともに機械換気装置で行うものをいうが、全熱交換型の換気はこれに該当する。

2　適切である。居室には、原則として、換気のための窓その他の開口部を設け、その換気に有効な部分の面積は、その居室の床面積に対して、20分の1以上としなければならない（建築基準法28条2項）。

3　最も不適切である。空気齢は、開口部から室内に入ってきた空気が、室内のある場所に到達するまでにかかる時間をいい、その数値が「大きい」ほど、供給される空気が汚染されている可能性が高い。

4　適切である。建築物の調理室等で火を使用する設備又は器具の近くに排気フードを有する排気筒を設ける場合においては、排気フードは、不燃材料で造らなければならない（施行令20条の3第2項4号）。

 換気方式には、大きく「機械換気方式」と「自然換気方式」の2方式がある。このうち、「機械換気方式」には、①給気・排気の両方に機械を使う「第1種機械換気方式」と、②給気にのみ機械を使い、排気は自然に行う「第2種機械換気方式」、また、③給気は自然に行い、排気のみ機械を使う「第3種機械換気方式」の3種類がある。

問24 建築基準法（エレベーター） 正解 **3** 重要度 ★★★

1 **適切である。**地震時等管制運転装置とは、地震等の加速度を検知して、自動的に、かごを昇降路の出入口の戸の位置に停止させ、かつ、当該かごの出入口の戸及び昇降路の出入口の戸を開き、又はかご内の人がこれらの戸を開くことができることとする安全装置をいう。エレベーターには、この地震時等管制運転装置を設けなければならない（建基法施行令129条の10第3項2号）。

2 **適切である。**乗用エレベーターには、①駆動装置又は制御器に故障が生じ、かごの停止位置が著しく移動した場合、②駆動装置又は制御器に故障が生じ、かご及び昇降路のすべての出入口の戸が閉じる前にかごが昇降した場合に、自動的にかごを制止する装置（安全装置）を設けなければならない（施行令129条の10第3項1号）。

3 **最も不適切である。**高さ「31m」を超える建築物（政令で定めるものを除く）には、非常用の昇降機（エレベーター）を設けなければならない（建基法34条2項、施行令129条の13の3第1項）。高さ「40m」ではない。

4 **適切である。**非常用エレベーターの乗降ロビーの床面積は、非常用エレベーター1基について10㎡以上としなければならない（施行令129条の13の3第3項7号）。

問25 長期修繕計画作成ガイドライン（長期修繕計画の作成） 正解 **2** 重要度 ★★★

1 **適切である。**長期修繕計画の対象の範囲は、単棟型のマンションの場合、「管理規約に定めた組合管理部分である敷地、建物の共用部分及び附属施設（共用部分の修繕工事又は改修工事に伴って修繕工事が必要となる専有部分を含む）」である（長期修繕計画作成ガイドライン2編2章1節2一）。

2 **最も不適切である。**長期修繕計画の計画期間は、30年以上で、か

つ大規模修繕工事が2回含まれる期間以上とする（2編3章1節5）。この点について、新築マンションの期間と既存マンションの期間とで違いはない。

3 適切である。推定修繕工事費の算定の単価の設定の考え方としては、単価は、修繕工事特有の施工条件等を考慮し、部位ごとに仕様を選択して、新築マンションの場合、設計図書、工事請負契約による請負代金内訳書等を参考として、また、既存マンションの場合、過去の計画修繕工事の契約実績、その調査データ、刊行物の単価、専門工事業者の見積価格等を参考として設定する（2編3章1節8二）。

4 適切である。長期修繕計画は、不確定な事項を含んでいるため、5年程度ごとに調査・診断を行い、その結果に基づいて見直すことが必要である。また、長期修繕計画の見直しと併せて、修繕積立金の額も見直す必要がある（2編3章1節10）。

✔チェック□□□

問26 長期修繕計画作成ガイドライン（必要性・位置づけ） 正解 1 重要度 ★★★

建物等の劣化に対して適時適切に修繕工事等を行うために作成する長期修繕計画は、①計画期間、②推定修繕工事項目、③（ア）「修繕周期」、④推定修繕工事費、⑤収支計画を含んだもので作成し、これに基づいて⑥（イ）「修繕積立金の額」の算出を行います。長期修繕計画標準様式、長期修繕計画作成ガイドライン及び同コメントは、長期修繕計画の標準的な様式を示し、長期修繕計画を作成・見直しするための基本的な考え方と長期修繕計画標準様式を使用しての作成方法を示すことで、計画の内容及び修繕積立金額の設定等について（ウ）「区分所有者間」で合意形成を行いやすくするために作成したものです。

（「長期修繕計画作成ガイドライン」はじめに（2））

以上により、肢**1**が正解。

問 27 長期修繕計画作成ガイドライン（管理組合の役割） 正解 4 重要度 ★★★

ア　適切である。 管理組合は、分譲会社から交付された設計図書、数量計算書等のほか、計画修繕工事の設計図書、点検報告書等の修繕等の履歴情報を整理し、区分所有者等の求めがあれば閲覧できる状態で保管することが必要である（長期修繕計画作成ガイドライン2編2章1節3三）。

イ　適切である。 管理組合は、長期修繕計画の見直しに当たっては、必要に応じて専門委員会を設置するなど、検討を行うために管理組合内の体制を整えることが必要である（2編2章2節2）。

ウ　適切である。 管理組合は、長期修繕計画の作成及び修繕積立金の額の設定に当たって、総会の開催に先立ち説明会等を開催し、その内容を区分所有者に説明するとともに、長期修繕計画について総会で決議することが必要である。また、決議後、総会議事録と併せて長期修繕計画を区分所有者に配付するなど、十分な周知を行うことが必要である（2編2章3節1）。

エ　適切である。 管理組合は、長期修繕計画を管理規約等と併せて、区分所有者等から求めがあれば閲覧できるように保管する（2編2章3節2）。

以上により、適切なものは**ア**、**イ**、**ウ**、**エ**の四つであり、肢**4**が正解。

問 28 修繕積立金ガイドライン 正解 4 重要度 ★★

「g：計画期間全体における修繕積立金の平均額（円／㎡・月）」の算出方法は、以下のとおりである。

g：計画期間全体における修繕積立金の平均額（円／㎡・月）

＝（a：計画期間当初における修繕積立金の残高（円）

＋b：計画期間全体で集める修繕積立金の総額（円）

＋ｃ：計画期間全体における専用使用料等からの繰入額の総額
（円））

÷ｅ：マンションの総専有床面積（㎡）

÷ｆ：長期修繕計画の計画期間（ヵ月）

以上により、最も適切なものは「ｇ＝（ａ＋ｂ＋ｃ）÷ｅ÷ｆ」であり、肢**4**が正解。

✔ チェック□□□

問29 区分所有法（管理規約の定め）　正解 4　重要度 ★★

ア　適切である。管理組合法人の理事の任期は、2年とする。ただし、規約で3年以内において別段の期間を定めたときは、その期間とする（区分所有法49条6項）。したがって、規約で、管理組合法人の理事の任期を1年と定めることができる。

イ　適切である。区分所有法には、総会が有効に成立するための定足数を直接的に定めた規定は存在しない。したがって、規約で、総会が成立する定足数を組合員総数の3分の2以上と定めることもできる。

ウ　適切である。共用部分の変更（その形状又は効用の著しい変更を伴わないものを除く）は、区分所有者及び議決権の各4分の3以上の多数による集会の決議で決する。ただし、この区分所有者の定数は、規約でその過半数まで減ずることができる（17条1項）。したがって、規約で、組合員総数の過半数及び議決権総数の4分の3以上と定めることもできる。

エ　適切である。建物の価格の2分の1以下に相当する部分が滅失したときは、各区分所有者は、滅失した共用部分及び自己の専有部分を復旧することができる（61条1項本文）。もっとも、この点については、規約で別段の定めができる（61条4項）。したがって、本肢のような規約の定めをすることもできる。

以上により、不適切なものはなく、肢**4**が正解。

記述イについて、「標準管理規約」における定足数は、「議決権総数の半数以上」とされているが、標準管理規約は、あくまで"規約の見本"にすぎない。したがって、本問のような「区分所有法」に関する問題においては、標準管理規約の内容に制限されるわけではない点に注意しよう。

✔ チェック□□□

問 30 標準管理規約（修繕積立金） 正解 **1** 重要度 ★★

　管理組合は、各区分所有者が納入する修繕積立金を積み立てるとし、積み立てた修繕積立金は、次の「特別の管理に要する経費」に充当する場合に限って取り崩すことができる。①一定年数の経過ごとに計画的に行う修繕、②不測の事故その他特別の事由により必要となる修繕、③敷地及び共用部分等の変更、④建物の建替え及びマンション敷地売却（建替え等）に係る合意形成に必要となる事項の調査、⑤その他敷地及び共用部分等の管理に関し、区分所有者全体の利益のために特別に必要となる管理（標準管理規約28条1項）。

1 最も適切である。 上記「④建物の建替え及びマンション敷地売却（建替え等）に係る合意形成に必要となる事項の調査」に該当するので、その経費については、修繕積立金を取り崩して充当することができる。

2 不適切である。 本肢は、「経常的な補修費」に該当し、管理費から充当すべきものである（27条6号）。したがって、修繕積立金を取り崩して充当することはできない。

3 不適切である。 本肢は、「共用部分等に係る火災保険料、地震保険料その他の損害保険料」に該当し、管理費から充当すべきものである（27条5号）。したがって、修繕積立金を取り崩して充当することはできない。

4 不適切である。 本肢は、「備品費」に該当し、管理費から充当すべきものである（27条4号）。したがって、修繕積立金を取り崩して充当することはできない。

問**31** 標準管理規約（理事会）　　**正解 2**　重要度 ★★

ア　適切である。 理事長、副理事長及び会計担当理事は、理事会の決議によって、理事のうちから選任し、又は解任する（標準管理規約（単棟型）35条3項）。そして、理事会の会議（WEB会議システム等を用いて開催する会議を含む）は、理事の半数以上が出席しなければ開くことができず、その議事は出席理事の過半数で決する（53条1項）。

イ　不適切である。 WEB会議システム等を用いて理事会を開催する場合は、当該理事会における議決権行使の方法等を、規約・細則において定めることも考えられる（コメント53条関係⑤）。したがって、理事会における議決権行使の方法等を、「規約や細則において必ず定めなければならない」というわけではない。

ウ　適切である。 理事会の議事録には、議事の経過の要領及びその結果を記載（記録）し、（議事録が書面で作成されているときは）議長及び議長の指名する2名の理事会に出席した理事がこれに署名しなければならない（53条4項、49条2項）。

エ　不適切である。 ①専有部分の修繕、②敷地及び共用部分等の保存行為、③窓ガラス等の改良に関し、理事会の決議による承認又は不承認については、理事の過半数の承諾があるときは、書面又は電磁的方法による決議によることができる（53条2項、54条1項5号）。しかし、総会提出議案である収支予算案の決議については、理事の過半数の承諾があるときに書面又は電磁的方法による決議によることができる旨の規定は存しない。

以上により、適切なものは**ア・ウ**の二つであり、肢**2**が正解。

 記述エについて、これら①〜③は、申請数が多いことが想定され、かつ、迅速な審査を要することから、特に書面又は電磁的方法（電子メール等）による決議を可能とした規定である。したがって、**これら以外のもの**（例えば「収支予算案の決議」等）は、理事の過半数の承諾があったとしても、**書面又は電磁的方法により理事会で決議することはできない**という点に注意しよう。

問32 民法・標準管理規約（議決権行使）

正解 3 ｜ 重要度 ★★

ア　不適切である。同一の区分所有者が、同一議案について一部の議決権行使では反対とし、他の議決権行使では賛成とするような議決権の不統一な行使は、認めるべきではない。

イ　適切である。組合員が代理人により議決権を行使しようとする場合において、その代理人は、①その組合員の配偶者（婚姻の届出をしていないが事実上婚姻関係と同様の事情にある者を含む）又は一親等の親族、②その組合員の住戸に同居する親族、③他の組合員のいずれかでなければならない（標準管理規約（団地型）48条5項3号）。本記述の当該団地5号棟の組合員Bは、Aから見て上記「③他の組合員」に該当するので、Bは、Aの代理人として議決権を行使できる。

ウ　不適切である。議決権行使書が有効となるための要件として「押印」は規定されていない。したがって、賛否の記載があり、当該区分所有者の署名がなされていれば、議決権行使書としては有効である。

エ　不適切である。組合員が代理人により議決権を行使しようとする場合において、その代理人は、①その組合員の配偶者（婚姻の届出をしていないが事実上婚姻関係と同様の事情にある者を含む）又は一親等の親族、②その組合員の住戸に同居する親族、③他の組合員のいずれかでなければならない（標準管理規約（複合用途型）50条5項）。したがって、委任を受けた弁護士であったとしても、上記①～③のいずれにも該当しないのであれば、代理人として議決権を行使することはできない。

以上により、不適切なものは**ア・ウ・エ**の三つであり、肢**3**が正解。

問33 標準管理規約（専有部分にある設備の管理）

正解 4 ｜ 重要度 ★★

ア　適切である。専有部分に係る配管の「清掃等」に要する費用については、標準管理規約27条3号の「共用設備の保守維持費」として管

理費を充当することが可能であるが、配管の「取替え等」に要する費用のうち専有部分に係るものについては、各区分所有者が実費に応じて負担すべきものである（標準管理規約（単棟型）コメント21条関係⑦）。

イ **適切である。** 専有部分である設備のうち共用部分と構造上一体となった部分の管理を共用部分の管理と一体として行う必要があるときは、管理組合がこれを行うことができる（21条2項）。

ウ **適切である。** 共用部分の配管の取替えと専有部分の配管の取替えを同時に行うことにより、専有部分の配管の取替えを単独で行うよりも費用が軽減される場合には、これらについて一体的に工事を行うことも考えられる（コメント21条関係⑦）。この場合、あらかじめ長期修繕計画において専有部分の配管の取替えについて記載しておく必要がある（コメント21条関係⑦）。

エ **適切である。** 共用部分の配管の取替えと専有部分の配管の取替えとを一体的に工事を行う場合には、その工事費用を修繕積立金から拠出することについて規約に規定することにより、修繕積立金を取り崩して専有部分の工事費用に充てることができる（コメント21条関係⑦）。

以上により、不適切なものは「なし」であり、肢**4**が正解。

✔ **チェック**□□□

問34 **区分所有法（規約の保管）** 　正解 **2** 　重要度 ★★★

1 **適切である。** 規約は、管理者が保管しなければならない。ただし、管理者がないときは、建物を使用している区分所有者又はその代理人で規約又は集会の決議で定めるものが保管しなければならない（区分所有法33条1項）。したがって、その管理組合に管理者が選任されている場合は、規約は、管理者が保管しなければならない。

2 **最も不適切である。** 規約は、管理者が保管しなければならない。ただし、管理者がないときは、建物を使用している区分所有者又はその代理人で規約又は集会の決議で定めるものが保管しなければならない

（33条1項）。したがって、その管理組合に管理者が選任されていない場合は、規約は、「建物を使用している区分所有者又はその代理人」で規約又は集会の決議で定めるものが保管しなければならない。つまり、規約を保管することができる区分所有者は、建物を使用しているものに限られ、また、当該区分所有者の代理人でも構わない。

3 **適切である**。規約を保管する者は、利害関係人の請求があったときは、正当な理由がある場合を除いて、規約の閲覧（規約が電磁的記録で作成されているときは、当該電磁的記録に記録された情報の内容を法務省令で定める方法により表示したものの当該規約の保管場所における閲覧）を拒んではならない（33条2項）。

4 **適切である**。規約の保管場所は、建物内の見やすい場所に掲示しなければならない（33条3項）。

✔ チェック□□□

問 35 民法・区分所有法（借地上のマンション） 正解 **3** 重要度 ★

1 **不適切である**。土地所有者と各区分所有者の間で締結された借地契約は、各区分所有者に借地権の準共有持分を発生させる互いに別個の契約であり、各区分所有者は、1つの「借地権」を準共有する関係にある（民法264条）。

2 **不適切である**。準共有されている敷地利用権の借地料の支払債務は、特段の事情のない限り、分割債務となる（東京地判平成7年6月7日）。したがって、区分所有者の1人に借地料の不払いが生じた場合でも、土地所有者は、他の区分所有者に請求することはできない。

3 **最も適切である**。区分所有者の1人が借地契約を解除された場合、当該区分所有者は、敷地利用権を有しない区分所有者となる（区分所有法10条参照）。

4 **不適切である**。敷地利用権を有しない区分所有者があるときは、その専有部分の収去を請求する権利を有する者は、その区分所有者に対し、区分所有権を時価で売り渡すべきことを請求することができる（10条）。専有部分の収去を請求する権利を有する者（＝土地所有者）

が敷地利用権を有しない区分所有者に対して区分所有権を売り渡すように請求できるのであって、敷地利用権を有しない区分所有者が土地所有者に対して区分所有権を買い取るように請求できるのではない。

問36 区分所有法(集会)　　　正解2　重要度★★★

1　**不適切である**。集会の招集の通知は、会日より少なくとも1週間前に、会議の目的たる事項を示して、各区分所有者に発しなければならない。ただし、この期間は、規約で伸縮することができる(区分所有法35条1項)。したがって、集会の招集の通知を少なくとも会日の2週間前までに発すると定めた規約は有効である。もっとも、会議の目的たる事項も、集会の招集の通知とともに発する必要がある。したがって、会議の目的たる事項を記載した招集の通知を会日の1週間前に発することは、不適切である。

2　**最も適切である**。集会では、招集の通知によりあらかじめ通知した事項についてのみ、決議できる。もっとも、この規定は、この法律に集会の決議につき特別の定数が定められている事項を除いて、規約で別段の定めをすることを妨げない(37条1項)。したがって、規約で別段の定めがない本肢の場合、集会招集通知で示していなかった会議の目的たる事項については、決議できない。

3　**不適切である**。集会は、区分所有者全員の同意があるときは、招集の手続を経ないで開くことができる(36条)。

4　**不適切である**。区分所有者の5分の1以上で議決権の5分の1以上を有するものは、管理者に対し、会議の目的たる事項を示して、集会の招集を請求することができる。ただし、この定数は、規約で減ずることができる(34条3項)。本肢のように、規約を変更して、集会の招集を請求できる者の定数を区分所有者の「4分の1以上」で議決権の「4分の1以上」とすることは、定数を規約で「増やす」ことになるため、できない。

問37 民法（弁済の充当）　　正解 1　重要度 ★

　まず、①弁済をする者と弁済を受領する者との間に弁済の充当の順序に関する合意があるときは、その順序に従い、その弁済を充当する（合意による弁済の充当、民法490条）。

　次に、①の合意がなければ、②弁済をする者は、給付の時に、その弁済を充当すべき債務を指定することができる（弁済者の指定、488条1項）。

　そして、①の合意がなく弁済をする者が②の指定をしないときは、③弁済を受領する者は、その受領の時に、その弁済を充当すべき債務を指定することができる（488条2項）。なお、②③の弁済の充当の指定は、相手方に対する意思表示によって行う（488条3項）。

　④弁済をする者及び弁済を受領する者がいずれも指定をしないときは、次の定めに従い、弁済を充当する。（以下、488条4項各号）。

　i）債務の中に弁済期にあるものと弁済期にないものとがあるときは、弁済期にあるものに先に充当する

　ii）全ての債務が弁済期にあるとき、又は弁済期にないときは、債務者のために弁済の利益が多いものに、先に充当する

　iii）債務者のために弁済の利益が相等しいときは、弁済期が先に到来したもの又は先に到来すべきものに先に充当する

　iv）上記ii）とiii）の事項が相等しい債務の弁済は、各債務の額に応じて充当する

　本問では、**ア**が上記①に該当し第1順位となり、**ウ**が上記②に該当し第2順位となり、**イ**が上記③に該当し第3順位となり、**エ**が上記④ii）に該当し第4順位となり、**オ**が上記④iii）に該当し第5順位となる。

　以上により、肢**1**が正解。

問38 区分所有法（団地関係） 正解 3 重要度 ★★

　一団地内に数棟の建物があって、その団地内の土地又は附属施設（これらに関する権利を含む）がそれらの建物の所有者（専有部分のある建物にあっては、区分所有者）の共有に属する場合には、それらの所有者（団地建物所有者）は、全員で、その団地内の土地、附属施設及び専有部分のある建物の管理を行うための団体を構成し、区分所有法の定めるところにより、集会を開き、規約を定め、及び管理者を置くことができる（区分所有法65条）。

1　**適切である**。本肢では、A、B、Cの各建物所有者が甲地を共有しているので、この土地の管理を行うため、団地関係が成立する。

2　**適切である**。本肢では、A、Bの各建物所有者が敷地駐車場（土地）を共有しているので、この土地の管理を行うため、団地関係が成立する。また、A、B、Cの各建物所有者が附属建物Dと通路（土地）を共有しているので、この土地の管理を行うため、団地関係が成立する。これらの団地関係は、それぞれ別の管理の必要性から生じたものであるから、重畳的に成立する。

3　**最も不適切である**。本肢では、A、Bの各建物所有者が通路（土地）を共有しているので、この土地の管理を行うため、団地関係が成立する。しかし、Cの建物所有者は、A、Bの建物所有者と土地等を共有していないので、AとBとCの団地関係は成立しない。

4　**適切である**。A、B、Cの各建物所有者が通路（土地）を共有しているので、この土地の管理を行うため、団地関係が成立する。また、B、Cの各建物所有者が乙地を共有しているので、この土地の管理を行うため、団地関係が成立する。これらの団地関係についても、重畳的に成立する。

+アルファ　肢3に関して、一団地内の「附属施設たる建物」を、団地規約で定めることで「団地共用部分」とすることはできるが（67条1項）、団地内の「土地」を「団地共用部分」とすることはできないことに注意。

問39 判例（区分所有法等）　　正解 4　重要度 ★★

ア　適切である。区分所有者の団体が、一部の区分所有者が共用部分を第三者に賃貸して得た賃料のうち各区分所有者の持分割合に相当する部分につき生ずる不当利得返還請求権を区分所有者の団体のみが行使することができる旨を集会で決議し、又は規約で定めた場合には、各区分所有者は、上記請求権を行使することができない（最判平成27年9月18日）。

イ　適切である。理事長を建物の区分所有等に関する法律に定める管理者とし、役員である理事に理事長を含むものとした上、役員の選任及び解任について総会の決議を経なければならないとする一方で、理事を組合員のうちから総会で選任し、理事の互選により理事長を選任する旨の定めがある規約を有するマンション管理組合においては、理事の互選により選任された理事長につき、当該規約中の理事の互選により理事長を選任する旨の定めに基づいて、理事の過半数の一致（＝理事会の決議）により、（理事の職は維持しつつ）理事長の職を解くことができる（最判平成29年12月18日）。

ウ　適切である。建物の建築に携わる設計者、施工者及び工事監理者は、建物の建築に当たり、契約関係にない居住者を含む建物利用者、隣人、通行人等に対する関係でも、当該建物に建物としての基本的な安全性が欠けることがないように配慮すべき注意義務を負い、これを怠ったために建築された建物に上記安全性を損なう瑕疵があり、それにより居住者等の生命、身体又は財産が侵害された場合には、設計者等は、不法行為の成立を主張する者が上記瑕疵の存在を知りながらこれを前提として当該建物を買い受けていたなど特段の事情がない限り、これによって生じた損害について不法行為による賠償責任を負う（最判平成19年7月6日）。

エ　適切である。マンションの管理組合を運営するに当たって必要となる業務及びその費用は、本来、その構成員である組合員全員が平等にこれを負担すべきものであるが、特定の状況の下で、その業務を分担

することが一般的に困難な不在組合員に対し、本件規約変更により一定の金銭的負担を求め、本件マンションにおいて生じている不在組合員と居住組合員との間の上記の不公平を是正しようとしたことには、必要性と合理性が認められないものではない。この規約変更の必要性及び合理性と不在組合員が受ける不利益の程度を比較衡量すれば、本件規約変更は、住民活動協力金の額も含め、不在組合員において受忍すべき限度を超えるとまではいうことができない（最判平成22年1月26日）。

以上により、適切なものは**ア・イ・ウ・エ**の四つであり、肢**4**が正解。

✔ チェック□□□

(問)**40** **品確法** 　　　**正解 2** 　重要度 ★★

1 適切である。 新築住宅の売買契約においては、売主は、買主に引き渡した時から10年間、住宅の構造耐力上主要な部分等の瑕疵について、民法に規定する売主の担保責任を負う。ただし、当該新築住宅が住宅新築請負契約に基づき請負人から当該売主に引き渡されたものである場合にあっては、その引渡しの時が瑕疵担保責任を負う10年間の起算時となる（品確法95条1項）。

2 最も不適用である。 売主の担保責任は、売主が売買契約に基づいて買主に対して負う責任である。しかし、転得者は、元の売主とは契約関係にないので、転得者は、元の売主に対して直接に瑕疵担保責任を当然に追及することはできない。

3 適切である。 新築住宅の売買契約においては、売主は、買主に引き渡した時から10年間、住宅の構造耐力上主要な部分等の瑕疵について、民法に規定する売主の担保責任を負う。そして、この規定に反する特約で買主に不利なものは、無効である（95条1項・2項）。したがって、買主が売主に対して損害賠償請求はできない旨の特約は、無効となる。この点は、買主が容認したとしても同様である。

4 適切である。 品確法において「新築住宅」とは、新たに建設された住宅で、まだ人の居住の用に供したことのないものをいうが、建設工

事の完了の日から起算して1年を経過したものは除かれる（2条2項）。したがって、建設工事の完了の日から起算して1年を経過したものは、品確法上の担保責任の対象ではない。

✔ チェック□□□

問41 建替え等円滑化法　　**正解 2**　重要度 ★

1　**適切である。** マンションの管理者等（管理者（管理者がないときは、区分所有者集会において指定された区分所有者）又は理事）は、特定行政庁に対し、当該マンションを除却する必要がある旨の認定を申請できる（建替え等円滑化法102条1項）。

2　**最も不適切である。** 特定行政庁は、除却の認定の申請があった場合において、当該申請に係るマンションが所定の5つの事由の「いずれか」に該当するときは、除却の必要性に係る認定をする。そして、本肢の「外壁等が剥離し、落下することにより周辺に危害を生ずるおそれがあるものとして国土交通大臣が定める基準に該当する」場合は、当該認定の対象となる事由の1つである（102条3号）。

3　**適切である。** 特定要除却認定を受けた場合において、特定要除却認定マンションに係る敷地利用権が数人で有する所有権又は借地権であるときは、区分所有者集会において、区分所有者、議決権及び当該敷地利用権の持分の価格の各5分の4以上の多数で、当該特定要除却認定マンション及びその敷地（当該敷地利用権が借地権であるときは、その借地権）を売却する旨の決議（マンション敷地売却決議）をすることができる（108条1項）。

4　**適切である。** 敷地面積が一定規模以上であるマンションのうち、要除却認定マンションに係るマンションの建替えにより新たに建築されるマンションで、特定行政庁が交通上、安全上、防火上及び衛生上支障がなく、かつ、その建蔽率、容積率及び各部分の高さについて総合的な配慮がなされていることにより市街地の環境の整備改善に資すると認めて許可したものの容積率は、その許可の範囲内において、建築基準法の規定による限度を超えることができる（105条1項）。

肢2について、要除却認定の対象となる事由には、①耐震性の不足、②火災に対する安全性の不足、③外壁等の剥落により周辺に危害を生ずるおそれ、④給排水管の腐食等により著しく衛生上有害となるおそれ、⑤バリアフリー基準への不適合の5つがある。そして、このうちの①～③による要除却認定を「特定要除却認定」という。

✔ チェック□□□

問42 地震保険に関する法律 　正解 1 　重要度 ★★★

　地震保険に関する法律における「地震保険契約」とは、次の要件を備える損害保険契約（火災に係る共済契約を含む）をいう。①居住の用に供する建物又は生活用動産のみを保険の目的とすること、②地震若しくは噴火又はこれらによる津波（地震等）を直接又は間接の原因とする火災、損壊、埋没又は流失による損害（政令で定めるものに限る）を政令で定める金額によりてん補すること、③特定の損害保険契約に附帯して締結されること、④附帯される損害保険契約の保険金額の100分の30以上100分の50以下の額に相当する金額（その金額が政令で定める金額を超えるときは、当該政令で定める金額）を保険金額とすること（地震保険に関する法律2条2項）。

ア　適切である。 上記①により、地震保険契約は、居住の用に供する建物又は生活用動産のみを保険の目的とする。

イ　適切である。 上記③により、地震保険契約は、特定の損害保険契約に附帯して締結する必要がある。

ウ　不適切である。 上記②により、地震保険契約は、地震による津波を間接の原因とする流失による損害についても、てん補の対象である。

エ　不適切である。 上記②の「政令で定める損害」は、例えば、居住用建物の「全損」の場合は「保険金額の全額」、居住用建物の「一部損」の場合は「保険金額の100分の5に相当する金額」、などとされている（施行令1条1項1号・4号）。このように、居住用建物の「一部損」の場合も、保険金が支払われることが前提となっている。

以上により、適切なものの組合せは**ア・イ**であり、肢**1**が正解。

✔ チェック□□□

(問)**43** **統計** 正解 **3** 重要度 ★★★

1 **不適切である。** 令和4年（2022年）末時点における分譲マンションストック総数は、約694.3万戸である（国土交通省：分譲マンションストック戸数）。

2 **不適切である。** 分譲マンションストック戸数は、昭和43年（1968年）以降、ほぼ一貫して増加しており、これは令和元年以降も同様である（同）。

3 **最も適切である。** 築40年以上のマンションは、令和4年（2022年）末現在で125.7万戸（マンションストック総数の約18％）で、10年後（令和14年末）には約2.1倍の260.8万戸、20年後（令和24年末）には約3.5倍の445.0万戸となる見込みである（国土交通省：築後30、40、50年以上の分譲マンション戸数）。

4 **不適切である。** 建替え工事が完了済み（マンション建替え等円滑化法による建替えと同法によらない建替えの両方を含む）のマンションの件数は、令和5年（2023年）4月1日現在で、「282件」である（国土交通省：マンション建替えの実施状況）。

✔ チェック□□□

(問)**44** **賃貸住宅管理業法** 正解 **1** 重要度 ★★★

『この法律は、社会経済情勢の変化に伴い国民の生活の基盤としての（**ア**）「賃貸住宅」の役割の重要性が増大していることに鑑み、（**ア**）「賃貸住宅」の入居者の居住の安定の確保及び（**ア**）「賃貸住宅」の賃貸に係る事業の公正かつ円滑な実施を図るため、賃貸住宅管理業を営む者に係る（**イ**）「登録制度」を設け、その業務の適正な運営を確保するとともに、（**ウ**）「特定賃貸借契約」の適正化のための措置等を講ずることにより、良好な居住環境を備えた（**ア**）「賃貸住宅」の安定的な確保を図

り、もって国民生活の安定向上及び国民経済の発展に寄与することを目的とする。』（賃貸住宅管理業法1条）

　以上により、（**ア**）〜（**ウ**）に入る語句の組合せとして最も適切なものは「賃貸住宅・登録制度・特定賃貸借契約」であり、肢**1**が正解。

✔ チェック□□□

問45　宅建業法（37条書面）　正解 1　重要度 ★★

　宅建業者は、宅地又は建物の売買により契約が成立したときは当該契約の各当事者に、遅滞なく、所定の事項を記載した書面を交付しなければならない（宅建業法37条1項）。

1　**最も不適切である。**「専有部分の用途その他の利用の制限に関する規約の定め」があっても、その旨は、37条書面の記載事項ではない（宅建業法37条1項参照）。なお、この点は、35条書面（重要事項説明書面）の記載事項である（35条1項6号、施行規則16条の2第3号参照）。

2　**適切である。**「契約の解除に関する定めがあるときは、その内容」は、37条書面の記載事項である（37条1項7号）。

3　**適切である。**「代金又は交換差金についての金銭の貸借のあっせんに関する定めがある場合においては、当該あっせんに係る金銭の貸借が成立しないときの措置」は、37条書面の記載事項である（37条1項9号）。

4　**適切である。**「天災その他不可抗力による損害の負担に関する定めがあるときは、その内容」は、37条書面の記載事項である（37条1項10号）。

✔ チェック□□□

問46　適正化法（基本方針等）　正解 2　重要度 ★★

ア　**適切である。**国土交通大臣は、マンションの管理の適正化の推進を図るための基本的な方針（基本方針）を定めなければならない。そし

て、この基本方針は、住生活基本法15条1項に規定する全国計画との調和が保たれたものでなければならない（適正化法3条1項・3項）。

イ　不適切である。 都道府県等は、基本方針に基づき、当該都道府県等の区域内におけるマンションの管理の適正化の推進を図るための計画（マンション管理適正化推進計画）を作成することが「できる」。そして、都道府県等は、マンション管理適正化指針に即し、管理組合の管理者等（管理者等が置かれていないときは、当該管理組合を構成するマンションの区分所有者等）に対し、マンションの管理の適正化を図るために必要な助言及び指導をすることが「できる」（5条の2第1項）。したがって、マンション管理適正化推進計画の作成と必要な助言及び指導は、いずれも都道府県等が任意で行うことができるものであり、必ず行わなければならないものではない。

ウ　適切である。 管理組合の管理者等は、国土交通省令で定めるところにより、当該管理組合によるマンションの管理に関する計画（管理計画）を作成し、マンション管理適正化推進計画を作成した都道府県等の長（計画作成都道府県知事等）の認定を申請できる（5条の3第1項）。

エ　不適切である。 計画作成都道府県知事等は、認定管理者等が認定管理計画に従って管理計画認定マンションの管理を行っていないと認めるときは、当該認定管理者等に対し、相当の期限を定めて、その改善に必要な措置を命ずることができる（改善命令：5条の9）。そして、計画作成都道府県知事等は、①認定管理者等が改善命令に違反したとき、②認定管理者等から認定管理計画に基づく管理計画認定マンションの管理を取りやめる旨の申出があったとき、③認定管理者等が不正の手段により管理計画の認定又は認定の更新を受けたときには、管理計画の認定を取り消すことができる（管理計画の認定の取消し：5条の10第1項）。したがって、「認定管理者等が認定管理計画に従って管理計画認定マンションの管理を行っていない」と認められるだけで、直ちにその認定管理計画の認定の取消しをすることができるわけではない。

以上により、不適切なものは**イ・エ**の二つであり、肢**2**が正解。

問47 適正化法（重要事項の説明） 正解 4 　重要度 ★★★

【重要事項の説明等】

（以下、マンション管理適正化法72条1項〜3項）

第72条　マンション管理業者は、管理組合から管理事務の委託を受けることを内容とする契約（新たに建設されたマンションの分譲に通常要すると見込まれる期間その他の管理組合を構成するマンションの区分所有者等が変動することが見込まれる期間として国土交通省令で定める期間中に契約期間が満了するものを除く。以下「管理受託契約」という。）を締結しようとするとき（次項に規定するときを除く。）は、あらかじめ、国土交通省令で定めるところにより説明会を開催し、当該管理組合を構成するマンションの区分所有者等及び当該管理組合の管理者等に対し、（**ア**）「管理業務主任者」をして、管理受託契約の内容及びその履行に関する事項であって国土交通省令で定めるもの（以下「重要事項」という。）について説明をさせなければならない。この場合において、マンション管理業者は、当該説明会の日の（**イ**）「一週間前」までに、当該管理組合を構成するマンションの区分所有者等及び当該管理組合の管理者等の全員に対し、重要事項並びに説明会の日時及び場所を記載した書面を交付しなければならない。

2　マンション管理業者は、従前の管理受託契約と同一の条件で管理組合との管理受託契約を更新しようとするときは、あらかじめ、当該管理組合を構成するマンションの区分所有者等全員に対し、重要事項を記載した書面を交付しなければならない。

3　前項の場合において当該管理組合に管理者等が置かれているときは、マンション管理業者は、当該管理者等に対し、（**ア**）「管理業務主任者」をして、重要事項について、これを記載した書面を交付して説明をさせなければならない。ただし、当該説明は、（**ウ**）「認定管理者等」から重要事項について説明を要しない旨の意思の表明があったと

きは、マンション管理業者による当該（**ウ**）「認定管理者等」に対する重要事項を記載した書面の交付をもって、これに代えることができる。

以上により、（**ア**）～（**ウ**）に入る語句の組合せとして最も適切なものは「管理業務主任者、一週間前、認定管理者等」であり、肢**4**が正解。

✔ チェック□□□

問48 適正化法（総合）　　正解 1　重要度 ★★

ア　適切である。マンション管理業者は、管理組合から管理事務の委託を受けることを内容とする契約を締結したときは、当該管理組合の管理者等（当該マンション管理業者が当該管理組合の管理者等である場合又は当該管理組合に管理者等が置かれていない場合にあっては、当該管理組合を構成するマンションの区分所有者等全員）に対し、遅滞なく、管理事務の対象となるマンションの部分等の所定の事項を記載した書面を交付しなければならない。そして、マンション管理業者は、この規定により交付すべき書面を作成するときは、管理業務主任者をして、当該書面に記名させなければならない（適正化法73条1項・2項）。

イ　適切である。マンション管理業者は、管理組合から委託を受けた管理事務について、帳簿を作成し、これを保存しなければならない。そして、管理受託契約を締結したつど、この帳簿に、管理受託契約を締結した年月日、管理受託契約を締結した管理組合の名称など所定の事項を記載し、その事務所ごとに、備えなければならない。また、この帳簿を各事業年度の末日をもって閉鎖するものとし、閉鎖後5年間当該帳簿を保存しなければならない（75条、施行規則86条1項・3項）。

ウ　不適切である。マンション管理業者は、管理組合から委託を受けた管理事務のうち基幹事務については、これを「一括して」他人に委託してはならない（74条）。たとえ当該管理組合の管理者等が承諾したとしても、基幹事務については、一括して他人に委託をすることはで

きない。

　以上により、適切なものを全て含む組合せは**ア・イ**であり、肢１が正解。

 基幹事務とは、①管理組合の会計の収入及び支出の調定、②出納、③マンション（専有部分を除く）の維持又は修繕に関する企画又は実施の調整をいう。マンション管理業者は、これらの基幹事務の**一括再委託**をすることが禁止されているが、分割して基幹事務の「**一部を再委託**」することは**許される**。

✔ チェック□□□

問49 適正化法（財産の分別管理）　正解 1　重要度 ★★

1　最も不適切である。 修繕積立金等が金銭である場合で、マンションの区分所有者等から徴収された修繕積立金等金銭を収納・保管口座に預入し、当該収納・保管口座において預貯金として管理する方法によるときは、マンションの区分所有者等から徴収される１ヵ月分の修繕積立金等金銭以上の額につき有効な保証契約を締結している必要はない（適正化法76条、施行規則87条２項１号ハ）。

2　適切である。 マンション管理業者は、保管口座又は収納・保管口座に係る管理組合等の印鑑、預貯金の引出用のカードその他これらに類するものを管理してはならない。ただし、管理組合に管理者等が置かれていない場合で、管理者等が選任されるまでの比較的短い期間に限り保管するときは、この限りでない（施行規則87条４項）。

3　適切である。 マンション管理業者は、毎月、管理事務の委託を受けた管理組合のその月（対象月）における会計の収入及び支出の状況に関する書面を作成し、翌月末日までに、当該書面を当該管理組合の管理者等に交付しなければならない。この場合で、当該管理組合に管理者等が置かれていないときは、当該書面の交付に代えて、対象月の属する当該管理組合の事業年度の終了の日から２ヵ月を経過する日までの間、当該書面をその事務所ごとに備え置き、当該管理組合を構成す

るマンションの区分所有者等の求めに応じ、当該マンション管理業者の業務時間内に閲覧させなければならない（施行規則87条5項）。

4 **適切である。** マンション管理業者は、管理組合から委託を受けて管理する修繕積立金その他国土交通省令で定める財産を、整然と管理する方法として国土交通省令で定める方法により、自己の固有財産及び他の管理組合の財産と分別して管理しなければならない（適正化法76条）。

✔ チェック□□□

問 50 適正化法（管理業務主任者の設置）　　正解 4　　重要度 ★★★

「マンション管理業者は、その（**ア**）「事務所」ごとに、（**ア**）「事務所」の規模を考慮して国土交通省令で定める数の成年者である専任の管理業務主任者を置かなければならない。ただし、人の居住の用に供する独立部分（区分所有法第1条に規定する建物の部分をいう。以下同じ。）が国土交通省令で定める数以上である第2条第1号イに掲げる建物の区分所有者を構成員に含む管理組合から委託を受けて行う管理事務を、その業務としない（**ア**）「事務所」については、この限りでない（適正化法56条1項）。」

「法56条1項の国土交通省令で定める管理業務主任者の数は、マンション管理業者が管理事務の委託を受けた管理組合の数を（**イ**）「30」で除したもの（1未満の端数は切り上げる。）以上とする（施行規則61条）。」

「法56条1項の国土交通省令で定める人の居住の用に供する独立部分の数は、（**ウ**）「6」とする（施行規則62条）。」

以上により、（**ア**）〜（**ウ**）に入る語句の組合せとして最も適切なものは、「事務所、30、6」であり、肢**4**が正解。

解答と解説

正解番号一覧

問	正解	問	正解	問	正解	問	正解	問	正解
1	1	11	1	21	3	31	3	41	3
2	3	12	2	22	2	32	1	42	1
3	4	13	4	23	4	33	2	43	2
4	3	14	1	24	3	34	4	44	1
5	4	15	1	25	2	35	3	45	1
6	1	16	1	26	4	36	2	46	2
7	2	17	3	27	4	37	3	47	3
8	2	18	4	28	2	38	2	48	4
9	1	19	3	29	2	39	2	49	3
10	2	20	1	30	2	40	2	50	3

合格基準点：35点

問 1 民法（意思表示） 正解 1 重要度 ★★★

1 最も適切である。 意思表示は、表意者がその真意ではないことを知ってしたときでも、有効である。ただし、相手方がその意思表示が表意者の真意ではないことを知り（＝悪意）、又は知ることができた（＝有過失）ときは、その意思表示は、無効となる（心裡留保、民法93条1項）。したがって、心裡留保による意思表示をしたAは、相手方BがAの真意について悪意、又は有過失である場合は、当該契約の無効を主張できる。

2 不適切である。 相手方と通じてした虚偽の意思表示は、無効となる。この意思表示の無効は、善意の第三者に対抗できない（虚偽表示、94条1項・2項）。第三者が保護されるためには、善意であればよく、過失があっても構わない。したがって、Aは、善意の第三者であるCが事情を知らないことに過失があっても、当該契約の無効を主張できない。

3 不適切である。 詐欺による意思表示の取消しは、善意でかつ過失がない第三者に対抗できない（96条3項）。したがって、詐欺による意思表示をしたAは、詐欺の事実について善意ではあるが過失のある第三者Dに対して、取消しの効果を主張できる。

4 不適切である。 詐欺又は強迫による意思表示は、取り消すことができる（96条1項）。そして、強迫による取消しについては、詐欺による取消しの場合とは異なり、第三者を保護する規定がない（96条3項参照）。したがって、強迫による意思表示を行ったAは、第三者Eが善意・無過失であっても、取消しの効果を主張できる。

＋アルファ

意思表示に問題がある場合の制度としては、①心裡留保、②（通謀）虚偽表示、③錯誤、④詐欺、⑤強迫がある。それぞれの原則と例外の効果、第三者に対する効果等を正確に整理しておこう。

問 **2** 民法（連帯債務）　　正解 **3**　重要度 ★★

1　適切である。 更改、相殺、混同の場合（その性質上、当然に「弁済」も含む）を除き、連帯債務者の一人について生じた事由は、他の連帯債務者に対してその効力を生じない（相対的効力の原則）。ただし、債権者及び他の連帯債務者の一人が別段の意思を表示したときは、当該他の連帯債務者に対する効力は、その意思に従う（民法441条）。したがって、連帯債務者の一人であるＡが債権者Ｄに対して行った600万円の弁済については、他の連帯債務者Ｂ、Ｃにも効果が生じるが、残債務300万円の免除については、Ｂ、Ｃには効力を生じない。よって、Ｂは、債権者Ｄから300万円の支払の請求を受けたときは、これを拒むことができない。

2　適切である。 連帯債務者の一人が弁済をし、その他自己の財産をもって共同の免責を得たときは、その連帯債務者は、その免責を得た額が自己の負担部分を超えるかどうかにかかわらず、他の連帯債務者に対し、その免責を得るために支出した財産の額（その財産の額が共同の免責を得た額を超える場合にあっては、その免責を得た額）のうち各自の負担部分に応じた額の求償権を有する（442条１項）。したがって、一部弁済（270万円）をした連帯債務者Ｂは、他の連帯債務者ＡとＣのそれぞれに対して、負担部分の割合（３分の１）に応じて90万円を求償することができる。

3　最も不適切である。 債権者に対する反対債権を有する連帯債務者が相殺を援用しない間は、その連帯債務者の負担部分の限度において、他の連帯債務者は、債権者に対して債務の履行を拒むことができる（439条２項）。したがって、Ａは、反対債権を有する連帯債務者Ｃの負担部分である「300万円」を限度に、債権者Ｄの支払請求を拒むことができる。

4　適切である。 連帯債務者の中に償還をする資力のない者があるときは、その償還をすることができない部分は、求償者及び他の資力のある者の間で、各自の負担部分に応じて分割して負担する。しかし、償

還を受けられないことについて求償者に過失があるときは、他の連帯債務者に対して分担を請求できない（444条1項・3項）。したがって、Bに資力がない場合に、Bから償還を受けられないことについて求償者であるCに過失がないときは、一部弁済（700万円）をしたCは、Aに対して、その負担部分の割合（2分の1）に応じて350万円を求償できる。

✔ **チェック**□□□

問3　民法（債権者代位権）　　正解 4　重要度 ★★

1　**不適切である。** 債権者は、自己の債権を保全するため必要があるときは、債務者の一身に専属する権利及び差押えを禁じられた権利を除き、債務者に属する権利（被代位権利）を行使できる（債権者代位権、民法423条1項本文）。債権者代位権は、債務者の代理人としてではなく、債権者が自己の名で行使するものと解されている。

2　**不適切である。** 債権者は、被代位権利を行使する場合において、被代位権利の目的が可分であるときは、自己の債権の額の限度においてのみ、被代位権利を行使できる（423条の2）。

3　**不適切である。** 債権者が被代位権利を行使したときは、相手方は、債務者に対して主張できる抗弁をもって、債権者に対抗できる（423条の4）。

4　**最も適切である。** 債権者は、被代位権利を行使する場合で、被代位権利が金銭の支払又は動産の引渡しを目的とするときは、相手方に対し、その支払又は引渡しを自己に対してすることを求めることができる（423条の3前段）。本肢における被代位権利である管理費債権は、金銭の支払を目的とするため、Aは、Cに対して、A自身への直接の支払を求めることができる。なお、相手方が債権者に対してその支払又は引渡しをしたときは、被代位権利は、これによって消滅する。

問 4 　民法（代理） 　　正解 3 　重要度 ★★★

1 　**適切である**。制限行為能力者が代理人としてした行為は、行為能力の制限によっては取り消すことができない（民法102条本文）。したがって、Cが制限行為能力者であった場合に、Aは、Cの制限行為能力を理由に代理行為を取り消すことができない。

2 　**適切である**。代理人が自己又は第三者の利益を図る目的で代理権の範囲内の行為をした場合において、相手方がその目的を知り、又は知ることができたときは、その行為は、代理権を有しない者がした行為とみなされる（107条）。したがって、Bが、Cの当該目的を知ることができたときは、Cの行為は代理権を有しない者がした行為とみなされる。

3 　**最も不適切である**。無権代理の場合において、相手方は、本人に対し、相当の期間を定めて、その期間内に追認をするかどうかを確答すべき旨の催告をすることができる。この場合において、本人がその期間内に確答をしないときは、追認を「拒絶」したものとみなされる（114条）。追認したものとはみなされない。

4 　**適切である**。委任による代理人は、本人の許諾を得たとき、又はやむを得ない事由があるときでなければ、復代理人を選任できない（104条）。

問 5 　民法（管理費の滞納・時効） 　正解 4 　重要度 ★★★

1 　**適切である**。確定判決又は確定判決と同一の効力を有するものによって確定した権利については、10年より短い時効期間の定めがあるものでも、その時効期間は、10年とする（民法169条 1 項）。

2 　**適切である**。催告があったときは、その時から 6 ヵ月を経過するまでの間は、時効は完成しない。しかし、催告によって時効の完成が猶予されている間にされた再度の催告は、時効の完成猶予の効力を有し

ない（150条1項・2項）。

3　適切である。時効は、権利の承認があったときは、その時から新たにその進行を始める（時効の更新、152条1項）。

4　最も不適切である。時効の利益は、あらかじめ放棄することができない（146条）。したがって、管理組合Aの管理規約に、「各区分所有者は、債務の消滅時効を主張することができない」旨が定められていても、Eは、滞納した管理費について消滅時効が完成した場合は、時効による債務の消滅を主張できる。

✔ **チェック**□□□

問 6　標準管理委託契約書　　**正解 1**　重要度 ★★★

1　最も不適切である。管理業者は、事務管理業務の管理事務の「一部」又は管理員業務、清掃業務若しくは建物・設備管理業務の管理事務の全部若しくは一部を、第三者に再委託（再委託された者が更に委託を行う場合以降も含む）できる（マンション標準委託契約書4条1項、3条1号）。したがって、事務管理業務の管理事務の「全部」を、第三者に再委託はできない。

2　適切である。管理組合は、管理業者に管理事務を行わせるために不可欠な管理事務室、管理用倉庫、清掃員控室、器具、備品等（管理事務室等）を無償で使用させる（7条1項）。

3　適切である。管理業者は、事務管理業務のうち、出納業務を行う場合において、管理組合の組合員に対し管理委託契約に従って管理費、修繕積立金、使用料その他の金銭（管理費等）の督促を行っても、なお当該組合員が支払わないときは、その責めを免れ、その後の収納の請求は管理組合が行う（11条1項）。

4　適切である。契約の解除の規定にかかわらず、管理組合又は管理業者は、その相手方に対し、少なくとも3か月前に書面で解約の申入れを行うことにより、本契約を終了できる（21条）。

問 7 標準管理委託契約書 　正解 2　重要度 ★★★

ア　不適切である。 管理業者は、管理規約の提供等の業務に要する費用を、管理規約の提供等を行う相手方から受領できる（標準管理委託契約書15条2項）。

イ　不適切である。 管理規約の提供等に際して、管理業者は、当該組合員が管理費等を滞納しているときは、管理組合に代わって、当該宅地建物取引業者に対し、その清算に関する必要な措置を求めることができる（15条3項）。

ウ　適切である。 本来、宅建業者等への管理規約等の提供・開示は、管理規約等の規定に基づき管理組合が行うべきものであるため、これらの事務を管理業者が行う場合にあっては、管理規約等において宅地建物取引業者等への提供・開示に関する根拠が明確に規定されるとともに、これと整合的に管理委託契約書において管理業者による提供・開示に関して規定されることが必要である（15条、標準管理委託契約書コメント15条関係②）。

エ　適切である。 管理組合の財務・管理に関する情報を、宅地建物取引業者又は売主たる組合員を通じて専有部分の購入等を予定する者に提供・開示することは、当該購入等予定者の利益の保護等に資するとともに、マンション内におけるトラブルの未然防止、組合運営の円滑化、マンションの資産価値の向上等の観点からも有意義である（コメント15条関係①）。

以上により、適切なものは**ウ**、**エ**の二つであり、肢**2**が正解。

問 8 標準管理委託契約書 　正解 2　重要度 ★★★

1　適切である。 管理業者は、一定の災害又は事故等の事由により、管理組合のために、緊急に行う必要がある業務で、管理組合の承認を受ける時間的な余裕がないものについては、管理組合の承認を受けない

で実施できる。この場合において、管理業者は、速やかに、書面をもっ
て、その業務の内容及びその実施に要した費用の額を管理組合に通知
しなければならない（標準管理委託契約書9条1項）。

2　最も不適切である。管理組合は、管理業者が緊急時の業務を遂行
する上でやむを得ず支出した費用については、速やかに、管理業者に
支払わなければならない。ただし、**管理業者の責めによる事故等の場
合はこの限りでない**（9条2項）。

3　適切である。管理業者は、一定の災害又は事故等の事由により、管
理組合のために緊急に行う必要がある場合、専有部分等に立ち入るこ
とができる。この場合において、管理業者は、管理組合及び管理業者
が立ち入った専有部分等に係る組合員等に対し、事後速やかに、報告
をしなければならない（14条3項）。

4　適切である。管理業者は、管理組合又は組合員等が、一定の災害又
は事故等（管理業者の責めによらない場合に限る）による損害を受け
たときは、その損害を賠償する責任を負わない（19条）。

肢3について、管理業者は、緊急時には、組合員（区分所有
者）等の承諾がなくても、専有部分等に立ち入ることができ
る。しかし、緊急時以外の場合には、単に「専有部分等への
立入りを請求」することができるだけで、あくまでも組合員
（＝区分所有者）等の承諾なしに立ち入ることはできない。

✔ チェック□□□

問9　区分所有法、民法、破産法、標準委託契約書（管理費の滞納）　正解 **1**　重要度 ★★★

1　最も不適切である。占有者は、建物又はその敷地若しくは附属施設
の「使用方法」につき、区分所有者が規約又は集会の決議に基づいて
負う義務と同一の義務を負う（区分所有法46条2項、8条・19条参
照）。したがって、専有部分の賃借人などの占有者は、使用方法につ
いては、区分所有者と同一の義務を負うが、**管理費の支払等について
は、義務を負わない**。

2　適切である。民法の連帯債務の規定（440条の規定を除く）は、債

務の目的がその性質上不可分である場合において、数人の債務者があるときに準用される（民法430条、436条）。そして、専有部分が共有されている場合、その専有部分の管理費等の支払債務は、性質上の不可分債務と解されている。したがって、数人が不可分債務を負担するときは、債権者は、その不可分債務者の一人に対し、又は同時に若しくは順次に全ての不可分債務者に対し、全部又は一部の履行を請求できる（436条）。

3　適切である。破産債権者は、その有する破産債権（破産手続開始前の原因に基づいて生じた債権）をもって破産手続に参加し、配当を受けることができる（破産法103条1項）。本肢で管理組合は、破産者である区分所有者に対して破産債権である滞納管理費債権を有する破産債権者にあたるため、破産手続に参加できる。

4　適切である。弁護士又は弁護士法人でない者は、報酬を得る目的で訴訟事件、非訟事件及び審査請求、再調査の請求、再審査請求等行政庁に対する不服申立事件その他一般の法律事件に関して鑑定、代理、仲裁若しくは和解その他の法律事務を取り扱い、又はこれらの周旋をすることを業とできない。ただし、弁護士法又は他の法律に別段の定めがある場合は、この限りでない（弁護士法72条）。そして、法令により裁判上の行為をすることができる代理人のほか、弁護士でなければ、訴訟代理人となることができない（民事訴訟法54条1項本文）。マンション管理業者は、これらの者に当たらず、地方裁判所においては、管理組合の訴訟代理人になることはできない。

✔ チェック□□□

問10 民法、民事訴訟法等（管理費の滞納）　正解 2　重要度 ★★

1　不適切である。催告があったときは、その時から6ヵ月を経過するまでの間は、時効は、完成しない（催告による時効の完成猶予、民法150条1項）。「内容証明郵便による督促」は、この「催告」に該当する。

2　最も適切である。適法な督促異議の申立てがあったときは、督促異

議に係る請求については、その目的の価額に従い、支払督促の申立ての時に、支払督促を発した裁判所書記官の所属する簡易裁判所又はその所在地を管轄する地方裁判所に訴えの提起があったとみなされる（民事訴訟法395条本文）。したがって、支払督促に対して債務者から異議の申立てがなされると、通常の訴訟手続に移行する。

3　不適切である。 調停においては、手続を弁護士等の専門家に依頼することもできる（民事調停法22条、非訟事件手続法22条1項）。また、調停は、手続が訴訟と比べて簡明であり、紛争が早期に解決することもあるが、調停委員の意見に強制力はなく、調停成立には両当事者の合意とその調書への記載が必要である（民事調停法16条）。

4　不適切である。 簡易裁判所においては、訴訟の目的の価額が60万円以下の金銭の支払の請求を目的とする訴えについて、少額訴訟による審理及び裁判を求めることができる（民事訴訟法368条1項）。管理費の滞納額が60万円を超えるときでも、制限額以下に分割して、少額訴訟を利用できる。なお、「一人が同一の簡易裁判所に対して同一の年に10回まで」という回数制限がある。

✔ チェック□□□

問11　民法、破産法等（管理費の滞納）　　正解 1　重要度 ★★★

1　最も不適切である。 区分所有者は、管理費に係る債権について、債務者たる区分所有者の特定承継人に対して「も」行うことができる（区分所有法8条、7条）。つまり、特定承継人が債務を承継した場合でも、管理費を滞納した前区分所有者が滞納管理費債務を免れるわけではない。

2　適切である。 「免責許可の決定」が確定したときは、破産者は、破産手続による配当を除き、破産債権について、その責任を免れる（破産法30条、253条1項参照）。つまり、滞納者は、破産手続開始の決定を受けただけでは管理費の支払義務を免れるわけではなく、免責許可の決定が確定して、はじめて支払義務を免れることになる。

3　適切である。 相続の放棄をした者は、その相続に関しては、初め

から相続人とならなかったとみなされる（民法939条）。したがって、滞納者が死亡し、その相続人全員が相続放棄をした場合、これらの者は、相続人として被相続人の権利義務を承継しないので、滞納管理費の支払債務も負わない。

4　適切である。金銭の給付を目的とする債務の不履行については、損害賠償の額は、債務者が遅滞の責任を負った最初の時点における法定利率（年3％）によって定める。ただし、約定利率が法定利率を超えるときは、約定利率による（419条1項、404条1項）。管理費債権及びその遅延損害金の請求権にも、この規定が適用される。

肢1について、管理費滞納者が自己の専有部分を売却した場合、買主は特定承継人の責任として売主の滞納管理費債務を負うが、これは「売主に加えて買主も」責任を負うという意味である。この場合、「それぞれ全額」の支払義務を負う点も押さえておこう。

✔ チェック□□□

問12 標準管理規約
（管理組合の会計等）　　正解 2　　重要度 ★★★

ア　適切である。預金口座に係る印鑑等の保管にあたっては、たとえば、施錠の可能な場所（金庫等）に保管し、印鑑の保管と鍵の保管を理事長と副理事長に分けるなど、適切な取扱い方法を検討し、その取扱いについて総会の承認を得て細則等に定めておくことが望ましい（管理標準管理規約（単棟型）コメント62条関係）。

イ　適切である。理事会の決議事項には、「収支決算案、事業報告案、収支予算案及び事業計画案」も含まれている（標準管理規約（単棟型）54条1項1号）。

ウ　不適切である。理事会は、災害等により総会の開催が困難である場合における応急的な修繕工事の実施等を決議した場合は、当該決議に係る応急的な修繕工事の実施に充てるための「資金の借入れ」及び「修繕積立金の取崩し」について決議できる（54条1項11号・2項）。

エ　不適切である。修繕積立金の保管及び運用方法は、総会の決議を経

369

なければならない（48条7号）。

以上により、不適切なものは**ウ**、**エ**の二つであり、肢**2**が正解。

✔ チェック□□□

問13 標準管理委託契約書（管理事務の報告等） 正解 4 重要度 ★★

1　**不適切である。** 管理業者は、管理組合の事業年度終了後の定められた期間以内に、管理組合に対し、当該年度における管理事務の処理状況及び管理組合の会計の収支の結果を記載した書面を交付し、「管理業務主任者をして」、報告をさせなければならない（標準管理委託契約書10条1項）。

2　**不適切である。** 管理業者は、毎月末日までに、管理組合に対し、前月における管理組合の「会計の収支状況」に関する書面を交付しなければならない（10条2項）。書面を交付しなければならないのは、管理組合の「会計の収支状況」に関してであって、管理事務の処理状況に関してではない。

3　**不適切である。** 管理業者は、管理組合から請求があるときは、管理事務の処理状況及び管理組合の会計の収支状況について報告を行わなければならない（10条3項）。しかし、この報告は、管理業務主任者をして行わせる必要はない。

4　**最も適切である。** 管理事務の報告等の場合において、管理組合は、マンション管理業者に対し、管理事務の処理状況及び管理組合の会計の収支に係る関係書類の提示を求めることができる（10条4項）。

✔ チェック□□□

問14 税務・会計（貸借対照表） 正解 1 重要度 ★★★

まず、A及びBに入る金額を確定する。Aについては、資産の部の合計が1,500,000円であることから1,500,000−100,000−900,000−100,000＝400,000円となる。Bについては、負債・繰越金の部の合計が1,500,000円であることから1,500,000−200,000−100,000−

800,000＝400,000円となる。

　次に勘定科目を確定する。各選択肢のAの勘定科目を見ると、前払金か前受金かになるが、Aは資産の部であるため「前払金」が入る。また、各選択肢のBの勘定科目を見ると、同じく前払金か前受金かになるが、Bは負債・繰越金の部であるため「前受金」が入る。

　以上により、肢1が正解。

貸借対照表は、B／S（バランスシート）ともいわれ、「左（資産の部）の合計金額と右（負債・繰越金の部）の合計金額は必ず一致する」という特徴を踏まえて検討すれば、難しい問題ではない。

✔ チェック☐☐☐

問15 税務・会計（仕訳）　　正解 1　重要度 ★★★

　①については、2月以前分であり、その段階で未収入金として計上されている。そして、当期である3月にこの未収入金が回収されたため、借方に普通預金として280,000円を計上し、貸方に未収入金280,000円を計上する。

　②については、当期である3月に発生した収入であるため、借方に普通預金として300,000円を計上し、貸方に管理費収入250,000円、修繕積立金収入50,000円を計上する。

　③については、翌期である4月に発生するものを当期である3月に受け取ったものであるため、借方に普通預金として3,000,000円を計上し、貸方に前受金3,000,000円を計上する。

　以上により、肢1が正解。

✔ チェック☐☐☐

問16 税務・会計（仕訳）　　正解 1　重要度 ★★★

　①については、2月末の工事完了時点で未払金として計上されている。そして、当期である3月に普通預金から支払われているため、借方

に未払金2,350,000円を計上し、貸方に普通預金2,350,000円を計上する。

②については、当期である３月に工事が完了しているため、借方に修繕費1,200,000円を計上する。また、支払は翌期である４月のため、貸方に未払金1,200,000円を計上する。

③については、納入も支払も翌期である４月のため、当期である３月には仕訳は生じない。

以上により、肢**1**が正解。

✔ チェック□□□

問17 建築材料（防水）　正解 3　重要度 ★★★

1　**適切である**。メンブレン防水とは、主に屋上やバルコニーに施工される被膜を形成して防水層を作る工法の総称である。メンブレンとは（薄い）膜の意味である。

2　**適切である**。シート防水に用いられる、プラスチック系の材料等で作られたシートは、変形能力が大きく下地の動きに追従する。そのため、下地の動きが生じても比較的問題が生じにくい。

3　**最も不適切である**。「建築改修工事監理指針」によれば、防水層の施工は、施工時の気象条件によって影響を受けるため、冬季の工事において、外気温の著しい低下が予想されるときは、塗膜防水施工を避けるべきとされる。

4　**適切である**。ウレタン系塗膜防水工法は、複雑な形状のものにも施工が可能であるため、突出物の多い屋上の改修工事に採用されることが多い。

✔ チェック□□□

問18 建築構造・建築材料（鉄筋コンクリート）　正解 4　重要度 ★★★

1　**適切である**。鉄筋に対するコンクリートのかぶり厚さは、①耐力壁以外の壁又は床にあっては２cm以上、②耐力壁、柱又ははりにあっ

ては３cm以上、③直接土に接する壁、柱、床若しくははり又は布基礎の立上り部分にあっては４cm以上、④基礎（布基礎の立上り部分を除く。）にあっては捨コンクリートの部分を除いて６cm以上としなければならない（建築基準法施行令79条１項）。

2　適切である。 コンクリートと鉄筋は、通常の使用範囲において温度上昇に伴う膨張の程度がほぼ等しい。

3　適切である。 中性化とは、硬化したコンクリートが空気中の二酸化炭素の作用によって次第にアルカリ性を失って中性に近づく現象をいう。

4　最も不適切である。 アルカリ骨材反応とは、コンクリートに含まれるアルカリ性の水溶液が骨材と反応し、異常膨張やそれに伴うひび割れなどを引き起こす現象をいう。鉄筋が腐食して発錆し膨張する現象ではない。

✔ **チェック**□□□

問 **19** 　建築構造・建築材料 （マンションの構造・部材）　　正解 **3**　重要度 ★★★

1　適切である。 免震構造とは、免震装置を設置することにより、建築物がゆっくりと水平移動し、建築物に作用する地震力を低減する構造形式をいう。

2　適切である。 主要構造部とは、壁、柱、床、はり、屋根又は階段をいい、建築物の構造上重要でない間仕切壁、間柱、付け柱、揚げ床、最下階の床、回り舞台の床、小ばり、ひさし、局部的な小階段、屋外階段その他これらに類する建築物の部分は除かれる（建築基準法２条５号）。

3　最も不適切である。 建築物には、異なる構造方法による基礎を併用してはならない（施行令38条２項）。高さが部分的に異なる建築物であっても同様である。

4　適切である。 長屋又は共同住宅の各戸の界壁（自動スプリンクラー設備等設置部分その他防火上支障がないものとして国土交通大臣が定める部分の界壁を除く）は、準耐火構造とし、一定の要件に該当する

部分を除き、小屋裏又は天井裏に達せしめなければならない（施行令114条1項）。

問20 建築設備（給水設備） 　正解 1　重要度 ★★★

1 **最も不適切である**。簡易専用水道とは、水道事業の用に供する水道及び専用水道以外の水道であって、水道事業の用に供する水道から供給を受ける水のみを水源とするものをいう。ただし、水道事業の用に供する水道から水の供給を受けるために設けられる水槽の有効容量の合計が10㎥以下のものは除かれる（水道法3条7項、施行令2条）。したがって、当該水槽の有効容量の合計が10㎥を超えるものが該当することになる。

2 **適切である**。共同住宅の給水タンクに保守点検用のマンホールを設置する必要がある場合は、直径60cm以上の円が内接することができるものとしなければならない（建設省告示1597号）。

3 **適切である**。給水管でのウォーターハンマー（水撃作用）を防止するため、管内流速は毎秒1.5mから2.0m以下が標準とされる。

4 **適切である**。流しの水栓の開口部にあっては、水の逆流防止のための有効な措置を講ずる必要があり、あふれ面と水栓の開口部との垂直距離を保つ等の措置が必要である。

問21 建築設備（排水通気設備） 　正解 3　重要度 ★★

1 **適切である**。排水トラップは、二重トラップとならないように設ける（建築基準法施行令129条の2の4第3項5号、建設省告示1597号）。

2 **適切である**。吸気機能だけを持つ通気弁を排水系統に設ける場合は、排水通気管内が負圧になる部分にのみ設けることができる（給排水衛生設備規準・同解説、建設省告示1597号第2五参照）。正圧に

よって弁が閉じると、空気の逃げ場がなくなるからである。

3　最も不適切である。 特殊継手排水システムは、伸頂通気方式の一種で、排水立て管内を排水が旋回して流れるようにすることで、通気立て管を設置することなく、伸頂通気管のみで許容排水流量を大きくした排水通気方式である。高層から超高層集合住宅、ホテル、病院の病棟などの大規模な排水系統に採用されることが多い。

4　適切である。 排水立て管は、どの階においても排水負荷が最も大きくなる最下部の管径と同一にする。

排水横管の勾配は、下記のように管径が太いものほど緩やかにしなければならない。

管径（mm）	最小勾配	用途
65以下	1／50	雑排水等
75、100	1／100	
125	1／150	汚水等
150〜300	1／200	

✔ チェック□□□

問**22**　**建築設備（換気設備）**　正解 **2**　重要度 ★★

1　適切である。 住宅等の居室におけるホルムアルデヒドに関する技術的基準において、機械換気設備の必要有効換気量は、居室の床面積に天井高さを乗じたものの0.5倍である（建築基準法施行令20条の8第1項1号イ(1)）。

2　最も不適切である。 全熱交換型の換気は、機械により給排気を強制的に行うものであるため、「第1種換気方式」である。第2種換気方式は、機械による給気と自然排気を組み合わせた方式である。

3　適切である。 換気設備を設けるべき調理室等に火を使用する設備又は器具の近くに排気フードを有する排気筒を設ける場合においては、排気フードは、不燃材料で造らなければならない（施行令20条の3

第2項4号)。

4　**適切である。**浴室や便所等の換気に用いる第3種換気方式とは、自然給気と機械排気を組み合わせた方式である。したがって、必要換気量を確保するために、換気扇の運転時に給気を確保できるよう十分な大きさの給気口を設ける必要がある。

✔ チェック□□□

問23 建築基準法（用語の定義）　　正解 4　　重要度 ★★★

1　**適切である。**特殊建築物とは、学校（専修学校及び各種学校を含む）、体育館、「病院」、「劇場」、観覧場、集会場、展示場、「百貨店」、市場、ダンスホール、遊技場、公衆浴場、旅館、「共同住宅」、寄宿舎、下宿、「工場」、倉庫、自動車車庫、危険物の貯蔵場、と畜場、火葬場、汚物処理場その他これらに類する用途に供する建築物をいう（建基法2条2号）。

2　**適切である。**建築設備とは、建築物に設ける電気、ガス、給水、排水、換気、暖房、冷房、消火、排煙若しくは汚物処理の設備又は煙突、昇降機若しくは避雷針をいう（2条3号）。

3　**適切である。**居室とは、居住、執務、作業、集会、娯楽その他これらに類する目的のために継続的に使用する室をいう（2条4号）。

4　**最も不適切である。**建築とは、建築物を新築し、増築し、改築し、又は移転することをいう（2条13号）。大規模の修繕、大規模の模様替えは、含まれていない。

✔ チェック□□□

問24 消防法（防火管理者）　　正解 3　　重要度 ★★★

1　**適切である。**高層建築物（高さ31mを超える建築物をいう）その他政令で定める防火対象物で、その管理について権原が分かれているものの管理について権原を有する者は、防火対象物の全体について防火管理上必要な業務を統括する防火管理者（統括防火管理者）を協議

して定めなければならない（消防法8条の2第1項）。

2　**適切である**。消防法8条1項の管理について権原を有する者は、政令で定める資格を有する者のうちから防火管理者を定め、政令で定めるところにより、当該防火対象物について消防計画の作成、「当該消防計画に基づく消火、通報及び避難の訓練の実施」、消防の用に供する設備、消防用水又は消火活動上必要な施設の点検及び整備、火気の使用又は取扱いに関する監督、避難又は防火上必要な構造及び設備の維持管理並びに収容人員の管理その他防火管理上必要な業務を行わせなければならない（8条1項）。

3　**最も不適切である**。防火管理者は、原則として「防火管理上必要な業務を適切に遂行することができる管理的又は監督的な地位にあるもの」のうちから定めなければならない。しかし、管理的又は監督的な地位にある者のいずれもが遠隔の地に勤務していることその他の事由により防火管理上必要な業務を適切に遂行することができない場合には、一定の要件を満たすことを前提に防火管理業務を外部へ委託することができる（8条1項、施行令3条1項・2項）。

4　**適切である**。消防法8条1項の管理について権原を有する者は、政令で定める資格を有する者のうちから防火管理者を定め、政令で定めるところにより、当該防火対象物について消防計画の作成、当該消防計画に基づく消火、通報及び避難の訓練の実施、消防の用に供する設備、消防用水又は消火活動上必要な施設の点検及び整備、火気の使用又は取扱いに関する監督、「避難又は防火上必要な構造及び設備の維持管理」並びに収容人員の管理その他防火管理上必要な業務を行わせなければならない（8条1項）。

✔チェック☐☐☐

問**25** **長期修繕計画作成ガイドライン（対象の範囲）** 正解**2** 重要度★★★

1　**適切である**。単棟型のマンションの場合、「管理規約に定めた組合管理部分である敷地」、建物の共用部分及び附属施設を長期修繕計画の対象とする（長期修繕計画作成ガイドライン2編2章1節2一）。

2 最も不適切である。長期修繕計画では、単棟型のマンションの場合、管理規約に定めた組合管理部分である敷地、「建物の共用部分」及び附属施設を対象とする（2編2章1節2一）。そして、この「建物の共用部分」については、共用部分の修繕工事又は改修工事に伴って修繕工事が必要となる専有部分を含むとされている。したがって、専有部分の全てを対象としないわけではない。

3 適切である。団地型のマンションの場合、一般的に、「団地全体の土地、附属施設及び団地共用部分」並びに各棟の共用部分を長期修繕計画の対象とする（2編2章1節2一）。

4 適切である。団地型のマンションの場合、一般的に、団地全体の土地、附属施設及び団地共用部分並びに「各棟の共用部分」を長期修繕計画の対象とする（2編2章1節2一）。

✔ チェック□□□

問 26 長期修繕計画作成ガイドライン（用語の定義） 　正解 4　　重要度 ★

1 適切である。推定修繕工事とは、長期修繕計画において、計画期間内に見込まれる修繕工事（補修工事（経常的に行う補修工事を除く）を含む）及び改修工事をいう（長期修繕計画作成ガイドライン2編1章4第13号）。

2 適切である。計画修繕工事とは、長期修繕計画に基づいて計画的に実施する修繕工事及び改修工事をいう（2編1章4第14号）。

3 適切である。修繕工事費とは、計画修繕工事の実施に要する費用をいう（2編1章4第18号）。

4 最も不適切である。修繕積立金とは、「計画修繕工事」に要する費用に充当するための積立金をいう（2編1章4第16号）。したがって、「推定修繕工事」に要する費用に充当するためのものではない。

問 27 長期修繕計画作成ガイドライン（長期修繕工事の見直し） 正解 4 重要度 ★★

　長期修繕計画の見直しは、①大規模修繕工事と大規模修繕工事の中間の時期に単独で行う場合、②大規模修繕工事の直前に基本計画の検討に併せて行う場合、又は③大規模修繕工事の実施の直後に修繕工事の結果を踏まえて行う場合がある（長期修繕計画作成ガイドライン3編長期修繕計画作成ガイドライン・同コメント2章2節1）。

ア　適切である。上記①に該当する。

イ　適切である。上記②に該当する。

ウ　適切である。上記③に該当する。

　以上により、適切なものを全て含む組合せは**ア、イ、ウ**であり、肢**4**が正解。

> ＋アルファ　長期修繕計画作成ガイドラインでは、長期修繕計画の策定期間について、「30年以上で、かつ大規模修繕工事が2回含まれる期間以上」としている。そして、見直しは、5年程度の一定期間ごとに行うものとされている。

問 28 標準管理規約（監事の職務） 正解 2 重要度 ★★★

ア　適切である。監事は、管理組合の業務の執行及び財産の状況について不正があると認めるときは、臨時総会を招集できる（標準管理規約（単棟型）41条3項）。

イ　不適切である。「理事長」は、毎会計年度の収支決算案を監事の会計監査を経て、通常総会に報告し、その承認を得なければならない（59条）。したがって、通常総会に「報告」し、その「承認を得る」のは、監事ではなく、理事長である。

ウ　不適切である。監事は、①理事が不正の行為をし、若しくは当該行為をするおそれがあると認めるとき、又は②法令、規約、使用細則等、総会の決議若しくは理事会の決議に違反する事実若しくは著しく不当

な事実があり、必要があると認めるときは、理事長に対し、理事会の招集を請求できる（41条6項・5項）。したがって、監事は、直ちに理事会を招集できるのではなく、理事長に対して理事会の招集を請求できるだけである。

エ　適切である。 監事は、①理事が不正の行為をし、若しくは当該行為をするおそれがあると認めるとき、又は②法令、規約、使用細則等、総会の決議若しくは理事会の決議に違反する事実若しくは著しく不当な事実があると認めるときは、遅滞なく、その旨を理事会に報告しなければならない（41条5項）。

以上により、適切なものは**ア**、**エ**の二つであり、肢**2**が正解。

記述ウに関連して、この請求があった日から5日以内に、その請求があった日から2週間以内の日を理事会の日とする理事会の招集の通知が発せられない場合は、その請求をした監事は、理事会を招集できる（41条7項）。

✔ チェック□□□

問 29　標準管理規約（団地型、団地の雑排水管等の管理及び更新工事）　　正解 **2**　重要度 ★

ア　適切である。 管理費は、共用設備の保守維持費及び運転費などの通常の管理に要する経費に充当する（標準管理規約（団地型）27条3号）。全棟の雑排水管の高圧洗浄に要する費用は、共用設備の保守維持費に該当するものと解されるため、その年度の事業計画・予算の承認を得ていれば、管理費から支出できる（60条1項参照）。

イ　不適切である。 各棟の雑排水管及び汚水管の配管継手及び立て管は、各棟の共用部分に該当し、その更新工事は、一定年数の経過ごとに計画的に行う修繕にあたる（29条1項1号）。したがって、この経費は、各棟修繕積立金から支出できる。

ウ　不適切である。 団地修繕積立金は、土地、附属施設及び団地共用部分の所定の特別の管理に要する経費に充当する場合に限って取り崩すことができる（28条1項）。しかし、全棟の全戸に設置されている給湯器ボイラーは、専有部分内の設備であり（別表第2　1・2）、そ

の一斉取替えの費用を団地修繕積立金から支出できない。

エ 適切である。団地修繕積立金は、土地、附属施設及び団地共用部分の所定の特別の管理に要する経費に充当する場合に取り崩すことができる（28条1項）。集会所の雑排水管は、附属施設に該当すると解されるため、その更新工事の費用は、管理組合の普通決議により、団地修繕積立金から支出できる（28条1項3号、49条3項2号）。

以上により、適切なものは**ア、エ**の二つであり、肢**2**が正解。

✔ チェック□□□

問**30** 標準管理規約
（単棟型・複合用途型）　　正解 **2**　　重要度 ★★

ア 適切である。窓枠、窓ガラス、玄関扉等の一斉交換工事、既に不要となったダストボックスや高置水槽等の撤去工事は、普通決議により実施可能と考えられる（標準管理規約（単棟型）コメント47条関係⑥カ））。

イ 不適切である。階段室部分を改造したりすることによりエレベーターを新たに設置する工事は、特別多数決議により実施可能と考えられ（コメント47条関係⑥ア）、組合員総数の4分の3以上及び議決権総数の4分の3以上の合意が必要となる（標準管理規約（複合用途型）51条3項）。なお、住宅部会及び店舗部会は管理組合としての意思を決定する機関ではなく、それぞれ住宅部分、店舗部分の一部共用部分の管理等について協議する組織として位置づけられるものである（コメント60条関係①）。そのため、そもそも店舗部会に決議制度は存在しない。

ウ 不適切である。全戸に設置されている台所・浴室の換気扇は、専有部分内の設備であるので、各区分所有者が自らの責任と負担において取替え等を行うべきものであり、総会の普通決議により行うことはできない。

エ 適切である。IT化工事に関し、光ファイバー・ケーブルの敷設工事を実施する場合で、その工事が既存のパイプスペースを利用するなど共用部分の形状に変更を加えることなく実施できるときは、普通決

議により実施可能と考えられる（コメント51条関係⑥エ））。

以上により、適切なものは**ア**、**エ**であり、肢**2**が正解となる。

問31 標準管理規約（理事会） 正解 3 重要度 ★★

1 不適切である。 理事は、総会で選任され、組合員のため、誠実にその職務を遂行するものとされている。このため、理事会には本人が出席して、議論に参加し、議決権を行使することが求められる（標準管理規約（単棟型）コメント53条関係①）。したがって、理事の代理出席（議決権の代理行使を含む）を、規約において認める旨の明文の規定がない場合に認めることは適当でない（コメント53条関係②）。そして、標準管理規約において、理事の代理出席を認める旨の明文の規定は存在しないため、理事会に出席できない理事について、議長（理事長）一任の委任状の提出を求めるのは不適切である。

2 不適切である。 理事がやむを得ず欠席する場合には、代理出席によるのではなく、事前に議決権行使書又は意見を記載した書面を出せるようにすることが考えられるが、これを認める場合には、理事会に出席できない理事が、あらかじめ通知された事項について、書面をもって表決することを認める旨を、規約の明文の規定で定めることが必要である（コメント53条関係④）。しかし、標準管理規約において、理事会に欠席する理事の議決権行使書による議決権行使を認める旨の明文の規定は存在しないため、議決権行使書の提出により、議決権の行使を認めることはできない。

3 最も適切である。 標準管理規約54条1項5号に掲げる事項（＝17条（専有部分の修繕等）、21条（敷地及び共用部分等の保存行為）及び22条（窓ガラス等の改良）に定める承認又は不承認））については、理事の過半数の承諾があるときは、書面又は電磁的方法による決議によることができる（53条2項）。これは、理事会には理事本人が出席して相互に議論することが望ましいものの、例外的に、54条1項5号に掲げる事項については、申請数が多いことが想定され、かつ、迅

速な審査を要することから、書面又は電磁的方法による決議を可能とするものである（コメント53条関係⑥）。本肢では、監事が反対してはいるが、理事の過半数の承諾があるので、専有部分の改良工事の申請（17条）について、電磁的方法による決議を行うことができる（17条1項・3項）。

4　**不適切である。**理事の代理出席（議決権の代理行使を含む）を、規約において認める旨の明文の規定がない場合に認めることは適当でない（コメント53条関係②）。そして、標準管理規約において、理事の代理出席を認める旨の明文の規定は存在しないため、病気で入院中の理事に代わって、その理事の配偶者に、理事会の出席と決議への参加を求めるのは不適切である。なお、規約に「理事に事故があり、理事会に出席できない場合は、その配偶者又は一親等の親族（理事が、組合員である法人の職務命令により理事となった場合は、法人が推挙する者）に限り、代理出席を認める」旨を定めた場合には、その規定は有効とされる（コメント53条関係③）。

✔ チェック□□□

問 **32**　**区分所有法（共用部分とその持分等）**　正解 **1**　重要度 ★★

1　**最も不適切である。**区分所有者が数個の専有部分を所有するときは、各専有部分に係る敷地利用権の割合は、共用部分の持分の割合による。ただし、規約でこの割合と異なる割合が定められているときは、その割合による（区分所有法22条2項）。

2　**適切である。**共用部分の管理に関する事項は、保存行為と重大変更の場合を除いて、集会の決議（普通決議）で決する（規約で別段の定めをすることは妨げない）。この場合において、共用部分の変更が専有部分の使用に特別の影響を及ぼすべきときは、その専有部分の所有者の承諾を得なければならない（18条1項・3項、17条2項）。

3　**適切である。**各共有者は、規約に別段の定めがない限りその持分に応じて、共用部分の負担に任じ、共用部分から生ずる利益を収取する（19条）。したがって、規約に別段の定めがあれば、共用部分の持分

の割合と管理費等の負担割合が一致しないことも生じうる。

4 適切である。 共有者は、区分所有法に別段の定めがある場合を除いて、その有する専有部分と分離して持分を処分することができない（15条2項）。

 肢1について、区分所有法上、①「区分所有者相互間」の敷地利用権の割合と、②区分所有者が複数の専有部分を所有する場合の各専有部分ごとの敷地利用権の割合については、それぞれルールが異なることを押さえておこう。①については、区分所有法に定めはないため、民法の共有の規定に従い、各区分所有者の有する敷地利用権の割合は、原則として平等であり、規約で別段の定めはできない。他方、②については、区分所有法に定めが置かれており、各専有部分に係る敷地利用権の割合は、原則として共用部分の持分の割合によるものとされ、規約で別段の定めができる。

✔ チェック□□□

問33 区分所有法（共用部分の変更）　正解 2　重要度 ★★

ア 適切である。 共用部分の変更（その形状又は効用の著しい変更を伴わないものを除く）は、区分所有者及び議決権の各4分の3以上の多数による集会の決議で決する。ただし、この区分所有者の定数は、規約でその過半数まで減ずることができる（区分所有法17条1項）。これに対して、規約の設定、変更又は廃止は、区分所有者及び議決権の各4分の3以上の多数による集会の決議によってする（31条1項）。この定数については、規約で別段の定めをすることはできない。

イ 不適切である。 区分所有法又は規約により集会において決議をすべき場合において、区分所有者全員の承諾があるときは、書面又は電磁的方法による決議をすることができる（45条1項）。この点は、共用部分の変更の場合と規約の変更の場合とで変わりはない。

ウ 不適切である。 集会の招集の通知をする場合において、会議の目的たる事項が17条1項（共用部分の重大変更）、31条1項（規約の設定、変更及び廃止）、61条5項（大規模滅失の復旧）、62条1項（建

替え決議)、68条1項（団地の規約の設定の特例）又は69条7項（団地内の建物の建替え承認決議）に規定する決議事項であるときは、その議案の要領をも通知しなければならない（35条5項）。したがって、議案の要領の通知は、共用部分の変更にかかる議案でも、規約の変更にかかる議案でも、共に必要である。

エ　適切である。規約は、専有部分若しくは共用部分又は建物の敷地若しくは附属施設（建物の敷地又は附属施設に関する権利を含む）につき、これらの形状、面積、位置関係、使用目的及び利用状況並びに区分所有者が支払った対価その他の事情を総合的に考慮して、区分所有者間の利害の衡平が図られるように定めなければならない（30条3項）。

以上により、適切なものは**ア**、**エ**の二つであり、肢**2**が正解。

㊲ 34 区分所有法
（建替え決議後の売渡請求）　正解 4　重要度 ★★

建替え決議に賛成した各区分所有者、建替え決議の内容により建替えに参加する旨を回答した各区分所有者及び区分所有権又は敷地利用権を買い受けた各買受指定者（これらの者の承継人を含む）は、建替え決議の内容により建替えを行う旨の合意をしたものとみなされる（区分所有法64条）。

1　売渡請求できない。いったん建替え決議で建替えに賛成した区分所有者は、建替え決議の内容により建替えを行う旨の合意をしたものとみなされるので、その後、建替えに参加できない旨の意思表示をしても、その意思表示は効力を生じない。

2　売渡請求できない。建替え決議の内容により建替えに参加する旨を回答した各区分所有者は、建替え決議の内容により建替えを行う旨の合意をしたものとみなされ、その後、その回答を撤回できない。

3　売渡請求できない。建替えに参加するか否かの催告期間が終了するまでの間に、建替えに参加する旨を回答した各区分所有者は、建替え決議の内容により建替えを行う旨の合意をしたとみなされる。これ

は、それ以前に建替えに参加しない旨を回答していた場合でも同様である。

4　売渡請求できる。建替え決議に賛成しなかった区分所有者が、建替えに参加するか否かを回答すべき旨の催告を受けた日から2ヵ月以内の期間内に回答しなかった場合は、建替えに参加しない旨を回答したとみなされる（63条4項・3項・1項）。したがって、買受指定者等は、催告期間の満了の日から2ヵ月以内に、この建替えに参加するか否かの回答をしなかった区分所有者に対し、区分所有権及び敷地利用権を時価で売り渡すべきことを請求できる（63条5項）。

 建替え決議後の区分所有者の立場の変更においては、建替えに「参加する」方向への変更は認められるが、建替えに「参加しない」方向への変更は認められないという大きな流れを押さえておこう。

✔ チェック□□□

 問 35　**区分所有法（管理組合法人）**　正解 **3**　重要度 ★★★

1　適切である。管理者の規定は、管理組合法人には、適用されない（区分所有法47条11項、第四節）。そのため、管理組合法人では、管理者を選任できない。したがって、代表理事を管理者とする旨を規約で定めても無効である。

2　適切である。管理組合法人の代理権に加えた制限は、善意の第三者に対抗できない（47条7項）。また、理事の代理権に加えた制限も、同様に、善意の第三者に対抗できない（49条の2）。

3　最も不適切である。理事が数人あるときは、各自管理組合法人を代表するが（49条4項）、規約若しくは集会の決議によって、管理組合法人を代表すべき理事を定め、又は規約の定めに基づき理事の互選によって管理組合法人を代表すべき理事を定めることができる（49条5項）。これらの規定は、代表権のない理事が存在しうることを前提としている。したがって、代表権のない理事を置くことを規約で定めることは有効である。

4　適切である。監事の任期は、2年とする。ただし、規約で3年以内において別段の期間を定めたときは、その期間とする（50条4項、49条6項）。したがって、監事の任期を3年間とすることを規約で定めることができる。

✔ チェック□□□

問 36 標準管理規約（総会の決議）　正解 2　重要度 ★★★

　本問では、各肢の検討の前提として、組合員総数と議決権総数を確定する必要がある。まず、組合員総数については、住戸1戸が数人の共有に属する場合、その議決権行使について、これら共有者はあわせて一の組合員とみなされる（標準管理規約46条2項）。また、1人で複数の住戸を所有していても、一の組合員であることに変わりはない。本問では、1人で2住戸を所有する区分所有者が6人いるため、組合員総数は「90（96－6）」となる。次に、本問の甲マンションでは、議決権について1住戸1議決権の定めがあるため、議決権総数は「96」となる。

ア　不適切である。上記より、甲マンションの組合員総数は「90」であるので、実際に招集通知書は、最低「90部」必要となる（43条1項）。

イ　不適切である。総会の会議（WEB会議システム等を用いて開催する会議を含む）は、議決権総数の半数以上を有する組合員が出席しなければならない（47条1項）。したがって、96の半数である「48以上」の組合員の出席があれば、総会の会議は成立する。

ウ　適切である。会議の目的を示して総会の招集を請求するには、組合員が組合員総数の5分の1以上及び議決権総数の5分の1以上に当たる組合員の同意を得る必要がある（44条1項）。したがって、組合員総数90の5分の1以上である「18以上」、及び議決権総数96の5分の1（19.2）以上である「20以上」の同意が必要である。

エ　適切である。規約の制定、変更又は廃止には、組合員総数の4分の3以上及び議決権総数の4分の3以上で決する（47条3項）。したがって、組合員総数90の4分の3（67.5）以上である「68以上」、

及び議決権総数96の４分の３以上である「72以上」の同意が必要である。

以上により、不適切なものは**ア**、**イ**の二つであり、肢**2**が正解。

✔ チェック□□□

(問)**37** **区分所有法（規約共用部分）** 正解 **3** 重要度 ★★

区分所有法４条２項の規定により規約共用部分（以下「規約共用部分」）とすることができるものは、①一棟の建物に構造上区分された数個の部分で独立して住居、店舗、事務所又は倉庫その他建物としての用途に供することができる建物の部分（つまり、専有部分となりうる部分）、及び、②（当該一棟の建物の）附属の建物である（区分所有法４条２項）。

1 **規約共用部分とすることができない**。本肢の「団地内にある集会場に使われている建物」は、専有部分となりうる部分（上記①）にあたらないのはもとより、一棟の建物の附属の建物（上記②）にもあたらない。したがって、規約共用部分とすることはできない。なお、一団地内の附属施設たる建物にはあたるため、規約により「団地共用部分」とすることはできる（67条１項）。

2 **規約共用部分とすることができない**。本肢の「屋根のない駐輪場」は、専有部分となりうる部分（上記①）にあたらない。また、「建物」とは、土地に定着する工作物のうち、屋根及び柱若しくは壁を有するものであるため、②附属の「建物」（上記②）ともいえない。したがって、規約共用部分とすることはできない。

3 **規約共用部分とすることができる**。本肢の「区分所有者全員が利用可能な専有部分」は、専有部分となりうる部分（上記①）にあたる。したがって、規約共用部分とすることができる。

4 **規約共用部分とすることができない**。本肢の「エントランスホール」は、法定共用部分であり、専有部分となりうる部分（上記①）にあたらない。また、附属の建物（上記②）にもあたらない。したがって、規約共用部分とすることはできない。

問 38 区分所有法・標準管理規約（理事会）

正解 2　重要度 ★★★

ア　理事会の決議のみで行うことはできない。「組合管理部分に関する管理委託契約の締結」については、総会の決議を経なければならない（標準管理規約（単棟型）48条16号）。

イ　理事会の決議のみで行うことはできない。管理組合は、総会の決議を経て、敷地及び共用部分等（駐車場及び専用使用部分を除く。）の一部について、第三者に使用させることができる（16条2項）。なお、一般的に、基地局の設置は、屋上の形状や効用に著しい変更が生じるとはいえず、また専有部分に特別な影響を与える事実はなく、共用部分の管理に関する事項として普通決議で足りるとされている（札幌高判平成12年2月28日）。

ウ　理事会の決議のみで行うことができる。理事会は、その責任と権限の範囲内において、専門委員会を設置し、特定の課題を調査又は検討させることができる（55条1項）。ただし、専門委員会の検討対象が理事会の責任と権限を越える事項である場合や、「理事会活動に認められている経費以上の費用が専門委員会の検討に必要となる場合」、運営細則の制定が必要な場合等は、専門委員会の設置に総会の決議が必要となる（コメント55条関係①）。しかし、本記述の場合は、別途の予算を要さないため、総会の決議は不要である。

エ　理事会の決議のみで行うことができる。理事長、副理事長及び会計担当理事は、理事会の決議によって、理事のうちから選任し、又は解任する（35条2項・3項）。したがって、理事長を交代するだけであれば、理事会の決議のみで行うことができる。

以上により、理事会の決議のみで行うことができるものは**ウ**、**エ**の二つであり、肢**2**が正解。

問 39 判例（区分所有法）　　正解 2　重要度 ★★

ア　適切である。 a号室から出る汚水については、同室の床下にあるコンクリートスラブを貫通してその階下にあるb号室の天井裏に配された枝管を通じて、共用部分である本管（縦管）に流される構造となっている場合、この排水管は、その構造及び設置場所に照らし、専有部分に属しない建物の附属物に当たり、かつ、区分所有者全員の共用部分に当たると解される（最判平成12年3月21日）。

イ　適切ではない。 区分所有者の全員又は管理組合法人が区分所有法60条1項に基づき、占有者が占有する専有部分の使用又は収益を目的とする契約の解除及びその専有部分の引渡しを請求する訴えを提起する前提として、集会の決議をするには、あらかじめ当該占有者に対して弁明する機会を与えれば足り、当該占有者に対し当該契約に基づき専有部分の使用、収益をさせている区分所有者に対して弁明する機会を与えることを要しない（最判昭和62年7月17日）。

ウ　適切である。 使用料の増額は、一般的に専用使用権に不利益を及ぼすものであるが、増額の必要性及び合理性が認められ、かつ、増額された使用料が社会通念上相当な額であると認められる場合には、専用使用権者は使用料の増額を受忍すべきであり、使用料の増額に関する規約の設定、変更等は専用使用権者の権利に「特別の影響」を及ぼすものではない（最判平成10年10月30日）。

エ　適切ではない。 『マンションの構造及び管理状況、玄関ホール内の状況、はり紙の記載内容、立入りの目的などからみて、本件立入り行為が管理組合の意思に反するものであることは明らかであり、被告人もこれを認識していたと認められる。そして、本件マンションは分譲マンションであり、立入り行為の態様は玄関内東側ドアを開けて7階から3階までの本件マンションの廊下等に立ち入ったというものであることなどに照らすと、法益侵害の程度が極めて軽微であったということはできず、他に犯罪の成立を阻却すべき事情は認められないから、本件立入り行為について刑法130条前段（住居侵入等）の罪が成

立する』（最判平成21年11月30日）。したがって、たとえ憲法の表現
の自由の行使に該当する政党ビラの配布行為といえども、住居侵入罪
に該当することはありうる。

以上により、適切なものは**ア**、**ウ**の二つであり、肢**2**が正解。

(問)40 消費者契約法　　正解 2　重要度 ★★

　消費者契約法が適用される「消費者契約」とは、消費者と事業者と
の間で締結される契約をいう（消費者契約法2条3項）。そして、「消費
者」とは、個人（事業として又は事業のために契約の当事者となる場合
におけるものを除く）をいい、「事業者」とは、法人その他の団体及び
事業として又は事業のために契約の当事者となる場合における個人をい
う（2条1項・2項）。

ア　適用されない。売主であるマンションの分譲業者は、事業として又
　は事業のために契約の当事者となる個人（又は法人）であるので、「事
　業者」に該当する。一方、買主である合同会社は、法人であるので、
　「事業者」に該当する。したがって、本記述の契約は、消費者契約に
　は当たらないので、消費者契約法は適用されない。

イ　適用される。売主である宅地建物取引業者は、事業として又は事業
　のために契約の当事者となる個人（又は法人）であるので、「事業者」
　に該当する。これに対して、買主である居住用として購入する個人は、
　「事業として又は事業のために契約の当事者となる個人」にはあたら
　ないので、「消費者」に当たる。したがって、本記述の売買契約は、
　消費者契約として消費者契約法が適用される。なお、「買取再販事業」
　とは、自社で買取した物件についてリフォームやリノベーションを行
　い、これらに要した費用や利益を上乗せして販売する事業をいう。

ウ　適用されない。賃貸人はマンションの賃貸業者であるので、事業と
　して又は事業のために契約の当事者となる個人（又は法人）であり、
　「事業者」に該当する。また、賃借人は、当該マンションを店舗用と
　賃借する個人なので、「事業として又は事業のために契約の当事者と

なる個人」といえ、「事業者」に該当する。したがって、本賃貸借契約は、消費者契約には当たらず、消費者契約法は適用されない。

エ　適用される。賃貸人であるマンションの賃貸業者は、事業として又は事業のために契約の当事者となる個人（又は法人）であるので、「事業者」に該当する。これに対して、賃借人は、マンションの一住戸を居住用として賃借する個人であり、「事業として又は事業のために契約の当事者となる個人」にはあたらないため、「消費者」に当たる。したがって、本記述の売買契約は、消費者契約として消費者契約法が適用される。なお、本肢の賃借人である個人が宅地建物取引業者であるか否かは、結論に関係しない。

以上により、消費者契約法が適用されるものは**イ**、**エ**の二つであり、肢**2**が正解。

✔ チェック□□□

(問)**41　借地借家法**　正解 **3**　重要度 ★★

ア　無効。自力救済は、原則として禁止される（最判昭和40年12月7日）。したがって、賃借人が賃料を滞納した場合には、賃貸人は、直ちに玄関扉の鍵を取り替える旨の特約は、通常許される権利行使の範囲を著しく超え、賃借人の平穏に生活する権利を侵害する違法な行為を内容とするもので、無効である（民法709条、大阪簡裁平成21年5月22日）。

イ　有効。賃借人が、契約期間中、中途解約をすることができる特約は、賃借人に不利な特約ではないので、有効である（民法618条、借地借家法30条参照）。

ウ　無効。賃貸借契約は、賃借人が死亡しても終了せず、相続の対象となるので、相続人がいれば、賃借権を相続する（民法622条、597条参照）。よって、賃借人が死亡したときは、同居する相続人がいる場合であっても、賃貸借契約が終了する旨の特約は、賃借人に不利な特約といえ、無効となる。

エ　有効。建物の賃貸人の同意を得て建物に付加した畳、建具その他の

造作がある場合には、建物の賃借人は、建物の賃貸借が期間の満了又は解約の申入れによって終了するときに、建物の賃貸人に対し、その造作を時価で買い取るべきことを請求することができる（造作買取請求権、借地借家法33条1項）。もっとも、この造作買取請求権は、特約で排除することが認められている（37条参照）。

以上により、特約のうち無効であるものを全て含む組合せは**ア、ウ**であり、肢**3**が正解。

問42 各種の法令　　正解 1　重要度 ★

1 **最も適切である。** 景観計画区域内において、建築物の新築、増築、改築若しくは移転、外観を変更することとなる修繕若しくは模様替又は色彩の変更をしようとする者は、あらかじめ、国土交通省令で定めるところにより、行為の種類、場所、設計又は施行方法、着手予定日その他国土交通省令で定める事項を「景観行政団体の長」に届け出なければならない（景観法16条1項1号）。

2 **不適切である。** 動物の所有者又は占有者は、その所有し、又は占有する動物の逸走を防止するために必要な措置を講ずるよう努めなければならない（動物の愛護及び管理に関する法律7条3項）。この規定は努力義務であり、措置を講じる義務があるわけではない。また、この規定に違反しても、罰則が科される旨の規定はない。

3 **不適切である。**「個人情報取扱事業者」とは、個人情報データベース等を事業の用に供している者をいう（個人情報の保護に関する法律16条2項本文）。ここでは、取り扱う個人情報によって識別される特定の個人の数の合計による制限は存しない。

4 **不適切である。** 浄化槽管理者は、原則として、「毎年1回」（環境省令で定める場合にあっては、環境省令で定める回数）、浄化槽の保守点検及び浄化槽の清掃をしなければならない（浄化槽法10条1項）。

問43 統計　　正解 2　重要度 ★

1　**不適切である。** 築40年超のマンションは、令和4年末時点で、125.7万戸であり、ストック総数に占める割合は「約18％」である（国土交通省：分譲マンションストック戸数）。

2　**最も適切である。** 国土交通省が公表している分譲マンションストック戸数の統計において「マンション」とは、中高層（3階建て以上）・分譲・共同建で、鉄筋コンクリート、鉄骨鉄筋コンクリート又は鉄骨造の住宅をいう（同）。

3　**不適切である。** 令和4年末時点のマンションストック総数に、令和2年国勢調査による1世帯当たりの平均人員の2.2をかけると、約1,500万人が居住している推計となり、これは国民の「約1割」にあたる（同）。

4　**不適切である。** 令和4年末時点で、マンションストック総数は「約694.3万戸」である（国土交通省：マンションの供給戸数）。

問44 賃貸住宅管理業法　　正解 1　重要度 ★

1　**最も適切である。** 特定転貸事業者又は勧誘者（特定転貸事業者等）は、特定転貸事業に係る特定賃貸借契約の条件について広告をするときは、特定転貸事業者が支払うべき家賃、賃貸住宅の維持保全の実施方法、特定賃貸借契約の解除に関する事項等について、著しく事実に相違する表示をし、又は実際のものよりも著しく優良であり、若しくは有利であると人を誤認させるような表示をしてはならない（誇大広告等の禁止、賃貸住宅管理業法28条1項）。

2　**不適切である。** 特定転貸事業者は、特定賃貸借契約を締結しようとするときは、特定賃貸借契約の相手方となろうとする者（特定転貸事業者等の特定賃貸借契約に係る専門的知識及び経験を有すると認められる一定の者を除く）に対し、当該特定賃貸借契約を締結するまでに、

特定賃貸借契約の内容及びその履行に関する一定の事項について、書面を交付して説明しなければならない（30条1項）。しかし、この特定賃貸借契約の締結前の書面の交付・説明（いわゆる重要事項の説明）については、業務管理者をしてさせる必要はない。

3 不適切である。 特定転貸事業者は、当該特定転貸事業者の業務及び財産の状況を記載した書類を、特定賃貸借契約に関する業務を行う営業所又は事務所に備え置き、特定賃貸借契約の相手方又は相手方となろうとする者の求めに応じ、「閲覧」させなければならない（32条）。書類の写しを交付しなければならないわけではない。

4 不適切である。 特定転貸事業者等は、特定賃貸借契約の締結の勧誘をするに際し、又はその解除を妨げるため、特定賃貸借契約の相手方又は相手方となろうとする者に対し、当該特定賃貸借契約に関する事項であって特定賃貸借契約の相手方又は相手方となろうとする者の判断に影響を及ぼすこととなる重要なものにつき、故意に事実を告げず、又は不実のことを告げる行為をしてはならない（29条1号）。この違反行為をした者は、6ヵ月以下の懲役若しくは50万円以下の罰金に処され、又はこれを併科される（42条2号）。そして、この「特定転貸事業者等」には、特定転貸事業者だけでなく、勧誘者も含まれる（28条参照）。

✔ チェック□□□

問45 宅建業法（重要事項の説明） 正解 **1** 重要度 ★★★

1 最も適切である。 宅建業者が自ら売主として建物の売買を行う場合、「水防法施行規則11条1号の規定により当該宅地又は建物が所在する市町村の長が提供する図面に当該宅地又は建物の位置が表示されているときは、当該図面における当該宅地又は建物の所在地」は、重要事項の説明の対象事項（すべての取引態様において対象）である（宅建業法35条1項14号イ、施行規則16条の4の3第3号の2）。

2 不適切である。 宅建業者が自ら売主として建物の売買を行う場合、「当該建物について、石綿の使用の有無の調査の結果が記録されてい

るときは、その内容」は、重要事項の説明の対象事項（建物の売買・交換、貸借において対象）である（宅建業法35条１項14号イ、施行規則16条の４の３第４号）。しかし、この説明義務については、宅建業者自ら調査を実施しなければならないものではない。（宅建業法の解釈・運用の考え方35条１項14号関係４、規則16条の４の３第４号関係）。

3　不適切である。 宅建業者が自ら売主として建物の売買を行う場合、「当該建物が既存の建物であるときは、建物状況調査（実施後１年（鉄筋コンクリート造・鉄骨鉄筋コンクリート造の共同住宅等は２年）以内のものに限る）を実施しているかどうか、及びこれを実施している場合におけるその結果の概要」は、重要事項の説明の対象事項（建物の売買・交換、貸借において対象）である（宅建業法35条１項６号の２イ、施行規則16条の２の２）。しかし、この説明義務については、宅建業者自ら調査を実施しなければならないものではない。

4　不適切である。「台所、浴室、便所その他の当該建物の設備の整備の状況」は、建物の「貸借」においてのみ重要事項の説明の対象となるものであって、本肢のような建物の「売買」においては対象ではなく、説明は不要である（宅建業法35条１項14号イ、施行規則16条の４の３第７号）。

✔ チェック□□□

問46　適正化法（契約の成立時の書面）　　正解 **2**　　重要度 ★★★

1　適切である。 マンション管理業者は、管理組合から管理事務の委託を受けることを内容とする契約を締結したときは、当該管理組合の管理者等（当該マンション管理業者が当該管理組合の管理者等である場合又は当該管理組合に管理者等が置かれていない場合は、当該管理組合を構成するマンションの区分所有者等全員）に対し、遅滞なく、所定の事項を記載した書面（契約締結時書面）を交付しなければならない（マンション管理適正化法73条１項）。

2　最も不適切である。 マンション管理業者は、マンション管理適正

化法73条1項の規定による書面（契約締結時書面）の交付に代えて、当該管理組合の管理者等又は当該管理組合を構成するマンションの区分所有者等の「承諾」を得て、当該書面に記載すべき事項を電子情報処理組織を使用する方法その他の情報通信の技術を利用する方法により提供することができる（73条3項）。

3　適切である。 マンション管理業者は、管理組合から管理事務の委託を受けることを内容とする契約を締結したときは、所定の事項を記載した書面を交付しなければならない。そして、「管理事務の一部の再委託に関する定めがあるときは、その内容」も、この記載事項に含まれる（73条1項4号）。

4　適切である。 マンション管理適正化法73条1項の規定に違反して、書面を交付せず、若しくは所定の事項を記載しない書面若しくは虚偽の記載のある書面を交付したときには、その違反行為をした者は、30万円以下の罰金に処せられる（109条1項6号、73条）。

✔ チェック□□□

(問) **47　適正化法（重要事項の説明）** (正解)**3** 重要度 ★★

ア　不適切である。 マンション管理業者は、管理組合から管理受託契約を締結しようとするときは、原則として、あらかじめ、説明会を開催し、マンションの区分所有者等及び当該管理組合の管理者等に対し、管理業務主任者をして、管理受託契約の内容及びその履行に関する一定の事項（重要事項）について説明をさせなければならない。しかし、その管理受託契約が、①新たに建設されたマンションの分譲に通常要すると見込まれる期間、②その他の管理組合を構成するマンションの区分所有者等が変動することが見込まれる期間として国土交通省令で定める期間中に契約期間が満了するものについては、重要事項の説明は不要である（適正化法72条1項）。そして、この①の「期間」とは、当該マンションの人の居住の用に供する独立部分の引渡しの日のうち最も早い日から1年間とされる（施行規則82条1号）。

イ　適切である。 マンション管理業者は、重要事項説明会の開催日の1

397

週間前までに説明会の開催の日時及び場所について、当該管理組合を構成するマンションの区分所有者等及び当該管理組合の管理者等の見やすい場所に掲示しなければならない（83条2項）。

ウ　適切である。重要事項の説明会は、できる限り説明会に参加する者の参集の便を考慮して開催の日時及び場所を定め、管理事務の委託を受けた管理組合ごとに開催する（83条1項）。

エ　適切である。マンション管理業者は、従前の管理受託契約と同一の条件で管理組合との管理受託契約を更新する場合において、当該管理組合に管理者等が置かれているときは、当該管理者等に対し、管理業務主任者をして、重要事項を記載した書面を交付して説明をさせなければならない（適正化法72条2項・3項本文）。なお、認定管理者等から重要事項について説明を要しない旨の意思の表明があったときは、認定管理者等に対する重要事項を記載した書面の交付をもって、これに代えることができる（72条3項ただし書）。

以上により、適切なものは**イ**、**ウ**、**エ**の三つであり、肢**3**が正解となる。

記述アについて、新規に管理受託契約を締結する場合は、原則として、説明会を開いて重要事項説明の手続を行う必要がある。しかし、「新たに建設されたマンションの分譲」では、専有部分の引渡日のうち最も早い日から1年の間に契約期間が満了する場合、また、「既存のマンションの区分所有権の全部を1人または複数の者が買い取ったあとの分譲（いわゆるリノベマンション）」では、買取り後におけるそのマンションの専有部分の引渡日のうち最も早い日から1年の間に契約期間が満了する場合は、重要事項説明の手続を省略することができる。

✔ チェック□□□

問48 適正化法（管理業務主任者）　正解 4　重要度 ★

ア　適切である。管理業務主任者証の有効期間は、5年である（適正化法60条3項）。

イ　適切である。管理業務主任者は、登録が消除されたとき、又は管理業務主任者証がその効力を失ったときは、速やかに、管理業務主任者証を国土交通大臣に返納しなければならない（60条4項）。この規定に違反した者は、10万円以下の過料に処せられる（113条2号）。

ウ　適切である。管理業務主任者証の有効期間は、申請により更新する（61条1項）。

エ　適切である。国土交通大臣は、管理業務主任者が、①マンション管理業者に自己が専任の管理業務主任者として従事している事務所以外の事務所の専任の管理業務主任者である旨の表示をすることを許し、当該マンション管理業者がその旨の表示をしたとき、②他人に自己の名義の使用を許し、当該他人がその名義を使用して管理業務主任者である旨の表示をしたとき、③管理業務主任者として行う事務に関し、不正又は著しく不当な行為をしたときで、情状が特に重いときは、その登録を取り消さなければならない（65条1項4号、64条1項）。

以上により、適切なものは**ア**、**イ**、**ウ**、**エ**の四つであり、肢**4**が正解。

✔ チェック□□□

問49　適正化法（財産の分別管理）　正解 3　重要度 ★★

ア　適切である。マンション管理業者は、管理組合から委託を受けて管理する修繕積立金その他国土交通省令で定める財産については、整然と管理する方法として国土交通省令で定める方法により、自己の固有財産及び他の管理組合の財産と分別して管理しなければならない（適正化法76条）。

イ　不適切である。マンション管理業者は、施行規則1号「イ」又は「ロ」に定める方法により修繕積立金等金銭を管理する場合にあっては、原則として、マンションの区分所有者等から徴収される1か月分の修繕積立金等金銭又は管理組合又はマンションの区分所有者等から受領した管理費用に充当する金銭又は有価証券の合計額以上の額につき有効な保証契約を締結していなければならない（87条3項）。しかし、施行規則87条2項1号「ハ」に定める方法（マンションの区

分所有者等から徴収された修繕積立金等金銭を収納・保管口座に預入し、当該収納・保管口座において預貯金として管理する方法）による場合は、保証契約を締結する必要はない。

ウ　適切である。マンション管理業者は、施行規則2項1号イからハまでに定める方法により修繕積立金等金銭を管理する場合にあっては、保管口座又は収納・保管口座に係る管理組合等の印鑑、預貯金の引出用のカードその他これらに類するものを管理してはならない。ただし、管理組合に管理者等が置かれていない場合において、管理者等が選任されるまでの比較的短い期間に限り保管する場合は、この限りでない（施行規則87条4項）。

エ　適切である。「保管口座」とは、マンションの区分所有者等から徴収された修繕積立金を預入し、又は修繕積立金等金銭若しくは管理組合又はマンションの区分所有者等から受領した管理費用に充当する金銭又は有価証券の残額を収納口座から移し換え、これらを預貯金として管理するための口座であって、管理組合等を名義人とするものをいう（87条6項2号）。

　以上により、適切なものを全て含む組合せは**ア**、**ウ**、**エ**であり、肢**3**が正解。

問50　適正化法（マンション管理業の登録）　正解 3　重要度 ★★★

ア　適切である。マンション管理業者の登録の有効期間の満了後引き続きマンション管理業を営もうとする者は、更新の登録を受けなければならない（適正化法44条3項）。そして、この更新の登録を受けようとする者は、登録の有効期間満了の日の90日前から30日前までの間に登録申請書を提出しなければならない。（施行規則50条）。

イ　適切である。マンション管理業者から更新の登録の申請があった場合において、有効期間の満了の日までにその申請に対する処分がなされないときは、従前の登録は、有効期間の満了後もその処分がなされるまでの間は、なお効力を有する（適正化法44条4項）。

ウ　適切である。暴力団員による不当な行為の防止等に関する法律2条6号に規定する暴力団員又は暴力団員でなくなった日から5年を経過しない者（暴力団員等）は、マンション管理業の登録を受けることができない（47条7号）。そして、法人でその役員のうちに、当該暴力団員等がいた場合も、登録を受けることができない（47条10号）。

エ　不適切である。マンション管理業者がマンション管理業を廃止した場合、マンション管理業者であった個人又はマンション管理業者であった法人を代表する役員は、その日から「30日以内」に、その旨を国土交通大臣に届け出なければならない（50条1項5号）。

　以上により、適切なものを全て含む組合せは**ア、イ、ウ**であり、肢**3**が正解。

解答と解説

正解番号一覧

問	正解	問	正解	問	正解	問	正解	問	正解
1	2	11	1	21	4	31	3	41	3
2	3	12	3	22	4	32	2	42	2
3	4	13	2	23	2	33	2	43	1
4	3	14	2	24	2	34	3	44	4
5	1	15	4	25	1	35	4	45	3
6	2	16	3	26	4	36	3	46	2
7	2	17	4	27	4	37	1	47	3
8	1	18	3	28	3	38	1	48	4
9	4	19	1	29	4	39	2	49	4
10	1	20	2	30	4	40	3	50	1

合格基準点：37点

問 1　民法（相続）　　正解 2　重要度 ★★★

1　**誤り。** 数人の者が死亡した場合において、そのうちの一人が他の者の死亡後になお生存していたことが明らかでないときは、これらの者は、同時に死亡したものと推定される（民法32条の２）。よって、本肢のように、Ａと子Ｃのどちらが先に死亡したか不明の場合、ＣはＡの相続人となることができない。その結果、Ａの相続財産については、配偶者Ｂと直系尊属Ｄが法定相続人となり、その法定相続分は、Ｂが３分の２、Ｄが「３分の１」となる（900条２号）。

2　**正しい。** 本肢の場合、Ａが死亡することによって、配偶者Ｂと子Ｃが法定相続人となり、その法定相続分は、Ｂが２分の１、Ｃが２分の１となる（890条、900条１号）。その後、Ｃが死亡することにより、その直系尊属であるＢのみが法定相続人となり、Ｃの相続財産を全て相続する（889条１項１号）。結果として、Ｂのみが甲を相続する。

3　**誤り。** 本肢の場合、Ａより先に死亡しているＣは、法定相続人となることができない。その結果、Ａの相続財産については、配偶者Ｂと直系尊属Ｄが法定相続人となり、その法定相続分は、Ｂが「３分の２」、Ｄが３分の１となる（900条２号）。

4　**誤り。** 共有者の一人が、その持分を放棄したとき、又は死亡して相続人がないときは、その持分は、他の共有者に帰属する（255条）。したがって、甲の共有持分は、国庫ではなく、Ｂに帰属する。

問 2　民法（請負契約）　　正解 3　重要度 ★★

1　**正しい。** 注文者が相当の期間を定めて履行の追完の催告をし、その期間内に履行の追完がないときは、注文者は、その不適合の程度に応じて代金（報酬）の減額を請求できる（民法559条、632条、563条１項）。したがって、修補（履行の追完）が可能な場合は、注文者は、まず、請負人に対し、目的物の修補、代替物の引渡し又は不足分の引

渡しによる履行の追完を請求し、その期間内に履行の追完（目的物の修補等）がなされないときに、原則として、はじめて代金（報酬）減額請求ができる。

2　正しい。 注文者が破産手続開始の決定を受けたときは、請負人又は破産管財人は、契約の解除ができる。ただし、請負人による契約の解除については、仕事を完成した後は、この限りでない（642条1項）。

3　誤り。 請負人が仕事を完成しない間（＝仕事の完成前）は、注文者は、いつでも損害を賠償して契約の解除ができる（注文者による契約の解除、641条）。したがって、仕事の完成後は、注文者がこの規定によって契約の解除をすることはできない。なお、本肢の場合、請負人Bは本件契約内容に適合した工事を完成させているので、注文者Aは、Bに対して請負人の担保責任としての契約の解除はできない。

4　正しい。 引き渡された目的物が種類、品質又は数量に関して契約の内容に適合しないものであるときは、注文者は、請負人に対し、目的物の修補、代替物の引渡し又は不足分の引渡しによる履行の追完を請求できる。ただし、注文者がその不適合を知った時から1年以内にその旨を請負人に通知しないときは、注文者は、その不適合を理由として、履行の追完の請求はできない（559条、562条、637条）。

 肢1及び肢4に関して、2020年4月1日施行の改正民法により、請負契約における契約不適合責任は、売買契約におけるそれと同様とされた。したがって、売買契約における契約不適合責任の内容をもとに考えればよい。

✔ **チェック**□□□

問 **3**　**民法（制限行為能力）**　　正解 **4**　重要度 ★★

1　誤り。 成年被後見人の法律行為は、取り消すことができる。ただし、日用品の購入その他日常生活に関する行為については、この限りでない（民法9条）。そして、成年後見人には同意権はない。したがって、たとえ成年後見人Bの事前の同意を得ていても、成年被後見人Aは、甲の売買を取り消すことができる。

2 **誤り**。制限行為能力者が代理人としてした行為は、行為能力の制限によっては取り消すことができない（102条本文）。なお、制限行為能力者が他の制限行為能力者の法定代理人としてした行為については、取り消すことができる（同条ただし書）。

3 **誤り**。被保佐人が不動産その他重要な財産に関する権利の得喪を目的とする行為をするには、その保佐人の同意を得なければならない。そして、保佐人の同意を得なければならない行為で、その同意又はこれに代わる許可を得ないでしたものは、取り消すことができる（13条1項3号・4項）。また、制限行為能力者の相手方は、被保佐人又は被補助人に対しては、1箇月以上の期間を定めて、その期間内にその保佐人又は補助人の追認を得るべき旨の催告ができる。この場合において、その被保佐人又は被補助人がその期間内にその追認を得た旨の通知を発しないときは、その行為を取り消したものとみなす（20条4項）。

4 **正しい**。保佐人の同意を得なければならない行為について、保佐人が被保佐人の利益を害するおそれがないにもかかわらず同意をしないときは、家庭裁判所は、被保佐人の請求により、保佐人の同意に代わる許可を与えることができる（13条3項）。

✔ チェック□□□

(問) **4** **民法（不法行為）** 正解 **3** 重要度 ★★★

1 **誤り**。注文者は、注文又は指図についてその注文者に過失があったときを除き、請負人がその仕事について第三者に加えた損害を賠償する責任を負わない（注文者の責任、民法716条）。したがって、本肢の場合、管理組合Aは通行人Dに対して損害賠償責任を負わず、注文者である管理組合Aから修繕工事の依頼を受けた請負人である施工会社B、及び直接加害行為を行った従業員Cが損害賠償責任を負うのが原則である。

2 **誤り**。不法行為に基づく損害賠償債務は、なんらの催告を要することなく、「損害の発生と同時」に遅滞に陥る（709条、最高裁判所判

決昭和37年9月4日、412条参照）。したがって、本肢の場合、被害者である通行人Eが管理組合法人Fに損害賠償を請求した時点ではなく、Eが負傷した時点で遅滞に陥る。

3　正しい。土地の工作物の設置又は保存に瑕疵があることによって他人に損害を生じたときは、その工作物の占有者は、被害者に対してその損害を賠償する責任を負う。ただし、占有者が損害の発生を防止するのに必要な注意をしたときは、所有者がその損害を賠償しなければならない。損害の原因について他にその責任を負う者があるときは、占有者又は所有者は、その者に対して求償権を行使できる（工作物責任、717条1項・3項）。本肢のGは現に居住する区分所有者であり、占有者であるのみならず所有者でもあるから、必要な注意をしたかどうか（故意・過失の有無）にかかわらず、工作物責任に基づく損害賠償責任を負う。なお、Gは、当該瑕疵について過失ある施工会社Hに対して求償できるが、Gの工作物責任に基づく損害賠償責任が免除されるわけではない。

4　誤り。未成年者は、他人に損害を加えた場合において、自己の行為の責任を弁識するに足りる知能を備えていなかったときは、その行為について賠償の責任を負わない（712条）。そして、未成年者の責任能力については、一般的に12歳程度が目安とされている（大審院判決大正4年5月12日、大審院判決大正6年4月3日）。本肢の子Jは、未成年者ではあるが17歳であるため、自己の行為の責任を弁識するに足りる知能を備えていると解される。したがって、KはJに対して、原則として損害賠償を請求できる。なお、この場合、Iに対しては、原則として損害賠償を請求できない。

✔ **チェック**□□□

問 5　民法（代理）　　　　**正解 1**　　重要度 ★★

1　誤り。無権代理の場合、相手方は、本人に対し、相当の期間を定めて、その期間内に追認をするかどうかを確答すべき旨の催告をすることができる。そして、本人がその期間内に確答をしないときは、追認

を「拒絶」したものとみなされる（民法114条）。

2　**正しい。**代理権を有しない者がした契約は、本人が追認をしない間は、相手方が取り消すことができる。ただし、契約の時において代理権を有しないことを相手方が知っていたときは、取り消すことができない（115条）。

3　**正しい。**他人の代理人として契約をした者は、自己の代理権を証明したとき、又は本人の追認を得たときを除き、原則として、相手方の選択に従い、相手方に対して履行又は損害賠償の責任を負う（117条1項）。

4　**正しい。**制限行為能力者が代理人としてした行為は、そもそも行為能力の制限によっては取り消すことができない。ただし、制限行為能力者が他の制限行為能力者の法定代理人としてした行為については、取り消すことができる（102条）。なお、他人の代理人として契約をした者は、自己の代理権を証明したとき、又は本人の追認を得たときを除き、原則として、相手方の選択に従い、相手方に対して履行又は損害賠償の責任を負う（117条1項）。しかし、他人の代理人として契約をした者が行為能力の制限を受けていたときは、その責任を負わない（117条2項3号）。

✔ チェック□□□

(問) **6**　**民法（債務不履行解除）**　　正解 **2**　重要度 ★★★

1　**正しい。**解除の意思表示は、撤回できない（民法540条2項）。

2　**誤り。**当事者の一方が解除権を行使したときは、各当事者は、相手方を原状に復させる義務を負う。この場合、金銭を返還するときは、その受領の時から利息を付さなければならない（545条1項・2項）。

3　**正しい。**債務の全部の履行が不能であるときには、債権者は、催告をすることなく、直ちに契約の解除ができる（542条1項1号）。そして、契約の解除をするのに、債務者の責めに帰する事由があることは要件となっていない。

4　**正しい。**債務の一部の履行が不能である場合又は債務者がその債務

の一部の履行を拒絶する意思を明確に表示した場合において、残存する部分のみでは契約をした目的を達することができないときには、債権者は、催告をすることなく、直ちに契約の解除ができる（542条1項3号）。

 債務不履行による解除には、催告による解除と催告によらない解除がある。催告による解除では、催告期間内に履行がされなかった場合でも当然に解除されたことになるのではなく、原則として、別途解除の意思表示が必要となる。

✔ チェック□□□

（問）7　標準管理委託契約書　　正解 2　重要度 ★★★

ア　適切でない。管理組合又は管理業者は、その相手方が、本契約に定められた義務の履行を怠った場合は、相当の期間を定めてその履行を催告し、相手方が当該期間内に、その義務を履行しないときは、本契約を解除できる（標準管理委託契約書20条1項第1文）。したがって、義務の履行を怠った場合でも、直ちに解除はできない。

イ　適切である。管理組合は、「管理業者に、破産手続、会社更生手続、民事再生手続その他法的倒産手続開始の申立て、若しくは私的整理の開始があったとき」は、本契約を解除できる（20条2項2号）。

ウ　適切である。管理組合は、「管理業者がマンション管理業の登録の取消しの処分を受けたとき」は、本契約を解除できる（18条2項3号）。

エ　適切でない。管理組合又は管理業者は、その相手方に対し、少なくとも「3月前」に書面で解約の申入れを行うことにより、本契約を終了させることができる（21条）。

以上により、適切なものは**イ**、**ウ**の二つであり、肢**2**が正解。

解説

令和2年度

409

問 8　標準管理委託契約書　　**正解 1**　重要度 ★★★

1　**最も不適切である。**管理業者は、事務管理業務の管理事務の一部又は管理員業務、清掃業務若しくは建物・設備管理業務の管理事務の全部若しくは一部を、第三者に再委託（再委託された者が更に委託を行う場合以降も含む）できる（標準管理委託契約書4条1項）。

2　**適切である。**管理業者が管理事務を第三者に再委託した場合、管理業者は、再委託した管理事務の適正な処理について、管理組合に対して、責任を負う（4条2項）。

3　**適切である。**管理業者は、事務管理業務の管理事務の一部又は管理員業務、清掃業務若しくは建物・設備管理業務の管理事務の全部若しくは一部を、第三者に再委託（再委託された者が更に委託を行う場合以降も含む）できる（4条1項）。したがって、事務管理業務の管理事務の全部を第三者に再委託することはできないが、その一部を第三者に再委託することはできる。

4　**適切である。**管理業者は、契約締結時に再委託先の名称が明らかな場合、又は契約締結後に明らかになった場合には、管理組合に通知することが望ましい（コメント4条関係③）。

問 9　標準管理委託契約書（マンションの維持・修繕に関する企画・実施の調整）　　**正解 4**　重要度 ★★

ア　**適切である。**管理業者は、管理組合の長期修繕計画における修繕積立金の額が著しく低額である場合若しくは設定額に対して実際の積立額が不足している場合又は管理事務を実施する上で把握した本マンションの劣化等の状況に基づき、当該計画の修繕工事の内容、実施予定時期、工事の概算費用若しくは修繕積立金の見直しが必要であると判断した場合には、書面をもって管理組合に助言する（標準管理委託契約書別表1　1（3）一）。

イ　**適切である。**長期修繕計画案の作成業務並びに建物・設備の劣化状

況等を把握するための調査・診断の実施及びその結果に基づき行う当該計画の見直し業務を実施する場合は、本契約とは別個の契約とする（別表第1　1（3）一）。

ウ　適切である。 管理業者は、管理組合が本マンションの維持又は修繕（大規模修繕を除く修繕又は保守点検等）を外注により当該マンション管理業者以外の業者に行わせる場合には、見積書の受理、管理組合と受注業者との取次ぎ、発注補助、実施の確認を行う（別表第1　1（3）二）。

エ　適切である。 この「大規模修繕」とは、建物の全体又は複数の部位について、修繕積立金を充当して行う計画的な修繕又は特別な事情により必要となる修繕等をいう（コメント別表第1　1（3）関係④）。以上により、適切なものは**ア**、**イ**、**ウ**、**エ**の四つであり、肢**4**が正解。

✔ チェック□□□

問10　民事訴訟法・裁判所法（管理費の滞納）　正解**1**　重要度 ★★★

1　誤り。 訴えの提起は、訴状を裁判所に提出してしなければならない（民事訴訟法134条1項）。もっとも、訴えの提起前に、内容証明郵便による催告を行うことは要件とされていない。

2　正しい。 被告となるべき者の住所、居所その他送達をすべき場所が知れず、行方不明である場合であっても、公示送達の方法により、裁判所に訴えを提起することができる（110条1項1号、111条参照）。

3　正しい。 訴訟の目的の価額が140万円を超えない請求（行政事件訴訟に係る請求を除く）については、簡易裁判所が第一審の裁判権を有する（裁判所法33条1項1号）。

4　正しい。 送達は、送達を受けるべき者の住所、居所、営業所又は事務所（住所等）においてする（民事訴訟法103条1項本文）。

問 11 民事訴訟法（少額訴訟）　正解 1　重要度 ★★★

1　正しい。 簡易裁判所においては、訴訟の目的の価額が60万円以下の金銭の支払の請求を目的とする訴えについて、少額訴訟による審理及び裁判を求めることができる。ただし、同一の簡易裁判所において同一の年に10回を超えることはできない（民事訴訟法368条1項、民事訴訟規則223条）。

2　誤り。 少額訴訟の終局判決に対しては、控訴ができない（民事訴訟法377条）。

3　誤り。 被告は、訴訟を通常の手続に移行させる旨の申述ができる。ただし、被告が最初にすべき口頭弁論の期日において弁論をし、又はその期日が終了した後は、この限りでない（373条1項）。したがって、いつでも通常の訴訟手続きに移行させる旨の申述ができるわけではない。

4　誤り。 少額訴訟においては、反訴を提起できない（369条）。

問 12 標準管理規約（管理組合の会計等）　正解 3　重要度 ★★★

1　適切でない。 通常の管理に要する経費（管理費）について、借入れを認める規定はない。なお、管理組合は、28条1項に定める業務（特別の管理）を行うため必要な範囲内において、借入れができるとされており（標準管理規約63条）、修繕積立金に不足が生ずる場合には、借入れが認められる。

2　適切でない。 収支決算の結果、管理費に余剰を生じた場合には、その余剰は翌年度における「管理費」に充当する（61条1項）。

3　最も適切である。 管理費等に不足を生じた場合には、管理組合は組合員に対して管理費等の負担割合（各区分所有者の共用部分の共有持分に応じて算出する）により、その都度必要な金額の負担を求めることができる（61条2項）。なお、管理費等の額及び賦課徴収方法は総

会の決議事項である（48条3号）。

4　適切でない。 理事長は、毎会計年度の収支決算案を監事の会計監査を経て、通常総会に報告し、その承認を得なければならない（59条）。本肢のような、やむを得ない場合に通常総会の承認後に会計監査を受けることができる旨の規定はない。

問13　標準管理規約（管理組合の役員）

正解 2　重要度 ★★

ア　適切でない。 理事長は、必要と認める場合には、「理事会の決議を経て」、いつでも臨時総会を招集できる（標準管理規約42条4項）。したがって、臨時総会の招集には理事会の決議が必要であり、理事長（単独）の権限で臨時総会を招集はできない。

イ　適切でない。 監事は、理事が不正の行為をし、若しくは当該行為をするおそれがあると認めるとき、又は法令、規約、使用細則等、総会の決議若しくは理事会の決議に違反する事実若しくは著しく不当な事実があると認めるときは、遅滞なく、その旨を理事会に報告しなければならない（41条5項）。そして、監事は、この場合において、必要があると認めるときは、理事長に対し、理事会の招集を請求することができ（41条6項）、請求があった日から5日以内に、その請求があった日から2週間以内の日を理事会の日とする理事会の招集の通知が発せられない場合は、その請求をした監事は、理事会を招集できる（41条7項）。したがって、監事は、まずは理事長に理事会の招集を請求できるだけであり、直ちに自ら理事会を招集できるわけではない。

ウ　適切である。 理事は、管理組合に著しい損害を及ぼすおそれのある事実があることを発見したときは、直ちに、当該事実を監事に報告しなければならない（40条2項）。

エ　適切である。 標準管理規約では、管理組合には、①理事長、②副理事長○名、③会計担当理事○名、④理事（理事長、副理事長、会計担当理事を含む）○名、⑤監事○名を置くとされている（35条1項）。

したがって、管理組合は、会計に関する業務を担当させるために、会計担当理事を置かなければならない。

以上により、適切なものは**ウ**、**エ**の二つであり、肢**2**が正解。

✔ チェック□□□

問 14　税務・会計（管理組合の税務）　正解 2　重要度 ★★★

1　**適切である**。預貯金や貸付金の利子については、非課税取引とされ、消費税は課税されない（消費税法6条1項、別表第1）。

2　**最も不適切である**。管理組合が組合員のみに貸し付けた駐車場の使用料については、収益事業に該当しない。なお、組合員「以外」の第三者に貸し付けた場合は、収益事業とされる（法人税法施行令5条1項31号、国税庁質疑応答事例）。

3　**適切である**。マンションの共用部分を第三者に貸し付けた場合の賃貸料は、収益事業に該当する（法人税法施行令5条1項5号、国税庁質疑応答事例）。

4　**適切である**。事業者のうち、課税期間に係る基準期間（前々事業年度）における課税売上高が1,000万円以下である者については、消費税を納める義務が免除される（消費税法5条1項）。しかし、その事業年度における特定期間（前事業年度の最初の6ヵ月間）において課税売上高が1,000万円を超え、かつ、特定期間における給与総額が1,000万円を超える場合には免除されない（9条の2第1項・3項）。

✔ チェック□□□

問 15　税務・会計（仕訳）　正解 4　重要度 ★★★

①　2月以前分に係る収入（135,000円）は、収入が発生した時点で、未収入金として計上されている。したがって、3月に入金された段階で、（借方）普通預金135,000円／（貸方）未収入金135,000円の仕訳を行う。

②　3月分に係る収入（205,000円）は、3月に発生した収入のため、

普通預金（205,000円）を借方に、また、管理費収入（150,000円）、修繕積立金収入（45,000円）、駐車場使用料収入（10,000円）をそれぞれ貸方に計上する。

③　4月分に係る収入（1,710,000円）は、3月時点で発生していない収入のため、普通預金（1,710,000円）を借方に、また、前受金（1,710,000円）を貸方に計上する。

以上により、肢**4**が正解。

✔ チェック□□□

問16 税務・会計（仕訳）　　正解 **3**　重要度 ★★

活動①について。2月に工事が完了しているため、その時点で未払金として計上されている。したがって、3月に普通預金から支払った時点で、（借方）未払金850,000円／（貸方）普通預金850,000円の仕訳を行う。

活動②について。取付工事が3月に完了し、3月に普通預金から支払っているため、（借方）什器備品1,500,000円／（貸方）普通預金1,500,000円の仕訳を行う。

活動③について。工事完了及び支払が4月以降となるため、3月中には仕訳は行わない。

以上により、肢**3**が正解。

✔ チェック□□□

問17 建築基準法（総合）　　正解 **4**　重要度 ★★★

1 正しい。 耐火構造は準耐火構造よりも厳しい防火基準を満たしているため、準耐火構造が要求される建築物を耐火構造で建築することは可能である（建基法27条3項、67条1項参照）。

2 正しい。 火炎を遮る設備である防火設備は、防火戸、ドレンチャーその他火炎を遮る設備である（2条9号の2ロ、施行令109条1項）。なお、ドレンチャーとは、屋根、外壁、軒先、窓上など建物の外側に

設置する設備で、散水ノズルから放水することで建物の延焼を防止するものである。スプリンクラーと類似するが、スプリンクラーは散水による初期消火を主な目的とするのに対し、ドレンチャーは延焼の防止を主な目的とする点で異なる。

3　正しい。 主要構造部とは、「壁」、「柱」、床、はり、屋根又は階段をいい、建築物の構造上重要でない間仕切壁、間柱、付け柱、揚げ床、最下階の床、回り舞台の床、小ばり、ひさし、局部的な小階段、屋外階段その他これらに類する建築物の部分を除くものとする（2条5号）。他方、構造耐力上主要な部分とは、基礎、基礎ぐい、「壁」、「柱」、小屋組、土台、斜材（筋かい、方づえ、火打材その他これらに類するものをいう）、床版、屋根版又は横架材（はり、けたその他これらに類するものをいう）で、建築物の自重若しくは積載荷重、積雪荷重、風圧、土圧若しくは水圧又は地震その他の震動若しくは衝撃を支えるものをいう（施行令1条3号）。壁、柱などは共通して規定されている。

4　誤り。 内装については、建築物の用途・規模等に応じて、「壁及び天井（天井のない場合においては、屋根）」の室内に面する部分の仕上げを防火上支障がないようにしなければならない（建築基準法35条の2）。内装の仕上げ材料の制限を受ける部位として、床は含まれていない。

肢4に関して、内装制限を受ける部位に床が含まれないという点は、過去にも出題されている。過去問は、短時間で直接正解を導いたり、選択肢を絞ったりする有効な武器になるので、選択肢ごとに知識を正確に押さえておこう。

✔ **チェック**□□□

問 18　建築基準法（建築確認等）　　**正解 3**　重要度 ★

1　必要。 都市計画区域、準都市計画区域、準景観地区内において、建築物の建築を行う場合には、原則として建築確認を受ける必要がある（建築基準法6条1項4号）。そして、建築とは、建築物を新築し、増

築し、改築し、又は移転することをいう（2条13号）。本肢は、改築を行うため、建築確認を必要とする。

2　必要。 建築基準法別表第1（い）欄に掲げる用途（共同住宅はこれに含まれる）に供する特殊建築物で、その用途に供する部分の床面積の合計が200㎡を超えるものについて、大規模の修繕又は大規模の模様替えを行う場合、建築確認を必要とする（6条1項1号）。

3　不要。 建築物の用途を変更して、その用途に供する部分の床面積の合計が200㎡を超える特殊建築物とする場合、建築確認を必要とする（6条1項1号、87条1項）。ただし、類似の用途に変更する場合は、建築確認を必要としない（施行令137条の18）。本肢の場合、ホテルと旅館はこの類似の用途に該当するため、建築確認は不要である。

4　必要。 前述のとおり、都市計画区域、準都市計画区域、準景観地区内において、建築物の建築を行う場合には、原則として建築確認を受ける必要がある。しかし、防火地域及び準防火地域外において建築物を増築し、改築し、又は移転しようとする場合で、その増築、改築又は移転に係る部分の床面積の合計が10㎡以内であるときには不要である（6条2項）。本肢は、準防火地域内であり、床面積も15.0㎡のため、原則どおり建築確認を必要とする。

✔ チェック□□□

問 19　建築設備（換気）　　正解 **1**　　重要度 ★★★

1　最も不適切である。 住宅等の居室における、ホルムアルデヒドに関する技術的基準において、機械換気設備の必要有効換気量の計算に求められる換気回数は、1時間あたり0.5回である（建築基準法施行令20条の8第1項1号イ(1)）。つまり、2時間に1回である。

2　適切である。 空気齢とは、換気効率の指標の一つで、開口部から室内に入ってきた空気が、室内の一定の場所に到達するまでにかかる時間をいう。したがって、その数値が小さいほど空気が新鮮であり、大きいほど空気は新鮮ではなく、汚染されている可能性が高いといえる。

3　適切である。自然換気とは、給気や排気に機械的な動力を使わず、自然の力を利用する換気である。具体的には、建物の内外の温度差や外部風を利用する。

4　適切である。第3種換気方式とは、機械換気のうち、自然給気と機械排気を組み合わせた方式である。

✔ チェック□□□

問20　消防法（防火管理者）　正解 2　重要度 ★★★

1　正しい。共同住宅のうち、収容人員が50人以上のものは、防火管理者を設置しなければならない（消防法8条1項、施行令1条の2第3項1号ハ、別表第1第5号）。

2　誤り。高さ31mを超える建築物で、その管理について権原が分かれているものなどは、統括防火管理者を設置しなければならない（消防法8条の2第1項）。高さ20mを超える建築物ではない。

3　正しい。甲種防火対象物である共同住宅についての防火管理者の資格を有する者には、当該共同住宅において防火管理上必要な業務を遂行することができる管理的又は監督的な地位にあるもので、総務大臣の登録を受けたものが行う甲種防火対象物の防火管理に関する講習の課程を修了した者などが含まれる（施行令3条1項1号イ〜ニ）。

4　正しい。防火管理者は、消防計画に基づいて、当該防火対象物について消火、通報及び避難の訓練の実施、消防の用に供する設備、消防用水又は消火活動上必要な施設の点検及び整備、火気の使用又は取扱いに関する監督、避難又は防火上必要な構造及び設備の維持管理並びに収容人員の管理その他防火管理上必要な業務を行わなければならない（消防法8条1項、施行令3条の2第2項）。

✔ チェック□□□

問21　建築設備（住宅用防災機器）　正解 4　重要度 ★★★

1　正しい。住宅用防災機器の設置は、新築住宅、既存住宅の別を問わ

ず義務化されている。

2　正しい。 就寝の用に供する居室には、住宅用防災警報器又は住宅用防災報知設備の感知器を設置しなければならない（消防法施行令5条の7第1項1号イ）。

3　正しい。 一定の住宅の部分にスプリンクラー設備又は自動火災報知設備を、それぞれ技術上の基準に従い設置したときその他の当該設備と同等以上の性能を有する設備を設置した場合において総務省令で定めるときは、当該設備の有効範囲内の住宅の部分について住宅用防災警報器又は住宅用防災報知設備を設置しないことができる（施行令5条の7第1項3号）。

4　誤り。 住宅用防災警報器又は住宅用防災報知設備の感知器は、天井又は壁の屋内に面する部分（天井のない場合にあっては、屋根又は壁の屋内に面する部分）に、火災の発生を未然に又は早期に、かつ、有効に感知することができるように設置しなければならない（施行令5条の7第1項2号）。壁面でもよい。

✔ チェック□□□

問 22　建築材料（アスベスト）　　正解 **4**　　重要度 ★★

1　適切である。 微細な浮遊繊維が人体に有害となる石綿（アスベスト）には様々な種類があり、吹付け石綿として使用されていたクロシドライト（青石綿）やアモサイト（茶石綿）、クリソタイル（白石綿）といったものがある。

2　適切である。 事業者は、石綿健康診断の結果に基づき、石綿健康診断個人票を作成し、これを当該労働者が当該事業場において常時当該業務に従事しないこととなった日から40年間保存しなければならない（石綿障害予防規則41条）。

3　適切である。 吹付け石綿及び吹付けロックウールでその含有する石綿の重量が当該建築材料の重量の0.1％を超えるものは、建築材料としての使用が禁止されている（建築基準法28条の2第2号、国土交通省告示1172号）。

4　最も不適切である。かつて、建築物などの内装仕上げに用いられる
建築用仕上げ塗料に石綿を含有するものが製造されたことがある。

✔ チェック□□□

⑬23　建築設備（給排水衛生設備）　正解 2　重要度 ★★

1　適切である。排水口空間とは、間接排水管の管端と、一般排水系統
に直結している水受け容器・排水器具のあふれ縁との間の鉛直距離を
いい、適切な空間を設ける必要がある。

2　最も不適切である。インバートますとは、汚水ますのことである。
雨水中に含まれる土砂などを阻集するために泥だめを設けたますは、
雨水ますである。

3　適切である。逆サイホン作用とは、水受け容器中に吐き出された水、
使用された水、またはその他の液体が給排水管内に生じた負圧による
吸引作用のため、給水管内に逆流することをいう。上水汚染の原因と
なるため防止する必要がある。

4　適切である。伸頂通気管とは、最上部の排水横枝管が排水立て管に
接続した点よりもさらに上方へ、その排水立て管を立ち上げて大気に
開放し、これを通気管に使用する部分をいう。

✔ チェック□□□

⑬24　バリアフリー法　正解 2　重要度 ★★

1　正しい。この法律に基づく措置は、高齢者、障害者等にとって日常
生活又は社会生活を営む上で障壁となるような社会における事物、制
度、慣行、観念その他一切のものの除去に資すること及び全ての国民
が年齢、障害の有無その他の事情によって分け隔てられることなく共
生する社会の実現に資することを旨として、行われなければならない
（バリアフリー法1条の2）。

2　誤り。建築主等とは、建築物の建築をしようとする者又は建築物の
所有者、管理者若しくは占有者をいう（2条16号）。管理者や占有者

420

も含まれる。

3　正しい。共同住宅は、特定建築物に該当するが、特別特定建築物には該当しない（施行令４条９号、５条）。

4　正しい。建築物特定施設とは、出入口、廊下、階段、エレベーター、便所、敷地内の通路、駐車場その他の建築物又はその敷地に設けられる施設で政令で定めるものをいう（バリアフリー法２条20号）。

✔ チェック□□□

㉕ 問 25　品確法（総合）　　正解 1　重要度 ★★★

　住宅の品質確保の促進等に関する法律１条によると、この法律は、住宅の性能に関する「（ア）表示基準」及びこれに基づく評価の制度を設け、住宅に係る紛争の処理体制を整備するとともに、「（イ）新築住宅」の請負契約又は売買契約における瑕疵担保責任について特別の定めをすることにより、住宅の品質確保の促進、住宅購入者等の利益の保護及び住宅に係る紛争の迅速かつ適正な解決を図り、もって国民生活の安定向上と「（ウ）国民経済の健全な発展」に寄与することを目的とする。

　したがって、（ア）には「表示基準」が、（イ）には「新築住宅」が、（ウ）には「国民経済の健全な発展」が入る。

　以上により、肢１が正解。

✔ チェック□□□

㉖ 問 26　長期修繕計画作成ガイドライン　　正解 4　重要度 ★★★

1　適切である。このガイドラインは、マンションにおける長期修繕計画の作成又は見直し（以下「作成」という）及び修繕積立金の額の設定に関して、基本的な考え方等と長期修繕計画標準様式を使用しての作成方法を示すことにより、適切な内容の長期修繕計画の作成及びこれに基づいた修繕積立金の額の設定を促し、マンションの計画修繕工事の適時適切かつ円滑な実施を図ることを目的とする（長期修繕計画作成ガイドライン第１章１）。適切な内容の長期修繕計画の作成を促

すことを目的としている。

2 **適切である。**肢1で述べたとおり、このガイドラインは、長期修繕計画に基づいた修繕積立金の額の設定を促すことを目的としている。

3 **適切である。**肢1で述べたとおり、このガイドラインは、マンションの計画修繕工事の適時適切かつ円滑な実施を図ることを目的としている。

4 **最も不適切である。**このガイドラインは、外部の専門的知識を有する者による専門委員会を設置し、長期修繕計画における基本方針を決定させることを促すことは目的に定められていない。

✔ チェック□□□

問 27 　**長期修繕計画作成ガイドライン**　　正解 **4**　　重要度 ★★★

　長期修繕計画の作成に当たっては、次に掲げる事項を前提条件する。

① 　推定修繕工事は、建物及び設備の性能・機能を新築時と同等水準に維持、回復させる修繕工事を基本とする（ア）。

② 　区分所有者の要望など必要に応じて、建物及び設備の性能を向上させる改修工事を設定する（イ）。

③ 　計画期間において、法定点検等の点検及び経常的な補修工事を適切に実施する（ウ）。

④ 　計画修繕工事の実施の要否、内容等は、事前に調査・診断を行い、その結果に基づいて判断する（エ）。

（長期修繕計画作成ガイドライン第2章第1節2二）

　以上により、適切なものは**ア**、**イ**、**ウ**、**エ**の四つであり、肢**4**が正解。

✔ チェック□□□

問 28 　**長期修繕計画作成ガイドライン**　　正解 **3**　　重要度 ★★★

1 **適切である。**修繕積立金の積立ては、長期修繕計画の作成時点において、計画期間に積み立てる修繕積立金の額を均等にする積立方式（均等積立方式）を基本とする（長期修繕計画作成ガイドライン第3

章第2節1)。

2　適切である。管理規約には、長期修繕計画及び修繕積立金の額を一定期間（5年程度）ごとに見直しを行う規定を定めることも望まれる（第2章第1節3一）。

3　最も不適切である。購入時に将来の計画修繕工事に要する経費として修繕積立基金を負担する場合又は修繕積立金の総額の不足などから一時金を負担する場合は、これらを修繕積立金会計に繰り入れる（第3章第2節2）。修繕積立基金又は一時金は、修繕積立金会計と区分せず、繰り入れて管理する。

4　適切である。専用庭等の専用使用料及び駐車場等の使用料は、これらの管理に要する費用に充てるほか、修繕積立金として積み立てる（第2章第1節3二）。

 肢1に関して、修繕積立金の積立方式には、①均等積立方式と②段階増額積立方式とがあるが、②段階増額積立方式では、増額する際に区分所有者の合意形成が難しい場合もあるため、「①均等積立方式が基本」とされている。

✔ チェック□□□

問29　区分所有法（集会）　　正解 4　　重要度 ★★

ア　正しい。集会の招集の通知は、会日より少なくとも1週間前に、会議の目的たる事項を示して、各区分所有者に発しなければならない（区分所有法35条1項本文）。ただし、この期間は、規約で伸縮できる。また、この通知をする場合において、会議の目的たる事項が17条1項（共用部分の重大変更）、31条1項（規約の設定、変更及び廃止）、61条5項（大規模滅失の復旧決議）、62条1項（建替え決議）、68条1項（団地に関する規約の設定の特例）又は69条7項（一括建替え決議）に規定する決議事項であるときは、その議案の要領をも通知しなければならない（35条5項）。

イ　正しい。集会は、区分所有者全員の同意があるときは、招集の手続を経ないで開くことができる（36条）。

ウ 正しい。区分所有法又は規約により集会において決議をすべき場合において、区分所有者全員の承諾があるときは、書面又は電磁的方法による決議ができる（45条1項）。そして、区分所有法又は規約により集会において決議すべきとされた事項についての書面又は電磁的方法による決議は、集会の決議と同一の効力を有する（45条3項）。

エ 正しい。区分所有法又は規約により集会において決議すべきとされた事項は、区分所有者全員の書面又は電磁的方法による合意があったときは、書面又は電磁的方法による決議があったとみなす（45条2項）。

以上により、正しいものは**ア、イ、ウ、エ**の四つであり、肢**4**が正解。

✔チェック□□□

問30 区分所有法・標準管理規約（総会の招集通知） 正解 4 重要度 ★★

1 不適切である。総会の招集通知は、管理組合に対し組合員が届出をしたあて先に発する。ただし、その届出のない組合員に対しては、対象物件内の専有部分の所在地あてに発する（標準管理規約（単棟型）43条2項・1項）。本肢では、電話による区分所有者の死亡の連絡を受けて、その相続人の住所、氏名を聞いただけであり、招集通知を受けるべき場所の届出があったとはいえないため、対象物件内の専有部分の所在地あてに発する。

2 不適切である。総会を招集するには、少なくとも会議を開く日の2週間前までに、会議の日時、場所（WEB会議システム等を用いて会議を開催するときは、その開催方法）及び目的を示して、「組合員に」通知を発しなければならない（43条1項）。本肢において、管理費等の引落し口座が夫名義であっても、組合員名簿では妻が区分所有者となっている以上、「組合員」である妻に通知を発する必要がある。

3 不適切である。総会の招集通知は、管理組合に対し組合員が届出をしたあて先に発する。ただし、その届出のない組合員に対しては、対象物件内の専有部分の所在地あてに発する（43条2項・1項）。本肢の場合は、通知を受ける場所として乙マンションの住所が届出されて

いるので、乙マンションに総会の招集通知を発しなければならない。

4　最も適切である。 総会の招集通知は、管理組合に対し組合員が届出をしたあて先に発する。ただし、その届出のない組合員に対しては、対象物件内の専有部分の所在地あてに発する（43条2項・1項）。この通知は、対象物件内に居住する組合員及び届出のない組合員に対しては、その内容を所定の掲示場所に掲示することをもって、これに代えることができる（43条3項）。本肢の場合、通知を受ける場所の届出がないので、規約の定めに従って、（本来の通知場所である専有部分の所在地に代わり）甲マンション内の見やすい場所にある掲示板の総会の招集通知を掲示することは適切である。

肢4に関して、招集の通知を建物内の見やすい場所に掲示してするのは、①建物内に住所を有する区分所有者又は招集通知を受けるべき場所を通知しない区分所有者に対して、②規約に特別の定めがある場合に限って、認められる。

✔チェック□□□

問31　標準管理規約（共用部分の工事における総会の決議要件）　正解 **3**　重要度 **★★**

1　適切である。 総会の議事は、原則として、出席組合員の議決権の過半数で決する（標準管理規約（単棟型）47条2項）。そして、窓枠、窓ガラス、「玄関扉等の一斉交換工事」、既に不要となったダストボックスや高置水槽等の撤去工事は、普通決議により実施可能と考えられる（標準管理規約（単棟型）コメント47条関係⑥カ）。

2　適切である。 敷地及び共用部分等の変更（その形状又は効用の著しい変更を伴わないもの及び建築物の耐震改修の促進に関する法律25条2項に基づく認定を受けた建物の耐震改修を除く）に関する総会の議事は、組合員総数の4分の3以上及び議決権総数の4分の3以上で決する（47条3項2号）。本肢のマンションの耐震改修工事のために、1階の全ての柱下部を切断し、その箇所に免振部材を挿入する工事は、その形状又は効用の著しい変更を伴うものと考えられるので、組合員総数の4分の3以上及び議決権総数の4分の3以上の賛成が必要

である。

3 最も不適切である。 総会の議事は、原則として、出席組合員の議決権の過半数で決する（47条2項）。そして、窓枠、窓ガラス、玄関扉等の一斉交換工事、既に不要となったダストボックスや高置水槽等の撤去工事は、普通決議により実施可能と考えられる（コメント47条関係⑥カ）。したがって、本肢の不要となった浄化槽を撤去する工事については、出席組合員の議決権の過半数で決する普通決議で足りるものと解される。

4 適切である。 敷地及び共用部分等の変更（その形状又は効用の著しい変更を伴わないもの及び建築物の耐震改修の促進に関する法律25条2項に基づく認定を受けた建物の耐震改修を除く）に関する総会の議事は、組合員総数の4分の3以上及び議決権総数の4分の3以上で決する（47条3項2号）。そして、集会室、駐車場、駐輪場の増改築工事などで、大規模なものや著しい加工を伴うものは特別多数決議により実施可能と考えられる（コメント47条関係⑥カ）。よって、本肢のエントランスホールの一部を集会室に変更する工事は、著しい加工を伴うものであり、組合員総数の4分の3以上及び議決権総数の4分の3以上の賛成が必要である。

✔ **チェック**□□□

問 32　区分所有法・標準管理規約（集会に出席することができる者）　　正解 **2**　重要度 ★★★

1 適切である。 組合員（＝区分所有者）は、総会に出席することができる（標準管理規約（単棟型）45条1項）。したがって、組合員であれば、議決権行使者でなくても、総会に出席できる。なお、住戸1戸が数人の共有に属する場合、その議決権行使については、これら共有者をあわせて一の組合員とみなし、一の組合員とみなされる者は、議決権を行使する者1名を選任し、その者の氏名をあらかじめ総会開会までに理事長に届け出なければならない（46条2項・3項）。しかし、これは「総会における議決権行使」に関する規定であり、「総会に出席できる者」に関するものではない。

2 最も不適切である。区分所有者の承諾を得て専有部分を占有する者は、「会議の目的につき利害関係を有する場合」には、総会に出席して意見を述べることができる（45条2項）。ここで、区分所有者は、敷地及び共用部分等の管理に要する経費に充てるため、①管理費、②修繕積立金（管理費等）を管理組合に納入しなければならない（25条1項）。つまり、修繕積立金の納入義務を負うのは、区分所有者であって、賃借人（占有者）ではない。したがって、賃借人は、修繕積立金の値上げについては直接的な利害関係を有しないので、集会に出席できない。

3 適切である。組合員は、書面又は代理人によって議決権を行使できる。そして、組合員が代理人により議決権を行使しようとする場合において、その代理人は、①その組合員の配偶者（婚姻の届出をしていないが事実上婚姻関係と同様の事情にある者を含む）又は一親等の親族、②その組合員の住戸に同居する親族、③他の組合員でなければならない（46条4項・5項）。したがって、区分所有者から議決権行使の委任状を受け取った当該区分所有者の配偶者は、当該区分所有者の代理人として議決権を行使できるので、集会に出席できる。

4 適切である。共同利益違反行為により、占有者である賃借人に対する専有部分の引渡し請求訴訟の決議を総会で行うには、あらかじめ当該占有者である賃借人に対し、弁明する機会を与えなければならない（47条3項3号・9項）。したがって、当該賃借人は総会に出席できる。

✔ チェック□□□

問 **33** 区分所有法・標準管理規約（管理組合法人・管理組合） 正解 **2** 重要度 ★★★

1 正しい。区分所有法では、「理事が数人あるときは、各自管理組合法人を代表する」と規定されている（区分所有法49条4項）。したがって、区分所有法に規定する管理組合法人では、代表する理事を複数名とすることができる。他方、標準管理規約では、「管理組合に次の役員を置く。一 理事長」とのみ記載されており（標準管理規約

35条1項1号)、他の役員のように「〇名」という複数の役員がいることを前提とした記述がない。また、「理事長は、管理組合を代表し、その業務を統括する」と規定されている(38条1項)。したがって、標準管理規約に規定する管理組合では、代表する理事は理事長1名である。

2　誤り。区分所有法では、「理事の任期は、2年とする。ただし、規約で3年以内において別段の期間を定めたときは、その期間とする。」と規定されている(区分所有法49条6項)。よって、理事の任期は規約で3年以内にできる。また、再任を禁止する規定もないため、再任もできる。他方、標準管理規約では、「役員の任期は〇年とする。ただし、再任を妨げない」と規定されている(標準管理規約36条1項)。したがって、理事の任期は規約で自由に定めることができ、再任もできる。

3　正しい。区分所有法では、「管理組合法人と理事との利益が相反する事項については、監事が管理組合法人を代表する。」と規定されている(区分所有法51条)。したがって、管理組合法人と理事との利益相反事項については、監事が管理組合を代表する。他方、標準管理規約では、「管理組合と理事との利益が相反する事項については、理事長は、代表権を有しない。この場合においては、監事又は理事長以外の理事が管理組合を代表する」と規定されている(標準管理規約38条6項)。したがって、管理組合と理事長との利益相反事項については、監事又は理事長以外の理事が管理組合を代表する。

4　正しい。区分所有法では、監事の職務は、①管理組合法人の財産の状況を監査すること、②理事の業務の執行の状況を監査すること、③財産の状況又は業務の執行について、法令若しくは規約に違反し、又は著しく不当な事項があると認めるときは、集会に報告をすること、④前号の報告をするため必要があるときは、集会を招集することと規定されている(区分所有法50条3項)。したがって、監事は、理事の業務の執行について法令違反等があると認める場合に、その報告のため必要があるときは、集会を招集できる。他方、標準管理規約では、「監事は、管理組合の業務の執行及び財産の状況について不正がある

と認めるときは、臨時総会を招集することができる」と規定されている（標準管理規約41条3項）。したがって、監事は、管理組合の業務執行等について不正があると認めるときは、臨時総会を招集できる。

✔ チェック□□□

問 34 区分所有法（共用部分） 正解 3 重要度 ★★

1 **正しい。**共用部分は、区分所有者全員の共有に属する。ただし、一部共用部分は、これを共用すべき区分所有者の共有に属する（区分所有法11条1項）。したがって、共用部分には、全体共用部分と一部共用部分がある。

2 **正しい。**区分所有者は、全員で、建物並びにその敷地及び附属施設の管理を行うための団体を構成するが、一部共用部分をそれらの区分所有者が管理するときも、同様に、その一部共用部分を共用すべき区分所有者全員で、管理を行うための団体を構成する（3条）。

3 **誤り。**一部共用部分の管理のうち、区分所有者全員の利害に関係するもの又は区分所有者全員の利害に関係しないもので区分所有者全員の規約に定めがあるものは区分所有者全員で、その他のものはこれを共用すべき区分所有者のみで行う（16条、30条2項参照）。したがって、一部共用部分は、区分所有者全員の利害に関係する場合、規約に定めがなくても、区分所有者全員で管理することができる。

4 **正しい。**民法177条の規定（＝不動産に関する物権の得喪及び変更は、その登記をしなければ、第三者に対抗することができない）は、共用部分には適用しない（区分所有法11条3項）。

✔ チェック□□□

問 35 区分所有法（敷地） 正解 4 重要度 ★★★

1 **誤り。**区分所有者が建物及び建物が所在する土地と一体として管理又は使用をする庭、通路その他の土地は、「規約」により建物の敷地とすることができる（区分所有法5条1項）。したがって、登記によっ

て規約敷地とするのではない。

2　誤り。 区分所有法において「建物の敷地」とは、建物が所在する土地（法定敷地）及び規約により建物の敷地とされた土地（規約敷地）をいう（2条5項）。本肢の場合、甲地と乙地のどちらも「建物が所在する土地（法定敷地）」として当然に建物の敷地となる。したがって、規約で敷地とする旨の定めは不要である。

3　誤り。 建物が所在する土地が建物の一部の滅失により建物が所在する土地以外の土地となったときは、その土地は、規約で建物の敷地と定められたものとみなされる（みなし規約敷地、5条2項前段）。したがって、本肢の乙地は、規約でAマンションの敷地であることを定めなくても、Aマンションの敷地となる。

4　正しい。 建物が所在する土地の一部が分割により建物が所在する土地以外の土地となったときも、その土地は、規約で建物の敷地と定められたものとみなされる（5条2項後段）。したがって、規約でAマンションの敷地であることを定めなくても、Aマンションの敷地となる。

✔ チェック□□□

🔲**36　区分所有法（管理所有）**　　正解 **3**　重要度 ★★

1　誤り。 管理所有の主体は、区分所有者又は管理者である（区分所有法11条2項、20条、27条）。ここで、管理者は、区分所有者でなくてもなることができる（25条1項参照）。したがって、管理所有の主体は、必ずしも区分所有権を有する管理者である必要はない。

2　誤り。 管理者は、規約に特別の定めがあるときは、「共用部分」を所有することができる（管理所有、27条）。したがって、管理所有の対象物は共用部分に限られ、共用部分ではない共有の建物・附属施設・敷地は、管理所有の対象物とならない。

3　正しい。 区分所有者は、その専有部分又は共用部分を保存し、又は改良するため必要な範囲内において、他の区分所有者の専有部分又は自己の所有に属しない共用部分の使用を請求できる（6条2項）。こ

の規定は、管理所有の場合に準用されているため、管理者が、区分所有者の専有部分等の一時使用権を請求するには、当該管理者が管理所有者であることが必要である。

4 **誤り**。管理所有が成立するためには、「規約に特別の定め」があることが必要である。そして、規約の設定・変更・廃止には、区分所有者及び議決権の各4分の3以上の多数による集会の決議が必要である（27条1項、31条1項）。しかし、そもそも管理所有である旨の登記はすることができず、管理所有の成立に登記は不要である。

✔ チェック□□□

問**37** **区分所有法
（区分所有者の責任）** 正解 **1** 重要度 ★★

1 **正しい**。区分所有法7条1項に規定する債権（先取特権）は、債務者たる区分所有者の特定承継人に対しても行うことができる（区分所有法8条）。

2 **誤り**。管理組合が権利能力なき社団の性質を有する場合であっても、組合財産の有無に関わらず、各区分所有者は、原則として共用部分の持分に応じた責任を負う（29条1項、53条参照）。各区分所有者は、連帯して無限責任を負うのではない。

3 **誤り**。管理組合法人の財産をもってその債務を完済できないときは、区分所有者は、原則として、14条に定める割合（共用部分の持分の割合）と同一の割合で、その債務の弁済の責めに任ずる（53条1項）。したがって、区分所有者の責任は、管理組合法人の総財産の範囲内における有限責任ではない。

4 **誤り**。管理者がその職務の範囲内において第三者との間にした行為につき区分所有者がその責めに任ずべき割合は、原則として14条に定める割合（共用部分の持分の割合）と同一の割合とする（29条1項）。したがって、第三者に対して「連帯かつ無限責任」を負うわけではない。

問 **38** 区分所有法
（公正証書による原始規約） 正解 **1** 重要度 ★★

1 **誤り**。最初に建物の専有部分の全部を所有する者は、公正証書により、4条2項（規約共用部分）、5条1項（規約敷地）、22条1項ただし書（専有部分と敷地利用権の分離処分の禁止）、2項ただし書（敷地利用権の割合）の規約を設定することができる（区分所有法32条）。そして、建物の部分及び附属の建物は、規約により共用部分とした場合には、その旨の登記をしなければ、これをもって第三者に対抗できない（4条2項）。この点は、公正証書による原始規約の場合でも同様である。

2 **正しい**。公正証書による原始規約を設定できる者は、「最初に建物の専有部分の全部を所有する者」である（32条）。これには、最初に建物の専有部分の全部を所有する者のほか、既存の非区分所有建物を新たに区分所有建物とした場合にその全部を所有することになった者が想定されている。

3 **正しい**。最初に建物の専有部分の全部を所有する者が行う規約の設定は、相手方のない単独行為である。そして、当該規約は、その後に専有部分を取得して区分所有者となる者の、団体的な権利義務関係を規律することになるため、あらかじめその内容を明確にしておく必要がある。そのため、区分所有法32条の規約の設定は、公正証書によることが求められている。

4 **正しい**。**1**で述べたように、公正証書による原始規約を設定することができる内容は、4条2項（規約共用部分）、5条1項（規約敷地）、22条1項ただし書（専有部分と敷地利用権の分離処分）、2項ただし書（敷地利用権の割合、これらの規定を同条3項において準用する場合を含む）に限られる（32条）。

 肢2に関して、「最初に建物の専有部分の全部を所有する者」とは、例えば、分譲業者や、数人が専有部分すべてを共有する前提で区分所有建物を建築した場合である。

問39 民法 (不法行為・最高裁判所判決)　正解 **2**　重要度 ★★

本問は、最高裁判所判決平成19年7月6日による。

建物の建築に携わる設計者、施工者及び「ア：工事監理者」は、建物の建築に当たり、契約関係にない居住者を含む建物利用者、隣人、通行人等に対する関係でも、当該建物に建物としての「イ：基本的な安全性」が欠けることがないように配慮すべき注意義務を負い、これを怠ったために建築された建物に「上記安全性」を損なう瑕疵があり、それにより居住者等の「ウ：生命、身体又は財産」が侵害された場合には、設計者等は、不法行為の成立を主張する者が上記瑕疵の存在を知りながらこれを前提として当該建物を買い受けていたなど特段の事情がない限り、これによって生じた損害について「エ：不法行為」による賠償責任を負うというべきである。

以上により、(ア)には「工事監理者」、(イ)には「基本的な安全性」、(ウ)には「生命、身体又は財産」、(エ)には「不法行為」が入るので、肢**2**が正解。

問40 不動産登記法　正解 **3**　重要度 ★★★

1　**誤り**。登記記録は、表題部及び権利部に区分して作成する。そして、権利部は、甲区及び乙区に区分し、甲区には所有権に関する登記の登記事項を、乙区には所有権以外の権利に関する登記の登記事項を記録する(不登法12条、不登規則4条4項)。仮登記や仮差押え登記で、所有権に関するものは、甲区に記録される。

2　**誤り**。建物の床面積は、各階ごとに壁その他の区画の中心線(区分建物にあっては、壁その他の区画の「内側線」)で囲まれた部分の水平投影面積により、平方メートルを単位として定め、1平方メートルの100分の1未満の端数は、切り捨てる(不登法44条2項、不動産登記規則115条)。

3　正しい。権利に関する登記を申請する場合には、申請人は、法令に別段の定めがある場合を除き、その申請情報と併せて登記原因を証する情報を提供しなければならない（不登法61条）。

4　誤り。土地又は建物の表示に関する登記（表題部）の登記事項には、固定資産税評価額は含まれない（34条1項、44条1項、27条参照）。

✔ チェック□□□

問41　個人情報保護法　　　正解 3　　重要度 ★★★

1　正しい。個人情報の保護に関する法律において「個人データ」とは、個人情報データベース等を構成する個人情報をいう（個人情報保護法16条3項）。そして、「個人情報データベース等」とは、個人情報を含む情報の集合物で、①特定の個人情報を電子計算機を用いて検索することができるように体系的に構成したもの、又は、②特定の個人情報を容易に検索することができるように体系的に構成したものとして政令で定めるものをいう（16条1項）。そして、上記②の政令で定めるものとは、それに含まれる個人情報を一定の規則に従って整理することにより特定の個人情報を容易に検索することができるように体系的に構成した情報の集合物であって、目次、索引その他検索を容易にするためのものを有するものである（施行令3条2項）。したがって、本肢の管理組合の組合員の名簿が紙面によるものでも、当該名簿上の氏名は、個人データに該当する。

2　正しい。個人情報の保護に関する法律において「個人情報」とは、生存する個人に関する情報で、①当該情報に含まれる氏名、生年月日その他の記述等（文書、図画若しくは電磁的記録に記載され、若しくは記録され、又は音声、動作その他の方法を用いて表された一切の事項（個人識別符号を除く）をいう）により特定の個人を識別することができるもの（他の情報と容易に照合することができ、それにより特定の個人を識別できるものを含む）、又は、②個人識別符号が含まれるものをいう（個人情報保護法2条1項）。したがって、防犯カメラに映る映像も、特定の個人が識別できるものは、「個人情報」に該当

する。

3　誤り。個人情報の保護に関する法律において「個人情報取扱事業者」とは、個人情報データベース等を事業の用に供している者をいう（一定の者を除く）（16条2項）。ここでは、取扱いの対象人数が一定以下のときに「個人情報取扱事業者」に該当しないという規定はない。

4　正しい。個人情報取扱事業者は、当該本人が識別される保有個人データの利用目的の通知を求められたとき又は当該本人が識別される保有個人データの開示の請求を受けたときは、当該措置の実施に関し、手数料を徴収できる（38条1項）。

✔ チェック□□□

解説　令和2年度

問42　住宅宿泊事業法・ガイドライン　　正解 2　重要度 ★

ア　適切でない。管理規約に住宅宿泊事業を禁止する旨の規定が定められていない場合は、専有部分の用途は限定されていないと解されることから、住宅宿泊事業を禁止する旨の定めはないと考えられる。そして、「規約に住宅宿泊事業を営むことについての定めがない」場合において、「管理組合に届出住宅において住宅宿泊事業を営むことを禁止する意思がない」とは、管理組合の総会や理事会における住宅宿泊事業を営むことを禁止する方針の決議がないことである（住宅宿泊事業法施行要領（ガイドライン）2－1（3）①）。したがって、当該マンションの管理規約に住宅宿泊事業を禁止する旨の規定がなくても、総会や理事会で住宅宿泊事業を営むことを禁止する方針の決議がなされていれば、専有部分を住宅宿泊事業の用に供することは認められない。

イ　適切である。住宅宿泊事業者は、届出住宅ごとに、公衆の見やすい場所に、所定の様式の標識を掲げなければならない。そして、分譲マンションの場合は、標識の掲示場所等の取扱いについて、予め管理組合と相談することが望ましい（住宅宿泊事業法13条、ガイドライン2－2（8）①）。

ウ　適切である。住宅宿泊事業法において「住宅」とは、①当該家屋内

に台所、浴室、便所、洗面設備その他の当該家屋を生活の本拠として使用するために必要な一定の設備が設けられていること、②現に人の生活の本拠として使用されている家屋、従前の入居者の賃貸借の期間の満了後新たな入居者の募集が行われている家屋その他の家屋であって、人の居住の用に供されていると認められる一定のものに該当することのいずれにも該当する家屋をいう（住宅宿泊事業法2条1項）。

エ　適切でない。 住宅宿泊事業法において「住宅宿泊事業」とは、旅館業法3条の2第1項に規定する営業者以外の者が宿泊料を受けて住宅に人を宿泊させる事業で、毎年4月1日正午から翌年4月1日正午までの期間において人を宿泊させる日数が1年間で「180日」を超えないものをいう（2条3項、施行規則3条）。

以上により、適切なものは**イ**、**ウ**の二つであり、肢**2**が正解。

✔ チェック□□□

問43　民法・借地借家法　　正解 1　　重要度 ★★

1　正しい。 賃借人は、賃貸人の承諾を得なければ、その賃借権を譲り渡し、又は賃借物を転貸できない。そして、賃借人がこの規定に違反して第三者に賃借物の使用又は収益をさせたときは、賃貸人は、契約の解除ができる（民法612条）。したがって、無断転貸を理由に賃貸借契約を解除するには、賃貸人に無断で転貸借契約を締結しただけでは足りず、転借人が賃借物の使用・収益を始めることが必要である。

2　誤り。 当事者が賃貸借の期間を定めた場合であっても、その一方又は双方が「その期間内に解約をする権利を留保したとき」は、期間の定めのない賃貸借の解約の申入れの規定を準用する（618条、617条）。したがって、当事者が賃貸借の期間を定めた場合で、解約をする権利を留保しないときは、各当事者は、中途解約はできない。

3　誤り。 建物の賃貸人の同意を得て建物に付加した畳、建具その他の造作がある場合には、建物の賃借人は、建物の賃貸借が期間の満了又は解約の申入れによって終了するときに、建物の賃貸人に対し、その造作を時価で買い取るべきことを請求できる（造作買取請求権、借地

借家法33条1項)。そして、造作買取請求権を認めない特約を無効とする規定はない（37条参照）。

4 誤り。賃料は、動産、建物及び宅地については毎月末に、その他の土地については毎年末に、支払わなければならない（民法614条）。つまり、賃料の支払は、前月末日（前払）ではなく、当月末日（後払）である。

 肢3に関して、借地借家法上、借家の場合における造作買取請求権は、特約により排除できる。なお、借地の場合における建物買取請求権は、特約により排除できない。

✔ **チェック**□□□

問44 各種法令　　　正解 4　　重要度 ★

1 正しい。何人も、①自動車が道路上の同一の場所に引き続き12時間以上駐車することとなるような行為、②自動車が夜間（日没時から日出時までの時間をいう）に道路上の同一の場所に引き続き8時間以上駐車する行為は、してはならない（自動車の保管場所の確保等に関する法律11条2項2号）。

2 正しい。警備業者は、警備業務を行うに当たって用いようとする服装の色、型式等に変更があつたときは、「当該変更に係る公安委員会」に、変更に係る事項等を記載した届出書を提出しなければならない（警備業法16条2項・3項、11条1項）。

3 正しい。階数が3以上であり、かつ、その全部又は一部を住宅、事務所又は事業所の用に供する建築物で総務省令で定めるものには、その建築物の出入口又はその付近に郵便受箱を設置する。そして、この郵便受箱の規格の一つとして「郵便物の差入口の大きさが、縦2センチメートル以上、横16センチメートル以上のものであること」が挙げられている（郵便法43条、施行規則11条4号）。

4 誤り。建築物の所有者は、所管行政庁に対し、当該建築物について地震に対する安全性に係る基準に適合している旨の認定を申請できる（建築物の耐震改修の促進に関する法律22条1項）。この建築物につ

いて、いわゆる旧耐震基準に基づく建物が対象外である旨を定めた規定はない。

✔ チェック□□□

問45 宅建業法（重要事項の説明） 正解 3 重要度 ★★★

1 **正しい。** 宅建業者が自ら区分建物の売買を行う場合、「損害賠償額の予定又は違約金に関する事項」は、重要事項として説明すべき事項である（宅建業法35条1項9号）。

2 **正しい。** 宅建業者が自ら区分建物の売買を行う場合、「当該建物が既存の建物であるときは、建物状況調査（実施後1年（鉄筋コンクリート造・鉄骨鉄筋コンクリート造の共同住宅等は2年）以内のものに限る）を実施しているかどうか、及びこれを実施している場合におけるその結果の概要」は、重要事項として説明すべき事項である（35条1項6号の2イ、施行規則16条の2の2）。

3 **誤り。** 宅建業者が自ら区分建物の売買を行う場合、「当該一棟の建物の計画的な維持修繕のための費用の積立てを行う旨の規約の定めがあるときは、その内容及び既に積み立てられている額」が、重要事項として説明すべき事項である（35条1項6号、施行規則16条の2第6号）。したがって、規約の定めの内容を説明するだけでは足りず、修繕積立金の既に積み立てられている額も説明する必要がある。

4 **正しい。** 宅建業者は、宅建業者の相手方等に対して、その者が取得し、又は借りようとしている宅地又は建物に関し、その売買、交換又は貸借の契約が成立するまでの間に、宅地建物取引士をして、少なくとも宅建業法に定められた事項について、これらの事項を記載した書面を交付して説明をさせなければならない。そして、この書面の交付に当たっては、宅地建物取引士は、当該書面に記名しなければならない（35条1項本文・5項）。この場合、重要事項の説明書面に記名するのは、「宅地建物取引士」とされているだけであって、特に「専任の宅地建物取引士」に限られてはいない。

問46 適正化法（管理業務主任者・管理業務主任者証）　正解 2　重要度 ★★

ア　誤り。管理業務主任者証の交付を受けようとする者は、国土交通大臣の登録を受けた者（登録講習機関）が国土交通省令の定めにより行う講習で交付の申請の日「前6月以内」に行われるものを受けなければならない。ただし、試験に合格した日から1年以内に管理業務主任者証の交付を受けようとする者は、この限りでない（適正化法60条2項）。よって、交付の申請の日の「90日前から30日前まで」に受講しなければならないのではない。

イ　誤り。管理業務主任者証の有効期間は、「5年」である（60条3項）。

ウ　正しい。管理業務主任者の登録を受けた者は、登録を受けた事項に変更があったときは、遅滞なく、その旨を国土交通大臣に届け出なければならない（62条1項）。

エ　正しい。管理業務主任者は、事務の禁止の処分を受けたときは、速やかに、管理業務主任者証を国土交通大臣に提出しなければならない（60条5項）。

以上により、誤っているものは**ア**、**イ**の二つであり、肢**2**が正解。

問47 適正化法（マンション管理業者の業務）　正解 3　重要度 ★★

ア　違反する。マンション管理業者は、管理組合から委託を受けた管理事務について、帳簿を作成し、これを保存しなければならない。そして、マンション管理業者は、帳簿（電子計算機に備えられたファイル又は磁気ディスク等を含む）を各事業年度の末日をもって閉鎖するものとし、閉鎖後「5年間」当該帳簿を保存しなければならない（適正化法75条、施行規則86条3項）。したがって、帳簿を閉鎖後「3年間」保存した後に廃棄することは、適正化法に違反する。

イ　違反する。マンション管理業者は、その「事務所ごと」に、公衆の

見やすい場所に、国土交通省令で定める標識を掲げなければならない（71条）。したがって、本記述の場合、東京本店だけでなく、神奈川支店にも標識を掲げる必要がある。

ウ 違反しない。マンション管理業者は、管理組合から管理事務の委託を受けることを内容とする契約を締結したときは、当該管理組合の管理者等（当該マンション管理業者が当該管理組合の管理者等である場合又は当該管理組合に管理者等が置かれていない場合は、当該管理組合を構成するマンションの区分所有者等全員）に対し、遅滞なく、所定の事項を記載した書面を交付しなければならない（73条1項）。本記述の場合、マンション管理業者Aは当該管理組合の管理者等ではなく、かつ、当該管理組合には区分所有者である管理者が置かれているので、契約の成立時の書面は、当該管理組合の管理者に交付すればよい。

エ 違反する。マンション管理業者は、管理組合から委託を受けた管理事務のうち基幹事務については、これを一括して他人に委託してはならない（74条）。したがって、たとえ当該管理組合の承諾を得ていたとしても、基幹事務の全てを一括して他社に再委託することは、適正化法に違反する。

以上により、違反するものの組合せは**ア・イ・エ**であり、肢**3**が正解。

✔ チェック□□□

(問)**48** **適正化法
（組合財産の分別管理）** 正解 **4** 重要度 ★★

ア 誤り。マンション管理業者は、施行規則87条2項1号イ又はロに定める方法により修繕積立金等金銭を管理する場合にあっては、原則として、マンションの区分所有者等から徴収される1月分の修繕積立金等金銭又は管理組合又はマンションの区分所有者等から受領した管理費用に充当する金銭の合計額以上の額につき有効な保証契約を締結していなければならない。ただし、マンション管理業者が、管理組合等を名義人とする収納口座に係る当該管理組合等の印鑑、預貯金の引出用のカードその他これらに類するものを管理しない場合等は除く

440

（適正化法76条、施行規則87条 2 項 1 号イロ、 3 項）。よって、本記述の場合は、マンション管理業者が管理組合の収納口座の印鑑を保管するので、マンションの区分所有者等から徴収される 1 月分の修繕積立金等金銭の合計額以上の額につき有効な保証契約を締結する必要がある。これは、管理組合の承諾があっても、同様である。

イ　誤り。管理組合に管理者等が置かれていないときは、対象月の属する当該管理組合の事業年度の終了の日から 2 か月を経過する日までの間、当該書面をその事務所ごとに備え置き、当該管理組合を構成するマンションの区分所有者等の求めに応じ、当該マンション管理業者の業務時間内において、これを閲覧させなければならない（適正化法76条、施行規則87条 5 項）。区分所有者等に交付するのではない。

ウ　正しい。マンション管理業者は、施行規則87条 2 項 1 号イからハまでに定める方法により修繕積立金等金銭を管理する場合は、保管口座又は収納・保管口座に係る管理組合等の印鑑、預貯金の引出用のカードその他これらに類するものを管理してはならない。ただし、管理組合に管理者等が置かれていない場合で、管理者等が選任されるまでの比較的短い期間に限り保管するときは、この限りでない（適正化法76条、施行規則87条 4 項）。

エ　正しい。収納・保管口座とは、マンションの区分所有者等から徴収された修繕積立金等金銭を預入し、預貯金として管理するための口座で、管理組合等を名義人とするものをいう（施行規則87条 6 項 3 号）。
以上により、正しいものの組合せは**ウ・エ**であり、肢**4**が正解。

✔ **チェック**□□□

㊂49　適正化法（マンション管理業の登録）　正解 4　重要度 ★★

1　誤り。マンション管理業の更新の登録の申請があった場合で、登録の有効期間の満了の日までにその申請に対する処分がなされないときは、従前の登録は、有効期間の満了後もその処分がなされるまでの間は、なお効力を有する（適正化法44条 4 項）。

2　誤り。マンション管理業者が死亡した場合においては、その相続人

は、その事実を「知った日」から30日以内に、その旨を国土交通大臣に届け出なければならない（50条１項１号）。起算点は、死亡した日からではない。

3　誤り。法人でその役員のうちに破産手続開始の決定を受けて復権を得ない者があるものは、マンション管理業の登録の拒否事由に該当する（47条10号・１号）。しかし、その役員が復権を得れば、当該法人は、２年を経過しなくても、直ちに登録を受けることができる。

4　正しい。法人でその役員のうちにマンション管理適正化法の規定により罰金の刑に処せられ、その執行を終わり、又は執行を受けることがなくなった日から２年を経過しない者があるものは、マンション管理業の登録の拒否事由に該当する（47条10号・６号）。

 肢１の規定は、適切に更新の登録の申請を行ったにもかかわらず、更新を認める旨の判断が従前の登録の有効期限の満了日までになされない場合に、本来は登録が切れて無登録となり、営業が禁止されることになるのを救済する趣旨である。

✔チェック□□□

問50　適正化法（重要事項の説明等・契約の成立時の書面の交付）　**正解 1**　重要度 ★★★

1　誤り。マンション管理業者は、管理組合から管理事務の委託を受けることを内容とする契約を締結したときは、当該管理組合の管理者等（当該マンション管理業者が当該管理組合の管理者等である場合又は当該管理組合に管理者等が置かれていない場合は、当該管理組合を構成するマンションの区分所有者等全員）に対し、遅滞なく、所定の事項を記載した書面を「交付」しなければならない（適正化法73条１項）。しかし、この「交付」を管理業務主任者にさせる必要はなく、また、交付した契約成立時の書面については、そもそも「説明」は不要である。

2　正しい。マンション管理業者は、契約の成立時に交付すべき書面を作成するときは、管理業務主任者をして、当該書面に記名させなければならない（73条２項）。

3　正しい。マンション管理業者は、管理組合から管理事務の委託を受けることを内容とする契約（管理受託契約、「新たに建設されたマンションを分譲した場合」は、専有部分の引渡日のうち最も早い日から１年、また、「既存のマンションの区分所有権の全部を１人又は複数の者が買い取り、そのマンションを分譲した場合」は、買取り後におけるそのマンションの専有部分の引渡日のうち最も早い日から１年を経過する日までの間に契約期間が満了するものを除く）を締結しようとするとき（従前の管理受託契約と同一の条件で管理組合との管理受託契約を更新しようとするときを除く）は、あらかじめ、説明会を開催し、当該管理組合を構成するマンションの区分所有者等及び当該管理組合の管理者等に対し、管理業務主任者をして、管理受託契約の内容及びその履行に関する一定の事項（重要事項）について説明をさせなければならない（72条１項、施行規則82条）。

4　正しい。重要事項の説明会は、できる限り説明会に参加する者の参集の便を考慮して開催の日時及び場所を定め、管理事務の委託を受けた管理組合ごとに開催する（72条１項、施行規則83条１項）。

令和元年度

解答と解説

正解番号一覧

問	正解	問	正解	問	正解	問	正解	問	正解
1	2	11	2	21	1	31	3	41	4
2	1	12	1	22	3	32	2	42	4
3	3	13	2	23	1	33	4	43	2
4	1	14	3	24	2	34	2	44	1
5	4	15	3	25	2	35	3	45	2
6	1	16	4	26	4	36	1	46	4
7	3	17	1	27	4	37	2	47	1
8	1	18	1	28	3	38	1	48	2
9	3	19	2	29	3	39	4	49	3
10	2	20	4	30	4	40	3	50	3

合格基準点：34点

問 1 民法（相続）　正解 2　重要度 ★★

1　**誤り**。相続の承認及び放棄は、相続の承認又は放棄をすることができる期間内でも、撤回できない（民法919条1項）。しかし、制限行為能力や意思表示の規定などによって、相続の承認又は放棄の取消しをすることはできる（同条2項）。

2　**正しい**。相続人が数人あるときは、限定承認は、共同相続人の全員が共同してのみすることができる（923条）。

3　**誤り**。相続人は、自己のために相続の開始があったことを「知った時」から3箇月以内に、相続について、単純若しくは限定の承認又は放棄をしなければならない（915条1項）。

4　**誤り**。被相続人の子（直系卑属）が、相続の開始以前に死亡したとき、又は相続人の欠格事由に該当し、若しくは廃除によって、その相続権を失ったときは、その者の子がこれを代襲して相続人となる（代襲相続、887条2項）。しかし、相続の放棄をした場合は、代襲相続は生じない。

+アルファ　相続開始時に相続人が取りうる対応としては、①単純承認、②限定承認、③相続放棄の3つがある。このうち、①・③は各相続人が自由に選択できるが、②は、共同相続人の全員が共同してしかできないので、整理して押さえよう。

問 2 民法（贈与）　正解 1　重要度 ★

1　**誤り**。贈与者は、贈与の目的である物又は権利を、贈与の目的として特定した時の状態で引き渡し、又は移転することを約したものと推定する。ただし、負担付贈与については、贈与者は、その負担の限度において、売主と同じく担保の責任を負う（民法551条1項）。よって、負担がない贈与については、贈与者は、贈与の目的である物等を、贈与の目的として特定した時の状態で引き渡し等すればよく、原則と

して、担保責任を負わない。

2　正しい。贈与者の死亡によって効力を生ずる贈与（死因贈与）については、その性質に反しない限り、遺贈に関する規定を準用する（554条）。この点、遺言者は、いつでも、遺言の方式に従って、その遺言の全部又は一部を撤回できる（1022条）ので、死因贈与についても、いつでもその贈与契約を書面で撤回できる（最判昭和47年5月25日）。

3　正しい。書面によらない贈与は、各当事者が解除できる。ただし、履行の終わった部分については、この限りでない（550条）。不動産については、引渡しがあれば、登記の移転がなくとも履行が終わったといえる（大判大正9年6月17日）。なお、当該不動産の所有権移転登記がなされたときは、その引渡しの有無を問わず、民法550条にいう履行が終わったと解すべきである（最判昭和40年3月26日参照）。

4　正しい。負担付贈与については、その性質に反しない限り、双務契約に関する規定を準用する（553条）。したがって、贈与者は、受贈者が負担付贈与契約のその負担の履行を提供するまでは、当該贈与の目的物の引渡しを拒むことができる（同時履行の抗弁権、533条）。

✔ チェック□□□

問 **3**　**民法 (不法行為)**　　**正解 3**　重要度 ★

1　誤り。①悪意による不法行為に基づく損害賠償の債務、又は、②人の生命又は身体の侵害による損害賠償の債務の債務者（加害者）は、相殺をもって債権者（被害者）に対抗できない。ただし、その債権者がその債務に係る債権を他人から譲り受けたときは、この限りでない（民法509条）。しかし、不法行為に基づく損害賠償債権を自働債権とし、不法行為による損害賠償債権以外の債権を受働債権として相殺をすることは禁止されない（最判昭和42年11月30日）。つまり、被害者が、相殺をその加害者に対抗することはできる。

2　誤り。土地の工作物の設置又は保存に瑕疵があることで他人に損害を生じたときは、その工作物の占有者は、被害者にその損害を賠償す

る責任を負う。ただし、占有者が損害の発生を防止するのに必要な注意をしたときは、所有者がその損害を賠償しなければならない（717条）。つまり、占有者の責任は過失責任であるが、所有者の責任は無過失責任であり、損害の発生を防止するのに必要な注意をしたときでも、所有者は、工作物責任を免れることはできない。

3　正しい。 被害者に対する加害行為と加害行為前から存在した被害者の疾患とがともに原因となって損害が発生した場合において、当該疾患の態様、程度などに照らし、加害者に損害の全部を賠償させるのが公平を失するときは、裁判所は、損害賠償の額を定めるに当たり、民法722条2項の規定を類推適用して、被害者の疾患をしんしゃく（＝考慮）できる（最判平成4年6月25日）。

4　誤り。 他人の生命を侵害した者は、被害者の父母、配偶者及び子に対しては、その財産権が侵害されなかった場合でも、損害の賠償をしなければならない（固有の慰謝料請求権、711条）。また、被害者が死亡したときは、その相続人は当然に慰謝料請求権を相続する。また、損害賠償請求権発生の時点について、民法は、その損害が財産上のものでも、財産以外のものでも、別異の取扱いをしていない（最判昭和42年11月1日）。

✔ チェック□□□

(問) **4　民法（留置権）**　　正解 **1**　重要度 ★

1　正しい。 他人の物の占有者は、その物に関して生じた債権を有するときは、その債権の弁済を受けるまで、その物を留置できる（民法295条）。そして、留置権が成立したのち債務者からその目的物を譲り受けた者に対しても、債権者は、その留置権を主張できる（最判昭和34年2月19日）。したがって、A所有の物を買い受けたBが、売買代金を支払わないままこれをCに譲渡した場合には、Aは、Cからの物の引渡請求に対して、未払代金債権を被担保債権とする留置権の抗弁権を主張できる（最判昭和47年11月16日）。

2　誤り。 留置権には、物上代位性はない（304条、350条、372条参

照）。

3　誤り。不動産の二重売買において、第二の買主（＝本肢のＣ）のため所有権移転登記がされた場合、第一の買主（＝本肢のＢ）は、第二の買主の右不動産の所有権に基づく明渡請求に対し、売買契約の不履行（履行不能）に基づく損害賠償債権をもって、留置権を主張することは許されない（295条、最判昭和43年11月21日）。留置権は、目的物の留置をすることで債務の弁済を促す権利であるため、「物と債権の牽連性」が求められるところ、本肢でＢが甲についてＣに対して留置権を主張しても、Ａの「履行不能に基づく填補賠償債務」の弁済が促される関係にないため、留置権は成立しない。

4　誤り。造作買取代金債権は、造作に関して生じた債権であって、建物に関して生じた債権ではない（295条、最判昭和29年１月14日）。したがって、造作買取請求権（借地借家法33条）を行使した場合に、その造作代金債権を保全するため、当該建物について留置権を行使できない。

✔ **チェック**□□□

問 5　民法（保証）　　**正解 4**　重要度 ★

1　誤り。債務者のために弁済をした者は、債権者に代位する（民法499条）。そして、保証人のように「弁済をするについて正当な利益を有する者」は、債権者の同意を得なくても、当然に代位する。

2　誤り。保証人が主たる債務者の「委託を受けずに」保証をした場合において、主たる債務の弁済期前に債務の消滅行為をしたときは、その保証人は、主たる債務者に対し、主たる債務者が「その当時利益を受けた限度において」求償権を有する（462条１項、459条の２）。ただし、「主たる債務者の意思に反して」保証をした者は、主たる債務者が「現に利益を受けている限度においてのみ」求償権を有する（462条２項）。

3　誤り。保証債務は、主たる債務に関する利息、違約金、損害賠償その他その債務に従たるすべてのものを包含する（447条１項）。そし

て、特定物の売買契約における売主のための保証人は、特に反対の意思表示のないかぎり、売主の債務不履行により契約が解除された場合の原状回復義務（代金返還義務など）についても、保証の責に任ずる（最判昭和40年6月30日）。

4　正しい。保証人は、主たる債務者の委託を受けて保証をした場合において、債務が弁済期にあるとき等は、主たる債務者に対して、あらかじめ、求償権を行使できる（460条）。しかし、主たる債務者の委託を受けないで保証人となった者については、このような規定はない（462条参照）。

✔ チェック□□□

問6　民法（同時履行の抗弁権）　正解 1　重要度 ★★

双務契約の当事者の一方は、相手方がその債務の履行（債務の履行に代わる損害賠償の債務の履行を含む）を提供するまでは、自己の債務の履行を拒むことができる。ただし、相手方の債務が弁済期にないときは、この限りでない（同時履行の抗弁、民法533条）。

1　誤り。売買契約が詐欺を理由として取り消された場合における当事者双方の原状回復義務は、同時履行の関係に立つ（最判昭和47年9月7日、96条、121条、546条参照）。

2　正しい。家屋の賃貸借終了に伴う賃借人の家屋明渡債務と賃貸人の敷金返還債務とは、特別の約定のないかぎり、同時履行の関係に立たない（最判昭和49年9月2日、622条の2参照）。

3　正しい。借地借家法上の建物買取請求権（借地借家法13条1項）が行使されたときは、当事者間に地上物件につき時価による売買契約が成立したと同一の効果を生じ、当事者は互いに同時履行の抗弁権を有する（大判昭和7年1月26日）。

4　正しい。抵当債務は、抵当権設定登記の抹消登記手続より先に履行すべきもので、これと同時履行の関係に立たない（最判昭和57年1月19日）。

本問各肢のほか、区分所有法の大規模滅失における復旧決議の際の買取請求や、建替え決議の際の売渡請求の場面でも、原則として、売主となる区分所有者の所有権移転登記・建物の明渡しと、買主の代金支払義務は、期限の許与がなされない限り、同時履行の関係に立つ。

✔ チェック□□□

問 7 標準管理委託契約書（管理事務） 正解 **3** 重要度 ★★★

ア 適切である。 管理業者が行う管理事務の対象となる部分（管理対象部分）には、「専有部分に属さない建物の附属物」として、エレベーター設備、電気設備、給水設備、排水設備、テレビ共同受信設備、消防・防災設備、避雷設備、各種の配線・配管、オートロック設備、宅配ボックスが含まれる（標準管理委託契約書2条5号ハ）。

イ 適切でない。 管理事務の内容として、①事務管理業務、②管理員業務、③清掃業務、④建物・設備等管理業務がある（3条）。しかし、警備業法に定める警備業務はこれに含まれない（コメント全般関係③）。

ウ 適切である。 管理業者が行う建物・設備等管理業務には、建築基準法12条1項に規定する特定建築物定期調査及び建築基準法12条3項に規定する特定建築物の建築設備等定期検査が含まれている。そして、管理業者は、管理組合に代わって、消防計画の届出、消防用設備等点検報告、特定建築物定期調査又は特定建築物の建築設備等定期検査の報告等に係る補助を行う（標準管理委託契約書別表第4　1（2）（3）、コメント別表第4関係、標準管理委託契約書別表第1　2（3）②1号）。

エ 適切である。 管理業者は、災害又は事故等の事由（①地震、台風、突風、集中豪雨、落雷、雪、噴火、ひょう、あられ等、②火災、漏水、破裂、爆発、物の飛来若しくは落下又は衝突、犯罪、孤立死（孤独死）等）により、管理組合のために、緊急に行う必要がある業務で、管理組合の承認を受ける時間的な余裕がないものについては、管理組合の

解説 令和元年度

承認を受けないで実施できる。なお、この場合、管理業者は、速やかに、書面をもって、その業務の内容及びその実施に要した費用の額を管理組合に通知しなければならない（9条1項）。

以上により、適切なものは**ア**、**ウ**、**エ**の三つであり、肢**3**が正解。

✔ チェック□□□

問8 標準管理委託契約書（管理事務）　正解1　重要度★★★

1　**最も不適切である。** 管理組合及び管理業者は、それぞれ相手方に対し、①自らが、暴力団、暴力団関係企業、総会屋、社会運動等標ぼうゴロ若しくはこれらに準ずる者又はその構成員（反社会的勢力）ではないこと、②自らの役員（管理組合の役員及び管理業者の業務を執行する社員、取締役、執行役又はこれらに準ずる者）が反社会的勢力ではないこと、③反社会的勢力に自己の名義を利用させ、本契約を締結するものではないこと、④本契約の有効期間内に、自ら又は第三者を利用して、イ　相手方に対する脅迫的な言動又は暴力を用いる行為、ロ　偽計又は威力を用いて相手方の業務を妨害し、又は信用を棄損する行為をしないことを確約する（標準管理委託契約書27条）。そして、この規定は、管理組合、管理業者及びこれらの役員が反社会的勢力に該当しないことを確約する旨を規定したものであり、その確約に反して、管理組合、管理業者又はこれらの役員が反社会的勢力であることが判明した場合には、標準管理委託契約書20条2項5号の規定に基づき、契約の相手方は、何らの催告を要せずして、本契約を解除することができる（20条2項5号、コメント27条関係）。

2　**適切である。** 管理業者は、事務管理業務のうち、出納業務を行う場合において、管理組合の組合員に対し、管理費、修繕積立金、使用料その他の金銭（管理費等）の滞納者に対する督促を行っても、なお当該組合員が支払わないときは、その責めを免れるものとし、その後の収納の請求は管理組合が行う（11条1項）。

3　**適切である。** 管理組合及び管理業者は、管理委託契約締結後の法令改正に伴い管理事務又は委託業務費を変更する必要が生じたときは、

協議の上、管理委託契約を変更できる。ただし、消費税法等の税制の制定又は改廃により、税率等の改定があった場合には、委託業務費のうちの消費税額等は、その改定に基づく額に変更する（24条）。

4 適切である。管理業者によって専有部分内を対象とする業務が想定されるが、費用負担をめぐってトラブルにならないよう、原則として便益を受ける者が費用を負担することに留意した契約方法とする必要がある（コメント3条関係③）。

問9 **標準管理委託契約書（管理規約の提供等）** 正解 3 重要度 ★★★

1 適切である。管理組合又は管理業者は、その相手方が、管理委託契約に定められた義務の履行を怠った場合は、相当の期間を定めてその履行を催告し、相手方が当該期間内に、その義務を履行しないときは、当該管理委託契約を解除できる。この場合、管理組合又は管理業者は、その相手方に対し、損害賠償を請求できる（標準管理委託契約書20条1項）。

2 適切である。管理業者は、管理組合又は組合員等が、標準管理委託契約書9条1項各号に掲げる災害（地震、台風、火災など）又は事故等（管理業者の責めによらない場合に限る）による損害、及び、①管理業者が善良な管理者の注意をもって管理事務を行ったにもかかわらず生じた管理対象部分の異常又は故障による損害、②管理業者が、書面をもって注意喚起したにもかかわらず、管理組合が承認しなかった事項に起因する損害、③そのほか、管理業者の責めに帰することができない事由による損害を受けたときは、その損害を賠償する責任を負わない（19条）。この点、管理業者の免責事項について、昨今のマンションを取り巻く環境の変化、特に感染症がまん延したり、予期できない自然災害等が増えてきていることから、当該マンションの地域性、設備の状況に応じて、管理組合及び管理業者の協議の上、各号に加えて、例えば、「感染症の拡大のため予定していた総会等の延期に係る会場賃借・設営に対する損害」、「排水設備の能力以上に機械式駐

453

車場内に雨水の流入があったときの車両に対する損害」等、必要に応じて具体的な内容を記載することも考えられる（コメント19条関係）。

3　最も不適切である。管理組合又は管理業者は、マンションにおいて滅失、き損、瑕疵等の事実を知った場合においては、速やかに、その状況を相手方に通知しなければならない（13条１項）。しかし、この通知は、書面による必要はない。

4　適切である。管理組合又は管理業者は、①管理組合の役員又は組合員が変更したとき、②管理組合の組合員がその専有部分を第三者に貸与したとき、③管理業者が商号又は住所を変更したとき、④管理業者が合併又は会社分割したとき、⑤管理業者が適正化法の規定に基づき処分を受けたとき、⑥ⅰ）管理業者が銀行の取引を停止されたとき、ⅱ）管理業者に、破産手続、会社更生手続、民事再生手続その他法的倒産手続開始の申立て、若しくは私的整理の開始があったとき、ⅲ）管理業者が、合併又は前号以外の事由により解散したときにおいては、速やかに、書面をもって、相手方に通知しなければならない（13条２項）。

✔ チェック□□□

問10　民法・民事訴訟法・区分所有法（管理費の滞納） **正解 2** 重要度 ★★

1　誤り。共用部分、建物の敷地若しくは共用部分以外の建物の附属施設につき他の区分所有者に対して有する債権又は規約若しくは集会の決議に基づき他の区分所有者に対して有する債権は、債務者たる区分所有者の特定承継人に対しても行使できる（区分所有法８条、７条１項）。この「特定承継人」には、競売によって区分所有権を買い受けた者も含まれる。

2　正しい。共用部分の各共有者は、規約に別段の定めがない限りその持分に応じて、共用部分の負担に任じ、共用部分から生ずる利益を収取する（19条）。したがって、専有部分を賃貸していたとしても、管理費の支払い義務を負うのは、共用部分の共有者としての各区分所有

者である。

3　誤り。 管理者が病気で長期入院をした場合であっても、滞納管理費の消滅時効の完成が猶予される旨の規定はない（民法147条〜161条参照）。

4　誤り。 滞納管理費に対する支払請求訴訟を提起するために、管理費の滞納者に対して、あらかじめ書面により支払督促をしておかなければならない旨の規定はない。

✔ チェック□□□

問11　民法（消滅時効の完成猶予・更新）　正解 2　重要度 ★★★

ア　誤り。 管理費の滞納者（債務者）の死亡は、時効の完成猶予及び更新が生じる事項として規定されていない（民法147条〜152条参照）。

イ　誤り。 管理費の滞納者（債務者）が破産手続き開始の決定を受けたことは、時効の完成猶予及び更新が生じる事項として規定されていない（147条〜161条参照）。

ウ　正しい。 催告があったときは、その時から6箇月を経過するまでの間は、時効は、完成しない（150条）。

エ　正しい。 時効は、権利の承認があったときは、その時から新たにその進行を始める（152条1項）。この承認は、方式について制約はなく、書面（公正証書を含む）で行わなくても効力を生じる。

以上により、正しいものは**ウ**、**エ**の二つであり、肢**2**が正解。

主な時効の完成猶予事由としては、①裁判上の請求等、②強制執行等、③仮差押え・仮処分、④催告、⑤協議を行う旨の合意、⑥天災等がある。他方、主な時効の更新事由としては、①裁判上の請求等、②強制執行等、③承認がある。

✔ チェック□□□

問12　標準管理規約（管理費及び修繕積立金）　正解 1　重要度 ★★★

1　最も不適切である。 「官公署、町内会等との渉外業務」は、管理組

合の業務であり、この通常の管理に要する経費にかかる費用については、管理費から充当される（標準管理規約（単棟型）27条11号、32条11号）。

2 適切である。「共用部分等に係る火災保険料、地震保険料その他の損害保険料」については、管理費から充当すべきものである（27条5号）。したがって、修繕積立金を取り崩して充当できない。

3 適切である。マンション管理業者に対する管理「委託業務費」については、管理費から充当すべきものである（27条8号）。したがって、修繕積立金を取り崩して充当はできない。

4 適切である。管理組合は、「一定年数の経過ごとに計画的に行う修繕」の経費に充てるため「借入れ」をしたときは、修繕積立金をもってその償還に充てることができる（28条4項・1項1号）。

✔ チェック□□□

(問)**13** 標準管理委託契約書
（管理組合への管理事務の報告等） 正解 **2** 重要度 ★★★

ア 適切である。管理業者は、管理組合の事業年度終了後、管理組合と管理委託契約で定めた期間以内に、管理組合に対し、当該年度における管理事務の処理状況及び管理組合の会計の収支の結果を記載した書面を交付し、管理業務主任者をして、報告をさせなければならない（標準管理委託契約書10条1項）。

イ 適切でない。管理業者は、毎月末日までに、管理組合に対し、前月における管理組合の会計の収支状況に関する書面を交付しなければならない（10条2項）。しかし、この場合には、**管理業務主任者をして、報告をさせる必要はない**。

ウ 適切でない。管理業者は、管理組合から請求があるときは、管理事務の処理状況及び管理組合の会計の収支状況について報告を行わなければならない（10条3項）。しかし、この報告は、**管理業務主任者をしてさせる必要はない**。

エ 適切である。管理業者は、毎月末日までに、前月における管理組合の会計の収支状況に関する書面の交付を行うほか、管理組合の請求が

あったときは、管理組合の会計の収支状況に関する報告を行う。その際、あらかじめ管理組合が当該書面の交付に代えて電磁的方法による交付を承諾した場合には、管理業者は、当該方法による交付を行うことができる（10条2項、別表第1　1（1）③）。

以上により、適切なものの組合せは**ア・エ**であり、肢**2**が正解。

問14 標準管理規約（管理組合の監事）

正解 3　　重要度 ★★★

1　**適切である**。監事は、理事が不正の行為をし、若しくは当該行為をするおそれがあると認めるとき、又は法令、規約、使用細則等、総会の決議若しくは理事会の決議に違反する事実若しくは著しく不当な事実があると認めるときは、遅滞なく、その旨を理事会に報告しなければならない（標準管理規約（単棟型）41条5項）。

2　**適切である**。監事は、理事会に出席し、必要があると認めるときは、意見を述べなければならない（41条4項）。監事の理事会への出席は、義務とされている。

3　**最も不適切である**。監事は、管理組合の業務の執行及び財産の状況について不正があると認めるときは、臨時総会を招集できる（41条3項）。管理組合の業務の執行及び財産の状況について不正があると認めるときに、直ちに理事会を招集できる旨の規定はない。なお、監事は、理事が不正の行為をし、若しくは当該行為をするおそれがあると認めるとき、又は法令、規約、使用細則等、総会の決議若しくは理事会の決議に違反する事実若しくは著しく不当な事実があると認めるときは、遅滞なく、その旨を理事会に報告しなければならない（41条5項）。その際、必要があると認めるときは、理事長に対し、理事会の招集を請求できる（41条6項）。いずれにしても、直ちに理事会を招集できるわけではない。

4　**適切である**。監事は、いつでも、理事及び理事長が理事会の承認を得て採用した職員に対して業務の報告を求め、又は業務及び財産の状況の調査ができる（41条2項）。

問15 税務・会計（仕訳）　　正解 3　重要度 ★★★

1　**適切でない。** 排水管塗装工事は2月28日に完成しており、2月の仕訳で借方に修繕費及び貸方に未払金が計上される。そして、3月20日に普通預金から支払われたので3月分の仕訳には「（借方）未払金560,000円／（貸方）普通預金560,000円」が計上される。

2　**適切でない。** 防犯カメラの取替については、修繕費ではなく、付属設備として資産計上される。したがって、3月分の仕訳には「（借方）付属設備450,000円／（貸方）普通預金450,000円」が計上される。

3　**最も適切である。** 高置水槽の清掃については、清掃費として計上される。3月21日に清掃が終了し、支払が4月20日にされる予定なので、3月分の仕訳には「（借方）清掃費100,000円／（貸方）未払金100,000円」が計上される。

4　**適切でない。** エレベーター改良工事は4月30日に完了する予定のため、3月中には附属設備は計上されない。3月1日に前払金を支払っているため、3月分の仕訳には「（借方）前払金3,000,000円／（貸方）普通預金3,000,000円」が計上される。

管理業務主任者試験の仕訳の問題は、当期に発生しているか否かを区別する「発生主義」の理解がすべてである。工事においては、発注時ではなく、「完了時」をもって「発生した」と処理することを押さえておこう。

問16 税務・会計（仕訳）　　正解 4　重要度 ★★★

ア　2月までに普通預金に入金された管理費・修繕積立金は前受金として計上されており、3月には「（借方）前受金1,950,000円／（貸方）管理費収入1,300,000円・修繕積立金収入650,000円」が計上される。

イ　3月中に普通預金に入金された管理費は、2月以前分は未収入金、

3月分は管理費収入、4月分は前受金として計上される。したがって、3月には「（借方）普通預金1,550,000円／（貸方）未収入金150,000円・管理費収入200,000円・前受金1,200,000円」が計上される。

ウ 3月中に普通預金に入金された修繕積立金は、2月以前分は未収入金、3月分は修繕積立金収入、4月分は前受金として計上される。したがって、3月には「（借方）普通預金770,000円／（貸方）未収入金70,000円・修繕積立金収入100,000円・前受金600,000円」が計上される。

エ 3月分に入金されなかった管理費・修繕積立金は未収入金として計上される。したがって、3月には「（借方）未収入金90,000円／（貸方）管理費収入60,000円・修繕積立金収入30,000円」が計上される。

以上を合算して、肢**4**が正解となる。

✔ チェック□□□

問17 建築基準法（共用階段）　正解 1　重要度 ★★

　直上階の居室の床面積の合計が200㎡を超える地上階において、高さが4mを超える階段は、高さ4m以内ごとに踊場を設けなければならない（建基法施行令24条1項）。

　また、その場合の踊場と階段の幅は120cm以上、蹴上げの寸法は20cm以下、踏面の寸法は24cm以上でなければならない（23条1項3号）。

　以上により、（a）には4、（b）には120、（c）には20、（d）には24が入り、肢**1**が正解となる。

✔ チェック□□□

問18 建築基準法（用途地域内の建築制限）　正解 1　重要度 ★

1　正しい。 共同住宅は、「工業専用地域」以外の用途地域では、特定行政庁の許可を受けなくとも建築できる。したがって、共同住宅を

「工業地域」に建築できる。

2 **誤り**。倉庫業を営む倉庫は、準住居地域以外の住居系の用途地域では、特定行政庁の許可を受けなければ、建築できない。

3 **誤り**。ホテル・旅館は、第一種・第二種低層住居専用地域、第一種・第二種中高層住居専用地域では、特定行政庁の許可を受けなければ、建築できない。

4 **誤り**。病院は、田園住居地域、第一種・第二種低層住居専用地域では、特定行政庁の許可を受けなければ、建築できない。なお、診療所はすべての用途地域で特定行政庁の許可を受けなくとも建築できる。以上、建基法48条、別表第2。

✔チェック□□□

(問)**19** **建築基準法（容積率）** (正解)**2** 重要度 ★★

1 **適切でない**。前面道路の幅員が12m未満である建築物の容積率は、当該前面道路の幅員のメートルの数値に、一定の数値を乗じたもの以下でなければならない。前面道路が2以上あるときは、その幅員の「最大」のものをとる（建基法52条2項）。最小のものではない。

2 **最も適切である**。容積率の算定の基礎となる延べ面積には、敷地内の建築物の各階の床面積の合計の100分の1を限度として、宅配ボックス設置部分の床面積を算入しない（施行令2条1項4号ヘ・3項6号）。

3 **適切でない**。容積率の算定の基礎となる延べ面積には、エレベーターの昇降路の部分、共同住宅の共用の廊下・階段の用に供する部分、一定の基準に適合する給湯設備等の設置のための機械室等の建築物の部分の床面積は、算入しない（建基法52条6項）。

4 **適切でない**。建築物の敷地が建築物の容積率に関する制限を受ける地域、地区又は区域の二以上にわたる場合においては、当該建築物の容積率は、当該各地域、地区又は区域内の建築物の容積率の限度にその敷地の当該地域、地区又は区域内にある各部分の面積の敷地面積に対する割合を乗じて得たものの合計以下でなければならない（52条

7項)。過半を占める地域の限度が適用されるわけではない。

✔ チェック□□□

問 20 住宅瑕疵担保履行法　　正解 4　重要度 ★

1 **適切である。**この法律は、住宅の品質確保の促進等に関する法律
（「住宅品質確保法」）と相まって、住宅を新築する建設工事の発注
者及び新築住宅の買主の利益の保護並びに円滑な住宅の供給を図り、
もって国民生活の安定向上と国民経済の健全な発展に寄与することを
目的とする（住宅瑕疵担保履行法1条）。したがって、住宅品質確保
法で定められた瑕疵担保責任の履行を確保するために制定されたとい
える。

2 **適切である。**「この法律が適用される住宅」とは、人の居住の用に
供する家屋又は家屋の部分（人の居住の用以外の用に供する家屋の部
分との共用に供する部分を含む）をいう（2条1項、品確法2条1
項）。したがって、この要件を満たせば、賃貸住宅も含まれる。

3 **適切である。**建設業者は、基準日前10年間に住宅を新築する建設
工事の請負契約に基づき発注者に引き渡した新築住宅について、当該
発注者に対する特定住宅建設瑕疵担保責任の履行を確保するため、住
宅建設瑕疵担保保証金の供託をするか、住宅建設瑕疵担保責任保険契
約を締結しなければならない（住宅瑕疵担保履行法3条1項・2項）。

4 **最も不適切である。**宅建業者は、基準日において、当該基準日前
10年間に自ら売主となる売買契約に基づき買主に引き渡した新築住
宅について、当該買主に対する特定住宅販売瑕疵担保責任の履行を確
保するため、住宅販売瑕疵担保保証金の供託をするか、住宅販売瑕疵
担保責任保険契約を締結しなければならない（11条1項・2項）。宅
建業者が自ら売主となって買主に引き渡す新築の分譲住宅について、
資力確保措置としての住宅販売瑕疵担保保証金の供託又は住宅販売瑕
疵担保責任保険契約を締結する義務があるのは、宅建業者であり、建
設業者ではない。

問 21 建築構造（マンションの構造・部材）

正解 1　重要度 ★★★

1 **最も適切である**。主要構造部とは、壁、柱、床、はり、屋根又は階段をいい、建築物の構造上重要でない間仕切壁、間柱、付け柱、揚げ床、「最下階の床」、回り舞台の床、小ばり、ひさし、局部的な小階段、屋外階段その他これらに類する建築物の部分を「除く」ものとする（建基法2条5号）。

2 **適切でない**。鉄筋に対するコンクリートのかぶり厚さが同じという条件のもとでは、鉄骨鉄筋コンクリート造が鉄筋コンクリート造に比べ、耐火性が劣るとはいえない。

3 **適切でない**。建築物には、異なる構造方法による基礎を併用してはならない（施行令38条2項）。1つの建築物で高さが部分的に異なる場合でも同様である。

4 **適切でない**。地階を除く階数が3を超える（＝地上4階建て以上の）免震建築物であって、平成29年4月1日以降に申請する性能評価に基づく大臣認定によって新築される建築物については、長周期地震動による影響を検討する必要がある（平成28年6月24日国住指第1111号2.）。

問 22 建築士法

正解 3　重要度 ★

1 **誤り**。「設計図書」とは、建築物の建築工事の実施のために必要な図面（現寸図その他これに類するものを除く）及び仕様書をいう（建築士法2条6項）。原寸図は含まれず、仕様書は含まれる。

2 **誤り**。「構造設計」とは、基礎伏図、構造計算書その他の建築物の構造に関する設計図書で国土交通省令で定めるものの設計をいう（2条7項）。本肢の「各階平面図及び構造詳細図その他の建築設備に関する設計図書で国土交通省令で定めるものの設計」は、「設備設計」である。

3 正しい。「工事監理」とは、その者の責任において、工事を設計図書と照合し、それが設計図書のとおりに実施されているかを確認することをいう（2条8項）。

4 誤り。 建築士事務所に属する一級建築士は、登録講習機関が行う講習のうち直近のものを受けた日の属する年度の翌年度の開始の日から起算して「3年以内」に登録講習機関が行う講習を受講しなければならない（22条の2第1号、施行規則17条の36・17条の37）。

✔ チェック☐☐☐

(問)**23** **建築設備（雨水排水設備）** 正解 **1** 重要度 ★★

1 最も不適切である。 雨水排水管径の算定に用いる降水量は、各地域ごとの最大降水量を採用する。平均降水量ではない。

2 適切である。 雨水排水ますは、敷地排水管の起点・合流箇所・方向を変える箇所・配管距離が長い箇所などの継手の代わりに設置する。その結果、敷地雨水管の掃除口の役割を果たす。

3 適切である。 雨水排水ますには、泥や土砂などが排水管に流れ込まないように、150mm以上の泥だまりを設ける必要がある。

4 適切である。 雨水排水管と敷地排水管を接続させる場合には、雨水排水系統にトラップますを設置する。排水管や下水道からの臭気の侵入を防ぐためである。

✔ チェック☐☐☐

(問)**24** **建築設備（消防用設備）** 正解 **2** 重要度 ★★★

1 該当しない。 屋外消火栓設備は、「消防設備」に該当する（消防法施行令19条）。

2 該当する。 非常コンセント設備は、「消火活動上必要な施設」に該当する（29条の2）。

3 該当しない。 非常警報設備は、「警報設備」に該当する（24条）。

4 該当しない。 誘導灯は、「避難設備」に該当する（26条）。

解説

令和元年度

問25 建築設備 (LEDランプ)　　正解 2　　重要度 ★★

1 **適切である**。同じ光束の条件のもとでは、LEDランプは、白熱灯や蛍光灯よりも発熱量が少ない。

2 **最も不適切である**。LEDランプは電気用品安全法の規制の対象である。

3 **適切である**。LEDランプは、避難口誘導灯の光源に用いることができる。

4 **適切である**。蛍光灯又はLEDランプを非常用の照明装置の光源に用いる場合には、常温下で床面において水平面照度で「2ルクス以上」を確保しなければならない。

問26 維持保全 (共用部分の工事)　　正解 4　　重要度 ★★★

ア 該当しない。天井、床及び壁は、躯体部分を除く部分を専有部分とする（標準管理規約7条2項1号）。したがって、床のフローリング工事は専有部分の工事に該当する。

イ 該当しない。玄関扉は、錠及び内部塗装部分を専有部分とする（7条2項2号）。したがって、玄関扉内部塗装の補修工事は専有部分の工事に該当する。

ウ 該当する。雨戸又は網戸は、窓枠及び窓ガラスと同様に、専有部分に含まれない（コメント7条関係④）。したがって、網戸の交換工事は共用部分の工事に該当する。

エ 該当する。バルコニー等専有部分に属さない「建物の部分」は、共用部分である（8条、別表第2）。したがって、バルコニー床面の防水工事は、共用部分の工事に該当する。

　以上により、共用部分の工事に該当する組み合わせは**ウ・エ**であり、肢**4**が正解。

問27 長期修繕計画（用語の定義） 正解 4 重要度 ★★

1 **適切である**。推定修繕工事とは、長期修繕計画において、計画期間内に見込まれる修繕工事（補修工事（経常的に行う補修工事を除く）を含む）及び改修工事をいう（長期修繕計画作成ガイドライン第1章）。

2 **適切である**。修繕積立金とは、計画修繕工事に要する費用に充当するための積立金をいう（第1章）。

3 **適切である**。計画修繕工事とは、長期修繕計画に基づいて計画的に実施する修繕工事及び改修工事をいう（第1章）。

4 **最も不適切である**。大規模修繕工事とは、建物の全体又は複数の部位について行う大規模な計画修繕工事（長期修繕計画に基づいて計画的に実施する修繕工事及び改修工事）をいう（第1章）。したがって、主要構造部に限定されず、また、計画修繕工事と別に実施されるものではない。

問28 長期修繕計画（長期修繕計画の内容） 正解 3 重要度 ★★

1 **適切である**。新築マンションの場合は、分譲事業者が提示した長期修繕計画（案）と修繕積立金の額について、購入契約時の書面合意により分譲事業者からの引渡しが完了した時点で決議したものとするか、又は引渡し後速やかに開催する管理組合設立総会において、長期修繕計画及び修繕積立金の額の承認に関しても決議することもできる（長期修繕計画作成ガイドライン第2章第2節）。

2 **適切である**。長期修繕計画の見直しに当たっては、必要に応じて専門委員会を設置するなど、検討を行うために管理組合内の体制を整えることが必要である（第2章第2節）。

3 **最も不適切である**。長期修繕計画の見直しは、単独で行う場合と、大規模修繕工事の直前又は直後に行う場合がある（第2章第2節）。

長期修繕計画は、不確定な事項を含んでいるので、5年程度ごとに調査・診断を行い、その結果に基づいて見直すことが必要である（第3章第1節）。

4　適切である。長期修繕計画の推定修繕工事は、設定した内容や時期はおおよその目安であり、費用も概算である。したがって、計画修繕工事を実施する際は、その基本計画の検討時において、建物及び設備の現状、修繕等の履歴などの調査・診断を行い、その結果に基づいて内容や時期等を判断する必要がある（コメント第2章第1節）。

✔ チェック□□□

問29 標準管理規約（共用部分の範囲）　　正解 3　　重要度 ★★★

ア　属する。インターネット通信設備は、建物の付属物として、共用部分の範囲に属する（標準管理規約（単棟型）8条、別表第2　2）。

イ　属する。雑排水管及び汚水管の配管継手及び立て管は、建物の附属物として、共用部分の範囲に属する（8条、別表第2　2）。

ウ　属する。集合郵便受箱は、建物の附属物として、共用部分の範囲に属する（8条、別表第2　2）。

エ　属する。トランクルームは、共用部分の範囲に属する（8条、別表第2　3）。

オ　属しない。メーターボックスなどは、共有部分の範囲に属する。しかし、給湯器ボイラー等の設備は共用部分の範囲に属しない（8条、別表第2　1）。

以上により、共用部分の範囲に属するのは**ア**、**イ**、**ウ**、**エ**の四つであり、肢**3**が正解。

✔ チェック□□□

問30 標準管理規約（総会の決議、団地型）　　正解 4　　重要度 ★★

1　できない。団地修繕積立金及び各棟修繕積立金の保管及び運用方法については、団地総会の決議を経なければならない（標準管理規約

（団地型）50条7号）。したがって、棟総会の決議のみで決することはできない。

2　できない。 区分所有法69条1項の建替え承認決議は、団地総会の決議を経なければならない（50条12号）。したがって、棟総会の決議のみで決することはできない。

3　できない。 各棟の階段及び廊下の補修工事は、「棟の共用部分」（2条6号）の管理（保存行為）として、管理組合がその責任と負担で行うものとされ（21条1項）、「その他管理組合の業務に関する重要事項」として団地総会の決議が必要となる（50条17号）。したがって、棟総会の決議のみで決することはできない。

4　できる。 建物の一部が滅失した場合の滅失した棟の共用部分の復旧は、棟総会の決議を経なければならない（72条3号）。したがって、棟総会の決議のみで決することができる。

✔ **チェック**□□□

問**31**　標準管理規約（利益相反取引）　正解 **3**　重要度 ★★★

1　適切である。 役員は、①役員が自己又は第三者のために管理組合と取引をしようとする場合、②管理組合が役員以外の者との間において管理組合と当該役員との利益が相反する取引をしようとする場合には、理事会において、当該取引につき重要な事実を開示し、その承認を受けなければならない（標準管理規約（単棟型）37条の2）。

2　適切である。 理事会の決議について特別の利害関係を有する理事は、議決に加わることができない（53条3項）。

3　最も不適切である。 管理組合と理事長との利益が相反する事項については、理事長は、代表権を有しない。この場合においては、監事又は理事長以外の理事が管理組合を代表する（38条6項）。したがって、監事が管理組合を代表することもできる。

4　適切である。 理事は、管理組合に著しい損害を及ぼすおそれのある事実があることを発見したときは、直ちに、当該事実を監事に報告しなければならない（40条2項）。

アルファ 肢3に関して、理事長の利益相反取引において、理事長が理事会で重要な事実を開示し、理事会の承認が得られたとしても、理事長は当該取引において管理組合を代表できず、監事又は他の理事が代表することになる点に注意しよう。

✔ チェック☐☐☐

問 **32** 標準管理規約（複合用途型） 正解 **2** 重要度 ★★

1 適切でない。 管理組合は、次に掲げる費用ごとにそれぞれ区分して経理しなければならない。①全体管理費、②住宅一部管理費、③店舗一部管理費、④全体修繕積立金、⑤住宅一部修繕積立金、⑥店舗一部修繕積立金（標準管理規約（複合用途型）32条）。したがって、これら6つに区分して経理しなければならない。

2 最も適切である。 駐車場使用料その他の敷地及び共用部分等に係る使用料は、それらの管理に要する費用に充てるほか、全体修繕積立金として積み立てる（33条）。

3 適切でない。 組合員の資格は、区分所有者となったときに取得し、区分所有者でなくなったときに喪失する（34条）。そして、新たに組合員の資格を取得し又は喪失した者は、直ちにその旨を書面により管理組合に届け出なければならない（35条）。したがって、組合員の資格の取得にあたり、店舗として使用する場合の営業形態及び営業行為について書面で届け出ることは求められていない。

4 適切でない。 管理組合には、住戸部分の区分所有者で構成する住宅部会及び店舗部分の区分所有者で構成する店舗部会を置くものとされている（60条1項）。しかし、住宅部会及び店舗部会は、それぞれ住宅部分、店舗部分の一部共用部分の管理等について協議する組織として位置づけるものであり、管理組合としての意思を決定する機関ではない（コメント60条関係①）。

問33 標準管理規約（専有部分の修繕）

正解 **4**　　重要度 ★★★

1 **適切である。** 区分所有者は、その専有部分について、修繕、模様替え又は建物に定着する物件の取付け若しくは取替え（以下「修繕等」という）であって共用部分又は他の専有部分に影響を与えるおそれのあるものを行おうとするときは、あらかじめ、理事長にその旨を申請し、書面による承認を受けなければならない（標準管理規約（単棟型）17条1項）。しかし、畳の交換や壁紙の張替えは、共用部分又は他の専有部分に影響を与えるおそれのあるものとはいえない。もっとも、区分所有者は、理事長の書面による承認を要しない修繕等のうち、工事業者の立入り、工事の資機材の搬入、工事の騒音、振動、臭気等工事の実施中における共用部分又は他の専有部分への影響について管理組合が事前に把握する必要があるものを行おうとするときは、あらかじめ、理事長にその旨を届け出なければならないところ（17条7項）、畳の交換や壁紙の張替えはこれに該当するといえ、区分所有者は、あらかじめ、理事長にその旨を届け出る必要がある。

2 **適切である。** 理事長の書面による承認を受けた修繕等の工事後に、当該工事により共用部分又は他の専有部分に影響が生じた場合は、当該工事を発注した区分所有者の責任と負担により必要な措置をとらなければならない（17条6項）。

3 **適切である。** 理事長又はその指定を受けた者は、専有部分の修繕等の施行に必要な範囲内において、修繕等の箇所に立ち入り、必要な調査を行うことができる。この場合において、区分所有者は、正当な理由がなければこれを拒否してはならない。そして、修繕等の箇所の立入り、調査の結果、理事長に申請又は届出を行った内容と異なる内容の工事が行われている等の事実が確認された場合、理事長は、その是正等のため必要な勧告又は指示若しくは警告を行うか、その差止め、排除又は原状回復のための必要な措置等をとることができる（17条5項、コメント17条関係⑬、標準管理規約67条）。

4 **最も不適切である。** 専有部分の修繕等の実施は、区分所有法17条

１項の「共用部分の変更（＝重大変更）」に該当し、集会の決議を経ることが必要となる場合もある（コメント17条関係④）。この点、少なくとも「躯体の一部撤去」は、理事会の決議を経た理事長の承認のみでは認められず、総会の決議が必要となる（標準管理規約47条3項2号）。

⓺34 標準管理規約（役員の任期） 正解 2 重要度 ★★★

ア 適切である。任期の満了又は辞任によって退任する役員は、後任の役員が就任するまでの間引き続きその職務を行う（標準管理規約（単棟型）36条3項）。

イ 適切でない。理事長が任期途中に海外に単身赴任するなどして事実上職務を行うことができないときに、後任の理事長が就任するまでの間、当該住戸に居住する配偶者が職務を代理することを認める旨の規定はない。なお、本肢のような場合、「理事長を補佐し、理事長に事故があるときは、その職務を代理し、理事長が欠けたときは、その職務を行う」権限を有する副理事長が、職務を代理すべきである（39条）。

ウ 適切である。任期の満了又は辞任によって退任する役員は、後任の役員が就任するまでの間引き続きその職務を行う（36条3項）。

エ 適切でない。36条3項の職務継続義務は、「任期の満了又は辞任」によって退任した役員にのみ適用される（36条3項）。したがって、「解任」によって退任した理事長が、後任の理事長が就任するまでの間、引き続きその職務を行うことはない。

以上により、適切なものは**ア**、**ウ**の二つであり、肢**2**が正解。

⓺35 区分所有法（罰則） 正解 3 重要度 ★★

1 正しい。管理組合法人の登記に関して政令で定められた必要な事項

の登記を怠ったときは、その行為をした理事等は、20万円以下の過料に処される（区分所有法71条5号、47条3項）。

2 正しい。 集会の議事については、議長は、書面又は電磁的記録により、議事録を作成しなければならない。また、議事録には、議事の経過の要領及びその結果を記載し、又は記録しなければならない。そして、議事録を作成せず、又は議事録に記載し、若しくは記録すべき事項を記載せず、若しくは記録せず、若しくは虚偽の記載若しくは記録をしたときは、20万円以下の過料に処される（71条3号、42条2項）。

3 誤り。 監事について、監査報告を怠った場合に過料に処せれられる旨の規定はない。なお、管理者は、集会において、毎年1回一定の時期に、その事務に関する報告をしなければならない。そして、この規定に違反して、報告をせず、又は虚偽の報告をしたときは、管理者は20万円以下の過料に処される（71条4号、43条、50条3項参照）。

4 正しい。 管理組合法人において、理事若しくは監事が欠けた場合又は規約で定めたその員数が欠けた場合において、その選任手続を怠ったときは、理事は、20万円以下の過料に処される（71条7号）。

区分所有法上の罰則は、管理者・管理組合法人の理事・清算人・集会の議長・規約等の保管者が一定の義務に違反した場合に課されることはあるが、監事に対する罰則の規定はない。

✔ チェック□□□

問36 標準管理規約・区分所有法（専有部分の用途）　正解 1　重要度 ★★

1 最も不適切である。 専有部分を「居住用借家」として使用することを可能とする場合、専有部分の用途を住宅専用である旨を規約に規定しておくだけで足りる。居住用借家は、専有部分を「住宅」として利用することに他ならないからである。

2 適切である。 標準管理規約（単棟型）12条によれば、（ア）住宅宿泊事業を可能とする場合、1項では「区分所有者は、その専有部分を専ら住宅として使用するものとし、他の用途に供してはならない」と

規定し、２項では「区分所有者は、その専有部分を住宅宿泊事業法第
３条第１項の届出を行って営む同法第２条第３項の住宅宿泊事業に使
用することができる」と規定している。一方、（イ）住宅宿泊事業を
禁止する場合、１項では、（ア）住宅宿泊事業を可能とする場合と同
様に、「区分所有者は、その専有部分を専ら住宅として使用するもの
とし、他の用途に供してはならない」と規定し、さらに、２項では「区
分所有者は、その専有部分を住宅宿泊事業法第３条第１項の届出を
行って営む同法第２条第３項の住宅宿泊事業に使用してはならない」
と規定している（標準管理規約（単棟型）12条）。これらの規定から
すると、住宅宿泊事業を禁止する場合は、単に専用部分の用途を住宅
専用である旨を規約に明記（上記（ア）（イ）それぞれの「１項」）し
てあるだけでは足りず、禁止を明記する必要がある。

3　適切である。区分所有者は、建物の保存に有害な行為その他建物の
管理又は使用に関し区分所有者の共同の利益に反する行為をしてはな
らない（区分所有法６条）。他の居住者の使用を妨げる行為は、区分
所有者の共同の利益に反する行為に該当する。

4　適切である。旅館業法や住宅宿泊事業法に違反して行われる事業
は、管理規約に明記するまでもなく、当然に禁止される（コメント
12条関係②）。

✔ チェック□□□

問37 **区分所有法（規約の別段の定め）** 　正解 **2** 　重要度 ★★★

1　できる。敷地利用権が数人で有する所有権その他の権利である場合
には、区分所有者は、その有する専有部分とその専有部分に係る敷地
利用権とを分離して処分することができない。ただし、規約に別段の
定めがあるときは、この限りでない（区分所有法22条１項）。

2　できない。区分所有者は、共用部分、建物の敷地若しくは共用部分
以外の建物の附属施設につき他の区分所有者に対して有する債権又は
規約若しくは集会の決議に基づき他の区分所有者に対して有する債権
について、債務者の区分所有権（共用部分に関する権利及び敷地利用

権を含む）及び建物に備え付けた動産の上に先取特権を有する（7条1項）。しかし、この先取特権の被担保債権の範囲について、規約で別段の定めができる旨は規定されていない。

3 **できる。**集会においては、集会の招集の通知によりあらかじめ通知した事項についてのみ、決議ができる（37条1項）。この規定は、区分所有法に集会の決議につき特別の定数が定められている事項を除いて、規約で別段の定めができる（37条2項）。

4 **できる。**解散した管理組合法人の財産は、規約に別段の定めがある場合を除いて、共用部分の持分の割合と同一の割合で各区分所有者に帰属する（56条）。

✔ チェック□□□

問 **38** **区分所有法（管理組合法人）** 正解 **1** 重要度 ★★★

1 **誤り。**理事の任期は、2年とする。ただし、規約で3年以内において別段の期間を定めたときは、その期間とする（区分所有法49条6項）。したがって、理事の任期を5年と定めることはできない。

2 **正しい。**理事が数人あるときは、各自管理組合法人を代表する（49条4項）。もっとも、規約若しくは集会の決議によって、管理組合法人を代表すべき理事を定め、若しくは数人の理事が共同して管理組合法人を代表すべきことを定め、又は規約の定めに基づき理事の互選によって管理組合法人を代表すべき理事を定めることを妨げない（49条5項）。したがって、代表権のない理事を置くこともできる。

3 **正しい。**区分所有法第4節（管理者）及び33条1項ただし書（管理者がいないときの規約の保管および閲覧）の規定は、管理組合法人には、適用しない（47条11項）。したがって、管理組合法人は、管理者を置くことができない。

4 **正しい。**管理組合法人の監事は、理事又は管理組合法人の使用人と兼ねてはならない（50条2項）。

問39 区分所有法（理事長の解任） **正解** 4 重要度 ★★★

本問は、最高裁判所判決平成29年12月18日によるものである。

区分所有法は、集会の決議以外の方法による管理者の解任を認めるか否か及びその方法について区分所有者の意思に基づく自治的規範である規約に委ねていると解される。

⇒記述**エ**

そして、本件規約は、理事長を区分所有法に定める管理者とし（43条2項）、役員である理事に理事長等を含むものとした上（40条1項）、役員の選任及び解任について総会の決議を経なければならない（53条13号）とする一方で、理事は、組合員のうちから総会で選任し（40条2項）、その互選により理事長を選任する（同条3項）としている。

⇒記述**ウ**

これは、理事長を理事が就く役職の1つと位置付けた上、総会で選任された理事に対し、原則として、その互選により理事長の職に就く者を定めることを委ねるものと解される。

⇒記述**ア**

そうすると、このような定めは、理事の互選により選任された理事長について理事の過半数の一致により理事長の職を解き、別の理事を理事長に定めることも総会で選任された理事に委ねる趣旨と解するのが、本件規約を定めた区分所有者の合理的意思に合致するというべきである。

⇒記述**イ**

以上により、正しい順番に並べたものは**エ**、**ウ**、**ア**、**イ**であり、肢**4**が正解。

問40 品確法（総合） **正解** 3 重要度 ★★★

1 正しい。 住宅の品質確保の促進等に関する法律における「新築住宅」とは、新たに建設された住宅で、まだ人の居住の用に供したこと

のないもの（建設工事の完了の日から起算して1年を経過したものを除く）をいう（品確法2条2項）。

2 正しい。住宅を新築する建設工事の請負契約（住宅新築請負契約）においては、請負人は、注文者に引き渡した時から10年間、住宅のうち構造耐力上主要な部分又は雨水の浸入を防止する部分として政令で定めるもの（住宅の構造耐力上主要な部分等）の瑕疵（構造耐力又は雨水の浸入に影響のないものを除く）について、民法に規定する担保の責任を負う（94条1項）。

3 誤り。新築住宅の売買契約においては、売主は、買主に引き渡した時（当該新築住宅が住宅新築請負契約に基づき請負人から当該売主に引き渡されたものである場合にあっては、その引渡しの時）から10年間、住宅の構造耐力上主要な部分等の瑕疵について、民法に規定する担保の責任を負う（95条2項）。法人が買主である売買契約において、新築住宅の売主の瑕疵担保責任の規定が適用されない旨の規定はない。

4 正しい。新築住宅の瑕疵担保責任の規定に反する特約で注文者又は買主に不利 なものは、無効となる（94条1項、95条1項）。したがって、契約の解除や損害賠償の請求はできないこととする特約は、民法の規定より注文者又は買主に不利であるため、無効となる。

 品確法は、①住宅性能評価制度については、新築住宅・既存住宅のいずれにも適用されるが、②瑕疵担保責任制度については、新築住宅のみに適用される。

✔ チェック□□□

問 41 地震保険に関する法律・標準管理規約（損害保険） 　正解 4　重要度 ★★

1 適切である。地震保険に関する法律において「地震保険契約」とは、次に掲げる要件を備える損害保険契約（火災に係る共済契約を含む）をいう。①居住の用に供する建物又は生活用動産のみを保険の目的とすること、②地震若しくは噴火又はこれらによる津波（地震等）

を直接又は間接の原因とする火災、損壊、埋没又は流失による損害（政令で定めるものに限る）を政令で定める金額によりてん補すること、「③特定の損害保険契約に附帯して締結されること」、④附帯される損害保険契約の保険金額の100分の30以上100分の50以下の額に相当する金額（その金額が政令で定める金額を超えるときは、当該政令で定める金額）を保険金額とすること（地震保険に関する法律2条2項）。この③により、地震保険契約は単独では締結できず、火災保険契約等特定の損害保険契約に附帯してでなければ締結できない。

2　適切である。各共有者は、規約に別段の定めがない限りその持分に応じて、共用部分の負担に任じ、共用部分から生ずる利益を収取する（区分所有法19条）。本肢の共用部分に係る損害保険料は、「共用部分の負担」に該当するところ、この負担に関する各共有者の持分は、原則として、その有する専有部分の床面積の割合により、規約で別段の定めができる（14条1項・4項）。

3　適切である。理事長（管理者）は、損害保険契約に基づく保険金額並びに共用部分等について生じた損害賠償金及び不当利得による返還金の請求及び受領について、区分所有者を代理する（26条2項、標準管理規約（単棟型）24条2項）。

4　最も不適切である。共用部分の管理に関する事項は、重大変更の場合を除いて、原則として集会の決議で決するが、規約で別段の定めができる（区分所有法18条1項・2項）。ここで、共用部分につき損害保険契約をすることは、共用部分の管理に関する事項とみなされるため（18条4項）、共用部分について損害保険契約をするか否かの決定を理事会の決議により行う旨を、規約で定めることもできる。

✔ チェック□□□

<table>
<tr><td>問 42</td><td>借地借家法
（定期建物賃貸借契約）</td><td>正解 4</td><td>重要度
★★★</td></tr>
</table>

1　誤り。建物の借賃が、土地若しくは建物に対する租税その他の負担の増減により、土地若しくは建物の価格の上昇若しくは低下その他の経済事情の変動により、又は近傍同種の建物の借賃に比較して不相当

となったときは、契約の条件にかかわらず、当事者は、将来に向かって建物の借賃の額の増減を請求できる（借地借家法32条1項）。しかし、この規定は、定期建物賃貸借において、借賃の改定に係る特約がある場合には、適用されない（38条7項）。したがって、定期建物賃貸借においては、相互に賃料の増減額請求をすることはできない旨の特約は、有効である。

2　誤り。定期建物賃貸借をしようとするときは、建物の賃貸人は、あらかじめ、建物の賃借人に対し、この定期建物賃貸借は契約の更新がなく、期間の満了により当該建物の賃貸借は終了することについて、その旨を記載した書面を交付して説明しなければならない。そして、賃貸人がこの説明をしなかったときは、契約の更新がない旨の定めは、無効となる（38条2項・3項）。この点は、契約書に明確にその旨が記載され、賃借人がその内容を認識しているときでも、同様である。

3　誤り。一般の借家契約の場合は、期間を1年未満とする建物の賃貸借は、期間の定めがない建物の賃貸借とみなされる（29条1項）。しかし、定期建物賃貸借には、この規定は適用されない（38条1項）。したがって、本件契約の期間を6箇月とした場合、6箇月の定期建物賃貸借契約となる。

4　正しい。期間の定めがある建物の賃貸借（定期建物賃貸借）をする場合においては、公正証書による等書面によって契約をするときに限り、契約の更新がない旨を定めることができる（38条1項）。この点は、契約の目的が、事業用のものであるか否かにかかわらない。

✔ チェック□□□

（問）**43　建替え等円滑化法**　　正解 **2**　　重要度 ★★

1　誤り。権利変換計画及びその変更は、総会の議決を経なければならない。そして、この決議は、組合員の議決権及び持分割合の各5分の4以上で決する（建替え等円滑化法27条7号、30条3項）。

2　正しい。マンションの区分所有者又はその同意を得た者は、1人で、

又は数人共同して、マンション建替事業を施行することができる（5条2項）。

3　誤り。施行マンションの建替え合意者等（その承継人を含む）は、すべて組合の組合員とする。この者のほか、組合が施行するマンション建替事業に参加することを希望し、かつ、それに必要な資力及び信用を有する者であって、定款で定められたものは、参加組合員として、組合の組合員となる（16条1項、17条）。

4　誤り。マンション建替組合は、組合設立の認可の公告の日から2月以内に、建替えに参加しない旨を回答した区分所有者（その承継人を含み、その後に建替え合意者等となったものを除く）に対し、区分所有権及び敷地利用権を時価で売り渡すべきことを請求できる（15条1項）。したがって、この段階の売渡請求は、組合から区分所有者に対して行われる。

⏺44　各種の法令　　正解 **1**　重要度 ★★

1　誤り。個人情報取扱事業者は、次の場合を除くほか、あらかじめ本人の同意を得ないで、個人データを第三者に提供してはならない。①法令に基づく場合、②人の生命、身体又は財産の保護のために必要がある場合であって、本人の同意を得ることが困難であるとき、③公衆衛生の向上又は児童の健全な育成の推進のために特に必要がある場合であって、本人の同意を得ることが困難であるとき、④国の機関若しくは地方公共団体又はその委託を受けた者が法令の定める事務を遂行することに対して協力する必要がある場合であって、本人の同意を得ることにより当該事務の遂行に支障を及ぼすおそれがあるとき等（個人情報保護法27条1項）。しかし、個人情報取扱事業者が利用目的の達成に必要な範囲内において個人データの取扱いの全部又は一部を委託することに伴って当該個人データが提供される場合において、当該個人データの提供を受ける者は、これらの規定の適用については、第三者に該当しない（27条5項1号）。

2　正しい。身体障害者補助犬法４章に規定する施設等（住宅を除く）の利用等を行う場合において身体障害者補助犬を同伴し、又は使用する身体障害者は、その身体障害者補助犬に、その者のために訓練された身体障害者補助犬である旨を明らかにするための表示をしなければならない（身体障害者補助犬法12条１項）。

3　正しい。一定の防火対象物の管理について権原を有する者は、防火管理者を定めたときは、遅滞なくその旨を所轄消防長又は消防署長に届け出なければならない（消防法８条２項）。

4　正しい。国民は、高齢者、障害者等の自立した日常生活及び社会生活を確保することの重要性について理解を深めるとともに、これらの者が公共交通機関を利用して移動するために必要となる支援、これらの者の高齢者障害者等用施設等の円滑な利用を確保する上で必要となる適正な配慮その他のこれらの者の円滑な移動及び施設の利用を確保するために必要な協力をするよう努めなければならない（バリアフリー法７条）。

✔ **チェック**□□□

⊕ **45　宅建業法（重要事項の説明等）**　　**正解 2**　　**重要度 ★★**

1　誤り。「天災その他不可抗力による損害の負担に関する定めがあるときは、その内容」は、37条書面の記載事項である（宅建業法37条１項10号）。しかし、重要事項として説明すべき事項としては規定されていない。

2　正しい。「代金又は交換差金に関する金銭の貸借のあっせんの内容及び当該あっせんに係る金銭の貸借が成立しないときの措置」は、重要事項として説明すべき事項である（35条１項12号）。

3　誤り。「共用部分に関する規約の定めがあるときは、その内容」は、重要事項として説明すべき事項である。また、この規約の定めには、その案も含まれる（35条１項６号、施行規則16条の２第２号）。したがって、規約が案の段階であっても、当該規約案の内容について説明しなければならない。

4　誤り。宅建業者は、宅建業者の相手方等に対して、その者が取得し、又は借りようとしている宅地又は建物に関し、その売買、交換又は貸借の契約が成立するまでの間に、宅地建物取引士をして、少なくとも宅建業法35条に規定されている所定の事項について、これらの事項を記載した書面を交付して説明をさせなければならない（35条1項）。ただし、宅建業者の相手方等が宅建業者の場合、所定の事項を記載した書面を交付する必要はあるが、宅地建物取引士をして、（口頭での）説明をさせる必要はない。

「案」の段階でも説明が必要な規約の定めとして、①共用部分、②専有部分の用途等の利用制限、③専用使用権、④一棟の建物の計画的な維持修繕の費用等を特定の者にのみ減免する旨、⑤計画修繕積立金に関する事項・滞納額・積立総額がある。

✔ チェック□□□

問46　適正化方針　　正解 4　　重要度 ★★

ア　適切である。管理組合は、マンションの快適な居住環境を確保するため、あらかじめ、共用部分の範囲及び管理費用を明確にし、トラブルの未然防止を図ることが重要である（適正化方針三2（3））。

イ　適切である。建設後相当の年数を経たマンションにおいては、長期修繕計画の検討を行う際には、必要に応じ、建替え等についても視野に入れて検討することが望ましい（方針三2（5））。

ウ　適切である。複合用途型マンションにあっては、住宅部分と非住宅部分との利害の調整を図り、その管理、費用負担等について適切な配慮をすることが重要である（方針三2（8））。

エ　適切である。マンションの管理は、専門的な知識を必要とすることが多いため、管理組合は、問題に応じ、マンション管理士等専門的知識を有する者の支援を得ながら、主体性をもって適切な対応をするよう心がけることが重要である（方針三1（3））。

以上により、適切なものは**ア、イ、ウ、エ**の四つであり、肢**4**が正解。

問 47 適正化法（財産の分別管理） 正解 1 重要度 ★★

1 最も不適切である。 マンション管理業者は、管理組合から委託を受けて管理する修繕積立金その他国土交通省令で定める財産については、整然と管理する方法として国土交通省令で定める方法（適正化法施行規則87条2項で定める方法）により、自己の固有財産及び他の管理組合の財産と分別して管理しなければならない。そして、マンション管理業者は、施行規則87条2項1号イに定める方法により修繕積立金等金銭を管理する場合にあっては、保管口座又は収納・保管口座に係る管理組合等の印鑑、預貯金の引出用のカードその他これらに類するものを管理してはならない。ただし、「管理組合に管理者等が置かれていない場合」において、管理者等が選任されるまでの比較的短い期間に限り保管する場合は、この限りでない（適正化法76条、施行規則87条2項・4項）。したがって、保管口座の印鑑等を例外的にマンション管理業者が保管できるのは、管理者等が置かれていない場合に限られる。

2 適切である。 マンション管理業者は、施行規則87条2項1号イ又はロに定める方法により修繕積立金等金銭を管理する場合にあっては、原則として、マンションの区分所有者等から徴収される1月分の修繕積立金等金銭又は管理組合又はマンションの区分所有者等から受領した管理費用に充当する金銭又は有価証券の合計額以上の額につき有効な保証契約を締結していなければならない（87条3項）。ここでいう「有効な保証契約」とは、マンション管理業者が保証契約を締結していなければならないすべての期間にわたって、保証契約を締結していることが必要であるとの趣旨である。したがって、管理委託契約の契約期間の途中で保証契約の期間が満了する場合には、当該保証契約の更新等をしなければならない（平成21年9月9日国総動47号）。

3 適切である。 財産の分別管理の対象となる財産とは、マンション管理業者は、管理組合から委託を受けて管理する修繕積立金、管理組合又はマンションの区分所有者等から受領した管理費用に充当する金銭

又は有価証券である（適正化法76条、施行規則87条１項）。

4　適切である。 マンション管理業者は、管理組合から委託を受けて管理する修繕積立金等が有価証券である場合は、金融機関又は証券会社に、当該有価証券（受託有価証券）の保管場所を自己の固有財産及び他の管理組合の財産である有価証券の保管場所と明確に区分させ、かつ、当該受託有価証券が受託契約を締結した管理組合の有価証券であることを判別できる状態で管理させる方法により、自己の固有財産及び他の管理組合の財産と分別して管理しなければならない（適正化法76条、施行規則87条２項２号）。

✔ **チェック**□□□

問48　適正化法（重要事項の説明等）　　正解 **2**　　重要度 ★★★

1　適切でない。 マンション管理業者は、管理組合から管理事務の委託を受けることを内容とする管理受託契約（「新たに建設されたマンションを分譲した場合」は、専有部分の引渡日のうち最も早い日から１年、また、「既存のマンションの区分所有権の全部を１人又は複数の者が買い取り、そのマンションを分譲した場合」は、買取り後におけるそのマンションの専有部分の引渡日のうち最も早い日から１年を経過する日までの間に契約期間が満了するものを除く）を締結しようとするときは、原則として、あらかじめ、説明会を開催し、当該管理組合を構成するマンションの区分所有者等及び当該管理組合の管理者等に対し、管理業務主任者をして、管理受託契約の内容及びその履行に関する重要事項について説明をさせなければならない（適正化法72条１項）。この重要事項の説明手続は、マンション管理業者がそのマンションの管理者等に選任されている場合であっても、区分所有者に対してする必要がある（平成13年７月31日国総動51号）。

2　最も適切である。 マンション管理業者は、重要事項説明会の日の１週間前までに、当該管理組合を構成するマンションの区分所有者等及び当該管理組合の管理者等の全員に対し、重要事項並びに説明会の日時及び場所を記載した書面を交付しなければならない（72条１項後

482

段)。そして、マンション管理業者は、重要事項の説明書面を作成するときは、管理業務主任者をして、当該書面に記名させなければならない（72条5項）。

3 適切でない。 マンション管理業者は、従前の管理受託契約と同一の条件で管理組合との管理受託契約を更新しようとするときは、あらかじめ、当該管理組合を構成するマンションの区分所有者等全員に対し、重要事項を記載した書面を交付しなければならない。そして、当該管理組合に管理者等が置かれているときは、マンション管理業者は、当該管理者等に対し、管理業務主任者をして、重要事項について、これを記載した書面を交付して説明をさせなければならない（72条2項・3項）。つまり、当該管理者等に対し、管理業務主任者をして、重要事項の説明書面を交付して説明をさせるだけでは足りず、区分所有者等全員に対し、重要事項の説明書面を交付しなければならない。

4 適切でない。 本肢のように同一の条件でない変更契約を締結しようとする場合は、新規契約の場合の重要事項説明手続を踏む必要がある。したがって、管理者等に対し、管理業務主任者をして、重要事項の説明書面を交付して説明させるだけでは足りず、あらかじめ、説明会を開催し、区分所有者等及び管理者等に対し、管理業務主任者をして、重要事項について説明をさせなければならない（72条1項）。

チェック□□□

問49 適正化法（管理事務の報告） 正解 3　重要度 ★★★

1 適切でない。 マンション管理業者は、管理事務の委託を受けた管理組合に管理者等が置かれているときは、定期に、当該管理者等に対し、管理業務主任者をして、当該管理事務に関する報告をさせなければならない（適正化法77条1項）。したがって、管理者等が置かれているときは、説明会を開催し、当該管理組合を構成するマンションの区分所有者等に対し、管理業務主任者をして、当該管理事務に関する報告をさせる必要はない。

2 適切でない。 管理事務の委託を受けた管理組合に管理者等が置かれ

ているときは、定期に、当該管理者等に対し、管理業務主任者をして、当該管理事務に関する報告をさせなければならない（77条1項）。マンション管理業者が管理事務に関する報告をさせることができるのは、管理業務主任者だけである。

3　最も適切である。 マンション管理業者は、管理事務に関する報告を行うときは、管理事務を委託した管理組合の事業年度終了後、遅滞なく、当該期間における管理受託契約に係るマンションの管理の状況について、①報告の対象となる期間、②管理組合の会計の収入及び支出の状況、③その他管理受託契約の内容に関する事項を記載した管理事務報告書を作成し、管理業務主任者をして、これを管理者等に交付して説明をさせなければならない（77条1項・2項、施行規則88条）。

4　適切でない。 マンション管理業者は、管理事務の報告を行う説明会の開催日の「1週間前」までに説明会の開催の日時及び場所について、当該管理組合を構成するマンションの区分所有者等の見やすい場所に掲示しなければならない（適正化法77条2項、施行規則89条3項）。

 管理業務主任者が関わる必要のある業務として、①重要事項説明、②契約成立時の書面の交付、③管理事務の報告の3つの場面がある。それぞれ「管理業務主任者の記名の要否」、「管理業務主任者証の自発的な提示の要否」について、整理しておこう。

✔ チェック□□□

問50　適正化法（管理業者の登録等）　　正解 **3**　　重要度 ★★★

1　適切である。 有効期間の満了後引き続きマンション管理業を営もうとする者は、更新の登録を受けなければならない（適正化法44条3項）。この更新の登録を受けようとする者は、登録の有効期間満了の日の90日前から30日前までの間に登録申請書を提出しなければならない。そして、更新の登録の申請があった場合において、有効期間の満了の日までにその申請に対する処分がなされないときは、従前の登録は、有効期間の満了後もその処分がなされるまでの間は、なお効力

を有する（44条4項、施行規則50条）。

2 **適切である。** マンション管理業の登録を受けようとする者（登録申請者）が、登録申請書に記載すべき事務所とは、本店又は支店（商人以外の者にあっては、主たる事務所又は従たる事務所）のほか、継続的に業務を行うことができる施設を有する場所で、マンション管理業に係る契約の締結又は履行に関する権限を有する使用人を置く事務所をいう（適正化法45条1項、施行規則52条）。

3 **最も不適切である。** 国土交通大臣は、登録申請者がマンション管理業を遂行するために必要と認められる国土交通省令で定める基準（＝基準資産額が、「300万円以上」であること）に適合する財産的基礎を有しない者に該当する等のときは、その登録を拒否しなければならない（適正化法47条13号、施行規則54条）。

4 **適切である。** マンション管理業者がマンション管理業を廃止した場合においては、マンション管理業者であった個人又はマンション管理業者であった法人を代表する役員は、その日から30日以内に、その旨を国土交通大臣に届け出なければならない（適正化法50条1項5号）。

解答と解説

正解番号一覧

問	正解	問	正解	問	正解	問	正解	問	正解
1	3	11	3	21	1	31	2	41	2
2	2	12	2	22	1	32	3	42	1
3	3	13	4	23	1	33	3	43	2
4	1	14	2	24	4	34	3	44	4
5	4	15	1	25	4	35	2	45	3
6	4	16	4	26	1	36	4	46	1
7	3	17	1	27	2	37	4	47	4
8	2	18	1	28	4	38	2	48	3
9	4	19	3	29	1	39	4	49	2
10	2	20	4	30	2	40	3	50	1

合格基準点：33点

問 **1**　**民法（委任）**　　正解 **3**　重要度 ★★★

1　**誤り。** 委任は、当事者の一方が法律行為をすることを相手方に委託し、相手方が「これを承諾すること」によって、その効力を生ずる（民法643条）。したがって、報酬の支払を約さなくても、効力を生ずる。なお、受任者は、特約がなければ、委任者に対して報酬を請求できない（648条1項）。

2　**誤り。** 受任者は、委任事務を処理するのに必要と認められる費用を支出したときは、委任者に対し、「その費用及び支出の日以後におけるその利息」の償還を請求できる（650条1項）。したがって、費用の償還は、現に利益を受けている限度に制限されない。

3　**正しい。** 委任の解除をした場合には、その解除は、将来に向かってのみその効力を生ずる（652条、620条）。

4　**誤り。** 受任者は、委任者に引き渡すべき金額又はその利益のために用いるべき金額を自己のために消費したときは、その消費した日以後の利息を支払わなければならない。この場合において、なお損害があるときは、その賠償の責任を負う（647条）。したがって、受任者が、委任者に引き渡すべき金額を自己のために消費した場合には、委任者に損害が生じていなくても、受任者は、利息を支払う義務を負う。

アルファ　肢3に関して、本来、契約を解除すると契約当初に遡って効力が生ずる（＝遡及効）。しかし、委任のような継続的な契約関係では、これまでのやり取りすべてを巻き戻すことは煩雑であるため、将来に向かってのみ効力を生ずる。

問 **2**　**民法（手付）**　　正解 **2**　重要度 ★★

1　**誤り。** 買主が売主に手付を交付したときは、その相手方が契約の履行に着手するまでは、買主はその手付を放棄し、売主はその倍額を現実に提供して、契約の解除ができる（民法557条1項）。そのため、

売主が手付により解除するには、買主に対して手付の倍額を「現実に提供」することが必要である。したがって、Aは、Bに対して手付金の倍額を償還することにより本件契約を解除する旨の通知を送達するだけでは、手付解除できない。

2 **正しい。**買主が売主に手付を交付したときは、その相手方が契約の履行に着手するまでは、買主はその手付を放棄し、売主はその倍額を現実に提供して、契約の解除ができる（557条1項）。この点、売主が契約の履行に着手していなければ、買主は、手付を放棄して、手付解除ができるが、手付解除をした場合、損害賠償の請求はできない（557条2項、545条4項）。

3 **誤り。**肢**2**の解説でも述べたように、その相手方が契約の履行に着手していなければ、手付解除ができる（557条1項）。本肢では、Aが甲の引渡しの準備をしておらず履行に着手していないので、Bは、手付解除ができる。また、Bが履行期に代金の支払いの準備を整えていても、Aにその旨の通知（口頭の提供）や履行の催告をしていなければ履行の着手とは認められない。よって、Aも、手付解除ができる。

4 **誤り。**解除権の行使は、損害賠償の請求を妨げない（545条4項、415条）。したがって、債務不履行により売買契約を解除した場合、損害賠償を請求できる。

✔ チェック□□□

(問) **3** **民法（債務不履行）**　　(正解) **3**　　重要度 ★★★

1 **正しい。**損害賠償の額を予定した場合、契約違反をされた相手方は、特段の事情がない限り、実際の損害額のいかんにかかわらず、約定の違約金を請求できる（民法420条、判例）。この場合、債権者は、損害の発生及び損害額を証明することなく、予定された損害額を請求できる。

2 **正しい。**当事者は、債務の不履行について損害賠償の額を予定できる。この場合において、裁判所は、その額を増減できない（420条1項）。よって、損害賠償額の予定をした場合、実際の損害額が予定賠

償額と異なることを立証しても、賠償額の増減を請求できない。

3　誤り。債務の不履行に対する損害賠償の請求は、これによって通常生ずべき損害の賠償をさせることをその目的とする（416条１項）。この通常損害の賠償にあたっては、予見すべきであったことは必要ない。なお、当事者がその損害が生じることを予見すべきであったときでなければ、損害賠償の請求ができないのは、特別の事情によって生じた損害である（同条２項）。

4　正しい。金銭債務の不履行の損害賠償については、債務者は、不可抗力をもって抗弁とはできない（419条３項）。

✔ チェック☐☐☐

| 問 **4** | **民法（代理）** | 正解 **1** | 重要度 ★★★ |

1　正しい。無権代理人の責任の要件と表見代理の要件がともに存在する場合においても、表見代理の主張をするか否かは相手方の自由であるから、相手方は、表見代理の主張をしないで、直ちに無権代理人に対し無権代理人の責任を問うことができる（民法117条１項、判例）。

2　誤り。制限行為能力者が代理人としてした行為は、行為能力の制限によっては取り消すことができない（102条）。つまり、代理人は、行為能力者であることを要しない。

3　誤り。委任による代理人は、本人の許諾を得たとき、又はやむを得ない事由があるときでなければ、復代理人を選任できない（104条）。したがって、本肢のように、本人の許諾が得られず、かつ、やむを得ない事由もない場合は、任意代理人は、自己の責任で復代理人を選任できない。

4　誤り。復代理人は、その権限内の行為について、本人を代表（代理）する（106条１項）。したがって、復代理人は、代理人の名で代理人を代理するのではなく、本人の名で、直接本人を代理する。

問 **5** 　民法（賃貸借）　　　正解 **4**　重要度 ★★★

1 　**正しい**。賃借人は、賃貸人の承諾を得なければ、その賃借権を譲り渡し、又は賃借物を転貸できない。賃借人がこの規定に違反して第三者に賃借物の使用又は収益をさせたときは、賃貸人は、契約の解除ができる（民法612条1項・2項）。ただし、賃借人が賃貸人の承諾なく第三者をして賃借物の使用又は収益をなさしめた場合でも、賃借人の当該行為を賃貸人に対する背信的行為と認めるに足りない特段の事情があるときは、賃貸人は契約を解除できない（判例）。

2 　**正しい**。賃貸借の終了によって転貸借は当然にその効力を失うものではないが、賃借人の債務不履行により賃貸借が解除された場合には、その結果転貸人としての義務に履行不能を生じ、よって転貸借は賃貸借の終了と同時に終了する（613条3項、判例）。

3 　**正しい**。賃借人が適法に賃借物を転貸したときは、転借人は、賃貸人と賃借人との間の賃貸借に基づく賃借人の債務の範囲を限度として、賃貸人に対して転貸借に基づく債務を直接履行する義務を負う（613条1項）。

4 　**誤り**。賃借権が賃貸人の承諾を得て旧賃借人から新賃借人に移転された場合でも、敷金に関する敷金交付者の権利義務関係は、敷金交付者において賃貸人との間で敷金をもって新賃借人の債務の担保とすることを約し又は新賃借人に対して敷金返還請求権を譲渡するなど特段の事情のない限り、新賃借人に承継されない（判例）。

＋アルファ　肢4に関して、敷金関係は、①賃「貸」人の変更の場合は「承継される」が、②賃「借」人の変更の場合は「承継されない」ということをきちんと整理しておこう。

問 6　民法（不法行為）　　正解 4　重要度 ★★

1　誤り。胎児は、損害賠償の請求権については、既に生まれたものとみなされる。そして、胎児が不法行為のあった後に生まれた場合に、不法行為による損害賠償請求権の取得について、不法行為の時点に遡って権利能力があったとみなされる（民法721条、判例）。本肢では、不法行為の時点で胎児であった被害者がその後に出生しているため、不法行為の時点において権利能力があったとみなされ、出生後、加害者に対して損害賠償の請求ができる。

2　誤り。不法行為による慰謝料請求権は、損害の発生と同時に被害者が取得し、当該請求権を放棄したと解される特別の事情がない限り、行使できる。したがって、当該慰謝料請求権は、被害者がこれを行使する意思を表明し、又はこれを表明したと同視すべき状況になくても、被害者が取得し、相続の対象となる（710条、711条、判例）。

3　誤り。ある事業のために他人を使用する者は、被用者がその事業の執行について第三者に加えた損害を賠償する責任を負う。ただし、使用者が被用者の選任及びその事業の監督について相当の注意をしたとき、又は相当の注意をしても損害が生ずべきであったときは、この限りでない（使用者責任、715条）。この使用者責任は、代位責任としての性質を有するため、使用者責任が成立するためには、被用者自身に不法行為が成立していることが前提となる。したがって、被用者に故意又は過失がなければ、被用者自身に不法行為が成立しないため（709条）、使用者責任も成立せず、使用者は損害賠償責任を負わない。

4　正しい。土地の工作物の設置又は保存に瑕疵があることによって他人に損害を生じたときは、その工作物の占有者は、被害者に対して損害賠償責任を負う。ただし、占有者が損害の発生を防止するのに必要な注意をしたときは、所有者がその損害を賠償しなければならない（717条1項）。

標準管理委託契約書
（管理事務）　　　　　（正解）3　重要度 ★★★

ア　適切である。 管理業者の管理対象部分は、原則として敷地及び共用部分等であるが、専有部分である設備のうち共用部分と構造上一体となった部分（配管、配線等）は共用部分と一体で管理を行う必要があるため、管理組合が管理を行うとされている場合において、管理組合から依頼があるときに管理委託契約に含めることも可能である（標準管理委託契約書コメント3条関係③）。

イ　適切である。 管理業者は、管理事務の遂行に際して組合員等に関する個人情報を取り扱う場合には、管理委託契約の目的の範囲において取り扱い、正当な理由なく、第三者に提供・開示・漏えいをしてはならない（18条1項）。

ウ　適切でない。 管理組合及び管理業者は、それぞれ相手方に対し、自らが、暴力団、暴力団関係企業、総会屋、社会運動等標ぼうゴロ若しくはこれらに準ずる者又はその構成員（「反社会的勢力」）ではないこと等を確約する（27条1号）。そして、この規定は、管理組合、管理業者及びこれらの役員が反社会的勢力に該当しないことを確約する旨を規定したものであり、その確約に反して、管理組合、管理業者又はこれらの役員が反社会的勢力であることが判明した場合には、標準管理委託契約書20条2項5号の規定に基づき、契約の相手方は、何らの催告を要せずして、本契約を解除することができる（20条2項5号、コメント27条関係）。したがって、本記述の場合、管理組合は直ちに本管理委託契約を解除することができ、管理業者に対して、相当の期間を定めて催告をする必要はない。

エ　適切である。 管理業者は、管理組合が、本マンションの維持又は修繕（大規模修繕を除く修繕又は保守点検等）を、外注により当該マンション管理業者以外の業者に行わせる場合には、見積書の受理、管理組合と受注業者との取次ぎ、実施の確認を行う。この「見積書の受理」には、見積書の提出を依頼する業者への現場説明や、見積書の内容に対する管理組合への助言等（見積書の内容・依頼内容との整合性の確

認の範囲を超えるもの）は含まれない（別表第1　1（3）二、コメント別表第1　1（3）関係⑤）。

以上により、適切なものは**ア、イ、エ**の三つであり、肢**3**が正解。

問 8　標準管理委託契約書
（維持又は修繕に関する企画又は実施の調整） 　**正解 2**　重要度 ★★

1　適切である。管理業者は、管理組合が本マンションの維持又は修繕（大規模修繕を除く修繕又は保守点検等）を外注により当該管理業者以外の業者に行わせる場合には、見積書の受理、管理組合と受注業者との取次ぎ、実施の確認を行う。ここでいう「実施の確認」とは、管理員が外注業務の完了の立会いにより確認できる内容のもののほか、管理員業務に含まれていない場合又は管理員が配置されていない場合には、管理業者の使用人等が完了の立会いを行うことにより確認できる内容のものをいう（標準管理委託契約書別表第1　1（3）二）。

2　最も不適切である。管理業者は、当該管理組合の長期修繕計画における修繕積立金の額が著しく低額である場合、若しくは設定額に対して実際の積立額が不足している場合、又は管理事務を実施する上で把握した本マンションの劣化等の状況に基づき、当該計画の修繕工事の内容、実施予定時期、工事の概算費用等若しくは修繕積立金の見直しが必要であると判断した場合には、「書面」をもって管理組合に助言する（別表第1　1（3）一）。したがって、「口頭」により助言をするのは、適切ではない。

3　適切である。長期修繕計画案の作成業務（長期修繕計画案の作成のための建物等劣化診断業務を含む）以外にも、必要な年度に特別に行われ、業務内容の独立性が高いという業務の性格から、①修繕工事の前提としての建物等劣化診断業務（耐震診断を含む）、②大規模修繕工事実施設計及び工事監理業務、③建物・設備の性能向上に資する改良工事の企画又は実施の調整（耐震改修工事、防犯化工事、バリアフリー化工事、ＩＴ化工事等）、④マンション建替え支援業務を管理業者に委託するときは、本契約とは別個の契約にすることが望ましい

（コメント別表第1　1（3）関係②）。

4　適切である。長期修繕計画案の作成及び見直しは、長期修繕計画標準様式、長期修繕計画作成ガイドライン、長期修繕計画作成ガイドラインコメントを参考にして作成することが望ましい（コメント別表第1　1（3）関係①）。

✔ チェック□□□

（問）**9**　**標準管理委託契約書（管理事務）**　正解**4**　重要度 ★★★

1　適切である。本来、宅建業者等への管理組合による管理規約等の提供・開示は、組合員又は管理規約等の規定に基づき管理組合が行うべきであるため、これらの事務を管理業者が行う場合は、管理規約等において宅建業者等への提供・開示に関する根拠が明確に規定されるとともに、これと整合的に管理委託契約書において管理業者による提供・開示に関して規定されることが必要である（標準管理委託契約書コメント15条関係②）。

2　適切である。理事会支援業務や総会支援業務について、区分所有法及び管理組合の管理規約に照らし、管理組合の管理者等以外の正規に招集の権限があると考えられる者から当該支援業務に関する契約書に規定する業務の履行の要求があった場合にも、これを拒否すべき正当な理由がある場合を除き、管理業者は業務を履行すべきである（コメント別表第1　2関係⑨）。

3　適切である。理事会及び総会の議事録は、管理組合の活動の重要な資料となることを踏まえ、管理業者に議事録の案の作成を委託する場合は、その内容の適正さについて管理組合がチェックする等、十分留意する。議事録については、議事の経過の要点及びその結果を記載する必要がある。「議事の経過」とは議題、議案、討議の内容及び採決方法等を指すが、それらの要点を記載することで足り、すべての発言を一言一句記録するものではない。しかし、議事に影響を与える重要な発言は記録することに留意する（コメント別表第1　2関係⑤）。

4　最も不適切である。管理業者が管理事務を第三者に再委託した場合

495

においては、管理業者は、再委託した管理事務の適正な処理について、管理組合に対して、責任を負う（標準管理委託契約書4条2項）。

 肢4に関して、「基幹事務を含む事務管理業務」については、一括再委託が禁止されており、一部の再委託のみが許される。また、「管理員業務、清掃業務、建物設備管理業務」については、全部又は一部の再委託が許される。

✔ チェック □□□

問10 民法・区分所有法（管理費の滞納）　正解 2　重要度 ★★★

ア　誤り。 簡易裁判所においては、訴訟の目的の価額が60万円以下の金銭の支払の請求を目的とする訴えについて、少額訴訟による審理及び裁判を求めることができる（民事訴訟法368条1項）。もっとも、この規定は、訴訟の目的の価額が60万円以下の金銭支払請求を目的とする訴えについて、（通常訴訟によらずに）少額訴訟の手続によることが「できる」ことを認めただけであり、少額訴訟の手続に「よらなければならない」わけではない。

イ　正しい。 各共同相続人は、その相続分に応じて被相続人の権利義務を承継する（民法899条）。そして、債務者が死亡し、相続人が数人ある場合に、被相続人の金銭債務その他の可分債務は、法律上当然分割され、各共同相続人がその相続分に応じてこれを承継する（判例）。したがって、管理費を滞納している区分所有者が死亡した場合、区分所有権を取得する相続人が決定していなくても、すべての相続人に対し、その法定相続分に応じて滞納管理費を請求できる。

ウ　正しい。 管理費に係る債権は、債務者たる区分所有者の特定承継人に対しても行うことができる（区分所有法8条、7条1項）。この場合、特定承継人である買主が売主の滞納していた管理費の支払債務を負うとしても、売主の滞納管理費の支払債務は消滅しない。

エ　誤り。 「破産手続開始の決定」（破産法30条）は、破産手続を開始することを認める裁判所の決定であり、当該決定に債務の免責の効果はない。また、債務の免責の効果は、裁判所による「免責許可の決定」

の確定により生ずるが（252条、253条）、支払債務を負わなくてよくなるのは、破産手続開始「前」の原因に基づいて生じた一定の債務であって、破産手続開始決定「後」の滞納管理費は免責されない（253条1項、2条5項）。

以上により、誤っているものの組合せは**ア・エ**であり、肢**2**が正解。

問11 民法・区分所有法（管理費の滞納）

正解 3　重要度 ★★

1 **適切でない**。催告があったときは、その時から6箇月を経過するまでの間は、時効は、完成しない（民法150条1項）。この催告の方式に関して特に限定はない。したがって、内容証明郵便で行う督促が「催告」に該当するのはもちろん、内容証明郵便ではない単なる書面で行う督促も「催告」に該当し、時効の完成猶予の効力を生じる。

2 **適切でない**。利息を生ずべき債権について別段の意思表示がないときは、その利率は、年3％となる（法定利率、404条）。したがって、管理規約に遅延損害金の定めがない場合でも、民法所定の法定利率による遅延損害金を請求できる。

3 **最も適切である**。滞納区分所有者に対する管理費債権は、破産者に対し破産手続開始前の原因に基づいて生じた財産上の請求権で、財団債権に該当しないとして「破産債権」に当たる（破産法2条5項）。そして、破産債権者は、その有する破産債権をもって破産手続に参加できるが（103条1項）、破産債権は、破産法に特別の定めがある場合を除き、破産手続によらなければ、行使できない（100条1項）。なお、区分所有者は、共用部分、建物の敷地若しくは共用部分以外の建物の附属施設につき他の区分所有者に対して有する債権又は規約若しくは集会の決議に基づき他の区分所有者に対して有する債権について、債務者の区分所有権（共用部分に関する権利及び敷地利用権を含む）及び建物に備え付けた動産の上に先取特権を有する。また、管理者又は管理組合法人がその職務又は業務を行うにつき区分所有者に対して有する債権についても、同様である（区分所有法7条）。

解説

平成30年度

4　適切でない。訴えの提起は、訴状を裁判所に提出してしなければならず（民訴法134条1項）、訴状は、被告に送達しなければならない（138条1項）。そして、送達は、特別の定めがある場合を除き、送達を受けるべき者に送達すべき書類を交付してするのが原則である（101条）。しかし、当事者の住所、居所その他送達をすべき場所が知れない場合には、裁判所書記官は、申立てにより、公示送達ができる（110条1項1号）。したがって、管理費を滞納している区分所有者が行方不明の場合であっても、管理組合は、滞納管理費の支払請求の訴えを提起できる。

✔ チェック□□□

問 12　標準管理規約（管理組合の会計）　正解 2　重要度 ★★★

1　適切である。理事長は、毎会計年度の収支予算案を通常総会に提出し、その承認を得なければならない（標準管理規約（単棟型）58条1項）。

2　最も不適切である。理事長は、会計年度の開始後、収支予算案の通常総会での承認を得るまでの間に、①通常の管理に要する経費のうち、経常的であり、かつ、通常総会の承認を得る前の支出がやむを得ないと認められるもの、②総会の承認を得て実施している長期の施工期間を要する工事に係る経費であって、通常総会の承認を得る前の支出がやむを得ないと認められるもの、に関する経費の支出が必要となった場合には、「理事会の承認を得て」その支出ができる（58条3項）。

3　適切である。収支予算を変更しようとするときは、理事長は、その案を臨時総会に提出し、その承認を得なければならない（58条2項）。

4　適切である。理事長は、毎会計年度の収支決算案を監事の会計監査を経て、通常総会に報告し、その承認を得なければならない（59条）。

問 13 標準管理規約 （管理費等）　　正解 4　　重要度 ★★★

1　**適切である。**管理費等に不足を生じた場合には、管理組合は組合員に対して管理費等の負担割合により、その都度必要な金額の負担を求めることができる（標準管理規約（単棟型）61条2項）。

2　**適切である。**管理費等の負担割合を定めるに当たっては、共用部分等の使用頻度等は勘案しない（コメント25条関係①）。

3　**適切である。**管理費のうち、管理組合の運営に要する費用については、組合費として管理費とは分離して徴収もできる（コメント25条関係②）。

4　**最も不適切である。**議決権割合の設定方法について、一戸一議決権や価値割合を採用する場合であっても、これとは別に管理費等の負担額については、共用部分の共有持分に応じて算出できる（コメント25条関係③）。したがって、管理費等の負担も議決権割合によらなければならないわけではない。

問 14 税務・会計 （仕訳）　　正解 2　　重要度 ★★★

①　5月分委託業務費は、当期である3月の時点ではまだ発生していない。また、当該費用の支出は、4月30日に普通預金からなされているので、当期である3月の時点では、支払いもされてない。したがって、5月分の委託業務費については、3月分として行う仕訳は存在しない。

②　3月分電話料は、当期の費用であり、当期に支払いが行われなかった未払金である。したがって、通信費15,000円／未払金15,000円の仕訳を行う。

③　3月分電気料も、当期の費用であり、当期に支払いが行われなかった未払金である。したがって、水道光熱費175,000円／未払金175,000円の仕訳を行う。

④　5月分管理事務室用コピー機リース料は、①と同様、当期である3月の時点ではまだ発生していない。また、当該費用の支出は、4月30日に普通預金からなされているので、当期である3月の時点では、支払いもされてない。したがって、5月分の管理事務室用コピー機リース料については、3月分として行う仕訳は存在しない。

以上により、肢**2**が正解。

✔ チェック□□□

(問)15　税務・会計（仕訳）　正解 1　重要度 ★★★

　外壁補修工事は、3月中に工事が完了し、引渡しがなされているため、当期である3月に発生しているといえ、修繕費として借方に計上する。一方、支払いについては、引渡日の1ヵ月後に指定口座に振込みとされているため、当期である3月は未払金として貸方に計上する。したがって、修繕費250,000円／未払金250,000円の仕訳を行う。

　次に、防犯カメラ設置も3月中に設置が完了し、引渡しがなされているため、当期である3月に発生しているといえ、什器備品として借方に計上する。一方、支払いについては、2月の着手時に振込みをした手付金500,000円は、2月の仕訳では借方に前払金として計上されているため、3月においてはこれを前払金として貸方に計上する。また、残金（3,000,000円）は3月中に振り込まれていることから、普通預金3,000,000円を貸方に計上する。

　以上により、肢**1**が正解。

✔ チェック□□□

(問)16　税務・会計（管理組合の税務）　正解 4　重要度 ★★

　管理組合の「基準期間（前々事業年度）」における課税売上高が1,000万円以下であり、かつ、「特定期間（原則として、前事業年度開始の日以後6ヵ月の期間）」における課税売上高が1,000万円以下の場合には、消費税の納税義務が免除される（消費税法9条1項、9条の2第1項）。

そして、「特定期間における課税売上高」の基準は、管理組合がその「特定期間に支払った給与等の金額の合計額」によっても判定できる。

1　**必ず課税事業者となるとはいえない**。基準期間における課税売上高は「売店売上高820万円」＋「第三者からの駐車場使用料収入120万円」＝計940万円であり、1,000万円以下である。また、特定期間における課税売上高も「売店売上高750万円」＋「第三者からの駐車場使用料収入60万円」＝計810万円であり、1,000万円以下である。したがって、課税事業者とはならない。

2　**必ず課税事業者となるとはいえない**。組合員との間で行う取引は課税取引とはならないため、管理費等の収入は課税売上高に含まれない。その結果、基準期間における課税売上高は「第三者からの駐車場使用料収入28万円」のみとなり、1,000万円以下である。また、基準期間以降も同額の収入構成とのことなので、特定期間における課税売上高も1,000万円以下である。したがって、課税事業者とはならない。

3　**必ず課税事業者となるとはいえない**。基準期間における課税売上高は890万円であり、1,000万円以下である。また、特定期間における課税売上高は1,020万円で、1,000万円を超えているものの、特定期間の給与等支払額が650万円で、1,000万円以下である。したがって、必ず課税事業者となるとはいえない。

4　**必ず課税事業者となる**。基準期間における課税売上高は850万円であり、1,000万円以下である。また、特定期間における課税売上高は1,050万円で、1,000万円を超えている上に、特定期間の給与等支払額も1,020万円で、1,000万円を超えている。したがって、必ず課税事業者となる。

✔ チェック□□□

問17　建築基準法（日影規制）　　正解　1　重要度　★

1　**正しい**。日影規制の対象区域は、建築基準法別表第4に示された地域又は区域の全部又は一部で、地方公共団体の条例で指定された区域

をいう（建基法56条の2第1項）。

2　誤り。日影規制の対象となる用途地域は、住居系のすべての用途地域（第一種低層住居専用地域、第二種低層住居専用地域、田園住居地域、第一種中高層住居専用地域、第二種中高層住居専用地域、第一種住居地域、第二種住居地域、準住居地域）と、近隣商業地域、準工業地域、そして、用途地域の指定のない区域である（56条の2第1項、別表4（い））。したがって、中高層住居専用地域のみならず、近隣商業地域及び準工業地域も含まれる。なお、含まれないのは、商業地域、工業地域及び工業専用地域である。

3　誤り。日影規制における、日影は冬至日の真太陽時による午前8時から午後4時までの間において、平均地盤面から所定の高さの水平面に生ずるもので判断をする（56条の2第1項）。

4　誤り。日影規制の対象区域外にある高さが10mを超える建築物で、冬至日において、対象区域内の土地に日影を生じさせるものは、対象区域内にある建築物とみなして日影規制を適用する（56条の2第4項）。

✔ チェック□□□

問18　建築基準法（補強コンクリートブロック造）　　正解 **1**　　重要度 ★

1　誤り。補強コンクリートブロック造の塀は、原則として高さを2.2m以下としなければならない（建基法施行令62条の8第1号）。3m以下ではない。

2　正しい。高さが1.2mを超える補強コンクリートブロック造の塀は、原則として、長さ3.4m以下ごとに、径9mm以上の鉄筋を配置した控壁で基礎の部分において壁面から高さの5分の1以上突出したものを設けなければならない（62条の8第5号）。

3　正しい。高さが1.2mを超える補強コンクリートブロック造の塀は、原則として、基礎の丈は、35cm以上とし、根入れの深さは30cm以上としなければならない（62条の8第7号）。

4　正しい。定期調査報告の対象となる組積造の塀又は補強コンクリー

トブロック造の塀等の劣化及び損傷の状況は、目視、下げ振り等により確認をする（平成20年国（交）告示282号別表1（七））。

✔チェック□□□

問 19 建築材料（鉄筋コンクリート） 正解 3 重要度 ★★

1　**適切である。**鉄筋コンクリートの中性化とは、空気中の炭酸ガスの作用によって、コンクリートが表面部分からアルカリ性を失い、中性に近づく現象をいう。

2　**適切である。**鉄筋コンクリートの中性化の進行を遅らせるためには、モルタル塗り、タイル貼り等の仕上げが有効である。

3　**最も不適切である。**アルカリ骨材反応とは、アルカリ反応性骨材とセメント中のアルカリ分が反応し、異常膨張やそれに伴うひび割れなどを引き起こす、コンクリートの劣化現象である。

4　**適切である。**アルカリ骨材反応を抑制するためには、「コンクリート中のアルカリ総量の抑制」「抑制効果のある混合セメント等の使用」「安全と認められる骨材の使用」のいずれか一つについて確認する（国土交通省「アルカリ骨材反応抑制対策(土木・建築共通)」）。

✔チェック□□□

問 20 建築設備（給排水衛生設備） 正解 4 重要度 ★★★

1　**適切である。**飲料水の給水タンク等の天井が蓋を兼ねない場合、当該給水タンクに設けるマンホールは、直径60㎝以上の円が内接することができるものとしなければならない。ただし、外部から内部の保守点検を容易かつ安全に行うことができる小規模な給水タンク等にあっては、この限りではない（昭和50年12月20日建告示1597号（最終改正：平成22年国（交）告示243号））。

2　**適切である。**飲料水の給水タンクの局部震度法による設計用標準震度は、同じ耐震クラスでは、地階よりも屋上のほうが大きい。

3　**適切である。**ガス瞬間式給湯器の能力表示は、一般に「号」で表さ

解説

平成30年度

れる。1号とは、流量毎分1リットルの水の温度を25℃上昇させる能力を表している。

4 最も不適切である。 排水横管の必要最小勾配は、管径が大きくなるほど小さく（緩勾配と）なる。

アルファ 肢1に関して、給水タンクを外部から点検（六面点検）するため、周囲と下部は60cm以上、上部は100cm以上のスペースを開ける必要があることも押さえておこう。

問21 建築設備（給水設備）　正解 1　重要度 ★

1 正しい。 「給水装置」とは、需要者に水を供給するために水道事業者の施設した配水管から分岐して設けられた給水管及びこれに直結する給水用具をいう（水道法3条9項）。

2 誤り。 水道事業者は、当該水道によって水の供給を受ける者の給水装置の構造及び材質が、政令で定める基準に適合していないときは、供給規程の定めにより、その者の給水契約の申込みを拒み、又はその者が給水装置をその基準に適合させるまでの間その者に対する給水を停止できる（16条）。

3 誤り。 給水装置は、厚生労働大臣が定める耐圧に関する試験により1.75メガパスカルの静水圧を1分間加えたとき、水漏れ、変形、破損その他の異常を生じないことが求められる（給水装置の構造及び材質の基準に関する省令1条1項1号）。1.0メガパスカルではない。

4 誤り。 飲用に供する水を供給する給水装置は、厚生労働大臣が定める浸出に関する試験により供試品について浸出させたとき、その浸出液は、一定の基準に適合しなければならない（同省令2条1項）。そして、給水装置の構造及び材質の基準に関する省令別表第1によれば、その対象は、水質基準に関する省令に定められる51種類の水質基準項目とは異なる。

問22 建築設備（電気設備） 正解 1 重要度 ★★

1 **最も不適切である。** 分電盤内に設置される漏電遮断器（漏電ブレーカー）及び配線用遮断器（安全ブレーカー）は、消費者（需要者）の所有物である。なお、サービスブレーカー（アンペアブレーカー）は、電力会社の所有物である。

2 **適切である。** 電気設備の技術上必要な事項を規定した民間規格である内線規程（以下「内線規程」という）によれば、単相3線式電路に施設する漏電遮断器は、中性線欠相保護機能付きのものが望ましいとされる。

3 **適切である。** 内閣府等が奨励する感震遮断機能付住宅用分電盤は、安全確保を行うことを目的に、揺れを感知すると警報を発し、一定時間を経過してから電気が遮断される。

4 **適切である。** 内線規程によれば、地震時等に著しく危険な密集市街地の住宅などには、感震遮断機能付住宅用分電盤を施設することが勧告的事項とされる。なお、それ以外の住宅などには、推奨的事項とされる。

問23 建築設備（消防用設備） 正解 1 重要度 ★

1 **誤り。** 特定共同住宅には、寄宿舎、下宿又は共同住宅は含まれるが、ホテルは含まれない（特定共同住宅等における必要とされる防火安全性能を有する消防の用に供する設備等に関する省令2条1号、消防法施行令別表第1（五）項ロ）。

2 **正しい。** 特定共同住宅において、住宅用消火器及び消火器具は、火災の拡大を初期に抑制する性能を主として有する「通常用いられる消防用設備等」に代えて用いることのできる設備等に含まれる（特定共同住宅等における必要とされる防火安全性能を有する消防の用に供する設備等に関する省令3条1項）。

解説

平成30年度

505

3 正しい。 特定共同住宅において、共同住宅用自動火災報知設備は、火災時に安全に避難することを支援する性能を主として有する「通常用いられる消防用設備等」に代えて用いることのできる設備等に含まれる（4条1項）。

4 正しい。 特定共同住宅において、共同住宅用連結送水管は、消防隊による活動を支援する性能を主として有する「通常用いられる消防用設備等」に代えて用いることのできる設備等に含まれる（5条1項）。

✔ チェック□□□

問24 住生活基本法　　正解 4　重要度 ★

1 正しい。「住生活基本計画（全国計画）」の目標の内容として、「高齢者、障害者等が健康で安心して暮らせる住まいの確保」が挙げられ、これに関する基本的な施策の一つに、「改修、住替え、バリアフリー情報の提供等、高齢期に備えた適切な住まい選びの総合的な相談体制の推進」が示された。

2 正しい。「住生活基本計画（全国計画）」の目標の内容として、「長寿命化に向けた適切な維持管理・修繕、老朽化マンションの再生（建替え・マンション敷地売却）の円滑化」が挙げられ、これに関する基本的な施策の一つに、「マンションの適正管理や老朽化に関する基準の策定等により、マンション管理の適正化や長寿命化、再生の円滑化を推進」することが示された。

3 正しい。「住生活基本計画（全国計画）」の目標の内容として、「空き家の適切な管理の促進と周辺の居住環境に悪影響を及ぼす空き家の除却」が挙げられ、これに関する基本的な施策の一つに、「地方公共団体と地域団体等が連携し相談体制を強化し、空き家の発生抑制や空き家の荒廃化の未然防止、除却等を推進」することが示された。

4 誤り。「住生活基本計画（全国計画）」の目標の内容として、「新技術の開発や新分野への進出等による生産性向上や海外展開の環境整備を通じた住生活産業の更なる成長」が挙げられ、これに関する基本的な施策としては、「ＡＩによる設計支援やロボットを活用した施工

の省力化等、住宅の設計・施工等に係る生産性や安全性の向上に資する新技術開発の促進」、「住宅の維持管理において、センサーやドローン等を活用した住宅の遠隔化検査等の実施による生産性・安全性の向上」、「官民一体となって我が国の住生活産業が海外展開しやすい環境の整備」が挙げられた。しかし、「住生活産業の市場規模をさらに拡大するための、新築住宅の供給戸数の増大に資する支援の推進」は示されていない。

✔ チェック□□□

問25 バリアフリー法　　正解 4　重要度 ★

1　**正しい**。特定建築物とは、学校、病院、劇場、観覧場、集会場、展示場、百貨店、ホテル、事務所、共同住宅、老人ホームその他の多数の者が利用する政令で定める建築物又はその部分をいい、これらに附属する建築物特定施設を含む（バリアフリー法2条18号）。

2　**正しい**。建築主等は、特定建築物（特別特定建築物を除く）の建築をしようとするときは、当該特定建築物を建築物移動等円滑化基準に適合させるために必要な措置を講ずるよう努めなければならない（16条1項）。

3　**正しい**。不特定かつ多数の者が利用し、又は主として高齢者、障害者等が利用する階段のうち、主たる階段は、回り階段としてはならない。ただし、回り階段以外の階段を設ける空間を確保することが困難であるときは、この限りでない（施行令12条6号）。

4　**誤り**。不特定かつ多数の者が利用し、又は主として高齢者、障害者等が利用する駐車場を設ける場合には、そのうち1以上に、車いす使用者が円滑に利用することができる駐車施設を1以上設けなければならない（17条1項）。3以上ではない。

問 26 調査診断（劣化現象） 正解 1 重要度 ★

1 **最も不適切である。**コンクリートの表面に付着する白い粉は、空気中の二酸化炭素とコンクリートのアルカリ成分が化学反応を起こしたエフロレッセンス（白華現象）と判断すべきである。鉄筋の塩害によるものではない。

2 **適切である。**コンクリート柱の表面に茶色のシミが出ている亀裂が等間隔に並ぶ場合、内部の鉄筋に錆が生じている可能性が高い。

3 **適切である。**鋼球型テストハンマーでモルタル塗り面を叩いた場合に、高く硬い音がしたときは、浮きがないものと考えられる。逆に低くこもった音がしたときは、浮きがあるものと考えられる。

4 **適切である。**北側外部に面した壁の室内側表面の壁紙に黒いシミが生じた場合、その日照条件の悪さから、カビが生じている可能性が高い。

問 27 維持保全（マンションの耐震改修） 正解 2 重要度 ★★

1 **適切である。**耐震改修の方針として、上層階に重量の重いものを置くべきではない。したがって、高置水槽方式から直結増圧方式に変更し、屋上の高置水槽を撤去することは適切である。

2 **最も不適切である。**エキスパンションジョイント部は、隙間の変化に追随できるように余裕が必要であり、カバーを両端で躯体に固定することは不適切である。

3 **適切である。**構造耐力上主要な独立柱に炭素繊維シートを巻きつけることは、柱の靱性を高めることになるため、適切である。

4 **適切である。**非構造の腰壁が構造耐力上主要な柱と接続する部分にスリットを入れると、柱に余裕ができ、短柱化してせん断破壊が生ずるのを防止できるため、適切である。

問 28 維持保全（改修工事）　　正解 4　　重要度 ★

1　適切でない。外気温の著しい低下が予想される冬季の工事においては、防水層の施工に問題が生ずる可能性があるため、原則として施工を中止すべきであり、塗膜防水を施工することは不適切である。

2　適切でない。既存保護層（立上り部等を除く）を撤去せず、新たに粘着層付改質アスファルトシートを用いた常温粘着工法による改質アスファルトシート防水を施工する工法は、施工期間の短縮及び工事費用の削減を目的とするものである。したがって、断熱性能の向上を目的とするものではない。

3　適切でない。既存保護層及び防水層を撤去し、新たに熱工法によるアスファルト防水を施工する工法は、撤去費用がかかる点で工事費用の削減にならず、撤去の際の騒音や振動の点で居住者に対する施工時の環境の改善にもつながらない。

4　最も適切である。既存保護層（立上り部等を除く）は撤去せず、下地調整を行った後、その上にウレタンゴム系塗膜防水を施工する工法は、既存保護層を撤去しないことで施工期間の短縮につながる。

問 29 標準管理規約・区分所有法（総会の決議）　　正解 1　　重要度 ★★

1　できない。集会室、駐車場、駐輪場の増改築工事などで、大規模なものや著しい加工を伴うものは特別多数決議により、実施可能と考えられる（標準管理規約（単棟型）コメント47条関係⑥カ）前段）。

2　できる。計画修繕工事に関し、鉄部塗装工事、外壁補修工事、屋上等防水工事、給水管更生・更新工事、照明設備、共聴設備、消防用設備、エレベーター設備の更新工事は普通決議で実施可能と考えられる（コメント47条関係⑥オ））。

3　できる。窓枠、窓ガラス、玄関扉等の一斉交換工事、既に不要となったダストボックスや高置水槽等の撤去工事は普通決議により、実施可

能と考えられる（コメント47条関係⑥カ）後段）。

4 **できる**。耐震改修工事に関し、柱やはりに炭素繊維シートや鉄板を巻き付けて補修する工事や、構造躯体に壁や筋かいなどの耐震部材を設置する工事で基本的構造部分への加工が小さいものは普通決議により実施可能と考えられる（コメント47条関係⑥イ））。

 どのような工事をどのような決議で行うことができるか（普通決議で可能か、特別決議が必要か）については、標準管理規約47条関係コメント⑥に記述がある。本試験ではこれを根拠とした出題が多いので、内容を繰り返し読んで押さえておこう。

✔ チェック□□□

問30 標準管理規約（集会等） 正解 2 重要度 ★★

1 **適切でない**。総会を招集するには、少なくとも会議を開く日の2週間前（会議の目的が建替え決議又はマンション敷地売却決議であるときは2ヵ月前）までに、会議の日時、場所（WEB会議システム等を用いて会議を開催するときは、その開催方法）及び目的を示して、「組合員」に通知を発しなければならない（標準管理規約（単棟型）43条1項）。そして、住戸1戸が数人の共有に属する場合、その議決権行使については、これら共有者をあわせて一の組合員とみなされ、議決権を行使する者1名を選任し、その者の氏名をあらかじめ総会開会までに理事長に届け出なければならない（46条2項・3項）。したがって、BとCの両方に対して招集通知を発する必要はない。

2 **最も適切である**。肢1で述べたように、住戸1戸が数人の共有に属する場合、議決権を行使する者1名を選任し、その者の氏名をあらかじめ総会開会までに理事長に届け出なければならない（46条3項）。したがって、議決権を行使する者として届けられた者以外は、議決権を行使できない。

3 **適切でない**。肢1で述べたように、住戸1戸が数人の共有に属する場合、議決権を行使する者1名を選任し、その者の氏名をあらかじめ

総会開会までに理事長に届け出なければならない（46条3項）。した
がって、共同相続人が議決権を行使する者の届出をしなかった場合、
その相続分に応じて議決権を行使することができるわけではない。

4　**適切でない**。理事及び監事は、組合員のうちから、総会で選任する
（35条2項）。管理組合は、建物、敷地等の管理を行うために区分所
有者全員で構成される団体であることを踏まえ、役員の資格要件を、
当該マンションへの居住の有無に関わりなく区分所有者であるという
点に着目して、「組合員」としている（コメント35条関係①）。した
がって、そのマンションに現に居住していなくても、組合員（区分所
有者）であれば、原則として役員となることは可能である。

✔ チェック□□□

問31 標準管理規約（理事会の決議）　　正解 2　重要度 ★★

1　**適切でない**。「理事に事故があり、理事会に出席できない場合は、
その配偶者又は一親等の親族に限り、代理出席を認める」旨を定める
規約の規定は有効である（標準管理規約（単棟型）コメント53条関
係③）。そして、理事の代理出席（議決権の代理行使を含む）を、規
約において認める旨の明文の規定がない場合に認めることは適当でな
い（コメント53条関係②）。したがって、理事が急病になった場合に、
その配偶者が代理出席し、議決権を代理行使するためには、その旨を
認める「規約」が必要であり、理事会の決議だけではできない。

2　**最も適切である**。区分所有者は、その専有部分について、修繕、模
様替え又は建物に定着する物件の取付け若しくは取替え（「修繕等」）
であって共用部分又は他の専有部分に影響を与えるおそれのあるもの
を行おうとするときは、あらかじめ、理事長にその旨を申請し、書面
による承認を受けなければならない（17条1項）。理事長は、この申
請について、理事会の決議により、その承認又は不承認を決定しな
ければならないが（17条3項）、当該理事会の決議は、理事の過半数
の承諾があるときは、書面又は電磁的方法でできる（54条1項5号、
53条2項）。

3　適切でない。理事がやむを得ず欠席する場合には、代理出席によるのではなく、事前に議決権行使書又は意見を記載した書面を出せるようにすることが考えられる。これを認める場合には、理事会に出席できない理事が、あらかじめ通知された事項について、書面をもって表決することを認める旨を、「規約の明文の規定」で定めることが必要である（コメント53条関係④）。したがって、理事会決議によって議決権行使書により議決権を行使してもらうのは、適切ではない。

4　適切でない。理事は、総会で選任され、組合員のため、誠実にその職務を遂行するものとされ、理事会には本人が出席して、議論に参加し、議決権を行使することが求められる（コメント53条関係①）。そのため、理事の代理出席（議決権の代理行使を含む）を、「規約において認める旨の明文の規定」がない場合に認めることは適当でない（コメント53条関係②）。したがって、理事会の決議によって委任状により議決権を行使してもらうこと（議決権の代理行使）は、適切ではない。

✔ チェック☐☐☐

問 32　標準管理規約（総合）　　　　正解 3　　重要度 ★★★

1　適切である。管理組合は、所定の駐車場について、特定の区分所有者に駐車場使用契約により使用させることができる。駐車場を使用している者は、管理組合に駐車場使用料を納入しなければならない（標準管理規約（単棟型）15条1項・2項）。その使用料の額、賦課徴収方法は、総会の決議事項である（48条6号）。

2　適切である。1階に面する庭について専用使用権を有している者は、管理組合に専用使用料を納入しなければならない（14条2項）。その使用料の額、賦課徴収方法は、総会の決議事項である（48条6号）。

3　最も不適切である。区分所有者がその所有する専有部分を、他の区分所有者又は第三者に譲渡又は貸与したときは、その区分所有者の駐車場使用契約は効力を失う（15条3項）。したがって、専有部分の譲

受人は、前区分所有者が締結した駐車場使用契約に基づいて、当該駐車場を使用できない。

4　適切である。 区分所有者から専有部分の貸与を受けた者は、その区分所有者が専用使用権を有しているバルコニー等（バルコニー、玄関扉、窓枠、窓ガラス、「1階に面する庭」及び屋上テラス）を使用することができる（14条1項・3項）。他方、区分所有者がその所有する専有部分を、第三者に貸与したときは、その区分所有者の駐車場使用契約は効力を失うため（15条3項）、賃借人は、駐車場を当然には使用できない。

標準管理規約において、駐車場は、専用使用部分には位置付けられておらず、規律が異なる。特に、区分所有者が専有部分を譲渡・貸与した場合に生じる違い（肢4）に注意しよう。

✔ チェック□□□

問33 区分所有法・標準管理規約（総合）　正解 3　重要度 ★★★

1　適切である。 区分所有法の規定では、集会の招集の通知は、会日より少なくとも「1週間前」に、会議の目的たる事項を示して、各区分所有者に発しなければならない（区分所有法35条1項）。他方、標準管理規約の規定によれば、総会を招集するには、少なくとも会議を開く日の「2週間前」（会議の目的が建替え決議又はマンション敷地売却決議であるときは2か月前）までに、会議の日時、場所（WEB会議システム等を用いて会議を開催するときは、その開催方法）及び目的を示して、組合員に通知を発しなければならない（標準管理規約（単棟型）43条1項）。

2　適切である。 区分所有法の規定では、各共有者は、規約に別段の定めがない限りその持分に応じて、共用部分の負担に任じ、共用部分から生ずる利益を収取する（区分所有法19条）。そして、各共有者の持分は、その有する専有部分の床面積の割合によるが（14条1項）、当該専有部分の床面積は、壁その他の区画の「内側線」で囲まれた部分

の水平投影面積による（14条3項）。他方、標準管理規約の規定によれば、管理費等の額については、各区分所有者の共用部分の共有持分に応じて算出する（標準管理規約25条2項）。そして、当該共有持分の割合の基準となる面積は、「壁心計算」（界壁の「中心線」で囲まれた部分の面積を算出する方法をいう）による（コメント10条関係①）。

3　最も不適切である。 区分所有法の規定では、集会の議事は、区分所有法又は規約に別段の定めがない限り、「区分所有者及び議決権の各過半数」で決する（区分所有法39条1項）。他方、標準管理規約の規定によれば、総会の議事（普通決議）は、「出席組合員の議決権の過半数」で決する（標準管理規約47条2項）。

4　適切である。 区分所有法の規定では、管理者は、少なくとも「毎年1回」集会を招集しなければならない（区分所有法34条2項）。他方、標準管理規約の規定によれば、理事長は、通常総会を、「毎年1回新会計年度開始以後2か月以内」に招集しなければならない（標準管理規約42条3項）。

✔ チェック☐☐☐

問34　区分所有法（特定承継人）　正解 3　重要度 ★★★

ア　誤り。 区分所有者が、共用部分、建物の敷地若しくは共用部分以外の建物の附属施設につき他の区分所有者に対して有する債権又は規約若しくは集会の決議に基づき他の区分所有者に対して有する債権は、債務者たる区分所有者の「特定承継人」に対しても行使できる（区分所有法8条、7条1項）。この「特定承継人」について、区分所有権を承継した目的で対象者を限定する規定はない。したがって、単に区分所有権を転売する目的で取得した者も、特定承継人に該当する。

イ　正しい。 区分所有者は、共用部分、建物の敷地若しくは共用部分以外の建物の附属施設につき他の区分所有者に対して有する債権について、債務者たる区分所有者の特定承継人に対しても行使できる（8条、7条1項）。

ウ　正しい。 区分所有者は、規約若しくは集会の決議に基づき他の区分

所有者に対して有する債権について、債務者たる区分所有者の特定承継人に対しても行使できる（8条、7条1項）。

エ　誤り。 区分所有者は、共用部分、建物の敷地若しくは共用部分以外の建物の附属施設につき他の区分所有者に対して有する債権又は規約若しくは集会の決議に基づき他の区分所有者に対して有する債権について、債務者たる区分所有者の特定承継人に対しても行使できる（8条、7条1項）。しかし、区分所有者でない第三者が、本記述のような不法行為による損害賠償請求権に関して、債務者たる区分所有者の特定承継人に対しても行使できる旨の規定は存在しない。

以上により、誤っているものの組合せは**ア・エ**であり、肢**3**が正解。

✔ チェック□□□

問35 標準管理規約・区分所有法（義務違反者）　正解2　重要度 ★★★

1　適切である。 区分所有者は、その専有部分を第三者に貸与する場合には、契約の相手方が暴力団員ではないこと及び契約後において暴力団員にならないことを確約することを含む条項を、その貸与に係る契約に定めなければならない（標準管理規約（単棟型）19条の2第1項1号）。

2　最も不適切である。 区分所有者は、その専有部分を第三者に貸与する場合には、契約の相手方が暴力団員であることが判明した場合には、「何らの催告を要せず」して、当該契約を解約できること、また、区分所有者が当該解約権を行使しないときは、管理組合は、区分所有者に代理して解約権を行使できること、といった条項をその貸与に係る契約に定めなければならない（19条の2第1項2号・3号）。したがって、相当の期間を定めた催告後ではない。

3　適切である。 区分所有者の共同生活上の障害が著しく、他の方法によってはその障害を除去して共用部分の利用の確保その他の区分所有者の共同生活の維持を図ることが困難であるときは、区分所有者の全員又は管理組合法人は、集会の決議に基づき、訴えをもって、当該行為に係る占有者が占有する専有部分の使用又は収益を目的とする契約

515

の解除及びその専有部分の引渡しを請求できる（区分所有法60条1項、6条1項)。専有部分を暴力団組長に賃貸し、常時暴力団員が出入りするなどの場合は、これに該当する（判例)。

4 適切である。 暴力団員等（暴力団員又は暴力団員でなくなった日から5年を経過しない者をいう）は、役員となることができない（標準管理規約36条の2第3号)。

✔ チェック□□□

問36 区分所有法（復旧） 正解 4 重要度 ★★★

1 正しい。 建物の価格の2分の1以下に相当する部分が滅失したときは、各区分所有者は、滅失した共用部分及び自己の専有部分を復旧できる。ただし、共用部分については、復旧の工事に着手するまでに滅失した共用部分を復旧する旨の決議、建替え決議又は団地内の建物の一括建替え決議があったときは、この限りでない（区分所有法61条1項・3項)。

2 正しい。 建物の価格の2分の1を超える部分が滅失した場合（大規模滅失)、建物の一部が滅失したときは、集会において、区分所有者及び議決権の各4分の3以上の多数で、滅失した共用部分を復旧する旨の決議ができる（61条5項)。その決議の日から2週間を経過したときは、その決議に賛成した区分所有者（「決議賛成者」）以外の区分所有者は、決議賛成者の全部又は一部に対し、建物及びその敷地に関する権利を時価で買い取るべきことを請求できる。この場合において、その請求を受けた決議賛成者は、その請求の日から2月以内に、他の決議賛成者の全部又は一部に対し、決議賛成者以外の区分所有者を除いて算定した共用部分の持分（専有部分の床面積）の割合に応じて当該建物及びその敷地に関する権利を時価で買い取るべきことを請求できる（61条7項)。

3 正しい。 大規模滅失の復旧の決議の日から2週間以内に、決議賛成者がその全員の合意により建物及びその敷地に関する権利を買い取ることができる者を指定し、かつ、その指定された者（「買取指定者」）

がその旨を決議賛成者以外の区分所有者に対して書面で通知したとき
は、その通知を受けた区分所有者は、買取指定者に対してのみ、買取
請求ができる（61条8項）。

4　誤り。買取指定者が買取請求に基づく売買の代金に係る債務の全部
又は一部の弁済をしないときは、決議賛成者（買取指定者となったも
のを除く）は、「連帯して」その債務の全部又は一部の弁済の責めに
任ずる（61条9項）。決議非賛成者を除いて算定した区分所有法14
条に定める割合に応じて弁済の責めに任じられるのではない。

肢4について、買取指定者は、決議賛成者全員の合意で指定
され、これにより決議反対者等が買取請求をできる相手方が
強制的に限定される。そのため、買取指定者が決議反対者等
に対して弁済しない場合は、その責任を、当該買取指定者を
指定した決議賛成者が連帯して負う。

✔ チェック□□□

**問 37　標準管理規約
（専門的知識を有する者の活用）**　**正解 4**　**重要度 ★**

1　適切である。「理事・監事外部専門家型」は、理事会管理方式にお
いて、理事や監事に外部専門家が加わり、理事会の運営面の不全の改
善を図る方式である。この方式では、外部役員の選任・解任規定、役
員の欠格要件、外部役員の業務執行のチェック体制について規約の規
定等の整備が必要である（標準管理規約（単棟型）コメント33条及
び34条関係①、別添1①）。

2　適切である。「理事長外部専門家型」は、理事会管理方式において、
理事長に外部専門家が加わる方式である。この方式では、理事長の選
任・解任規定、理事長の業務執行に関する理事会の監督体制について
規約の規定等の整備が必要である（コメント33条及び34条関係①、
別添1①）。

3　適切である。「外部管理者理事会監督型」は、外部専門家を区分所
有法上の管理者として選任し、理事会は監事的立場となり外部管理者
を監視する方式である（コメント33条及び34条関係①、別添1②）。

4 最も不適切である。「外部管理者総会監督型」では、外部専門家を区分所有法上の管理者として選任し、理事会は設けない方式である。区分所有者からは監事を選任して監視するとともに、全区分所有者で構成する総会が監視するものであり、総会の役割は重要である（コメント33条及び34条関係①、別添1③）。したがって、監事は区分所有者が選任し、外部担当者が担当するわけではない。

✔ チェック□□□

問38 標準管理規約（専有部分）　正解 2　重要度 ★★★

ア 不適切である。天井、床及び壁は、「躯体部分を除く部分」を専有部分とする（標準管理規約（単棟型）7条2項1号）。したがって、躯体部分はすべて共用部分であって、躯体の中心線から内側が専有部分なのではない。

イ 適切である。玄関扉は、錠及び内部塗装部分を専有部分とする（7条2項2号）。

ウ 不適切である。窓枠及び「窓ガラス」は、専有部分に含まれない（7条2項3号）。

エ 適切である。雨戸又は網戸がある場合は、これも専有部分に含まれない（7条2項3号、コメント7条関係④）。

以上により、不適切なものは**ア**、**ウ**の二つであり、肢**2**が正解。

✔ チェック□□□

問39 民法（管理費の消滅時効）　正解 4　重要度 ★★★

『消滅時効に関し、民法166条1項では、債権は、債権者が権利を行使することができることを知った時から（ア：5年間）行使しないとき、又は、権利を行使することができる時から（イ：10年間）行使しないときは、時効によって消滅するものとする。

ただし、同169条において、確定判決又は確定判決と同一の効力を有するものによって確定した権利については、（ウ：10年）より短い時効

期間の定めがあるものであっても、その時効期間は、（エ：10年）とするものとされている。』

　以上により、文中の（ア）から（エ）に入るべき語句の組合せとして、正しいものは肢**4**となる。

✔チェック□□□

問40　民法（担保責任）　　正解 3　重要度 ★★★

1　誤り。売主は、担保の責任を負わない旨の特約をしたときであっても、知りながら告げなかった事実については、その責任を免れることができない（民法572条）。

2　誤り。売主が種類又は品質に関して契約の内容に適合しない目的物を買主に引き渡した場合において、買主がその不適合を知った時から１年以内にその旨を売主に通知しないときは、買主は、その不適合を理由として、履行の追完の請求、代金の減額の請求、損害賠償の請求及び契約の解除ができない（566条）。「引渡しを受けた時から１年以内」ではない。

3　正しい。引き渡された売買の目的物が種類、品質又は数量に関して契約の内容に適合しないときは、買主は、原則として、売主に対し、追完請求、代金減額請求、損害賠償請求及び解除権を行使できる（562条、563条、564条）。この担保責任に基づく請求は、売買契約において、当事者で担保責任について何ら取り決めをしていなくてもできる。

4　誤り。引き渡された目的物が種類、品質又は数量に関して契約の内容に適合しないときは、買主は、売主に対し、目的物の修補、代替物の引渡し又は不足分の引渡しによる履行の追完を請求できる。ただし、売主は、買主に不相当な負担を課するものでないときは、買主が請求した方法と異なる方法による履行の追完ができる（562条）。本肢の特約は、民法の規定と同一の内容であり、有効である。

（問）**41** **消費者契約法（総合）**　　正解 **2**　重要度 ★★★

　消費者契約法において「消費者」とは、個人（事業として又は事業の
ために契約の当事者となる場合におけるものを除く）をいう。また、「事
業者」とは、法人その他の団体及び事業として又は事業のために契約の
当事者となる場合における個人をいう（消費者契約法2条1項・2項）。
そして、消費者契約法の適用の対象となる「消費者契約」とは、消費者
と事業者との間で締結される契約をいう（2条3項）。

1　**正しい**。本肢のA株式会社は、法人であるので「事業者」である。
　また、B株式会社も、法人であるので「事業者」である。よって、本
　契約は「事業者」と「事業者」との間で締結される契約であるので、
　「消費者契約」ではなく、消費者契約法は適用されない。

2　**誤り**。本肢の個人Cは、賃貸用共同住宅を経営しており、事業とし
　て又は事業のために契約の当事者となる場合における個人といえるの
　で、「事業者」である。また、個人経営者であるDは、店舗部分を事
　業のために賃借しており、やはり事業として又は事業のために契約の
　当事者となる場合における個人といえるので、「事業者」である。よっ
　て、本契約は「事業者」と「事業者」との間で締結される契約である
　ので、「消費者契約」ではなく、消費者契約法は適用されない。

3　**正しい**。個人Eは、宅建業者であるがその業務とは関係なく、自ら
　居住用として共同住宅の1室を賃借しているので、事業として又は事
　業のために契約の当事者となる場合ではなく、「消費者」となる。個
　人Fは、賃貸用共同住宅を経営しているので、本契約の締結は事業と
　して又は事業のために契約の当事者となる場合であり、「事業者」で
　ある。よって、本契約は「消費者」と「事業者」との間で締結される
　契約であるので、「消費者契約」となり、消費者契約法が適用される。

4　**正しい**。個人Gは、賃貸用共同住宅を経営しているので、本契約の
　締結は、事業として又は事業のために契約の当事者となる場合であ
　り、「事業者」である。また、H株式会社は法人であるので「事業者」
　である。よって、本契約は「事業者」と「事業者」との間で締結され

る契約であるので、「消費者契約」ではなく、消費者契約法は適用されない。

 消費者契約とは、「消費者」と「事業者」との間で締結される契約であるため、消費者契約法の適用の有無を判断するには、それぞれの定義を正確に押さえる必要がある。

✔ チェック□□□

(問)42 民法・借地借家法 （賃貸借契約）　　正解 1　　重要度 ★★★

1　**正しい**。建物の借賃が、土地若しくは建物に対する租税その他の負担の増減により、土地若しくは建物の価格の上昇若しくは低下その他の経済事情の変動により、又は近傍同種の建物の借賃に比較して不相当となったときは、契約の条件にかかわらず、当事者は、将来に向かって建物の借賃の額の増減を請求できる。ただし、一定の期間建物の借賃を「増額しない」旨の特約がある場合には、その定めに従う（借地借家法32条1項）。

2　**誤り**。対抗力を備えた賃借権の目的となっている不動産が譲渡された場合には、特段の事情がない限り、新所有者は所有権取得によって当然に従来の賃貸人の地位を承継する（判例）。その際、賃貸人たる地位の移転について、賃貸人が賃借人に通知する必要はない。

3　**誤り**。本問のAB間の賃貸借契約が期間の定めのある契約の場合、賃貸人から解約する旨の特約は、賃借人に不利な特約として無効となる（26条1項、30条）。また、AB間の賃貸借契約が期間の定めのない契約の場合、建物の賃貸人が賃貸借の解約の申入れをした場合には、建物の賃貸借は、解約の申入れの日から6月を経過することによって終了するが、この賃貸人からの解約の申入れには正当の事由が必要である。この規定に反する特約で建物の賃借人に不利なものは、無効となる（27条1項、28条、30条）。なお、賃借人から解約の申入れをした場合、解約の申入れの日から3ヵ月を経過することによって終了する（民法617条1項2号）が、この期間を短縮する特約は（賃借人に不利ではないので）有効である。

4 **誤り**。建物の賃貸借には、一時使用のために建物の賃貸借をしたことが明らかな場合を除き、借地借家法3章の借家の規定が適用される（借地借家法40条）。借家契約の目的物は、居住用を目的とした建物には限られない。

✔ **チェック**□□□

㊂ 43 **個人情報保護法** [正解] **2** **重要度** ★★★

ア 「個人情報」とは、（a：生存する個人）に関する情報であって、次のいずれかに該当するものをいう。①当該情報に含まれる氏名、生年月日その他の記述等（文書、図画若しくは電磁的記録で作られる記録をいう）に記載され、若しくは記録され、又は音声、動作その他の方法を用いて表された一切の事項（個人識別符号を除く）をいう）により特定の個人を識別することができるもの（他の情報と容易に照合することができ、それにより特定の個人を識別することができることとなるものを含む）、②個人識別符号が含まれるもの（個人情報保護法2条1項）。

イ 「個人情報データベース等」とは、個人情報を含む情報の（b：集合物）であって、次に掲げるもの（利用方法からみて個人の権利利益を害するおそれが少ないものとして政令で定めるものを除く）をいう。①特定の個人情報を電子計算機を用いて検索することができるように体系的に構成したもの、②①に掲げるもののほか、特定の個人情報を容易に検索することができるように体系的に構成したものとして政令で定めるもの（16条1項）。

ウ 「個人情報取扱事業者」とは、（c：個人情報データベース等）を事業の用に供している者をいう。ただし、次に掲げる者を除く（16条2項）。①国の機関、②地方公共団体、③独立行政法人等（独立行政法人等の保有する個人情報の保護に関する法律2条1項に規定する独立行政法人等をいう）、④地方独立行政法人（地方独立行政法人法2条1項に規定する地方独立行政法人をいう）。

エ 「（d：保有個人データ）」とは、個人情報取扱事業者が、開示、内

522

容の訂正、追加又は削除、利用の停止、消去及び第三者への提供の停止を行うことのできる権限を有する個人データであって、その存否が明らかになることにより公益その他の利益が害されるものとして政令で定めるもの又は1年以内の政令で定める期間以内に消去することとなるもの以外のものをいう（16条4項）。

　以上により、（ａ）は生存する個人、（ｂ）は集合物、（ｃ）は個人情報データベース等、（ｄ）は保有個人データとなり、肢**2**が正解。

✓ **チェック**□□□

問 **44** 　**不動産登記法（総合）**　　正解 **4**　　重要度 ★★

1 **正しい**。登記記録の甲区及び乙区に記録する登記事項がない場合には、甲区及び乙区は作成されない。また、所有権の登記がない不動産（共用部分である旨の登記又は団地共用部分である旨の登記がある建物を除く）については、所有者の氏名又は名称及び住所並びに所有者が2人以上であるときはその所有者ごとの持分が、表示に関する登記の登記事項となる（不登法27条3号）。

2 **正しい**。区分建物にあっては、表題部所有者から所有権を取得した者も、所有権の保存の登記を申請できる。この場合において、当該建物が敷地権付き区分建物であるときは、当該敷地権の登記名義人の承諾を得なければならない（74条2項）。

3 **正しい**。仮登記は、仮登記の登記義務者の承諾があるとき及び仮登記を命ずる処分があるときは、当該仮登記の登記権利者が単独で申請できる（107条1項）。

4 **誤り**。権利部は、甲区及び乙区に区分し、甲区には所有権に関する登記の登記事項を記録するものとし、乙区には所有権以外の権利に関する登記の登記事項を記録するものとする（不登規則4条4項）。本肢の処分禁止の仮処分、差押え、所有権の買戻権の登記は、すべて所有権に関する登記であるから、甲区に記録する。

問45 宅建業法（重要事項の説明） 正解3 重要度 ★★★

1 **誤り**。宅建業者は、区分建物の自ら売買を行う場合で、当該建物が既存の建物であるときは、宅地建物取引士をして、①建物状況調査（実施後1年（鉄筋コンクリート造・鉄骨鉄筋コンクリート造の共同住宅等は2年）以内のものに限る）を実施しているかどうか、及びこれを実施している場合におけるその結果の概要、②設計図書、点検記録その他の建物の建築及び維持保全の状況に関する書類で国土交通省令で定めるものの保存の状況、を記載した書面を交付して説明させなければならない（宅建業法35条1項6号の2）。①については、宅建業者が自ら建物状況調査をする必要はない（既存住宅状況調査技術者でなければ建物状況調査は不可）。

2 **誤り**。区分建物の自ら売買を行う場合、宅建業者は、宅地建物取引士をして、当該一棟の建物及びその敷地の管理が委託されているときは、その委託を受けている者の氏名（法人の場合、その商号又は名称）及び住所（法人の場合、その主たる事務所の所在地）を記載した書面を交付して説明させなければならない（35条1項6号、施行規則16条の2第8号）。しかし、「主たる事務所に置かれる専任の管理業務主任者の氏名」は重要事項に該当せず、説明の必要はない。

3 **正しい**。区分建物の自ら売買を行う場合、宅建業者は、宅地建物取引士をして、当該建物の所有者が負担しなければならない通常の管理費用の額を記載した書面を交付して説明させなければならない（宅建業法35条1項6号、施行規則16条の2第7号）。

4 **誤り**。宅建業者は、「宅地建物取引士」をして、重要事項の説明書面に「記名」させなければならない（宅建業法35条6項・7項、1項）。なお、相手方等が宅建業者である場合、宅地建物取引士をして（口頭の）説明をさせる必要はないが、重要事項の説明書面への宅地建物取引士の記名は省略できない。

問46 適正化法（管理業務主任者） 正解 1 重要度 ★★★

1 **誤り。**管理業務主任者とは、管理業務主任者証の交付を受けた者をいう（適正化法2条9号、60条1項）。なお、管理業務主任者試験に合格した者で、管理事務に関し2年以上の実務の経験を有するもの又は国土交通大臣がその実務の経験を有するものと同等以上の能力を有すると認めたものは、国土交通大臣の登録を受けることができる（59条1項）。しかし、登録を受けても、管理業務主任者証の交付を受けていなければ、管理業務主任者とはいえない。

2 **正しい。**「専任」とは、原則として、マンション管理業を営む事務所に常勤（マンション管理業者の通常の勤務時間を勤務することをいう）して、専らマンション管理業に従事する状態をいう。ただし、当該事務所がマンション管理業以外の業種を兼業している場合等で、当該事務所において一時的にマンション管理業の業務が行われていない間に他の業種に係る業務に従事することは差し支えない（56条1項、平成14年国動総309号）。

3 **正しい。**適正化法65条1項2号から4号まで又は同条2項2号若しくは3号のいずれかに該当することにより管理業務主任者の登録を取り消され、その取消しの日から2年を経過しない者は、管理業務主任者の登録を受けることができない（適正化法59条1項5号、施行規則68条）。

4 **正しい。**マンション管理業者（法人の場合は、その役員）が管理業務主任者であるときは、その者が自ら主として業務に従事する事務所については、その者は、その事務所に置かれる成年者である専任の管理業務主任者とみなされる（適正化法56条2項）。

問47 適正化法（用語の定義） 正解 4 重要度 ★★★

1 **正しい。**「マンション」とは、①2以上の区分所有者が存する建物

解説
平成30年度

で人の居住の用に供する専有部分のあるもの並びにその敷地及び附属施設、②一団地内の土地又は附属施設（これらに関する権利を含む）が当該団地内にある①に掲げる建物を含む数棟の建物の所有者（専有部分のある建物にあっては、区分所有者）の共有に属する場合における当該土地及び附属施設をいう（適正化法2条1号）。よって、上記①の「2以上の区分所有者が存する建物」で「人の居住の用に供する専有部分のあるもの」であれば、専有部分に居住するものがすべて賃借人であっても、マンションに該当する。

2　正しい。「管理者等」とは、区分所有法25条1項（区分所有法66条において準用する場合を含む）の規定により選任された管理者又は区分所有法49条1項（区分所有法66条において準用する場合を含む）の規定により置かれた理事をいう（適正化法2条4号）。

3　正しい。「管理事務」とは、マンションの管理に関する事務であって、基幹事務（管理組合の会計の収入及び支出の調定及び出納並びにマンション（専有部分を除く）の維持又は修繕に関する企画又は実施の調整をいう）を含むものをいう（2条6号）。

4　誤り。「マンション管理業」とは、管理組合から委託を受けて管理事務を行う行為で業として行うもの（マンションの区分所有者等が当該マンションについて行うものを除く）をいう（2条7号）。「業として行う」に該当するためには、営利目的を要さず、また、反復継続的に管理事務を行っているかどうか等の個別の事案を総合勘案して判断すべきとされている（平成13年国総動51号）。

✔ チェック☐☐☐

問48　適正化法（重要事項の説明）　正解 3　重要度 ★★

ア　正しい。マンション管理業者は、従前の管理受託契約と同一の条件で管理組合との管理受託契約を更新しようとするときは、重要事項の説明会を開催する必要はなく、あらかじめ、当該管理組合を構成するマンションの区分所有者等全員に対し、重要事項を記載した書面を交付すれば足りる（適正化法72条2項）。そして、この「同一の条件」

には、従前の管理受託契約に比して管理事務の内容及び実施方法の範囲を拡大し、管理事務に要する費用の額を同一とし又は減額しようとする場合も含む（平成14年国総動309号第一5（2））。

イ　正しい。マンション管理業者は、重要事項の説明により交付すべき書面を作成するときは、管理業務主任者をして、当該書面に記名させなければならない（適正化法72条5項）。この場合において「記名」されるべさ管理業務主任者は、原則として、重要事項について十分に調査検討し、それらの事項が真実に合致し誤り及び記載漏れがないかどうか等を確認した者で、実際に当該重要事項説明書をもって重要事項説明を行う者である（平成14年国総動309号第一2（2）イ）。

ウ　正しい。いわゆる「団地組合」が形成されており、その内部に複数の別の管理組合が存在している場合でこれらの組合からそれぞれ委託を受けて管理事務を行っている場合にあっては、マンション管理業者は、重要事項説明は、それぞれの管理組合の管理者等及び区分所有者等に対して行わなければならない（平成14年国総動309号第一4）。

エ　誤り。マンション管理業者は、管理組合から管理受託契約（「新たに建設されたマンションを分譲した場合」は、専有部分の引渡日のうち最も早い日から1年、また、「既存のマンションの区分所有権の全部を1人又は複数の者が買い取り、そのマンションを分譲した場合」は、買取り後におけるそのマンションの専有部分の引渡日のうち最も早い日から1年を経過する日までの間に契約期間が満了するものを除く）を締結しようとするときは、あらかじめ、説明会を開催し、当該管理組合を構成するマンションの区分所有者等及び当該管理組合の管理者等に対し、管理業務主任者をして、管理受託契約の内容及びその履行に関する一定の事項（重要事項）について説明をさせなければならない（適正化法72条1項）。よって、「あらかじめ」説明会を開催すればよく、「当該契約締結の1週間前まで」に限られるわけではない。なお、マンション管理業者は、当該説明会の日の1週間前までに、当該管理組合を構成するマンションの区分所有者等及び当該管理組合の管理者等の全員に対し、重要事項並びに説明会の日時及び場所を記載した書面を交付しなければならない。

以上により、正しいものは**ア**、**イ**、**ウ**の三つであり、肢**3**が正解。

問 49 適正化法（財産の分別管理） 正解 2 重要度 ★★★

1 **正しい**。「収納口座」とは、マンションの区分所有者等から徴収された修繕積立金等金銭又は適正化法施行規則87条１項に規定する財産（＝管理組合又はマンションの区分所有者等から受領した管理費用に充当する金銭又は有価証券）を預入し、一時的に預貯金として管理するための口座をいう（適正化法76条、施行規則87条６項１号）。この収納口座の名義人をマンション管理業者とすることもできる。

2 **誤り**。「収納・保管口座」とは、マンションの区分所有者等から徴収された修繕積立金等金銭を預入し、預貯金として管理するための口座であって、管理組合等を名義人とするものをいう（施行規則87条６項３号）。本肢の「又は修繕積立金等金銭若しくは規則第87条第１項に規定する財産の残額を収納口座から移し換え」というのは、「保管口座」の定義である（87条６項２号）。

3 **正しい**。マンション管理業者は、施行規則87条２項１号イからハまでに定める方法により修繕積立金等金銭を管理する場合にあっては、保管口座（又は収納・保管口座）に係る管理組合等の印鑑、預貯金の引出用のカードその他これらに類するものを管理してはならない。ただし、管理組合に管理者等が置かれていない場合において、管理者等が選任されるまでの比較的短い期間に限り保管する場合は、この限りでない（87条４項）。

4 **正しい**。マンション管理業者は、施行規則87条２項１号イ又はロに定める方法により修繕積立金等金銭を管理する場合にあっては、原則として、マンションの区分所有者等から徴収される１月分の修繕積立金等金銭又は施行規則87条１項に規定する財産の合計額以上の額につき有効な保証契約を締結していなければならない（87条３項）。なお、マンション管理業者若しくはマンション管理業者から委託を受けた者がマンションの区分所有者等から修繕積立金等金銭若しくは管

理組合又はマンションの区分所有者等から受領した管理費用に充当する金銭又は有価証券を徴収「しない」場合は、例外として保証契約の締結は不要となる。

肢4に関して、保証契約の締結は、「収納口座」について、その印鑑等を管理業者が保管することによって生ずる管理組合の財産に対するリスクをカバーするために必要とされるものである。

✔ チェック□□□

問 50 適正化法（管理事務の報告） 正解 1 重要度 ★★★

ア 正しい。 マンション管理業者は、管理事務の委託を受けた管理組合に管理者等が置かれていないときは、定期に、説明会を開催し、当該管理組合を構成するマンションの区分所有者等に対し、管理業務主任者をして、当該管理事務に関する報告をさせなければならない（適正化法77条2項）。

イ 誤り。 管理業務主任者は、管理事務の報告をするときは、説明の相手方に対し、管理業務主任者証を提示しなければならない（77条3項）。相手方から求められなくても、管理業務主任者証を提示する必要がある。

ウ 正しい。 マンション管理業者は、管理事務の委託を受けた管理組合に管理者等が置かれているときは、定期に、当該管理者等に対し、管理業務主任者をして、当該管理事務に関する報告をさせなければならない。そして、管理事務を委託した管理組合の事業年度終了後、遅滞なく、当該期間における管理受託契約に係るマンションの管理の状況について、①報告の対象となる期間、②管理組合の会計の収入及び支出の状況、③そのほか、管理受託契約の内容に関する事項を記載した管理事務報告書を作成し、管理業務主任者をして、これを管理者等に交付して説明をさせなければならない（77条1項、施行規則88条）。

エ 正しい。 マンション管理業者は、管理事務の委託を受けた管理組合に管理者等が置かれていないときは、定期に、説明会を開催し、当該

管理組合を構成するマンションの区分所有者等に対し、管理業務主任者をして、当該管理事務に関する報告をさせなければならない。この場合、管理事務の報告の説明会の開催日の1週間前までに説明会の開催の日時及び場所について、当該管理組合を構成するマンションの区分所有者等の見やすい場所に掲示しなければならない（適正化法77条2項、施行規則89条3項）。

以上により、誤っているものは**イ**の一つであり、肢**1**が正解。

解答と解説

正解番号一覧

問	正解	問	正解	問	正解	問	正解	問	正解
1	1	11	2	21	2	31	1	41	2
2	1	12	2	22	4	32	3	42	4
3	3	13	3	23	1	33	3	43	1
4	4	14	1	24	3	34	4	44	1
5	3	15	3	25	2	35	4	45	4
6	1	16	4	26	1	36	4	46	3
7	3	17	4	27	1	37	1	47	2
8	2	18	1	28	2	38	3	48	4
9	4	19	3	29	2	39	2	49	2
10	4	20	4	30	4	40	3	50	1

合格基準点：36点

問 1 　民法 (共有) 　　　正解 1 　重要度 ★★

1 **誤り**。各共有者は、他の共有者の同意を得なければ、共有物に変更 (処分) を加えることができない (民法251条)。抵当権の設定は、この「変更 (処分)」に該当し、他の共有者であるBとCの同意が必要である。

2 **正しい**。各共有者は、共有物の全部について、その持分に応じた使用ができる (249条)。そして、共有物の持分の価格が過半数を超える者であっても、共有物を単独で占有する他の共有者に対し、当然には、その占有する共有物の明渡しを請求できない (判例)。

3 **正しい**。共有者の1人が、その持分を放棄したとき、又は死亡して相続人がないときは、その持分は、他の共有者に帰属する (255条)。

4 **正しい**。保存行為は、各共有者ができる (252条ただし書)。不法占拠する第三者に対して共有物の明渡しを請求することは保存行為にあたる。

問 2 　民法 (不法行為) 　　　正解 1 　重要度 ★★

1 **正しい**。管理組合法人は、代表理事その他の代表者がその職務を行うについて第三者に加えた損害を賠償する責任を負う (区分所有法47条10項、一般社団・財団法人法78条)。そして、法人が代表者の行為について不法行為責任を負う場合には、代表者個人も民法709条によって不法行為責任を負う (判例)。

2 **誤り**。ある事業のために他人を使用する者 (使用者) は、被用者がその事業の執行について第三者に加えた損害を賠償する責任を負う (民法715条1項本文)。ただし、使用者が被用者の選任及びその事業の監督について相当の注意をしたとき、又は相当の注意をしても損害が生ずべきであったときは、この限りでない (同項ただし書)。

3 **誤り**。不法行為に基づく損害賠償債務は、何らの催告を要すること

なく、損害の発生と同時に遅滞に陥る（判例）。

4　誤り。注文者は、請負人がその仕事について第三者に加えた損害を賠償する責任を負わない。ただし、注文又は指図についてその注文者に過失があったときは、この限りでない（716条）。したがって、注文者である甲の管理組合法人は、注文又は指図についてその注文者に過失がない場合には、損害賠償責任を負わない。

✔ チェック□□□

(問) **3**　　**民法（意思表示）**　　　正解 **3**　　重要度 ★★★

1　誤り。相手方と通じてした虚偽の意思表示は、無効である。しかし、この意思表示の無効は、善意の第三者に対抗できない（民法94条1項・2項）。

2　誤り。強迫による意思表示は、取り消すことができる（96条1項）。また、この強迫による意思表示の取消しは、善意の第三者にも対抗できる（96条3項参照）。

3　正しい。詐欺による意思表示は、取り消すことができる（96条1項）。この点、錯誤の場合と異なり、詐欺による意思表示の取消しは、表意者に重大な過失がないことを要件としていない。したがって、表意者に重過失があっても、詐欺による意思表示を取り消すことができる。

4　誤り。意思表示は、①意思表示に対応する意思を欠く錯誤、又は②表意者が法律行為の基礎とした事情についてのその認識が真実に反する錯誤に基づくものであって、その錯誤が法律行為の目的及び取引上の社会通念に照らして重要なものであるときは、取り消すことができる（95条1項）。本肢の「甲とは別の住戸を購入する意思を有していたBの錯誤」は、上記①に該当し、法律行為の目的及び取引上の社会通念に照らして重要と解される。そして、錯誤、詐欺又は強迫によって取り消すことができる行為は、瑕疵ある意思表示をした者又はその代理人若しくは承継人に限り、取り消すことができる（120条2項）。

解説　平成29年度

肢4に関して、錯誤の種類のうち②は、いわゆる「動機の錯誤」である。動機の錯誤を前提とする意思表示の取消しは、その事情が法律行為の基礎とされていることが表示されていたときに限り、することができる。

✔ チェック□□□

問4 民法（代理）　　　正解 4　重要度 ★★

1 **正しい**。同一の法律行為について、相手方の代理人として、又は当事者双方の代理人としてした行為は、代理権を有しない者（無権代理人）がした行為とみなされる。ただし、債務の履行及び本人があらかじめ許諾した行為については、この限りでない（民法108条）。登記の申請についても、例外として双方代理は認められる（判例）。

2 **正しい**。委任による代理人は、本人の許諾を得たとき、又はやむを得ない事由があるときでなければ、復代理人を選任できない（104条）。代理人が復代理人を選任しても、代理人は代理権を失わない（判例）。

3 **正しい**。他人の代理人として契約をした者は、自己の代理権を証明したとき、又は本人の追認を得たときを除き、相手方の選択に従い、相手方に対して履行又は損害賠償の責任を負う（無権代理人の責任、117条1項）。この規定は、他人の代理人として契約をした者が代理権を有しないことを相手方が知っていたときは適用しない（同条2項）。

4 **誤り**。無権代理の場合において、相手方は、本人に対し、相当の期間を定めて、その期間内に追認をするかどうかを確答すべき旨の催告ができる（114条）。この催告権の行使につき、相手方が無権代理について善意の場合に限られる旨の規定はない。したがって、相手方が無権代理につき悪意であっても、催告できる。

問 5　民法（連帯債務）　　正解 **3**　重要度 ★★

1　**正しい**。連帯債務者の一人に対する履行の請求は、他の連帯債務者に対して、その効力を生じない（相対的効力の原則、民法431条）。

2　**正しい**。連帯債務者の一人が債権者に対して債権を有する場合において、その連帯債務者が相殺を援用したときは、債権は、全ての連帯債務者の利益のために消滅する（439条1項）。

3　**誤り**。保証契約は、「書面又は電磁的記録」でしなければ、その効力を生じない（446条2項・3項）。

4　**正しい**。連帯債務者の一人が弁済をし、その他自己の財産をもって共同の免責を得たときは、その連帯債務者は、その免責を得た額が自己の負担部分を超えるかどうかにかかわらず、他の連帯債務者に対し、その免責を得るために支出した財産の額（その財産の額が共同の免責を得た額を超える場合は、その免責を得た額）のうち各自の負担部分に応じた額の求償権を有する（442条1項）。

問 6　民法（委任）　　正解 **1**　重要度 ★★

1　**正しい**。契約の当事者の一方が第三者との間で契約上の地位を譲渡する旨の合意をした場合で、その契約の相手方がその譲渡を承諾したときは、契約上の地位は、その第三者に移転する（民法539条の2）。したがって、受任者たる地位を第三者に譲渡するには、委任者の承諾が必要である。

2　**誤り**。委任は、受任者が後見開始の審判を受けたことによって終了する（653条3号）。しかし、受任者が保佐開始の審判を受けても、委任は終了しない。

3　**誤り**。受任者は、委任事務を処理するため自己に過失なく損害を受けたときは、委任者に対し、その賠償を請求することができる（650条3項）。これは、委任者の指図に過失があるかどうかは問わない。

4 **誤り**。受任者は、委任の本旨に従い、善良な管理者の注意をもって、委任事務を処理する義務を負う（644条）。これは、有償・無償を問わない。したがって、無償での受任者も善管注意義務を負い、これに違反した場合は、委任者に対して債務不履行責任を負う。

✔ チェック☐☐☐

(問)**7**	**標準管理委託契約書（管理事務）**	正解 **3**	重要度 ★★★

1 **適切である**。管理業者は、管理事務を行うため必要があるときは、組合員等に対して、その専有部分又は専用使用部分への立入りを請求できる（標準管理委託契約書14条1項）。

2 **適切である**。管理業者は、地震等の災害又は事故等の事由により、管理組合のために、緊急に行う必要がある業務で、管理組合の承認を受ける時間的な余裕がないものは、管理組合の承認を受けないで実施できる。この場合において、マンション管理業者は、速やかに、書面をもって、その業務の内容及びその実施に要した費用の額を管理組合に通知しなければならない（9条1項）。

3 **最も不適切である**。管理業者は、管理組合又は組合員等が、地震等の災害又は事故等（管理業者の責めによらない場合に限る）による損害を受けたときは、その損害を賠償する責任を負わない（19条）。つまり、このような場合、管理業者は、そもそも損害賠償責任をまったく負わないのであって、一定額を超える損害部分のみ免責されるわけではない。

4 **適切である**。管理業者は、管理事務を行うため必要なときは、組合員及びその所有する専有部分の占有者（組合員等）に対し、管理組合に代わって、建物の保存に有害な行為等の中止を求めることができる（12条1項2号）。そして、管理業者が中止を求めても、なお組合員等がその行為を中止しないときは、書面をもって管理組合にその内容を報告しなければならず（12条3項）、当該報告を行った場合、管理業者はさらなる中止要求の責務を免れるものとし、その後の中止等の要求は、管理組合が行うものとする（12条4項）。

✔ チェック□□□

問 8 標準管理委託契約書（管理事務）　正解 2　重要度 ★★★

1　**適切でない**。管理業者は、管理組合の管理規約の原本、総会議事録、総会議案書等を、「管理組合」の事務所で保管する（標準管理委託契約書別表第1　2（3）③二）。

2　**最も適切である**。管理業者は、管理業者の使用人等が、管理事務の遂行に関し、管理組合又は組合員等に損害を及ぼしたときは、管理組合又は組合員等に対し、使用者としての責任を負う（16条）。

3　**適切でない**。管理対象部分に係る各種の点検、検査等の結果を管理組合に報告するとともに、改善等の必要がある事項については、具体的な方策を管理組合に助言する。この報告及び助言は、「書面」をもって行う（別表第1　2（3）①）。したがって、助言のみならず報告についても、書面で行う必要がある。

4　**適切でない**。管理組合又は管理業者の一方について、次のいずれかに該当したときは、その相手方は、何らの催告を要せずして、本契約を解除できる。①管理業者が、銀行の取引を停止されたとき、②管理業者に、破産手続、会社更生手続、民事再生手続その他法的倒産手続開始の申立て、若しくは私的整理の開始があったとき、③管理業者が、合併又は②以外の事由により解散したとき、④管理業者が、マンション管理業の登録の取消しの処分を受けたとき、⑤27条（反社会的勢力の排除）各号の確約に反する事実が判明したとき（20条2項）。本肢は④にあたるため、管理組合は管理委託契約を解除できる。

✔ チェック□□□

問 9 標準管理委託契約書（管理規約の提供等）　正解 4　重要度 ★★

1　**適切である**。管理業者は、管理組合の組合員から、当該組合員が所有する専有部分の売却等を目的とする情報収集のために、理由を付した書面又は電磁的方法により管理規約の提供及び標準管理委託契約書別表第5に掲げる事項の開示を求めてきたときは、管理組合に代わっ

537

て、当該管理組合の組合員に対し、管理規約等の写しを提供し、同契約書別表第5に掲げる事項について書面をもって、又は電磁的方法により開示する（標準管理委託契約書15条1項後段）。本肢の「管理組合の収支及び予算の状況」は、開示する事項の対象に含まれる（別表第5　6（1））。

2　適切である。 管理業者は、管理組合の組合員から当該組合員が所有する専有部分の売却等の依頼を受けた宅地建物取引業者が、その媒介等の業務のために、理由を付した書面の提出又は当該書面を電磁的方法により提出することにより、管理組合の管理規約等の提供又は別表第5に掲げる事項の開示を求めてきたときは、管理組合に代わって、当該宅建業者に対し、管理規約等の写しを提供し、同契約書別表第5に掲げる事項について、書面をもって、又は電磁的方法により開示する（15条1項前段）。

3　適切である。 管理業者は、管理規約の提供等の業務に要する費用を管理規約等の提供等を行う相手方から受領できる（15条2項）。

4　最も不適切である。 管理費等の変更について検討中の場合は、「検討中」と記載しなければならない（別表第5　6（3））。なお、「変更予定あり」の場合はその旨を記載するが、これは、値上げ等が総会で承認されている場合又は総会に上程されることが決定している場合をいう（コメント別表第5　6（3）関係）。

 管理業者による宅建業者への管理規約の提供等は、宅建業者が媒介をするにあたって行う宅建業法上の重要事項説明義務を果たすために必要な情報入手手段として機能している。

✔ チェック□□□

問10　少額訴訟　　　正解 **4**　　重要度 ★★★

1　正しい。 少額訴訟においては、特別の事情がある場合を除き、最初にすべき口頭弁論の期日において、審理を完了しなければならない。そして、当事者は、口頭弁論が続行されたときを除き、この期日前又

はその期日において、すべての攻撃又は防御の方法を提出しなければ
ならない（民訴法370条１項・２項）。

2　**正しい**。被告は、少額訴訟を通常の手続に移行させる旨の申述がで
きる。ただし、被告が最初にすべき口頭弁論の期日において弁論をし、
又はその期日が終了した後は、この限りでない（373条１項）。

3　**正しい**。少額訴訟については、同一の簡易裁判所において同一の年
に最高裁判所規則で定める回数（年間10回）を超えてこれを求める
ことができない（368条１項ただし書）。

4　**誤り**。そもそも少額訴訟の終局判決に対しては、控訴できない
（377条）。

✔ チェック□□□

問11　民法（管理費の消滅時効）　正解 2　重要度 ★★

1　**正しい**。①裁判上の請求、②支払督促、③民事訴訟法275条１項の
和解又は民事調停法若しくは家事事件手続法による調停、④破産手続
参加、再生手続参加又は更生手続参加がある場合には、その事由が終
了する（確定判決又は確定判決と同一の効力を有するものによって権
利が確定することなくその事由が終了した場合にあっては、その終了
の時から６箇月を経過する）までの間は、時効は、完成しない（時効
の完成猶予、民法147条１項）。

2　**誤り**。肢１の解説で述べたように、民事訴訟法275条１項の和解
又は民事調停法若しくは家事事件手続法による調停がある場合には、
その事由が終了するまでの間は、時効は、完成しない（147条１項３
号）。この場合、さらに６箇月以内に訴えを提起しなくても、民事調
停の開始だけで時効の完成は猶予される。

3　**正しい**。時効は、権利の承認があったときは、その時から新たにそ
の進行を始める（時効の更新、152条）。本肢の「管理費を滞納して
いる区分所有者が、滞納の事実を認める承諾書を管理組合の管理者あ
てに提出」することは、この承認に該当する。

4　**正しい**。本肢の「管理組合の管理者が死亡し、後任が決まらないこ

と」は、時効の完成猶予事由のいずれにも該当しない。

✔ チェック□□□

問 12 標準管理規約（管理費等）　正解 2　重要度 ★★★

1　**適切である**。管理費等の負担割合を定めるに当たっては、共用部分等の使用頻度等は勘案しない（標準管理規約（単棟型）コメント25条関係①）。

2　**最も不適切である**。管理組合は、28条１項（修繕積立金）に定める「特別の管理を行うため必要な範囲内」において、借入れができるとされている（63条）。目的を問わず借入れができるわけではない。

3　**適切である**。収支決算の結果、管理費に余剰を生じた場合には、その余剰は翌年度における管理費に充当する（61条１項）。

4　**適切である**。管理費等の額については、各区分所有者の共用部分の共有持分に応じて算出する（25条２項）。

✔ チェック□□□

問 13 標準管理規約（管理組合の監事）　正解 3　重要度 ★★★

ア　**適切である**。監事は、理事会に出席し、必要があると認めるときは、意見を述べなければならない（標準管理規約（単棟型）41条４項）。

イ　**適切でない**。監事は、理事が不正の行為をし、若しくは当該行為をするおそれがあると認めるとき、又は法令、規約、使用細則等、総会の決議若しくは理事会の決議に違反する事実若しくは著しく不当な事実があると認めるときは、遅滞なく、その旨を理事会に報告しなければならない（41条５項）。そして、この場合において、必要があると認めるときは、理事長に対し、「理事会」の招集を請求「できる」（41条６項）。あくまで「任意」に「理事会」の招集を請求できるだけであり、「臨時総会」の招集の請求が義務付けられているわけではない。

ウ　**適切である**。監事は、いつでも、理事及び職員に対して業務の報告を求め、又は業務及び財産の状況の調査ができる（41条２項）。

エ　適切である。監事は、管理組合の業務の執行及び財産の状況を監査し、その結果を総会に報告しなければならない（41条1項）。

以上により、適切なものは**ア**、**ウ**、**エ**の三つであり、肢**3**が正解。

問14 税務・会計（仕訳）　　正解 1　　重要度 ★★★

① 損害保険料は、令和6年4月1日から令和7年3月31日までの掛捨保険の保険料であり、当期が令和6年3月である本問においては、全額が前払いの扱いとなる。したがって、「前払保険料：240,000円」を借方に計上する。

② 漏水補修工事費用は、令和6年4月実施予定分の着手金であり、前払金である。したがって、「前払金：200,000円」を借方に計上する。

③ 雑排水管清掃費用は、令和6年2月に実施が完了しているものであり、2月に未払金が計上されている。それを3月に支払っているため、「未払金：100,000円」を借方に計上する。

④ 水道光熱費は当期である令和6年3月に発生したものであり、「水道光熱費：150,000円」を借方に計上する。

また、①から④の支払を普通預金からしているため、「普通預金：690,000円」を貸方に計上する。

以上により、肢**1**が正解。

✔ チェック□□□

問15 税務・会計（仕訳）　　正解 3　　重要度 ★★★

① 2月分駐車場使用料は、2月に未収入金が計上されている。それが3月に支払われたため、「未収入金：100,000円」を貸方に計上する。

② 3月分駐車場使用料は、当期である令和3年3月の収入である。入金された240,000円のほか、入金されていない80,000円を加えた320,000円がそれに当たる。したがって、「駐車場使用料収入：320,000円」を貸方に計上する。また、3月分駐車場使用料収入の

うち、入金されていない分を「未収入金：80,000円」として借方に計上する。

③ 4月分駐車場使用料は、未発生の分を前受けしているため、「前受金：560,000円」を貸方に計上する。

④ 敷金は将来返還する性質のものであり、預り金に該当する。したがって、「預り金：50,000円」を貸方に計上する。

また、普通預金に入金された950,000円を「普通預金：950,000円」として借方に計上する。

以上により、肢**3**が正解。

✔ チェック☐☐☐

問16 税務・会計（管理組合の税務） 正解 4 重要度 ★★

1 **適切でない**。消費税が課税される事業者には法人が含まれるため、管理組合法人も納税義務者となる。また、人格のない社団等は、法人とみなして、消費税法の規定が適用されるため、法人格を有しない管理組合も納税義務者となる（消費税法2条1項4号、3条）。

2 **適切でない**。管理組合が「組合員」との駐車場使用契約に基づき収受した使用料は、不課税取引とされ、消費税が課税されない（国税庁質疑応答事例）。

3 **適切でない**。火災保険料等の損害保険料は、非課税取引とされ、消費税が課税されない（消費税法6条1項、別表第1三）。

4 **最も適切である**。法人税法上、共用部分を携帯電話基地局設置のために通信事業者に賃貸することは、収益事業に該当する（国税庁質疑応答事例）。

✔ チェック☐☐☐

問17 建築基準法（用語の定義・建築物の階数等） 正解 4 重要度 ★★★

1 **正しい**。建築物の階数は、建築物の一部が吹抜きとなっている場合、建築物の敷地が斜面又は段地である場合その他建築物の部分によって

階数を異にする場合においては、これらの階数のうち最大なものによる（建基法施行令2条1項8号後段）。

2　**正しい**。昇降機塔、装飾塔、物見塔その他これらに類する建築物の屋上部分又は地階の倉庫、機械室その他これらに類する建築物の部分で、水平投影面積の合計がそれぞれ当該建築物の建築面積の8分の1以下のものは、当該建築物の階数に算入しない（2条1項8号前段）。

3　**正しい**。肢2の解説のとおり、地階の倉庫、機械室その他これらに類する建築物の部分で、水平投影面積の合計がそれぞれ当該建築物の建築面積の8分の1以下のものは、当該建築物の階数に算入しない（2条1項8号前段）。

4　**誤り**。地階とは、床が地盤面下にある階で、床面から地盤面までの高さがその階の天井の高さの「3分の1以上」のものをいう（1条2号）。

✔ チェック□□□

（問）**18**　**建築基準法（居室）**　　正解 **1**　　重要度 ★★★

1　**誤り**。居室の天井の高さは、「2.1m以上」でなければならない（建基法施行令21条1項）。

2　**正しい**。住宅、学校、病院、診療所、寄宿舎、下宿その他これらに類する建築物で政令で定めるものの居室には、原則として、採光のための窓その他の開口部を設け、その採光に有効な部分の面積は、その居室の床面積に対して、原則として住宅にあっては7分の1以上、その他の建築物にあっては5分の1から10分の1までの間において政令で定める割合以上としなければならない（建基法28条1項）。

3　**正しい**。居室には、原則として、換気のための窓その他の開口部を設け、その換気に有効な部分の面積は、その居室の床面積に対して、20分の1以上としなければならない（28条2項）。

4　**正しい**。住宅の居室、学校の教室、病院の病室又は寄宿舎の寝室で地階に設けるものは、壁及び床の防湿の措置その他の事項について衛生上必要な政令で定める技術的基準に適合するものとしなければなら

ない。この技術的基準として、からぼりその他の空地に面する開口部が設けられていて、直接土に接する外壁、床及び屋根又はこれらの部分に、水の浸透を防止するための防水層が設けられていれば、地階に設けることができる（29条、施行令22条の２第１号イ・２号イ（1））。

✔ チェック□□□

問19 建築構造（鉄骨鉄筋コンクリート造）　正解 3　重要度 ★★

1　**適切である**。鉄骨鉄筋コンクリート造は、鉄筋コンクリートの芯部に鉄骨を配する構造である。したがって、力学的には、鉄骨造と鉄筋コンクリート造それぞれの長所を生かした構造といえる。

2　**適切である**。鉄骨鉄筋コンクリート造は、肢１の解説のとおり、鉄骨造と鉄筋コンクリート造それぞれの長所を生かした構造であり、耐震性に優れることから、高層建築に適している。また、柱間のスパンを大きく取ることができる。

3　**最も不適切である**。国土交通大臣が定めた構造方法を用いる部材及び国土交通大臣の認定を受けた部材を用いる場合を除き、鉄骨に対するコンクリートのかぶり厚さは、「５㎝以上」としなければならない（建基法施行令79条の３第１項・２項）。

4　**適切である**。鉄骨鉄筋コンクリート造の建築物又は建築物の構造部分については、柱の防火被覆など一部の規定を除き、鉄骨造の規定が準用される（79条の４）。

肢３に関して、中性化は、通常、外壁表面から徐々に進行するため、コンクリート表面と内部鉄筋との距離（かぶり厚さ）が不足していると、より早く内部鉄筋の腐食が生じる。

問20 建築環境（地震） 正解 4 重要度 ★

1 **適切でない**。地震の規模を表すマグニチュードは、1増えるごとに地震エネルギーが約32倍となる。

2 **適切でない**。日本では、地震による揺れの強さを表す震度を0、1、2、3、4、5弱、5強、6弱、6強、7の10階級としている。

3 **適切でない**。震度の判定は、かつては体感及び目視によっていたが、平成8年以降は計測震度計により自動的に観測している。

4 **最も適切である**。地震波にはP波とS波があり、P波は秒速約7km、S波は秒速約4kmで、P波の方がS波より速く伝わる。

問21 建築環境（音） 正解 2 重要度 ★★

1 **適切である**。人間が聴き取ることができる周波数帯（可聴域）は約20ヘルツから20,000ヘルツとされる。

2 **最も不適切である**。加齢性難聴とは、加齢に伴い難聴が徐々に進行することをいい、「高い」周波数から始まり、徐々に「低い」周波数でもみられるようになる。

3 **適切である**。人間が聴き取ることができる最小の音圧（最小可聴値）は、周波数に影響を受ける。

4 **適切である**。固体伝搬音とは、人や物から発生した振動が、建物の躯体構造を伝わる振動によって居室内の壁面や天井面等から発生する音をいう。

問22 建築設備（雨水排水設備） 正解 4 重要度 ★★

1 **適切でない**。1mmの雨が1㎡の面積に降ったときの量は、0.1cm×100cm×100cm＝1,000cm³となる。そして、1cm³＝1mℓであるので、

1,000 ㎤＝1,000mℓ＝1ℓである。

2　適切でない。敷地雨水管の流速は、原則として、毎秒0.6mから1.5mになるように設計する。ただし、やむを得ない場合は、最大流速を毎秒3.0mとすることができる。

3　適切でない。敷地雨水管の起点や合流箇所、方向を変える箇所に雨水ますを設けることがある。その場合、雨水ますに設ける泥だまりは、150mm以上とする。

4　最も適切である。敷地における雨水排水設備を設計する場合には、その排水設備が排水すべき敷地面積に、当該敷地に接する建物の外壁面積の50％を加えて計算をする。

✔ チェック□□□

問23 建築設備（浄化槽）　正解 1　重要度 ★

1　最も不適切である。改良便槽並びに屎尿浄化槽及び合併処理浄化槽は、満水して「24時間以上」漏水しないことを確かめなければならない（建基法施行令33条）。

2　適切である。汚物処理性能に関する技術的基準によれば、合併処理浄化槽（屎尿と併せて雑排水を処理する浄化槽をいう）は、放流水に含まれる大腸菌群数が、1㎤につき3,000個以下とする性能を有するものである必要がある（32条1項2号）。

3　適切である。「建築物の用途別による屎尿浄化槽の処理対象人員算定基準（JIS A 3302）」によれば、住宅、共同住宅、下宿・寄宿舎などで算定基準が異なる。

4　適切である。浄化槽の処理方法には、種々の接触材に付着した微生物を利用して処理する生物膜法と浮遊した微生物を用いる活性汚泥法がある。

問 24 建築設備
（照明用 LED ランプ）
正解 3　重要度 ★

1　**適切である。**白熱電球の明るさについてはワット単位で表されるが、LEDランプではルーメン単位で表される。

2　**適切である。**白色系のLEDランプは、近紫外LEDまたは紫LEDにより白色光を生じさせる場合を除いて、紫外線を含まない。したがって、照らされたものの退色を軽減できる。

3　**最も不適切である。**LEDランプは、蛍光ランプと異なり、水銀を含まないのが特徴である。

4　**適切である。**直管形のLEDランプを従来の蛍光灯照明器具に設置すると、発熱・発煙等の事故の原因となる場合がある。したがって、LED専用の安定器が必要である。

問 25 維持保全
（長期優良住宅普及促進法）
正解 2　重要度 ★

1　**正しい。**長期優良住宅の普及の促進に関する法律は、現在及び将来の国民の生活の基盤となる良質な住宅が建築され、及び長期にわたり良好な状態で使用されることが住生活の向上及び環境への負荷の低減を図る上で重要となっていることにかんがみ、「長期にわたり良好な状態で使用するための措置がその構造及び設備について講じられた優良な住宅の普及を促進する」ため、国土交通大臣が策定する基本方針について定めるとともに、所管行政庁による長期優良住宅建築等計画の認定、当該認定を受けた長期優良住宅建築等計画に基づき建築及び維持保全が行われている住宅についての住宅性能評価に関する措置その他の措置を講じ、もって豊かな国民生活の実現と我が国の経済の持続的かつ健全な発展に寄与することを目的とする（長期優良住宅の普及の促進に関する法律１条）。したがって、長期にわたり良好な状態で使用するための措置がその構造及び設備について講じられた優良な住宅の普及を促進することが含まれる。

2 誤り。 この法律において、「建築」とは、住宅を新築し、増築し、又は改築することをいう（2条2項）。したがって、増改築も含む。

3 正しい。 所管行政庁は、認定の申請があった場合において、当該申請に係る長期優良住宅建築等計画が一定の基準に適合すると認めるときは、その認定をすることができる。共同住宅等については、一戸の床面積の合計（共用部分の床面積を除く）が原則として55㎡以上である必要がある（6条1項2号、施行規則4条2号）。

4 正しい。 所管行政庁の承認を受けて、計画の認定を受けた者は、国土交通省令で定めるところにより、認定長期優良住宅の建築及び維持保全の状況に関する記録を作成し、これを保存しなければならない（長期優良住宅の普及の促進に関する法律11条1項）。

✔ チェック□□□

問26 維持保全（マンションの維持保全とマンション管理業者）　正解 1　重要度 ★★

1 最も不適切である。 建築物の所有者、管理者（管理業者が該当する）又は占有者は、その建築物の敷地、構造及び建築設備を常時適法な状態に維持するように努めなければならない（建基法8条1項）。したがって、所有者や管理組合にも義務が生じる。

2 適切である。 マンション管理業者は、管理組合の長期修繕計画の見直しのため、管理事務を実施する上で把握したマンションの劣化等の状況に基づき、当該計画の修繕工事の内容、実施予定時期、工事の概算費用等に、改善の必要があると判断した場合には、書面をもって管理組合に助言する（標準管理委託契約書別表第1　1（3）一）。

3 適切である。 マンション管理業者は、管理組合がマンションの維持又は修繕（大規模修繕を除く修繕又は保守点検等）を外注により当該マンション管理業者以外の業者に行わせる場合の見積書の受理、発注補助、実施の確認を行う。なお、「実施の確認」とは、管理員が外注業務の完了の立会いにより確認できる内容のものをいう（別表第1　1（3）三）。

4 適切である。 マンション管理業者が長期修繕計画案の作成業務及び

建物・設備の劣化状況等を把握するための調査・診断を実施し、その結果に基づき行う当該計画の見直し業務を実施する場合は、管理委託契約とは別個の契約とする（別表第1　1（3）二）。

肢4に関して、別個の契約とするとされているのは、当該業務が毎年行われるものではなく、必要な年度に特別に行われ、業務内容の独立性が高いという業務の性格からである。

✔ チェック□□□

問27 維持保全（建築設備等の報告、検査等）　正解 1　重要度 ★★

1　**誤り**。建基法12条3項の規定による報告の時期は、建築設備又は防火設備の種類、用途、構造等に応じて、おおむね6月から1年まで（ただし、国土交通大臣が定める検査の項目については、1年から3年まで）の間隔をおいて特定行政庁が定める時期とする（建基法12条3項、施行規則6条1項）。ここで、排煙設備の排煙風量測定は、「国土交通大臣が定める検査の項目」として、1年から3年の間隔をおいて特定行政庁が定める時期に報告をするものとされている（平成20年国（交）告示285号）。

2　**正しい**。肢1の解説のとおり、防火設備の報告の時期は、種類、用途、構造等に応じて、おおむね6月から1年まで（ただし、国土交通大臣が定める検査の項目については、1年から3年まで）の間隔をおいて特定行政庁が定める時期とする（建基法12条3項、施行規則6条1項）。

3　**正しい**。非常用の照明装置に白熱灯を用いる場合、避難上必要となる最も暗い部分の水平床面においての照度が1ルクス以上あることが必要である（建基法施行令126条の5第1号イ、昭和45年12月28日建設省告示1830号）。

4　**正しい**。一定の特定建築設備等の所有者は、これらの特定建築設備等について、定期に、一級建築士若しくは二級建築士又は建築設備等検査員資格者証の交付を受けている者（建築設備等検査員）に検査を

解説　平成29年度

させて、その結果を特定行政庁に報告しなければならない（建基法
12条3項）。

問28 標準管理委託契約書（管理対象部分）　　正解 2　　重要度 ★★

ア　適切である。 管理対象部分としての「専有部分に属さない建物の部分」は、「エントランスホール、廊下、階段、エレベーターホール、共用トイレ、屋上、屋根、塔屋、ポンプ室、自家用電気室、機械室、受水槽室、高置水槽室、パイプスペース、内外壁、床、天井、柱、バルコニー、風除室」があたる（標準管理委託契約書2条5号ロ）。

イ　適切である。 管理対象部分としての「専有部分に属さない建物の附属物」は、「エレベーター設備、電気設備、給水設備、排水設備、テレビ共同受信設備、消防・防災設備、避雷設備、各種の配線・配管、オートロック設備、宅配ボックス」があたる（2条5号ハ）。

ウ　不適切である。 専用庭は、「附属施設」に含まれる。「附属施設」は、「塀、フェンス、駐車場、通路、自転車置場、ゴミ集積所、排水溝、排水口、外灯設備、植栽、掲示板、専用庭、プレイロット」があたる（2条5号ホ）。

エ　不適切である。 管理事務室は、「規約共用部分」に含まれる。「規約共用部分」は、「管理事務室、管理用倉庫、清掃員控室、集会室、トランクルーム、倉庫」があたる（2条5号ニ）。

以上により、不適切なものは**ウ、エ**の二つであり、肢**2**が正解。

問29 区分所有法・標準管理規約（占有者の集会への出席）　　正解 2　　重要度 ★★★

1　適切である。 区分所有者の承諾を得て専有部分を占有する者は、会議の目的たる事項につき利害関係を有する場合には、集会に出席して意見を述べることができる（区分所有法44条1項）。

2　最も不適切である。 占有者が意見を述べようとする場合は、集会を

招集する者は、区分所有者に対する集会の招集の通知を発した後遅滞なく、集会の日時、場所及び会議の目的たる事項を建物内の見やすい場所に「掲示」しなければならない（44条2項）。占有者に対しては、招集の通知を発する必要はない（35条1項参照）。

3 **適切である。** 区分所有者の承諾を得て専有部分を占有する者は、会議の目的につき利害関係を有する場合には、総会に出席して意見を述べることができる。この場合において、総会に出席して意見を述べようとする者は、あらかじめ理事長にその旨を通知しなければならない（標準管理規約（単棟型）45条2項）。

4 **適切である。** 組合員のほか、理事会が必要と認めた者は、総会に出席できる（45条1項）。したがって、占有者も、理事会が必要と認めた場合には、総会に出席できる。

✔ チェック□□□

(問) **30** **区分所有法（管理組合法人）** 正解 **4** 重要度 ★★★

1 **正しい。** 管理組合法人は、その事務に関し、区分所有者を代理する（区分所有法47条6項）。

2 **正しい。** 理事は、規約又は集会の決議によって禁止されていないときに限り、特定の行為の代理を他人に委任できる（49条の3）。

3 **正しい。** 管理組合法人の事務のうち、保存行為は、集会の決議によらず理事が決することができる（52条2項）。

4 **誤り。**「管理組合法人」は、規約又は集会の決議により、その事務に関し、区分所有者のために、原告又は被告となることができる（47条8項）。管理組合法人自身が原告又は被告となるのであって、理事が原告又は被告になるのではない。

✔ チェック□□□

(問) **31** **標準管理規約（理事長と理事会の承認・決議）** 正解 **1** 重要度 ★★

1 **最も不適切である。** 管理組合は、それぞれの棟の各区分所有者が納

入する各棟修繕積立金を積み立てるものとし、積み立てた各棟修繕積立金は、それぞれの棟の「棟の共用部分の変更」など所定の事項に要する経費に充当する場合に限り取り崩すことができる（標準管理規約（団地型）29条1項3号）。そして、この各棟修繕積立金の取崩しには、その棟の棟総会ではなく、「団地総会」の決議が必要である（50条10号）。

2　適切である。「建物の建替え等に係る合意形成に必要となる事項の調査の実施及びその経費に充当する場合の各棟修繕積立金の取崩し」は、棟総会の決議を経なければならない（72条6号）。

3　適切である。「区分所有法57条2項（共同の利益に反する行為の停止等の請求）、同法58条1項（使用禁止の請求）、同法59条1項（区分所有権の競売の請求）又は同法60条1項（占有者に対する引渡し請求）の訴えの提起及びこれらの訴えを提起すべき者の選任」は、棟総会の決議を経なければならない（標準管理規約72条2号）。

4　適切である。「建物の一部が滅失した場合の滅失した棟の共用部分の復旧」は、棟総会の決議を経なければならない（72条3号）。

✔ チェック□□□

問32	標準管理規約 （理事長の職務と理事会の承認・決議）	正解 3	重要度 ★★★

1　必要とする。理事長が管理組合の業務の執行に際して「職員を採用し、又は解雇する」には、理事会の承認が必要である（標準管理規約（単棟型）38条1項2号）。

2　必要とする。理事長は、理事会の承認を受けて、他の理事に、その職務の一部を委任できる（38条5項）。

3　必要としない。組合員が組合員総数の5分の1以上及び議決権総数の5分の1以上に当たる組合員の同意を得て、会議の目的を示して総会の招集を請求した場合には、理事長は、2週間以内にその請求があった日から4週間以内の日（会議の目的が建替え決議又はマンション敷地売却決議であるときは、2ヵ月と2週間以内の日）を会日とする臨時総会の招集の通知を発しなければならない（44条1項）。この

場合、理事会の承認又は決議は必要ない。

4　**必要とする。**区分所有者は、その専有部分について、修繕、模様替え又は建物に定着する物件の取付け若しくは取替え（修繕等）であって共用部分又は他の専有部分に影響を与えるおそれのあるものを行おうとするときは、あらかじめ、理事長にその旨を申請し、書面による承認を受けなければならない。そして、理事長は、この申請について、理事会の決議により、その承認又は不承認を決定しなければならない（17条1項・3項）。

✔ チェック□□□

33　標準管理規約（管理組合の役員）　　正解 **3**　　重要度 ★★★

1　**適切である。**会計担当理事は、管理費等の収納、保管、運用、支出等の会計業務を行う（標準管理規約（単棟型）40条3項）。

2　**適切である。**理事長は、管理組合が締結した共用部分等に関する火災保険、地震保険その他の損害保険の契約に基づく保険金額の請求及び受領について、区分所有者を代理する（24条1項・2項）。

3　**最も不適切である。**「理事会」は、その責任と権限の範囲内において、専門委員会を設置し、特定の課題を調査又は検討させることができる（55条1項）。そして、専門委員会は、調査又は検討した結果を「理事会」に具申する（55条2項）。いずれも「理事長」ではなく「理事会」である。

4　**適切である。**大規模な災害や突発的な被災では、理事会の開催も困難な場合があることから、そのような場合には、保存行為に限らず、応急的な修繕行為の実施まで理事長単独で判断し実施することができる旨を、規約に定めることも考えられる（コメント21条関係⑪）。

✔ チェック□□□

34　区分所有法（規約敷地）　　正解 **4**　　重要度 ★★★

1　**正しい。**区分所有者が建物及び建物が所在する土地と一体として管

理又は使用をする庭、通路その他の土地は、規約により建物の敷地とすることができる（区分所有法5条1項）。

2 **正しい**。建物が所在する土地が建物の一部の滅失により建物が所在する土地以外の土地となったときは、その土地は、規約で建物の敷地と定められたとみなされる（5条2項前段）。

3 **正しい**。建物が所在する土地の一部が分割により建物が所在する土地以外の土地となったときは、その土地は、規約で建物の敷地と定められたとみなされる（5条2項後段）。

4 **誤り**。区分所有法に本肢のような規定はない。なお、規約で建物の敷地と定められたとみなされる（みなし規約敷地）のは、肢2・3のように、「建物が所在する土地が建物の一部の滅失により建物が所在する土地以外の土地となったとき」か「建物が所在する土地の一部が分割により建物が所在する土地以外の土地となったとき」に限られる（5条2項）。

✔ チェック□□□

問35 **区分所有法（先取特権）** 正解 **4** 重要度 ★★

1 **正しい**。区分所有者は、共用部分、建物の敷地若しくは共用部分以外の建物の附属施設につき他の区分所有者に対して有する債権について、債務者の区分所有権（共用部分に関する権利及び敷地利用権を含む）及び建物に備え付けた動産の上に先取特権を有する（区分所有法7条1項前段）。

2 **正しい**。区分所有者は、規約若しくは集会の決議に基づき他の区分所有者に対して有する債権について、債務者の区分所有権（共用部分に関する権利及び敷地利用権を含む）及び建物に備え付けた動産の上に先取特権を有する（7条1項前段）。

3 **正しい**。管理者又は管理組合法人は、その職務又は業務を行うにつき区分所有者に対して有する債権について、債務者の区分所有権（共用部分に関する権利及び敷地利用権を含む）及び建物に備え付けた動産の上に先取特権を有する（7条1項後段）。

4 **誤り**。区分所有法７条に規定される先取特権は、「優先権の順位」及び「効力」については、民法に規定される共益費用の先取特権とみなされる（７条２項）。しかし、「目的物」については、このようなみなし規定は存しない。

✔ チェック□□□

問36 民法・区分所有法（専有部分と敷地利用権との分離処分等）　正解 4　重要度 ★★★

1 **正しい**。敷地利用権が数人で有する所有権その他の権利である場合には、区分所有者は、その有する専有部分とその専有部分に係る敷地利用権とを分離して処分できない。ただし、規約に別段の定めがあるときは、この限りでない（区分所有法22条１項）。

2 **正しい**。分離処分の禁止に違反する専有部分又は敷地利用権の処分については、その無効を善意の相手方に主張できない。ただし、不動産登記法の定めにより分離して処分することができない専有部分及び敷地利用権であることを登記した後に、その処分がされたときは、この限りでない（23条）。

3 **正しい**。債務不履行により区分所有者の一人の借地契約が解除された場合、その区分所有者の敷地利用権は消滅する（民法541条、620条）。

4 **誤り**。敷地利用権を有しない区分所有者があるときは、「その専有部分の収去を請求する権利を有する者」は、その区分所有者に対し、区分所有権を時価で売り渡すべきことを請求できる（区分所有法10条）。この売渡請求権は、「その専有部分の収去を請求する権利を有する者」に認められ、敷地利用権を有しない専有部分の区分所有者からの行使は認められない。

区分所有法における「分離処分の禁止」は、①専有部分と「共用部分の持分」との分離処分の禁止と、②専有部分と「敷地利用権」との分離処分の禁止がある。例外が認められる場合が異なるため、きちんと整理しておこう。

㊲37 区分所有法 （集会の招集及び決議） 正解 1 重要度 ★★★

1 **誤り**。区分所有者は、規約に別段の定めがない限り集会の決議によって、管理者を選任し、又は解任できる（区分所有法25条1項）。したがって、管理者の解任は、区分所有者及び議決権の各過半数の決議（普通決議）でできる（39条1項）。

2 **正しい**。共用部分の変更（その形状又は効用の著しい変更を伴わないものを除く＝いわゆる重大変更）は、区分所有者及び議決権の各4分の3以上の多数による集会の決議で決する（17条1項）。これに対して、共用部分の変更でも、その形状又は効用の著しい変更を伴わないもの（＝いわゆる軽微変更）については、区分所有者及び議決権の各過半数の決議が必要となる（18条1項本文）。

3 **正しい**。集会は、区分所有者全員の同意があるときは、招集の手続を経ないで開くことができる（36条）。

4 **正しい**。規約の設定、変更又は廃止は、区分所有者及び議決権の各4分の3以上の多数による集会の決議によってする。この場合において、規約の設定、変更又は廃止が一部の区分所有者の権利に特別の影響を及ぼすべきときは、その承諾を得なければならない（31条1項）。

㊳38 区分所有法（管理組合法人） 正解 3 重要度 ★★★

1 **正しい**。管理組合法人の住所は、その主たる事務所の所在地にあるものとする（区分所有法47条10項、一般社団・財団法人法4条）。

2 **正しい**。管理組合法人の財産をもってその債務を完済することができないときは、区分所有者は、共用部分の持分の割合と同一の割合で、その債務の弁済の責めに任ずる。ただし、建物等の管理に要する経費につき負担の割合が定められているときは、その割合による（区分所有法53条1項）。

3 **誤り**。管理組合法人は、その事務に関し、区分所有者を代理する。

損害保険契約に基づく保険金額・共用部分等について生じた損害賠償金・不当利得による返還金の請求及び受領についても、同様とする（47条6項）。したがって、管理組合法人の代表理事ではなく、管理組合法人自身が承継する。

4 正しい。 管理組合法人の代理権に加えた制限は、善意の第三者に対抗できない（47条7項）。

✔ チェック□□□

問**39** 区分所有法
（団地内の区分所有建物の建替え） 正解 **2** 重要度 ★★★

　本問の文章は、平成21年4月23日最高裁判決からのものである。ここでは、以下のように判示されている。

　「同法70条1項は、団地内の各建物の区分所有者及び議決権の各（ア：3分の2）以上の賛成があれば、団地内区分所有者及び議決権の各（イ：5分の4）以上の多数の賛成で団地内全建物一括建替えの決議ができるものとしているが、団地内全建物一括建替えは、団地全体として計画的に良好かつ安全な住環境を確保し、その敷地全体の効率的かつ一体的な利用を図ろうとするものであるところ、…（略）…、団地全体では同法62条1項の議決要件と同一の議決要件を定め、各建物単位では区分所有者の数及び議決権数の過半数を相当超える議決要件を定めているのであり、同法70条1項の定めは、なお合理性を失うものではないというべきである。また、団地内全建物一括建替えの場合、1棟建替えの場合と同じく、…（略）…、建替えに参加しない区分所有者は、（ウ：売渡請求権の行使を受ける）ことにより、区分所有権及び敷地利用権を（エ：時価で売り渡す）こととされているのであり（同法70条4項、63条4項）、その経済的損失については相応の手当がされているというべきである。」

　以上により、（ア）には「3分の2」、（イ）には「5分の4」、（ウ）には「売渡請求権の行使を受ける」、（エ）には「時価で売り渡す」が入り、肢**2**が正解。

✔ チェック□□□

問40 品確法（総合）　　正解 3　重要度 ★★

1　誤り。 品確法において、「新築住宅」とは、新たに建設された住宅で、「まだ人の居住の用に供したことのないもの」（建設工事の完了の日から起算して1年を経過したものを除く）をいう（品確法2条2項）。

2　誤り。 新築住宅の売買契約において、売主は、買主に引き渡した時から10年間、住宅の構造耐力上主要な部分及び雨水の浸入を防止する部分の瑕疵について、民法に規定する担保の責任を負う（95条1項）。そして、この規定に反する特約で買主に不利なものは、無効となる（同条2項）。したがって、瑕疵担保責任を負うべき期間を、買主に引き渡した時から5年間に短縮できない。

3　正しい。 既存の共同住宅に係る建設住宅性能評価を受ける場合、専有部分のみならず共用部分についても評価が必要である（平成13年国土交通省告示1346号）。すなわち、共同住宅における住宅の性能評価は、専用部分と共用部分がセットで評価される必要がある。

4　誤り。 指定住宅紛争処理機関は、建設住宅性能評価書が交付された住宅（評価住宅）の建設工事の請負契約又は売買契約に関する紛争の当事者の双方又は一方からの申請により、当該紛争のあっせん、調停及び仲裁（住宅紛争処理）の業務を行う（67条1項）。この住宅紛争処理の対象となる評価住宅には、新築住宅のみならず、既存住宅も含まれる（施行規則5条）。

✔ チェック□□□

問41 民法（担保責任）　　正解 2　重要度 ★★★

1　正しい。 売主が種類又は品質に関して契約の内容に適合しない目的物を買主に引き渡した場合において、買主がその不適合を知った時から1年以内にその旨を売主に通知しないときは、買主は、その不適合を理由として、履行の追完の請求、代金の減額の請求、損害賠償の請

求及び契約の解除ができない（民法566条）。なお、売主が引渡しの時にその不適合を知り、又は重大な過失によって知らなかったときは、買主は、これらの請求ができる。

2 **誤り**。民法上の担保責任に関する規定は、いわゆる任意規定であり、原則として当事者間で自由に特約ができる（562条、564条）。

3 **正しい**。売主は、買主に対して担保の責任を負わない旨の特約をしたときであっても、知りながら告げなかった事実等については、その責任を免れることができない（572条）。

4 **正しい**。引き渡された目的物が種類、品質又は数量に関して契約の内容に適合しないときは、買主は、売主に対し、追完請求権、代金減額請求権、損害賠償請求及び解除権の行使ができる（562条、563条、564条）。この場合、「買主が不適合を知っていた」からといって、直ちに売主が担保責任を負わなくなるわけではない。

✔ チェック□□□

問42 建替え等円滑化法　　正解 4　　重要度 ★★

1 **正しい**。耐震改修促進法2条1項に規定する耐震診断が行われたマンションの管理者等は、特定行政庁に対し、当該マンションを除却する必要がある旨の認定を申請できる（建替え等円滑化法102条1項）。

2 **正しい**。当該マンションを除却する必要がある旨の認定を受けた場合において、要除却認定マンションに係る敷地利用権が数人で有する所有権又は借地権であるときは、区分所有者集会において、区分所有者、議決権及び当該敷地利用権の持分の価格の各5分の4以上の多数で、当該要除却認定マンション及びその敷地（当該敷地利用権が借地権であるときは、その借地権）を売却する旨の決議（マンション敷地売却決議）ができる（108条1項）。

3 **正しい**。マンション敷地売却組合は、法人である（117条1項）。そして、その名称中にマンション敷地売却組合という文字を用いなければならない（119条1項）。

4 **誤り**。マンション敷地売却組合の設立の認可を申請しようとする

マンション敷地売却合意者は、5人以上共同して、定款及び資金計画を定め、都道府県知事等の認可を受けて組合を設立できる（120条1項）。そして、この組合の設立については、マンション敷地売却合意者の「4分の3以上」の同意（同意した者の議決権の合計がマンション敷地売却合意者の議決権の合計の4分の3以上であり、かつ、同意した者の敷地利用権の持分の価格の合計がマンション敷地売却合意者の敷地利用権の持分の価格の合計の4分の3以上となる場合に限る）を得なければならない（120条2項）。

 肢4に関して、建替事業における「マンション建替組合」の設立、敷地売却事業における「マンション敷地売却組合」の設立及び敷地分割事業における「マンション敷地分割組合」の設立の各認可の申請は、いずれも、事業の合意者及び議決権の各4分の3以上の同意が必要とされる。

✔ チェック□□□

問43 地震保険に関する法律　正解 **1**　重要度 ★★

地震保険に関する法律において、「地震保険契約」とは、次に掲げる要件を備える損害保険契約（火災に係る共済契約を含む）をいう（地震保険に関する法律2条2項）。

① 居住の用に供する建物又は生活用動産のみを保険の目的とすること
② 地震若しくは噴火又はこれらによる津波を直接又は間接の原因とする火災、損壊、埋没又は流失による損害（政令で定めるものに限る）を政令で定める金額によりてん補すること
③ 特定の損害保険契約に附帯して締結されること
④ 附帯される損害保険契約の保険金額の100分の30以上100分の50以下の額に相当する金額（その金額が政令で定める金額を超えるときは、当該政令で定める金額）を保険金額とすること

ア **正しい**。上記②により、本記述の内容は正しい。
イ **正しい**。上記③により、本記述の内容は正しい。
ウ **誤り**。上記①により、生活用動産も地震保険の目的となるので、本

記述の内容は誤り。

エ　誤り。損害の区分として政令に定められているのは、全壊、大半損、小半損、一部損の4つである（施行令1条）。

以上により、正しいものの組み合わせは**ア・イ**であり、**肢1**が正解。

✔ チェック□□□

| 問44 | 借地借家法
（定期建物賃貸借契約） | 正解 **1** | 重要度
★★★ |

1　誤り。期間の定めがある建物の賃貸借をする場合においては、公正証書による等書面によって契約をするときに限り、契約の更新がない旨を定めることができる（定期建物賃貸借、借地借家法38条1項）。したがって、「書面」による必要はあるが、必ずしも公正証書による必要はない。なお、本問の前提は電磁的方法を用いない場合であるが、建物の賃貸借契約が、その内容を記録した電磁的記録によって行われた場合は、その契約は、「書面によってされた」とみなされることとなる（38条2項）。

2　正しい。定期建物賃貸借契約については、1年未満を無効とする等の規定は存在しない。したがって、1年未満の期間の定めはそのまま有効となる（38条1項）。なお、一般の借家契約は、期間を1年未満とする建物の賃貸借は、期間の定めがない建物の賃貸借とみなされる（29条1項）。

3　正しい。定期建物賃貸借をしようとするときは、建物の賃貸人は、あらかじめ、建物の賃借人に対し、定期建物賃貸借は契約の更新がなく、期間の満了により当該建物の賃貸借は終了することについて、その旨を記載した書面を交付して説明しなければならない。建物の賃貸人がこの説明をしなかったときは、契約の更新がない旨の定めは、無効となる（38条2項・3項）。

4　正しい。借賃増減請求権の規定は、定期建物賃貸借において、借賃の改定に係る特約がある場合には、適用しない（38条7項、32条）。

✔ チェック□□□

問45 宅建業法（重要事項の説明） 正解 4 重要度 ★★

1 誤り。「飲用水、電気及びガスの供給並びに排水のための施設の整備の状況」は、重要事項の説明の対象であり、これらの施設が整備されていない場合においては、「その整備の見通し及びその整備についての特別の負担に関する事項」も説明する必要がある（宅建業法35条1項4号）。

2 誤り。「支払金又は預り金を受領しようとする場合において、保証の措置その他国土交通省令・内閣府令で定める保全措置を講ずるかどうか、及びその措置を講ずる場合におけるその措置の概要」は重要事項の説明の対象である（35条1項11号）。

3 誤り。「宅地又は建物の引渡しの時期」については、重要事項の説明の対象とされていない（35条1項参照）。なお、37条書面の記載事項とはされている（37条1項4号参照）。

4 正しい。宅建業者の相手方等が宅建業者の場合は、35条書面の交付を行えばよく、宅建士をして説明させる必要はない（35条6項）。

✔ チェック□□□

問46 適正化方針 正解 3 重要度 ★★★

ア 定められている。マンションにおけるコミュニティ形成は、日常的なトラブルの防止や防災減災、防犯などの観点から重要なものであり、管理組合においても、建物の区分所有等に関する法律に則り、良好なコミュニティの形成に積極的に取り組むことが望ましい（適正化方針三2（7））。

イ 定められている。管理業務の委託や工事の発注等については、利益相反等に注意して、適正に行われる必要があるが、とりわけ外部の専門家が管理組合の管理者等又は役員に就任する場合においては、マンションの区分所有者等から信頼されるような発注等に係るルールの整備が必要である（方針三2（6））。

ウ　定められていない。管理組合の管理者等は、維持修繕を円滑かつ適切に実施するため、設計に関する図書等を保管することが重要である。また、この図書等について、「マンションの区分所有者等」の求めに応じ、適時閲覧できるようにすることが望ましい（方針三2（5））。したがって、「マンション管理業者」ではなく、「マンションの区分所有者等」である。

エ　定められている。マンションを購入しようとする者は、マンションの管理の重要性を十分認識し、売買契約だけでなく、管理規約、使用細則、管理委託契約、長期修繕計画等管理に関する事項に十分に留意する必要がある（方針三3）。

以上により、定められているものは**ア**、**イ**、**エ**の三つであり、肢**3**が正解。

 適正化方針は、「管理組合及び区分所有者のマンション管理に対する主体的関与」を念頭に規定されている。その視点で、全文を繰り返し（3回〜5回程度）通読しておこう。

✔ **チェック**□□□

問 **47**　適正化法（管理事務の報告）　正解 **2**　重要度 ★★★

1　誤り。マンション管理業者は、管理事務の委託を受けた管理組合に管理者等が置かれているときは、定期に、当該管理者等に対し、管理業務主任者をして、当該管理事務に関する報告をさせなければならない（適正化法77条1項、施行規則88条）。管理者が置かれている場合は、説明会を開催し、区分所有者等に報告する必要はない。

2　正しい。管理事務報告書に記載しなければならない事項は、①報告の対象となる期間、②管理組合の会計の収入及び支出の状況、③このほか、管理受託契約の内容に関する事項である（適正化法77条1項・2項、施行規則88条、89条）。

3　誤り。マンション管理業者は、管理事務の委託を受けた管理組合に管理者等が置かれていない場合、区分所有者等に対し当該管理事務に

関する報告を行うための説明会を開催しなければならない（適正化法77条2項）。そして、この場合、当該説明会の開催日の1週間前までに、説明会の開催の日時及び場所について、当該管理組合を構成するマンションの区分所有者等の見やすい場所に掲示しなければならない（施行規則89条3項）。1週間を下回ってよい旨の規定は存しない。

4　**誤り**。マンション管理業者は、管理事務の委託を受けた管理組合に管理者等が置かれているときは、定期に、当該管理者等に対し、管理業務主任者をして、当該管理事務に関する報告をさせなければならない（適正化法77条1項）。したがって、原則として必ず管理業務主任者をして報告させる必要がある。

✔ チェック□□□

問 48　適正化法（マンションの定義）　　正解 4　　重要度 ★★★

「マンション」とは、①2以上の区分所有者が存する建物で人の居住の用に供する専有部分のあるもの並びにその敷地及び附属施設、②一団地内の土地又は附属施設（これらに関する権利を含む）が当該団地内にある①に掲げる建物を含む数棟の建物の所有者（専有部分のある建物にあっては、区分所有者）の共有に属する場合における当該土地及び附属施設をいう（適正化法2条1号）。

1　**誤り**。上記①より、2以上の区分所有者が存する建物であって、人の居住の用に供する専有部分のあるものは、「マンション」に当たる。

2　**誤り**。上記①より、2以上の区分所有者が存する建物であって人の居住の用に供する専有部分のある建物の附属施設も、「マンション」に当たる。

3　**誤り**。一団地内の附属施設については、人の居住の用に供する専有部分のあるものが含まれている数棟の建物の所有者の共有に属していなければ、マンションには当たらない。

4　**正しい**。2以上の区分所有者が存する建物で人の居住の用に供する専有部分のあるものを含む、数棟の建物の所有者の共有に属する土地は、マンションに当たる。

問 49　適正化法（管理業務主任者）　正解 2　重要度 ★★

1　**誤り。** マンション管理業者は、使用人その他の従業者に、その従業者であることを証する証明書を携帯させなければ、その者をその業務に従事させてはならない（適正化法88条1項）。この「従業者であることを証する証明書」は、管理業務主任者証とは異なるものであり、管理業務主任者証の携帯で代わりにすることはできない。

2　**正しい。** 管理業務主任者として行う事務に関し、不正又は著しく不当な行為をしたときで情状が特に重いときは、国土交通大臣は、その登録を取り消さなければならない（65条1項4号、64条1項3号）。

3　**誤り。** 登録を受けた者は、登録を受けた事項に変更があったときは、遅滞なく、その旨を国土交通大臣に届け出なければならない（62条1項）。この登録事項は、氏名、生年月日、住所、本籍（日本の国籍を有しない者は、国籍）、性別、試験の合格年月日及び合格証書番号である（59条2項）。したがって、住所の変更があった場合には、国土交通大臣への届出が必要である。そして、管理業務主任者は、この届出をする場合で、管理業務主任者証の記載事項に変更があったときは、当該届出に管理業務主任者証を添えて提出し、その訂正を受けなければならない（62条2項）。しかし、住所は、管理業務主任者証の記載事項ではない（60条1項、施行規則74条1項参照）。したがって、管理業務主任者証を添えて提出し、その訂正を受ける必要はない。

4　**誤り。** 管理業務主任者は、管理業務主任者証の亡失によりその再交付を受けた後において、亡失した管理業務主任者証を発見したときは、速やかに、発見した管理業務主任者証を国土交通大臣に「返納」しなければならない（77条4項）。

問 50　適正化法（契約の成立時の書面の交付）　正解 1　重要度 ★★★

マンション管理業者は、管理組合から管理事務の委託を受けることを

解説
平成29年度

内容とする契約を締結したときは、当該管理組合の管理者等に対し、遅滞なく、所定の事項を記載した書面を交付しなければならない。なお、当該マンション管理業者が当該管理組合の管理者等である場合や当該管理組合に管理者等が置かれていない場合は、当該管理組合を構成するマンションの区分所有者等全員に対して、書面を交付しなければならない（適正化法73条1項）。

1 **正しい**。本問では、管理組合Bに管理者が置かれており、管理業者Aは管理者ではないので、Bの管理者のみに契約の成立時の書面を交付すれば足りる。

2 **誤り**。マンション管理業者は、管理組合と管理受託契約を締結したときは、当該管理組合の管理者等に対して、所定の事項を記載した契約の成立時の書面を交付する必要がある（73条1項）。これは、同一条件で契約を更新した場合でも同じである。したがって、従前の契約を締結した際の契約の成立時の書面の写しの交付では足りず、更新契約に係る契約の成立時の書面を新たに交付する必要がある。

3 **誤り**。管理受託契約を締結したときは、必ず所定の事項を記載した契約の成立時の書面を交付する必要がある。この点、重要事項の説明の場合とは異なり、新築分譲の場合等における最初の専有部分の引渡しの日から1年を経過する日までの間に契約期間が満了する場合において、契約締結時の書面の交付が不要となる旨の規定は存在しない。

4 **誤り**。マンション管理業者は、契約の成立時の書面を作成するときは、管理業務主任者をして、当該書面に記名させなければならない（73条2項）。管理業務主任者証の写しの添付によって、管理業務主任者の記名に代えることはできない。

契約成立時の書面の交付手続については、重要事項説明手続と比較しながら整理しておこう。いずれも管理業務主任者による記名は必要だが、契約成立時の書面の交付手続では、管理業務主任者による説明は不要である。

解答と解説

正解番号一覧

問	正解	問	正解	問	正解	問	正解	問	正解
1	1	11	1	21	2	31	4	41	1
2	2	12	4	22	4	32	2	42	1
3	3	13	3	23	1	33	1	43	3
4	1	14	1	24	2	34	4	44	1
5	4	15	4	25	4	35	4	45	3
6	3	16	4	26	3	36	3	46	3
7	3	17	2	27	1	37	3	47	2
8	1	18	4	28	2	38	4	48	4
9	2	19	2	29	4	39	2	49	2
10	2	20	3	30	2	40	1	50	3

合格基準点：35点

問 1　民法（制限行為能力者）　　**正解 1**　**重要度 ★**

ア　誤り。被保佐人が不動産その他重要な財産に関する権利の得喪を目的とする行為をするには、その保佐人の同意を得なければならず、保佐人の同意を得ないでした行為は取り消すことができる（民法13条1項3号・4項）。そして、行為能力の制限によって取消しができる行為は、制限行為能力者本人だけでなく、同意をすることができる者や制限行為能力者の代理人・承継人が、取り消すことができる（120条1項）。したがって、当該売買契約を取り消すことができる者は、被保佐人に限られない。

イ　正しい。家庭裁判所は、保佐開始の審判の請求ができる者（本人、配偶者、4親等内の親族、後見人、後見監督人、補助人、補助監督人、検察官）又は保佐人・保佐監督人の請求によって、被保佐人のために特定の法律行為について保佐人に代理権を付与する旨の審判ができる（876条の4第1項、11条）。そして、本人以外の者の請求によってこの審判をするには、本人の同意がなければならない（876条の4第2項）。

ウ　誤り。制限行為能力者の相手方は、被保佐人又は民法17条1項の審判（補助人の同意を要する旨の審判）を受けた被補助人に対しては、期間内にその保佐人又は補助人の追認を得るべき旨の催告ができる。この場合において、その被保佐人又は被補助人がその期間内にその追認を得た旨の通知を発しないときは、その行為を「取り消したもの」とみなされる（20条4項）。

エ　正しい。制限行為能力者が行為能力者であることを信じさせるため詐術を用いたときは、その行為を取り消すことができない（21条）。そして、制限行為能力者であることを黙秘していた場合でも、それが、制限行為能力者の他の言動などと相まって、相手方を誤信させ、又は誤信を強めたと認められるときは、なお詐術に当たる（判例）。

以上により、誤っているものの組み合わせは**ア・ウ**であり、肢**1**が正解。

問 2 民法（意思表示） 正解 **2** 重要度 ★★★

　本問では、管理者Ｂが、その職務に関して管理組合Ａを代理して取引行為を行っているが、代理人が相手方に対してした意思表示の効力が意思の不存在、錯誤、詐欺、強迫又はある事情を知っていたこと若しくは知らなかったことにつき過失があったことによって影響を受けるべき場合には、その事実の有無は、代理人（Ｂ）について決する（民法101条1項）。

1　誤り。 意思表示は、意思表示に対応する意思を欠く錯誤等に基づくものであって、その錯誤が法律行為の目的及び取引上の社会通念に照らして重要なものであるときは、取り消すことができる（95条1項）。したがって、「無効」を主張できるわけではない。

2　正しい。 相手方に対する意思表示について第三者が詐欺を行った場合においては、相手方がその事実を知り、又は知ることができたときに限り、その意思表示を取り消すことができる（96条2項）。

3　誤り。 代理権は、①本人の死亡、②代理人の死亡、代理人が破産手続開始の決定・後見開始の審判を受けたこと、③委任による代理権について、委任の終了によって消滅する（111条1項・2項）。しかし、代理人たる管理者が補助開始の審判を受けたことは、代理権の消滅事由に当たらない。

4　誤り。 他人に代理権を与えた者は、代理権の消滅後にその代理権の範囲内においてその他人が第三者との間でした行為について、代理権の消滅の事実について善意無過失の第三者に対してその責任を負う（代理権消滅後の表見代理、112条1項）。したがって、Ｂが管理者を解任されたことによりＢの代理権は消滅しているが、そのことについて善意・無過失のＣに対して対抗できないので、取引行為の効力は、ＡＣ間に生じることになる。

＋アルファ　肢1に関して、錯誤が表意者の重大な過失によるものであった場合には、原則として、錯誤による意思表示の取消しをすることはできない。

問 3　民法（管理費の消滅時効）　正解 3　重要度 ★★★

1　正しい。 取消権は、追認できる時から５年間行使しないときは、時効によって消滅する。行為の時から20年を経過したときも、同様である（民法126条）。

2　正しい。 債権は、①債権者が権利を行使できることを知った時（＝主観的起算点）から５年間行使しないとき、又は、②権利を行使できる時（＝客観的起算点）から10年間行使しないときは、時効によって消滅する（民法166条１項）。そして、管理費等の債権のように、支払期限（＝支払日）のある債権は、支払期限が到来すれば債権者は権利を行使できることを当然に知っているといえるため、主観的起算点と客観的起算点は一致すると考えられる。したがって、管理組合の組合員に対する管理費支払請求権は、滞納の時から５年間行使しないときは消滅する。

3　誤り。 肢２で述べたとおり、債権は、①債権者が権利を行使することができることを知った時（＝主観的起算点）から５年間行使しないとき、又は、②権利を行使することができる時（＝客観的起算点）から10年間行使しないときは、時効によって消滅する（民法166条１項）。したがって、本肢の報酬請求権は、債権者である施工業者が当該請求権を行使できることを知った時から「５年間」行使しないときは消滅する。

4　正しい。 人の生命又は身体を害するものを除き、不法行為による損害賠償の請求権は、①被害者又はその法定代理人が損害及び加害者を知った時から３年間行使しないとき、又は、②不法行為の時から20年間行使しないときは、時効によって消滅する（民法724条）。したがって、本肢の財産上の損害に関する不法行為に基づく損害賠償請求権は、損害及び加害者を知った時から３年間行使しないとき、また不法行為の時から20年を経過したときは消滅する。なお、人の生命又は身体を害する不法行為による損害賠償請求権の消滅時効については、上記①の期間が５年間となる（724条の２）。

問4 民法・区分所有法（共有） 正解 **1** 重要度 ★★

1 **正しい**。各共有者は、いつでも共有物の分割を請求することができる。ただし、5年を超えない期間内は分割をしない旨の契約をすることを妨げない（民法256条1項）。

2 **誤り**。専有部分が数人の共有に属するときは、共有者は、議決権を行使すべき者1人を定めなければならない（区分所有法40条）。この点、規約で別段の定めはできない。

3 **誤り**。所有者は、法令の制限内において、自由にその所有物の使用、収益及び処分をする権利を有する（民法206条）。共有の場合、各共有者は、他の共有者の同意を得なくても、自己の持分を自由に処分できる。

4 **誤り**。数人の債権者又は債務者がある場合において、別段の意思表示がないときは、各債権者又は各債務者は、それぞれ等しい割合で権利を有し、又は義務を負う（分割債権・分割債務、427条）。したがって、売主である各共有者は、別段の意思表示がない限り、自己の持分の割合で代金の請求ができるにすぎない。

問5 民法・区分所有法（請負） 正解 **4** 重要度 ★★

1 **誤り**。①注文者の責めに帰することができない事由によって仕事を完成できなくなったとき、②請負が仕事の完成前に解除されたときは、請負人が既にした仕事の結果のうち可分な部分の給付によって注文者が利益を受けるときは、その部分を仕事の完成とみなす。この場合において、請負人は、注文者が受ける利益の割合に応じて報酬を請求できる（民法634条）。

2 **誤り**。請負人が種類又は品質に関して契約の内容に適合しない仕事の目的物を注文者に引き渡したとき（その引渡しを要しない場合にあっては、仕事が終了した時に仕事の目的物が種類又は品質に関して

解説 平成28年度

契約の内容に適合しないとき）は、注文者は、履行の追完の請求、報酬の減額の請求、損害賠償の請求及び契約の解除ができる（559条、566条、636条参照）。

3 **誤り**。管理者は、規約又は集会の決議により、その職務（損害保険契約に基づく保険金額並びに共用部分等について生じた損害賠償金及び不当利得による返還金の請求及び受領を含む）に関し、区分所有者のために、原告又は被告となることができる（区分所有法26条４項）。規約の定めによっても、管理者が原告となって訴訟を提起できる。

4 **正しい**。請負人が仕事を完成しない間は、注文者は、いつでも損害を賠償して契約の解除ができる（民法641条）。

✔ チェック□□□

(問) **6**　**民法（相続）**　　正解 **3**　重要度 ★★

1 **誤り**。共同相続人は、被相続人が遺言で禁じた場合を除き、いつでも、その協議で、遺産の全部又は一部の分割ができる（民法907条１項）。相続の承認・放棄とは異なり、相続開始があったことを知った時から３ヵ月以内にしなければならないわけではない（915条１項参照）。

2 **誤り**。相続に関する被相続人の遺言書を偽造し、変造し、破棄し、又は隠匿した者は、相続人となることができない（相続欠格、891条５号）。この相続欠格の場合、定められた事由に該当すれば、家庭裁判所の認定がなくても、当然に欠格となる。

3 **正しい**。不動産を共同相続した相続人の１人が、当該不動産につき勝手に単独所有権取得の登記をし、さらに第三取得者が移転登記を受けた場合、他の相続人は、当該第三取得者に対し自己の持分を登記なくして対抗できる（177条、判例）。

4 **誤り**。相続の放棄をした者は、その相続に関しては、初めから相続人とならなかったものとみなされる（939条）。その効力は絶対的で、何人に対しても、登記等なくしてその効力を生ずる（判例）。したがって、単独相続した者は、相続放棄をした者が有していた持分の差押債

権者に対しても、自己の権利を対抗できる。

✔ チェック□□□

問7 標準管理委託契約書（委託契約の更新等）　正解 3　重要度 ★★★

1　**適切でない**。管理委託契約の更新について申出があった場合において、その有効期間が満了する日までに更新に関する協議が調う見込みがないときは、管理組合及び管理業者は、当該管理委託契約と同一の条件で、期間を定めて暫定契約を締結できる（標準管理委託契約書23条2項）。暫定契約の期間について3月を超えることができないという制限はない。

2　**適切でない**。管理業者は、事務管理業務の管理事務の一部、又は管理員業務、清掃業務若しくは建物・設備等管理業務の管理事務の全部若しくは一部を、第三者に再委託できる（3条、4条1項）。管理員業務、清掃業務、建物・設備等管理業務については、業務の「全部」を第三者に再委託できる。

3　**最も適切である**。管理業者は、解約等により管理委託契約が終了した場合には、管理業者が保管する当該マンションに係る設計図書、管理組合の管理規約の原本、総会議事録、総会議案書等、組合員等の名簿及び出納事務のため管理業者が預かっている管理組合の口座の通帳等を遅滞なく、管理組合に引き渡す（別表第1　2（3）③三）。

4　**適切でない**。管理業者は、適正化法72条に基づき管理委託契約締結前に行う重要事項説明等の際に、管理業者が管理組合に対して見積書等であらかじめ定額委託業務費の内訳を明示している場合で、当事者間で合意しているときは、管理委託契約に定額委託業務費の内訳を記載しないことができる（6条、コメント6条関係①）。管理組合との合意が必要である。

＋アルファ　肢2に関して、マンション管理適正化法が基幹事務の一括再委託を禁止していることを受け、マンション標準管理委託契約書では、基幹事務を含む事務管理業務の一括再委託を禁止している。

問8 標準管理委託契約書（委託業務費等）　正解 1　重要度 ★★★

ア　適切である。3年ごとに実施する特定建築物定期調査のように、契約期間をまたいで実施する管理事務の取扱いについては、当該管理委託契約と別個の契約とする方法、定額委託業務費に含める方法又は定額委託業務費以外の業務費とする方法が考えられる。定額委託業務費に含める場合には、実施時期や費用を明示し、管理事務を実施しない場合の精算方法をあらかじめ明らかにすべきである（標準管理委託契約書コメント6条関係⑤）。

イ　適切でない。標準管理委託契約書では、適正化法2条6号に定める管理事務を管理業者に委託する場合を想定しているため、マンション管理計画認定制度及び民間団体が行う評価制度等に係る業務並びに警備業法に定める警備業務及び消防法に定める防火管理者が行う業務は、管理業務に含まれない（コメント全般関係③）。これに対して、浄化槽法7条及び11条に規定する水質検査の業務は、管理業務に含まれる（標準管理委託契約書別表第4　4（1））。

ウ　適切である。管理対象部分とは、管理規約により管理組合が管理すべき部分のうち、管理業者が受託して管理する部分をいい、組合員が管理すべき部分を含まない。そして、専用使用部分（バルコニー、トランクルーム、専用庭等）については、管理組合が管理すべき部分の範囲内において、管理業者が管理事務を行う（2条、コメント2条関係①②）。

エ　適切でない。管理組合又は管理業者は、その相手方が、管理委託契約に定められた義務の履行を怠った場合は、相当の期間を定めてその履行を催告し、相手方が当該期間内に、その義務を履行しないときは、管理委託契約を解除できる（20条1項）。さらに、管理組合又は管理業者は、その相手方に対し、少なくとも3月前に書面で解約の申入れを行うことにより、管理委託契約を終了させることができる（21条）。以上により、適切なものの組み合わせは**ア・ウ**であり、肢**1**が正解。

問 9 標準管理委託契約書（管理事務） 　正解 2　重要度 ★★★

1　**適切である**。管理業者及び管理業者の使用人等は、正当な理由なく、管理事務に関して知り得た管理組合及び組合員等の秘密を漏らし、又は管理事務以外の目的に使用してはならない。管理委託契約が終了した後も同様である（標準管理委託契約書17条）。

2　**最も不適切である**。長期修繕計画案の作成業務並びに建物・設備の劣化状況等を把握するための調査・診断の実施及びその結果に基づき行う当該計画の見直し業務を実施する場合は、管理委託契約とは別個の契約とする（別表第1　1（3）一）。

3　**適切である**。管理業者は、管理組合の長期修繕計画における修繕積立金の額が著しく低額である場合、若しくは設定額に対して実際の積立額が不足している場合、又は管理事務を実施する上で把握した当該マンションの劣化等の状況に基づき、当該計画の修繕工事の内容、実施予定時期、工事の概算費用若しくは修繕積立金の見直しが必要であると判断した場合には、書面をもって管理組合に助言する（別表第1　1（3）一）。

4　**適切である**。大規模修繕、長期修繕計画、管理規約改正等、理事会が設置する各種専門委員会の運営支援業務を実施する場合は、その業務内容、費用負担について、別途、管理組合及び管理業者が協議して定める（コメント別表第1　2関係⑥）。

問 10 民法・民事訴訟法・区分所有法（管理費の滞納） 　正解 2　重要度 ★★★

1　**誤り**。簡易裁判所においては、訴訟の目的の価額が「60万円以下」の金銭の支払いの請求を目的とする訴えについて、少額訴訟による審理及び裁判を求めることができる（民訴法368条1項）。

2　**正しい**。催告があったときは、その時から6箇月を経過するまでの間は、時効は、完成しない（民法150条1項）。

解説

平成28年度

3 誤り。管理費の支払債務は、常に区分所有者が負い、賃借人である占有者は、管理費の支払義務を負わない。

4 誤り。本案について終局判決があった後に訴えを取り下げた者は、同一の訴えを提起できない（民訴法262条2項）。しかし、終局判決の「前」に訴えを取り下げた場合は、再び訴えを提起することは可能である。

✔ チェック□□□

問11 民法・区分所有法（管理費の滞納）　正解 1　重要度 ★★

1 **最も適切である。**管理費に係る債権は、債務者たる区分所有者の特定承継人に対しても行使できる（区分所有法8条、7条1項）。ここでいう区分所有者の特定承継人とは、専有部分の買主や受贈者等を指すが、この特定承継人の責任は、特定承継人が前区分所有者の管理費の滞納の事実について、善意・悪意のいずれであるかを問わず生ずる。

2 **適切でない。**金銭の給付を目的とする債務の不履行については、その損害賠償の額は、法定利率（民事では年3％、404条）によって定める。ただし、約定利率が法定利率を超えるときは、約定利率による（民法419条1項、404条）。したがって、法定利率である年3％を超えて定めることを制限する規定はない。

3 **適切でない。**民事再生手続は、経済的に窮境にある債務者について、その債権者の多数の同意を得、かつ、裁判所の認可を受けた再生計画を定めること等により、当該債務者とその債権者との間の民事上の権利関係を適切に調整し、もって当該債務者の事業又は経済生活の再生を図ることを目的とする手続である（民事再生法1条）。具体的には、再生計画に則って債務の弁済を継続するための手続であるため、民事再生手続開始の申立てによって滞納管理費の支払義務を免れるものではない。

4 **適切でない。**管理費に係る債権は、債務者たる区分所有者の特定承継人に対して「も」行使できる（区分所有法8条、7条1項）。した

がって、区分所有者の特定承継人（買主、受贈者等）に対して請求できるが、自ら滞納した区分所有者が管理費の支払義務を免れるわけではない。

✔ チェック□□□

問 12 標準管理規約（修繕積立金） 正解 4 重要度 ★★

1　**適切である**。管理組合は、各区分所有者が納入する修繕積立金を積み立てるものとし、積み立てた修繕積立金は、建物の建替え及びマンション敷地売却（建替え等）に係る合意形成に必要となる事項の調査など、特別の管理に要する経費に充当する場合に限って取り崩すことができる（標準管理規約（単棟型）28条1項4号）。そして、これら特別の管理の実施並びにそれに充てるための資金の借入れ及び修繕積立金の取崩しをするには、総会の決議を経なければならない（48条10号）。

2　**適切である**。分譲会社が分譲時において将来の計画修繕に要する経費に充当していくため、一括して購入者より修繕積立基金として徴収している場合や、修繕時に、既存の修繕積立金の額が修繕費用に不足すること等から、一時負担金が区分所有者から徴収される場合は、これらについても修繕積立金として積み立てられ、区分経理されるべきものである（コメント28条関係②）。

3　**適切である**。区分所有法62条1項の建替え決議又は建替えに関する区分所有者全員の合意の後であっても、建替え等円滑化法9条のマンション建替組合の設立の認可又は同法45条のマンション建替事業の認可までの間において、建物の建替えに係る計画又は設計等に必要がある場合には、その経費に充当するため、管理組合は、修繕積立金から管理組合の消滅時に建替え不参加者に帰属する修繕積立金相当額を除いた金額を限度として、修繕積立金を取り崩すことができる（標準管理規約28条2項）。そして、この場合には、総会の決議が必要となる（48条15号）。

4　**最も不適切である**。建替え等に係る調査に必要な経費の支出は、各

マンションの実態に応じて、管理費から支出する旨管理規約に規定できる（コメント28条関係⑧）。

問13 標準管理規約（管理組合の会計） 正解 3 重要度 ★★★

1 **適切である**。総会及び理事会の運営、会計処理、管理組合への届出事項等については、別に細則を定めることができる（標準管理規約（単棟型）70条）。そして、規約及び使用細則等の制定、変更又は廃止については、総会の決議を経なければならない（48条1号）。

2 **適切である**。収支決算の結果、管理費に余剰を生じた場合には、その余剰は翌年度における管理費に充当する（61条1項）。

3 **最も不適切である**。管理組合は、一定年数の経過ごとに計画的に行う修繕などの経費に充てるため借入れをしたときは、「修繕積立金」をもってその償還に充てることができる（28条4項・1項1号）。

4 **適切である**。管理組合は、各区分所有者が納入する修繕積立金を積み立てるものとし、積み立てた修繕積立金は、①一定年数の経過ごとに計画的に行う修繕、②不測の事故その他特別の事由により必要となる修繕、③敷地及び共用部分等の変更、④建物の建替え及びマンション敷地売却に係る合意形成に必要となる事項の調査、⑤その他敷地及び共用部分等の管理に関し、区分所有者全体の利益のために特別に必要となる管理、以上の特別の管理に要する経費に充当する場合に限って取り崩すことができる（28条1項）。

管理費は、一般的・日常的・経常的な費用に、修繕積立金は、特別・変更・計画的な費用に充当される。管理業務主任者試験では、「管理費」「修繕積立金」をそれぞれどのようなものに対して支出できるかがよく出題されるので、整理しておこう。

問14 税務・会計（仕訳） 正解 1 重要度 ★★★

　まず、普通預金口座に1,000,000円の入金があったことから、普通預金＝資産が増加したため、借方に普通預金1,000,000円を計上する。また、3月分駐車場使用料のうち20,000円については、3月末現在入金されていないことから、未収入金＝資産が増加したため、借方に未収入金20,000円を計上する。

　次に、3月分駐車場使用料は、普通預金に入金された1,000,000円のうちの100,000円分と、3月に発生している駐車場使用料のうちの未収入金20,000円分を合計した120,000円であり、これは収益として貸方に駐車場使用料収入として計上する。また、4月分駐車場使用料850,000円は、前受金＝負債であり貸方に計上する。最後に敷金50,000円は、預り金＝負債であり貸方に計上する。

　まとめると、借方には、普通預金／1,000,000円と未収入金／20,000円を計上し、貸方には、駐車場使用料収入／120,000円、前受金／850,000円と預り金／50,000円を計上する。

　以上により、肢1が正解。

問15 税務・会計（仕訳） 正解 4 重要度 ★★★

　本問では、3月に塗装工事が完成しているため、当該請負工事は3月に発生しているといえる。この塗装工事は、共用部分である外階段の塗装が剥がれてきたために実施したものであり、固定資産の通常の維持管理のための費用と考えられる。したがって、建物勘定ではなく、修繕費として計上する。修繕費は費用であるため、借方に修繕費1,500,000円を計上する。

　次に、2月の発注時に支払った着手金500,000円は、支払った時点で借方に前払金500,000円として計上されており、3月に工事が完成したことにより、反対仕訳をする必要がある。そのため、貸方に前払金

500,000円を計上する。

　そして、4月に支払う予定の残金1,000,000円は、貸方に未払金1,000,000円を計上する。

　まとめると、借方には修繕費／1,500,000円を計上し、貸方には、未払金／1,000,000円と前払金／500,000円を計上する。

　以上により、肢**4**が正解。

✔ チェック□□□

問16 税務・会計（管理組合の税務）　正解 4　重要度 ★★★

1　**適切でない**。法人税法上、人格のない社団である管理組合は、法人とみなされて法人税法が適用される（法人税法3条）。ただし、人格のない社団の各事業年度の所得のうち収益事業から生じた所得「以外」の所得については、各事業年度の所得に対する法人税を課さない（7条）。つまり、収益事業から生じた所得に関しては、管理組合においても法人税が課される。しかし、組合員から徴収する専用使用料収入については収益事業ではないので、課税対象である収入とならない。

2　**適切でない**。国内において事業者が行った資産の譲渡等には消費税が課される（消費税法4条1項）。資産の譲渡等とは、事業として対価を得て行われる資産の譲渡及び貸付け並びに役務の提供をいう（2条1項8号）。そして、マンション管理組合は、その居住者である区分所有者を構成員とする組合であり、その組合員との間で行う取引は事業に該当しない（国税庁質疑応答事例）。組合員から徴収する駐車場使用料については、消費税は課されない。

3　**適切でない**。国内において行われる資産の譲渡等のうち、一定のものについては、消費税を課さない（消費税法6条1項）。そして、利子を対価とする貸付金については非課税である（別表第1）。

4　**最も適切である**。事業者のうち、その課税期間に係る基準期間における課税売上高が1,000万円以下である者については、消費税を納める義務が免除される（9条1項）。しかし、特定期間における課税売

上高が1,000万円を超えるときは、消費税は免除されない（9条の2第1項）。なお、特定期間とは、個人事業者については、その年の前年1月1日から6月30日までの期間を、法人については、原則として、前事業年度開始の日以後6月の期間をいう（9条の2第4項）。

✔ チェック□□□

問 17 建築基準法（建蔽率、容積率） 正解 2 重要度 ★★★

1 **正しい。**「建蔽率」とは、建築物の建築面積（同一敷地内に2以上の建築物がある場合においては、その建築面積の合計）の敷地面積に対する割合をいう（建基法53条1項）。

2 **誤り。**「建築面積」は、建築物の外壁又はこれに代わる柱の中心線で囲まれた部分の水平投影面積による。ただし、この「建築物」については、地階で地盤面上1m以下にある部分は除かれる（施行令2条1項2号）。したがって、建築物の地階で地盤面上1mを超える部分は、建築面積の算定に含まれる。

3 **正しい。**「容積率」とは、建築物の延べ面積の敷地面積に対する割合をいう（建基法52条1項）。

4 **正しい。** 前面道路（前面道路が2以上あるときは、その幅員の最大のもの）の幅員が12m未満である建築物の容積率は、当該前面道路の幅員のメートルの数値に、所定の数値を乗じたもの以下でなければならない（52条2項）。

✔ チェック□□□

問 18 建築基準法（マンションの廊下・屋内階段） 正解 4 重要度 ★★

1 **誤り。** 廊下の幅は、共同住宅の住戸若しくは住室の床面積の合計が100㎡を超える階における共用のもの又は3室以下の専用のものを除き居室の床面積の合計が200㎡（地階にあっては、100㎡）を超える階におけるものについては、両側に居室がある廊下における場合は1.6m以上、その他の廊下における場合は1.2m以上としなければな

らない（建基法施行令119条）。

2　誤り。 直上階の居室の床面積の合計が200㎡を超える地上階又は居室の床面積の合計が100㎡を超える地階若しくは地下工作物内におけるものについては、階段の蹴上げの寸法は20㎝以下、踏面の寸法は24㎝以上でなければならない（23条１項３号）。

3　誤り。 回り階段の部分における踏面の寸法は、「踏面の狭い方の端から30㎝の位置」において測るものとする（23条２項）。

4　正しい。 階段及びその踊場に手すり及び階段の昇降を安全に行うための設備でその高さが50㎝以下のもの（手すり等）が設けられた場合における階段及びその踊場の幅は、手すり等の幅が10㎝を限度として、ないものとみなして算定する（23条３項）。

✔ **チェック**□□□

（問）**19**　　**建築設備（エレベーター）**　　**正解 2**　　重要度 ★★★

1　適切である。 戸開走行保護装置とは、エレベーターの駆動装置や制御器に故障が生じ、かご及び昇降路のすべての出入口の戸が閉じる前にかごが昇降したときなどに自動的にかごを制止する安全装置の設置のことをいう。エレベーターには戸開走行保護装置の設置が義務付けられている（建基法施行令129条の10第３項１号ロ）。

2　最も不適切である。 地震時等管制運転装置とは、エレベーターについて、地震等の加速度を検知して、自動的に、かごを昇降路の出入口の戸の位置に停止させ、かつ、当該かごの出入口の戸及び昇降路の出入口の戸を開くことができることとする安全装置の設置をいう。「かごを昇降路の出入口の戸の位置に停止」であり「かごを昇降路の避難階の出入口の戸の位置に停止」ではない。そして、エレベーターには地震時等管制運転装置の設置が義務付けられている（129条の10第３項２号）。なお、避難階とは、直接地上へ通じる出入口のある階をいい（13条１号）、通常は１階だが、敷地の形状等によっては、１階以外の階が避難階となることもある。

3　適切である。 火災時管制運転装置とは、火災時にはその時点で行っ

582

ている運転を取りやめ、エレベーターを防災計画上の避難階に停止させ、その階に乗客を早期に安全に救出させる装置をいう。火災の発生は、防災センター等の火災管制スイッチの操作や自動火災報知器からの信号で感知する。

4　適切である。 建築基準法によれば、エレベーターには、戸開走行保護装置及び地震時等管制運転装置の設置が義務付けられている（129条の10）。

 肢2に関して、地震時管制運転では、地震時における「閉じ込め」を防ぐため、「最寄階」に停止する。他方、火災時管制運転では、火災時における「炎や煙による避難の支障」を防ぐため、「避難階（主に1階）」に停止する。

✔ チェック□□□

問20　建築材料（防水工法）　正解 3　重要度 ★

1　適切でない。 メンブレンとは膜を意味し、メンブレン防水は、被膜を形成して防水層を作る工法の総称である。アスファルト防水はメンブレン防水の中でも最も信頼性の高い防水工法と位置付けられており、マンションの屋上やルーフバルコニーなどで施工されている。

2　適切でない。 現在使用されている防水材料の日本産業規格（JIS）は、1970年前後に制定されたものがほとんどである。例えば、シート防水の「合成高分子系ルーフィングシート」は、昭和44年（1969年）にJIS A 6008で制定されている。

3　最も適切である。 防水施工技能士は、国家資格である技能検定制度の一種で、都道府県職業能力開発協会が実施する防水施工に関する学科及び実技試験に合格した者をいう。技能検定の防水施工職種はウレタンゴム系塗膜防水工事作業、シーリング防水工事作業、アスファルト防水工事作業などがあり、等級には、1級及び2級がある。

4　適切でない。 日本建築学会の建築工事標準仕様書・同解説（JASS 8）によれば、シート防水層、塗膜防水層は、ほぼすべてのものが「軽歩行」や「非歩行」であり、「通常の歩行」に適するものはほとんど

ない。なお、屋上を防水層によって防水したのち、その防水層を押え
コンクリートによって押さえる工法（アスファルト防水コンクリート
押え）等であれば、人の歩行などの外的損傷から保護できる。

✔ チェック☐☐☐

問21 建築設備（水道法）　　正解 2　重要度 ★

1　**正しい**。水道法において「給水装置」とは、需要者に水を供給する
ために水道事業者の施設した配水管から分岐して設けられた給水管及
びこれに直結する給水用具をいう（水道法3条9項）。

2　**誤り**。水道により供給される水は、51の検査項目で一定の基準に
適合しなければならない（4条2項、平成15年5月30日厚生労働省
令101号　水質基準に関する省令）。

3　**正しい**。水質基準に関する省令では、「塩素」の検査項目はない（同
省令）。なお、塩素は病原性の菌の感染力を失わせる効果がある。塩
素を必要以上に添加すると人体に有害なトリハロメタンの形成の可能
性やカルキ臭があるが、健康な状態であれば、副作用はほとんどない
とされている。

4　**正しい**。水質基準に関する省令では、「一般細菌は、1㎖の検水で
形成される集落数が100以下であること」と規定されている（同省
令）。なお、一般細菌とは、特定の細菌を指すのではなくいわゆる雑
菌のことである。病原性がないものがほとんどで、病原菌は塩素に対
する抵抗力が弱い。一般細菌数はあまり変化しないので、急に増えた
ときは、汚染されたおそれがあるといえる。

✔ チェック☐☐☐

問22 建築設備（消防用設備）　　正解 4　重要度 ★

「特定共同住宅等における必要とされる防火安全性能を有する消防の
用に供する設備等に関する省令（以下「特定共同住宅等省令」）」の目的
は、構造が堅固である共同住宅の建物は、火災時の危険性が低いという

理由により、防火設備の規制を緩和することにある。

1　正しい。火災の発生又は延焼のおそれが少ない特定共同住宅等（福祉施設等を除く）の構造類型は、①二方向避難型特定共同住宅等、②開放型特定共同住宅等、③二方向避難・開放型特定共同住宅等、④その他の特定共同住宅等がある（特定共同住宅等省令2条8号〜11号）。

2　正しい。特定共同住宅等とは、防火対象物であって、火災の発生又は延焼のおそれが少ないものとして、その位置、構造及び設備について消防庁長官が定める基準に適合するものをいう（2条1号）。防火対象物とは、用途に供する各独立部分が構造上区分された数個の部分の各部分で、独立して住居や老人ホーム等の用途に供されることができるもので、床面積がいずれも100㎡以下のものをいう。したがって、1階が飲食店の建物は含まれない。

3　正しい。特定共同住宅等に、「通常用いる消防用設備等」に代えて設置できる「必要とされる防火安全性能を有する消防の用に供する設備等」は、特定共同住宅等の構造類型、階数により決められ、例えば、二方向避難型特定共同住宅等で地階を除く階数が10以下のものについては、次のとおり消防用設備等が緩和されている（3条1項）。

【二方向避難型特定共同住宅等で地階を除く階数が10以下のものの場合】

通常用いられる消防用設備等	必要とされる防火安全性能を有する消防の用に供する設備等
・消火器具 ・自動火災報知設備 ・屋外消火栓設備 ・動力消防ポンプ設備	・住宅用消火器及び消火器具 ・共同住宅用自動火災報知設備

4　誤り。特定共同住宅等における、「必要とされる防火安全性能を有する消防の用に供する設備等」は、①火災の拡大を初期に抑制する性能の「初期拡大抑制性能」を有する消防用設備等、②火災時に安全に避難することを支援する性能の「避難安全支援性能」を有する消防用設備等、③消防隊による活動を支援する性能の「消防活動支援性能」を有する消防用設備等がある（3条〜5条）。したがって、火災時に

安全に避難することを支援する性能（避難安全支援性能）を有する消
防用設備に限られていない。

問23 建築構造（耐震診断） 正解 1 重要度 ★

1 **誤り**。建築物の敷地については、イ　高さが2mを超える擁壁を設
  けた建築物の敷地の擁壁基準、ロ　がけ崩れ等による被害を受けるお
  それのある建築物の敷地の基準、ハ　地震時に液状化するおそれのあ
  る地盤の敷地の改良などが規定されている（平成18年国（交）告示
  184号「建築物の耐震診断及び耐震改修の促進を図るための基本的な
  方針」（最終改正：平成30年12月21日）別添　建築物の耐震診断及
  び耐震改修の実施について技術上の指針となるべき事項　第1　4）。

2 **正しい**。鉄骨造、鉄筋コンクリート造、鉄骨鉄筋コンクリート造等
  の建築物等の各階の構造耐震指標のうち、「Is」は各階の構造耐震指
  標、各階の耐震性能を表すものとして、「q」は　各階の保有水平耐力
  に係る指数を示す（同告示184号　別添　第1　2イ・ニ）。

3 **正しい**。別表第6の構造耐震指標及び保有水平耐力に係る指標及び
  構造耐力上主要な部分の地震に対する安全性により、鉄筋コンクリー
  ト造のマンションでは、構造耐力上主要な部分が地震の振動及び衝
  撃に対して倒壊し、又は崩壊する危険性が低いと判断されるのは、Is
  が0.6以上の場合で、かつ、qが1.0以上の場合である（同告示184号
  別添　第1　2・別表第6）。

	構造耐震指標及び保有水平耐力に係る指標	構造耐力上主要な部分の地震に対する安全性
（三）	Isが0.6以上の場合で、かつ、qが1.0以上の場合	地震の震動及び衝撃に対して倒壊し、又は崩壊する危険性が低い。
この表において、Is 及び q は、それぞれ次の数値を表すものとする。Is　各階の構造耐震指標、q　各階の保有水平耐力に係る指標		

4 **正しい**。建築物の耐震診断は、構造耐力上主要な部分の配置、形状、

寸法、接合の緊結の度、材料強度等に関する実地調査、敷地の状況に関する実地調査等の結果に基づき、構造等によって規定された計算式により地震に対する安全性を評価する。ただし、国土交通大臣がこの指針の一部又は全部と同等以上の効力を有すると認める方法によって耐震診断を行う場合においては、当該方法によることができる（同告示184号　別添　第1）。

✔ チェック□□□

問24 品確法（住宅性能評価書等）　正解 2　重要度 ★

1　**正しい**。新築のマンションの場合では、建設工事の完了前に売買契約を締結した売主は、設計段階の評価結果をまとめた「設計住宅性能評価書」、そして建設工事の完了後の施工・完成段階の検査を経た「建設住宅性能評価書」を買主に交付する場合がある。このように、性能評価書には、「設計住宅性能評価書」、そして「建設住宅性能評価書」の2種類がある（品確法6条）。

2　**誤り**。「設計住宅性能評価書（若しくは写し）」や「建設住宅性能評価書（若しくは写し）」を交付した場合は、表示された性能を有する住宅の建設工事を行うことや引き渡すことを契約したとみなされるが、交付は任意であり、義務ではない。

　　また、設計住宅性能評価書や建設住宅性能評価書を取得することも任意となっている。

3　**正しい**。住宅性能表示事項のうち、新築住宅の必須事項と選択事項は次のとおりとなっている（平成13年国（交）告示1346号、日本住宅性能表示基準）。

構造の安定に関すること（耐震性）	必須事項
火災時の安全に関すること	選択事項
劣化の軽減に関すること（耐久性）	必須事項
維持管理・更新への配慮に関すること	必須事項
温熱環境・エネルギー消費量に関すること（省エネルギー）	必須事項
空気環境に関すること（シックハウス）	選択事項

光・視環境に関すること	選択事項
音環境に関すること	選択事項
高齢者等への配慮に関すること（バリアフリー）	選択事項
防犯に関すること	選択事項

4 正しい。性能表示事項は、等級や数値などで表示され、等級では、数字が大きいものほど性能が高いことを表す。例えば、耐震等級でみると、次のとおりであり、等級の大きいものほど安全性が高くなっている（同告示1346号）。

等級	構造躯体の損傷防止
等級3	等級1で耐えられる地震力の1.5倍の力に対して損傷を生じない程度
等級2	等級1で耐えられる地震力の1.25倍の力に対して損傷を生じない程度
等級1	稀に（数十年に1度程度）発生する地震力が建築基準法で定められており、これに対して損傷を生じない程度

✔ チェック☐☐☐

（問）**25** 維持保全
（消費生活用製品安全法） 正解 **4** 重要度 ★

1 適切である。消費生活用製品安全法の目的は、消費生活用製品による一般消費者の生命又は身体に対する危害の防止を図るため、特定製品の製造及び販売を規制することである。そして、「長期使用製品安全点検制度」とは、消費生活用製品のうち、長期間の使用に伴い生ずる劣化（経年劣化）により安全上支障が生じ、一般消費者の生命又は身体に対して特に重大な危害を及ぼすおそれが多いと認められる特定保守製品の適切な保守を促進するための制度である（消費生活用製品安全法1条、2条4項）。

2 適切である。「長期使用製品安全点検制度」の対象になる特定保守製品は、①屋内式ガス瞬間湯沸器都市ガス用、②屋内式ガス瞬間湯沸器LPガス用、③屋内式ガスふろがま都市ガス用、④屋内式ガスふろがまLPガス用、⑤石油給湯機、⑥石油ふろがま、⑦密閉燃焼式石油

温風暖房機、⑧ビルトイン式電気食器洗機、⑨浴室用電気乾燥機であり（長期使用製品安全点検制度ガイドライン）、本肢は適切である。

3　適切である。 特定製造事業者等（特定保守製品の製造又は輸入の事業を行う者）は、その製造又は輸入に係る特定保守製品について、①標準的な使用条件の下で使用した場合に安全上支障がなく使用することができる標準的な期間として設計上設定される期間（設計標準使用期間）、②設計標準使用期間の経過に伴い必要となる経年劣化による危害の発生を防止するための点検を行うべき期間を設定し、製品に表示しなければならない（消費生活用製品安全法32条の３、32条の４）。この「設計標準使用期間」は、製造年月を始期とし、経年劣化により安全上支障が生じるおそれが著しく少ないことを確認した時期を終期として設定する（同ガイドライン）。

4　最も不適切である。「特定保守製品取引事業者」とは、特定保守製品又は特定保守製品の付属する建物の売買といった、特定保守製品の所有権を移転させる効果を伴う取引を行う者をいい、その特定保守製品の引渡しに際し、次の事項について説明しなければならない。

①　特定保守製品は、経年劣化により危害を及ぼすおそれが多く、適切な保守がなされる必要がある旨

②　特定保守製品に係る特定製造事業者等に対して所有者情報を提供した場合には点検通知事項の通知がある旨

③　その他特定保守製品の点検その他の保守に関し主務省令で定める事項

小売販売事業者、不動産販売事業者、建築事業者なども、「特定保守製品取引事業者」となり、説明義務等が生じる（消費生活用製品安全法32条の５、同ガイドライン）。

✔ チェック□□□

問 **26**　**建築設備（消防法）**　　正解 **3**　重要度 ★★

消防法８条のマンション関連の規定は次のとおりとなっている（消防法８条１項、施行令１条の２第３項１号ハ、３条１項）。

① 居住する防火対象物で収容人数50人以上の管理について権原を有する者は、防火管理者を定めなければならない。

② 設置する防火管理者は、延べ面積が500㎡以上は甲種、延べ面積が500㎡未満は乙種とする。

③ 防火管理者は、当該防火対象物について消防計画を作成し、当該消防計画に基づく消火、通報、避難の訓練の実施、消防設備・施設の点検整備などのほか、防火管理上必要な業務を行わせなければならない。

したがって、正誤は次のとおり。

1　誤り。

2　誤り。

3　正しい。共同住宅の居住者が50人以上の場合は、防火管理者が消防計画を作成しなければならない。

4　誤り。

✔チェック□□□

(問)27　建築設備（排水設備）　　正解 1　重要度 ★★

1　最も適切である。自然流下では排除できない建物内及び敷地内の排水を集め、ポンプなどによって排除するために設ける槽を排水槽という。汚水槽、雑排水槽、湧水槽、雨水槽などがある。

2　適切でない。桝の底部には、深さ15cm以上の「泥だめ」を設けることと規定されている（平成27年3月31日国営整298号 国土交通省大臣官房官庁営繕部整備課）。そして、屋外排水桝の清掃においては、ゴミ堆積物は引き上げ、汚泥は吸引したり、スコップなどで取り除いたりしなければならず、汚泥を下水道などに流さないようにしなければならない。

3　適切でない。排水ポンプは運転用と予備用の2台を設置し、通常は自動交互機能がついており、並列運転を行う。予備用を長期間使用しないと、機器が錆びついて故障し、使用できなくなるからである。

4　適切でない。屋根面に降った雨水を雨水立て管へ導くための器具を

ルーフドレンといい、集められた雨水は雨水排水立て管を経て流される。晴天の日に雨水は生じないが、ゲリラ豪雨や台風の場合の雨水の量はすさまじく、雨水排水立て管では処理しきれないほどの量になることがある。そのため、各階で雑排水と雨水の立て管を接続すると、ゲリラ豪雨などの際に、排出しきれない雨水が雑排水の横主管に逆流することもあるので、接続は厳禁となっている。

✔ チェック□□□

問28 建築設備（窓サッシの改修工法） 　正解 2　重要度 ★★

1　**適切である。**カバー工法は、既設窓枠を取り外さず、その上に新しいアルミ製の窓を取り付ける工法である。また、持出し工法は、新規サッシを既存サッシ枠の外部に持ち出して取り付ける外付け方式である。いずれも開口寸法は、既存のものより小さくなる。

2　**最も不適切である。**ノンシール工法は、補助部材と既存サッシ枠とが、タイト材によって気密壁をつくり、漏水を防ぐ、等圧原理を応用した省メンテナンスの工法である。比較的小型の窓サッシに採用される。

3　**適切である。**はつり工法は、躯体をはつることによって、既存の旧サッシを取り除き新しいアルミサッシを既存鉄骨に溶接して取り付ける工法である。はつりを伴うため、振動・粉じんが多く、周囲への影響が大きい工法である。

4　**適切である。**引抜き工法は、既存サッシ枠を油圧工具などの特殊な引抜き治具によって撤去し、新しいアルミサッシを取り付ける工法である。はつり工法に比較して、騒音が発生しにくい工法である。

✔ チェック□□□

問29 標準管理規約（専用使用部分） 　正解 4　重要度 ★★★

1　**適切である。**共用部分のうち各住戸に附属する窓枠、「窓ガラス」、玄関扉その他の開口部に係る改良工事であって、防犯、防音又は断熱

等の住宅の性能の向上等に資するものについては、原則として、管理組合がその責任と負担で、計画修繕として実施する（標準管理規約（単棟型）22条1項）。もっとも、区分所有者は、管理組合が当該改良工事を速やかに実施できない場合には、あらかじめ理事長に申請して書面による承認を受ければ、当該工事を当該区分所有者の責任と負担で実施できる（22条2項）。そして、この場合、理事長は、理事会の決議により、その承認・不承認を決定しなければならない（22条3項、17条3項）。本肢の「強度の高いものに取り換える工事」は、窓ガラス等の改良工事に該当するので、理事会の承認を得たうえ、区分所有者がその責任と負担で実施する。

2 適切である。雨戸又は網戸は、窓枠及び窓ガラスと同様に、専有部分に含まれない（7条2項3号、コメント7条関係④）。そして、その一部について、特定の区分所有者が排他的に使用できる権利を有している場合の共用部分等の部分を専用使用部分という（2条8号・9号）。このような窓枠・窓ガラス、雨戸・網戸等の保存行為のうち、通常の使用に伴うものは、専用使用権を有する者がその責任と負担で行わなければならない（21条1項）。

3 適切である。バルコニー等の破損が第三者による犯罪行為等によることが明らかである場合の保存行為の実施は、通常の使用に伴わないため、管理組合がその責任と負担で行う（コメント21条関係⑥）。

4 最も不適切である。同居人や賃借人等による破損については、「通常の使用に伴う」として、当該バルコニー等の専用使用権を有する者がその責任と負担で保存行為を行う（コメント21条関係⑥ただし書）。

肢1の手続は、個々の専有部分に係る開口部（共用部分）の改良工事について、その方法や材質・形状等に問題がなければ、施工の都度、総会の決議を求めるまでもなく、専有部分の修繕等における手続と同様の手続により実施することを可能とする趣旨である。

✔ チェック□□□

問30 標準管理規約（管理組合の役員）

正解 2　重要度 ★★★

1 **適切でない**。管理組合と理事長との利益が相反する事項については、理事長は、代表権を有しない（標準管理規約（単棟型）38条6項）。管理組合が承認した場合には代表権を有するといった例外はない。なお、理事長などの役員は、①役員が自己又は第三者のために管理組合と取引をしようとするとき、②管理組合が役員以外の者との間において管理組合と当該役員との利益が相反する取引をするときには、「理事会」で、当該取引につき重要な事実を開示し、その承認を受けなければならない（37条の2）。しかし、理事長の利益相反取引に関してこの理事会の承認があっても、理事長は代表権を有さず、監事又は理事長以外の理事が管理組合を代表する（38条6項）。

2 **最も適切である**。監事は、理事会に出席し、必要があると認めるときは、意見を述べなければならない（41条4項）。

3 **適切でない**。理事は、管理組合に著しい損害を及ぼすおそれのある事実があることを発見したときは、直ちに、当該事実を「監事」に報告しなければならない（40条2項）。

4 **適切でない**。監事は、理事が不正の行為をしたなどの場合において、必要があると認めるときは、理事長に対し、理事会の招集を請求できる（41条6項）。

✔ チェック□□□

問31 標準管理規約（総合）

正解 4　重要度 ★★★

1 **必要がある**。規約原本は、理事長が保管し、区分所有者又は利害関係人の「書面による請求」があったときは、規約原本の閲覧をさせなければならない（標準管理規約（単棟型）72条2項）。この場合、書面に理由を付す必要はない。

2 **必要がある**。理事長は、会計帳簿、什器備品台帳、組合員名簿及びその他の帳票類（領収書や請求書、管理委託契約書、修繕工事請負契

約書、駐車場使用契約書、保険証券など）を作成して保管し、組合員又は利害関係人の「理由を付した書面による請求」があったときは、これらを閲覧させなければならない（64条１項、コメント64条関係②）。なお、この場合、閲覧につき、相当の日時、場所等を指定できる。

3　必要がある。理事長は、32条３号の長期修繕計画書、同条５号の設計図書及び同条６号の修繕等の履歴情報を保管し、組合員又は利害関係人の「理由を付した書面による請求」があったときは、これらを閲覧させなければならない（64条２項）。なお、この場合、閲覧につき、相当の日時、場所等を指定できる。

4　必要はない。理事長は、議事録を保管し、組合員又は利害関係人の書面による請求があったときは、議事録の閲覧をさせなければならない。この場合、閲覧につき、相当の日時、場所等を指定できる（49条（ア）３項・（イ）５項）。しかし、総会における議決権行使書や委任状については、閲覧させなければならない旨の規定は存在しない。

✔ チェック☐☐☐

問 32　標準管理規約（専有部分）　　正解 2　　重要度 ★★★

ア　専有部分である。メーターボックスは共用部分であるが、給湯器ボイラー等の設備は専有部分である（標準管理規約（単棟型）別表第２　1）。

イ　専有部分でない。パイプスペースは、共用部分である（別表第２　1）。

ウ　専有部分でない。各種の配線配管は共用部分であり、給水管については、本管から各住戸メーターを含む（別表第２　2）。

エ　専有部分である。玄関扉において、錠及び内部塗装部分は専有部分である（7条２項２号）。

以上により、専有部分であるものは**ア**、**エ**の二つであり、肢**2**が正解。

✔ チェック☐☐☐

問 33　区分所有法（管理規約）　　正解 1　　重要度 ★★★

1　規約に定めることができない。規約の設定、変更又は廃止は、区分

所有者及び議決権の各４分の３以上の多数による集会の決議によって
する（区分所有法31条１項）。この区分所有者の定数は、規約に別段
の定めができない。

2 **規約に定めることができる。**集会においては、規約に別段の定めが
ある場合及び別段の決議をした場合を除いて、管理者又は集会を招集
した区分所有者の１人が議長となる（41条）。したがって、規約に別
段の定めができる。

3 **規約に定めることができる。**敷地及び共用部分等の変更は、重大
変更の場合を除いて、集会の決議（普通決議）で決する（18条１項、
21条）。この点については、規約で別段の定めができる（18条２項、
21条）。したがって、本肢のような内容を規約に定めることもできる。

4 **規約に定めることができる。**区分所有法上、「理事長」と呼ばれる
者は存在しない。そのため、規約で「理事長」という任意の役職を規
定し、区分所有者からこれを選任することもできる。また、区分所有
法上、「管理者」となり得る者について、特に限定は存在しない（25
条１項）。そのため、「理事長」とは別に、区分所有者以外の者から「管
理者」を選任することもできる。

✔ チェック□□□

問 34 区分所有法・標準管理規約（専有部分） 正解 4 重要度 ★★

1 **適切である。**専有部分とは、一棟の建物に構造上区分された数個の
部分で独立して住居、店舗、事務所又は倉庫その他建物としての用途
に供することができる、区分所有権の目的たる建物の部分をいう（区
分所有法１条、２条３項）。

2 **適切である。**区分所有法１条にいう構造上区分された建物部分と
は、建物の構成部分である隔壁、階層等により独立した物的支配に適
する程度に他の部分と遮断されており、その範囲が明確な建物部分を
いい、必ずしも周囲すべてが完全に遮蔽されていることを要しない
（最判昭和56年６月18日）。

3 **適切である。**「専用使用権」とは、敷地及び共用部分等の一部につ

いて、特定の区分所有者が排他的に使用できる権利をいう。そして、「専用使用部分」とは、専用使用権の対象となっている敷地及び共用部分等の部分をいう（標準管理規約（単棟型）2条8号・9号）。

4　最も不適切である。 規約の設定、変更又は廃止は、区分所有者及び議決権の各4分の3以上の多数による集会の決議によってする。この場合において、規約の設定、変更又は廃止が一部の区分所有者の権利に「特別の影響」を及ぼすべきときは、その承諾を得なければならない（区分所有法31条1項）。この「特別の影響」とは、その者が受ける不利益が受忍すべき限度を超える場合をいい、**無償の駐車場専用使用権を有償化することは、その必要性及び合理性が認められ、**かつ、設定された使用料が当該区分所有関係において社会通念上相当な額であると認められる場合には受忍すべきであり、「特別の影響」にはあたらない（最判平成10年11月20日）。したがって、必ず専用使用権者の承諾を得なければならないとはいえない。

✔ チェック□□□

問35　標準管理規約（専有部分等への立入り）　正解 4　重要度 ★★★

1　適切である。 敷地及び共用部分等の管理を行う者は、管理を行うために必要な範囲内において、他の者が管理する専有部分又は専用使用部分への立入りを請求できる（標準管理規約（単棟型）23条1項）。

2　適切である。 敷地及び共用部分等の管理を行う者から、管理を行うために必要な範囲内において、専有部分又は専用使用部分への立入りを請求された者は、正当な理由がなければこれを拒否してはならない。この場合において、正当な理由なく立入りを拒否した者は、その結果生じた損害を賠償しなければならない（23条2項・3項）。

3　適切である。 理事長は、災害、事故等が発生した場合であって、緊急に立ち入らないと共用部分等又は他の専有部分に対して物理的に又は機能上重大な影響を与えるおそれがあるときは、専有部分又は専用使用部分に自ら立ち入り、又は委任した者に立ち入らせることができる（23条4項）。

4 **最も不適切である**。立入りをした者は、速やかに立入りをした箇所を原状に復さなければならない（23条5項）。これは、その立入りが緊急性に基づくか否かによって異ならない。

✔ チェック□□□

区分所有法
（区分所有者の団体）　　正解 **3**　　重要度 ★★★

1 **正しい**。区分所有者は、全員で、建物並びにその敷地及び附属施設の管理を行うための団体を構成する（区分所有法3条）。この区分所有法3条に規定される団体（いわゆる管理組合）は、複数の区分所有者によって当然に成立するものであり、区分所有者の合意によって設立されるものではない。

2 **正しい**。一部共用部分の管理のうち、区分所有者全員の利害に関係するもの又は区分所有法31条2項の規約に定めがあるものは区分所有者全員で、その他のものはこれを共用すべき区分所有者のみで行う（16条）。

3 **誤り**。区分所有法3条に規定する団体は、区分所有者及び議決権の各4分の3以上の多数による集会の決議で法人となる旨並びにその名称及び事務所を定め、かつ、その主たる事務所の所在地において登記をすることによって法人となる（47条1項）。一般社団法人の設立の場合と異なり、定款等の一連の事務手続が終了することによって、管理組合法人になるわけではない。

4 **正しい**。管理組合法人は、①建物（一部共用部分を共用すべき区分所有者で構成する管理組合法人にあっては、その共用部分）の全部の滅失、②建物に専有部分がなくなったこと、③集会の決議（区分所有者及び議決権の各4分の3以上の多数の決議が必要）によって解散する（55条）。

解説

平成28年度

アルファ　肢4に関して、管理組合法人の残余財産は、解散事由の①と②では、区分所有関係自体が消滅するため、共用部分の持分割合で各区分所有者に帰属する。他方、③では、区分所有関係は継続するため、各区分所有者に分割帰属はせず、全員の総有となる。

✔チェック□□□

問37 民法・区分所有法（総合）　　正解 3　　重要度 ★★★

ア　認められる。 共用部分の管理に関して、保存行為は、各共有者がすることができる（区分所有法18条1項ただし書）。

イ　認められない。 管理業者との管理委託契約の解除は、保存行為ではなく、管理行為となるので、規約に別段の定めがない限り、普通決議によって行う（18条1項）。

ウ　認められる。 管理者に不正な行為その他その職務を行うに適しない事情があるときは、各区分所有者は、その解任を裁判所に請求できる（25条2項）。

エ　認められない。 建物の管理又は使用に関し区分所有者の共同の利益に反する行為による区分所有者の共同生活上の障害が著しく、他の方法によってはその障害を除去して共用部分の利用の確保その他の区分所有者の共同生活の維持を図ることが困難であるときは、他の区分所有者の全員又は管理組合法人は、集会の決議（区分所有者及び議決権の各4分の3以上の多数）に基づき、訴えをもって、当該行為に係る区分所有者の区分所有権及び敷地利用権の競売を請求できる（59条1項）。必ず集会の決議（特別決議）が必要であり、単独では請求できない。

　以上により、請求が認められないものの組み合わせは**イ・エ**であり、肢**3**が正解。

問38 区分所有法（総合）　　正解 4　　重要度 ★★★

1　**正しい**。区分所有者の承諾を得て専有部分を占有する者は、会議の目的たる事項につき利害関係を有する場合には、集会に出席して意見を述べることができる（区分所有法44条1項）。この占有者に区分所有者の同居の親族は含まれない。

2　**正しい**。会議の目的たる事項につき利害関係を有する占有者がいる場合、集会を招集する者は、区分所有者へ集会の招集の通知を発した後遅滞なく、集会の日時、場所及び会議の目的たる事項を建物内の見やすい場所に掲示しなければならない（44条2項）。

3　**正しい**。占有者が建物の保存に有害な行為その他建物の管理又は使用に関し区分所有者の共同の利益に反する行為をした場合又はその行為をするおそれがある場合には、他の区分所有者の全員又は管理組合法人は、区分所有者の共同の利益のため、その行為を停止し、その行為の結果を除去し、又はその行為を予防するため必要な措置を執ることを請求できる（57条4項・1項）。

4　**誤り**。占有者の建物の保存に有害な行為その他建物の管理又は使用に関し区分所有者の共同の利益に反する行為による区分所有者の共同生活上の障害が著しく、他の方法によってはその障害を除去して共用部分の利用の確保その他の区分所有者の共同生活の維持を図ることが困難であるときは、区分所有者の全員又は管理組合法人は、集会の決議に基づき、訴えをもって、当該行為に係る占有者が占有する専有部分の使用又は収益を目的とする契約の解除及びその専有部分の引渡しを請求できる（60条1項）。この場合、決議をするには、あらかじめ、当該占有者に対し、**弁明する機会**を与えなければならない（60条2項、58条3項）。しかし、**貸主**である区分所有者に対して、**弁明の機会を与える必要はない**（最判昭和62年7月17日）。

(問)39 区分所有法（総合）　　正解 2　重要度 ★★★

ア 区分所有法59条1項の競売の請求は、特定の区分所有者が、（a：区分所有者の共同の利益）に反する行為をし、又はその行為をするおそれがあることを原因として認められるものである（最判平成23年10月11日）。

イ 区分所有法31条1項後段にいう「規約の設定、変更又は廃止が一部の区分所有者の権利に（b：特別の影響）を及ぼすべきとき」とは、規約の設定、変更等の必要性及び合理性とこれによって一部の区分所有者が受ける不利益とを比較衡量し、当該区分所有関係の実態に照らして、その不利益が右区分所有者の受忍すべき限度を超えると認められる場合をいう（最判平成10年10月30日）。

ウ マンションの専有部分である甲室の床下コンクリートスラブと階下にある乙室の天井板との間の空間に配された排水管の枝管を通じて甲室の汚水が本管に流される構造となっている場合において、甲室から右枝管の点検、修理を行うことは不可能であり、乙室からその天井裏に入ってこれを実施するほか方法はないなどの事実関係の下においては、右枝管は、区分所有等法2条4項にいう「専有部分に属しない（c：建物の附属物）」であり、区分所有者全員の共用部分に当たる（最判平成12年3月21日）。

以上により、（a）には「区分所有者の共同の利益」、（b）には「特別の影響」、（c）には「建物の附属物」が入り、肢**2**が正解。

(問)40 民法・借地借家法（賃貸借契約）　　正解 1　重要度 ★★★

1 正しい。 建物の借賃が、土地若しくは建物に対する租税その他の負担の増減により、土地若しくは建物の価格の上昇若しくは低下その他の経済事情の変動により、又は近傍同種の建物の借賃に比較して不相当となったときは、契約の条件にかかわらず、当事者は、将来に向

かって建物の借賃の額の増減を請求できる。ただし、一定の期間建物の借賃を増額しない旨の特約がある場合には、その定めに従う（借地借家法32条1項）。

2　**誤り**。建物の賃貸借は、当該賃借権の登記がなくても、建物の引渡しがあったときは、その後その建物について物権を取得した者に対し、効力を生ずる（31条）。これにより、建物の所有権の移転に伴い、**賃貸借契約も新所有者に当然に承継**され、賃貸借契約は、新所有者を新たな賃貸人として継続する。そして、賃貸借の目的となっている物件の所有者が、その所有権とともに賃貸人たる地位を他に譲渡する場合には、賃貸人の義務の移転を伴うからといって、特段の事情のないかぎり、**賃借人の承諾を必要としない**（最判昭和46年4月23日）。

3　**誤り**。建物の賃貸人による更新をしない旨等の通知又は建物の賃貸借の解約の申入れは、**正当の事由がある場合**でなければ、**することができない**（28条）。これに反する特約で建物の賃借人に不利なものは、無効となる（30条）。

4　**誤り**。借地借家法の借家の規定は、一時使用のために建物の賃貸借をしたことが明らかな場合を除き、「建物の賃貸借」すべてに適用される（1条、第3章、40条参照）。

✔ チェック□□□

問 **41**　**民法・宅建業法（担保責任）**　正解 **1**　重要度 ★★★

1　**正しい**。宅建業者は、自ら売主となる宅地又は建物の売買契約において、その目的物が種類又は品質に関して契約の内容に適合しない場合におけるその不適合を担保すべき責任に関し、民法566条に規定する期間（買主の契約不適合である旨の売主に対する通知期間）についてその目的物の引渡しの日から2年以上となる特約をする場合を除き、買主に不利となる特約をしてはならない。この規定に反する特約は、無効となる（宅建業法40条）。したがって、担保責任に関し、買主が契約不適合である旨を売主に通知する期間を引渡しの日から1年とする特約は無効となり、民法の規定に戻るため、買主がその契約不

適合を知った時から１年以内にその旨を売主に通知しないときは、買主は、担保責任を追及できなくなる（民法566条）。

2　誤り。契約不適合が**買主の責めに帰すべき事由によるものであるときは**、買主は、履行の追完の請求、代金減額請求等が**できない**（562条２項、563条３項）。

3　誤り。引き渡された目的物が種類、品質又は数量に関して契約の内容に適合しないものであるときは、買主は、売主に対し、担保責任を追及できる（562条、563条、564条等参照）。したがって、**売主**が契約不適合の原因について**故意や過失がない場合**でも、買主が、一切担保責任の追及ができなくなるわけではない。

4　誤り。宅建業者は、自ら売主となる宅地又は建物の売買契約において、その目的物が種類又は品質に関して契約の内容に適合しない場合におけるその不適合を担保すべき責任に関し、民法566条に規定する期間（買主の不適合である旨の売主に対する通知期間）についてその目的物の引渡しの日から２年以上となる特約をする場合を除き、**買主に不利となる特約をしてはならない**。この規定に反する特約は、無効となる（宅建業法40条）。したがって、売主Ａが契約不適合を原因とする損害賠償責任を負わない旨の特約は、**買主に不利な特約**であるため、**無効**である。

＋アルファ　肢４に関して、民法では、「担保責任を負わない」とする特約も有効だが、宅建業法では、契約不適合の通知期間の特例を除き、民法の規定よりも買主に不利な特約は無効となる。

✔ チェック□□□

問42　消費者契約法（総合）　正解 1　重要度 ★★

この法律は、消費者と事業者との間の（ア：**情報の質及び量**）並びに交渉力の格差にかんがみ、事業者の一定の行為により消費者が誤認し、又は困惑した場合等について契約の申込み又はその承諾の意思表示を取り消すことができることとするとともに、事業者の（イ：**損害賠償の責**

任）を免除する条項その他の消費者の利益を不当に害することとなる条項の全部又は一部を無効とするほか、消費者の被害の発生又は拡大を防止するため（ウ：**適格消費者団体**）が事業者等に対し（エ：**差止請求**）をすることができることとすることにより、消費者の利益の擁護を図り、もって国民生活の安定向上と国民経済の健全な発展に寄与することを目的とする（消費者契約法1条）。

　以上により、（ア）には「情報の質及び量」、（イ）には「損害賠償の責任」、（ウ）には「適格消費者団体」、（エ）には「差止請求」が入るので、肢**1**が正解。

✔ **チェック**□□□

問43 不動産登記法（総合）　　正解 3　重要度 ★★★

1　**誤り**。建物の表示に関する登記の登記事項には、①建物の所在する市、区、郡、町、村、字及び土地の地番、②家屋番号、③建物の種類、構造及び床面積は含まれるが、**固定資産税評価額は含まれない**（不登法44条1項）。

2　**誤り**。登記記録は、表題部及び権利部に区分して作成する（12条）。権利部は、甲区及び乙区に区分し、甲区には所有権に関する登記の登記事項を記録するものとし、乙区には所有権以外の権利に関する登記の登記事項を記録するものとする（不登規則4条4項）。したがって、**所有権移転の仮登記は甲区に記録される**。

3　**正しい**。区分建物が属する一棟の建物が新築された場合又は表題登記がない建物に接続して区分建物が新築されて一棟の建物となった場合における当該区分建物についての表題登記の申請は、当該新築された一棟の建物又は当該区分建物が属することとなった一棟の建物に属する他の区分建物についての表題登記の申請と併せてしなければならない（不登法48条1項）。

4　**誤り**。建物の床面積は、各階ごとに壁その他の区画の「中心線」で囲まれた部分の水平投影面積により算出する。しかし、区分建物の床面積については、各階ごとに壁その他の区画の「内側線」で囲まれた

部分の水平投影面積により算出する（不登規則115条）。

問44　各種の法令　　　正解　**1**　　重要度 ★★

1　**誤り**。「特定建築物」とは、学校、病院、劇場、観覧場、集会場、展示場、百貨店、ホテル、事務所、「共同住宅」、老人ホームその他の多数の者が利用する政令で定める建築物又はその部分をいう（バリアフリー法2条18号）。したがって、共同住宅もこれに含まれる。

2　**正しい**。自動車の保有者は、道路上の場所以外の場所において、当該自動車の保管場所を確保しなければならないが、その保管場所は、当該自動車の使用の本拠の位置との間の距離が、2㎞を超えないものでなければならない（自動車の保管場所の確保等に関する法律3条、施行令1条1号）。

3　**正しい**。18歳未満の者は、警備員となってはならない（警備業法14条1項）。

4　**正しい**。住宅を管理する者（国等を除く）は、その管理する住宅に居住する身体障害者が当該住宅において身体障害者補助犬を使用することを拒まないよう努めなければならない（身体障害者補助犬法11条）。なお、国等は、その管理する施設を身体障害者が利用する場合において身体障害者補助犬を同伴することを拒んではならない（7条1項）。

問45　宅建業法（重要事項の説明）　　正解　**3**　重要度 ★★

1　**定められている**。中古マンションの売買の媒介においては、「当該一棟の建物の維持修繕の実施状況が記録されているときは、その内容」は、重要事項の説明を行う場合において、説明しなければならない事項である（宅建業法35条1項6号、施行規則16条の2第9号）。

2　**定められている**。新築マンションの売買においては、「当該宅地又

は建物が種類又は品質に関して契約の内容に適合しない場合における
その不適合を担保すべき責任の履行に関し保証保険契約の締結その他
の措置で国土交通省令・内閣府令で定めるものを講ずるかどうか、及
びその措置を講ずる場合におけるその措置の概要」は、重要事項の説
明を行う場合において、説明しなければならない事項である（宅建業
法35条1項13号）。

3 **定められていない**。所有権の保存登記の申請の時期と所有権の移転
登記の申請の時期については、どちらも重要事項の説明の対象ではな
い（35条参照）。

4 **定められている**。「当該建物について、石綿の使用の有無の調査の
結果が記録されているときは、その内容」は、重要事項の説明を行う
場合において、説明しなければならない事項である（35条1項14号
イ・ロ、施行規則16条の4の3第4号）。

重要事項説明は、買主の承諾があっても、省略できない。た
だし、買主が宅建業者の場合は、書面の交付だけでよく、宅
建士による説明は不要である。

✔ チェック□□□

(問)**46** 適正化方針　　　　　(正解)**3**　重要度 ★★★

1 **定められている**。管理組合を構成するマンションの区分所有者等
は、管理組合の一員としての役割を十分認識して、管理組合の運営に
関心を持ち、積極的に参加する等、その役割を適切に果たすよう努め
る必要がある（適正化方針三1（2））。

2 **定められている**。マンションの状況によっては、外部の専門家が、
管理組合の管理者等又は役員に就任することも考えられるが、その場
合には、マンションの区分所有者等が当該管理者等又は役員の選任や
業務の監視等を適正に行うとともに、監視・監督の強化のための措置
等を講じることにより適正な業務運営を担保することが重要である
（方針三1（4））。

3　定められていない。マンションの管理は、専門的な知識を必要とすることが多いため、「管理組合」は、問題に応じ、「マンション管理士等専門的知識を有する者」の支援を得ながら、主体性をもって適切な対応をするよう心がけることが重要である（方針三1（3））。

4　定められている。マンションにおけるコミュニティ形成については、自治会及び町内会等（以下「自治会」という）は、管理組合と異なり、各居住者が各自の判断で加入するものであることに留意するとともに、特に管理費の使途については、マンションの管理と自治会活動の範囲・相互関係を整理し、管理費と自治会費の徴収、支出を分けて適切に運用することが必要である（方針三2（7））。

✔ チェック□□□

問47　適正化法（管理業者の業務）　正解2　重要度★★

1　違反しない。マンション管理業者の登録がその効力を失った場合には、当該マンション管理業者であった者又はその一般承継人は、当該マンション管理業者の管理組合からの委託に係る管理事務を結了する目的の範囲内においては、なおマンション管理業者とみなされる（適正化法89条）。

2　違反する。マンション管理業者は、管理組合から委託を受けた管理事務について、帳簿を作成し、これを保存しなければならない。そして、マンション管理業者は、帳簿（電子計算機に備えられたファイル又は磁気ディスク等を含む）を各事業年度の末日をもって閉鎖するものとし、閉鎖後「5年間」当該帳簿を保存しなければならない（75条、施行規則86条3項）。

3　違反しない。マンション管理業者は、当該マンション管理業者の業務及び財産の状況を記載した書類をその事務所ごとに備え置き、その業務に係る関係者の求めに応じ、これを閲覧させなければならない（適正化法79条）。

4　違反しない。マンション管理業者は、その事務所ごとに、30組合に1人以上の割合で成年者である専任の管理業務主任者を置かなけれ

ばならない（ただし、人の居住の用に供する独立部分の数が5以下である管理組合からのみ管理の委託契約を受ける場合を除く。施行規則61条、62条）。そして、この規定に抵触する事務所を開設してはならず、既存の事務所がこの規定に抵触するに至ったときは、「2週間以内」に、規定に適合させるため必要な措置をとらなければならない（適正化法56条3項）。

✔ チェック□□□

問 48 適正化法（管理事務の報告） 正解 4 重要度 ★★

1　**適切でない。**マンション管理業者は、管理事務に関する報告を行うときは、管理事務を委託した管理組合の事業年度終了後、遅滞なく、当該期間における管理受託契約に係るマンションの管理の状況について一定の事項を記載した管理事務報告書を作成し、管理業務主任者をして、これを管理者等に交付して説明をさせなければならない（適正化法77条1項、施行規則88条）。もっとも、管理事務報告書の交付に代えて、当該管理者等の承諾を得れば、当該書面に記載すべき事項を電磁的方法により提供できる。

2　**適切でない。**マンション管理業者は、管理事務の委託を受けた管理組合に管理者等が置かれていないときは、定期に、**説明会を開催し**、当該管理組合を構成するマンションの区分所有者等に対し、管理業務主任者をして、当該**管理事務に関する報告**をさせなければならない（適正化法77条2項）。管理事務報告書を閲覧させるだけでは足りず、説明会の開催が必要である。

3　**適切でない。**マンション管理業者は、管理事務の委託を受けた管理組合に管理者等が置かれているときは、定期に、当該管理者等に対し、管理業務主任者をして、当該管理事務に関する報告をさせなければならない（77条1項）。**毎月の会計の収入及び支出の状況に関する書面**の作成をし、管理者等へ交付していたからといって、事業年度に係る会計の収入及び支出の状況について、**管理事務の報告を省略できない**。

4 最も適切である。 管理業務主任者は、管理事務の報告をするとき
は、説明の相手方に対し、管理業務主任者証を提示しなければならな
い（77条3項）。相手方等から提示を求められているかどうかにかか
わらず、管理業務主任者証を提示する必要がある。

✔ チェック□□□

問49 適正化法（財産の分別管理） 正解 2　重要度 ★★★

ア 違反する。 適正化法施行規則87条2項1号イの方法による場合、
マンション管理業者は、原則として、マンションの区分所有者等から
徴収される1月分の修繕積立金等金銭又は管理組合又はマンションの
区分所有者等から受領した管理費用に充当する金銭又は有価証券の合
計額以上の額につき有効な保証契約を締結していなければならない
（適正化法76条、施行規則87条3項）。

イ 違反する。 施行規則87条2項1号ロの方法による場合、マンショ
ンの区分所有者等から徴収された管理費用に充当する金銭を収納口座
に預入し、毎月、その月分として徴収された管理費用に充当する金銭
から当該月中の管理事務に要した費用を控除した残額を、「翌月末日
まで」に収納口座から保管口座に移し換え、当該保管口座において預
貯金として管理しなければならない（87条2項1号ロ）。本肢では、
保管口座に移し換えずに3月間収納口座で管理しているので、適正化
法に違反する。

ウ 違反しない。 施行規則87条2項1号ハの方法による場合、マンショ
ン管理業者は、原則として、収納・保管口座に係る管理組合等の「印
鑑、預貯金の引出用のカードその他これらに類するもの」を管理して
はならない（87条2項1号ハ・4項）。しかし、当該収納・保管口座
の「通帳」の管理は禁止されていない。

エ 違反しない。 マンション管理業者は、施行規則87条2項1号イか
らハまでに定める方法により修繕積立金等金銭を管理する場合、「保
管口座又は収納・保管口座」に係る管理組合等の印鑑、預貯金の引出
用のカードその他これらに類するものを管理してはならない（87条

4項)。しかし、「収納口座」については、印鑑、カード等の保管は禁止されていない。ただし、マンション管理業者は、マンションの区分所有者等から徴収される1月分の修繕積立金等金銭又は管理組合又はマンションの区分所有者等から受領した管理費用に充当する金銭又は有価証券の合計額以上の額につき有効な保証契約を締結していなければならない（87条3項）。

以上により、違反するものは**ア**、**イ**の二つであり、肢**2**が正解。

 ＋アルファ　肢ウに関して、適正化法の財産の分別管理は、管理組合の財産を管理業者から守るための制度であるため、管理組合の口座から金銭を出し入れするツールである「印鑑・引出用カード」の管理を規制し、「通帳」の管理は規制していない。

✔ チェック□□□

問50　適正化法（重要事項の説明）　正解 3　重要度 ★★★

1　**違反しない**。マンション管理業者は、その事務所ごとに、30管理組合に1人以上の割合で成年者である専任の管理業務主任者を置かなければならない。ただし、人の居住の用に供する独立部分が6以上であるマンション（2以上の区分所有者が存する建物で人の居住の用に供する専有部分のあるもの）の区分所有者を構成員に含む管理組合から委託を受けて行う管理事務を、その業務としない事務所については、この限りでない（適正化法56条1項、施行規則61条、62条）。マンション管理業者は、適正化法56条1項ただし書に規定する管理事務以外の管理事務については、管理業務主任者に代えて、当該事務所を代表する者又はこれに準ずる地位にある者をして、管理業務主任者としてすべき事務を行わせることができる（適正化法78条）。

2　**違反しない**。マンション管理業者は、従前の管理受託契約と同一の条件（従前の管理受託契約に比して更新後の契約期間を短縮しようとする場合も、これに含まれる）で管理組合との管理受託契約を更新しようとするときは、あらかじめ、当該管理組合を構成するマンションの区分所有者等全員に対し、重要事項を記載した書面を交付しなけれ

ばならない（72条２項、通達）。しかし、説明会を開催する必要はない。

3　違反する。マンション管理業者は、従前の管理受託契約と「同一の条件」で管理組合との管理受託契約を更新しようとするときは、あらかじめ、当該管理組合を構成するマンションの区分所有者等全員に対し、重要事項を記載した書面を交付しなければならない（適正化法72条２項）。しかし、本肢は、暫定契約の期間が３ヵ月であるのに対して、協議をととのえて改めて締結することとした次の契約の期間が１年であり、契約期間が長くなっているため、「同一の条件」とはいえない。したがって、これは新規契約の扱いとなるため、管理業者は、区分所有者及び管理者の全員に対し重要事項を記載した書面を交付するだけでは足りず、説明会を開いて管理業務主任者をして重要事項の説明をさせる必要がある（72条１項）。

4　違反しない。マンション管理業者は、重要事項を記載した書面を作成するときは、管理業務主任者をして、当該書面に記名させなければならない（72条５項）。この重要事項を記載した書面への記名は、必ずしも専任の管理業務主任者が行う必要はない。

〈メモ〉

本科Webコース

コースの特長

管理業務主任者試験に出題される範囲の知識修得と実戦力を養成

基礎から学習をスタートし、講義ごとのチェックテスト、中間試験、実戦模擬試験で本試験への対応力を養成していきます。段階を踏んだカリキュラムと、弱点部分の繰り返し学習が可能な映像講義で、着実な実力アップを図ります。各講ごとにチェックテストを設けていますので、論点を1つずつ修得しながら進むことができ、初学者の方も安心のカリキュラムです。

コースの概要

対 象 者 ▪	初学者から経験者まで	
受 講 形 態 ▪	Web	※開講しない校もございますので各校にご確認ください。 ※Webコースは公認スクールでは受講できません。
学 習 期 間 ▪	約6ヶ月〜	
開 講 日(配信日) ▪	2024年5月下旬〜2024年本試験前日まで	
教 材 配 付 ▪	基本テキスト・過去問題集…2024年5月中旬	

※教材発送予定は変更となる場合があります。※住宅新報出版は、建築資料研究社／日建学院のグループ会社として、本講座の問題集を制作しています。

コース カリキュラム

講義&テストで論点を確実に修得！

※カリキュラム・講義内容は試験分析により変更になる場合がありますので、あらかじめご了承ください。

回数	講義内容	配信期間
1	区分所有法①〜⑥	5月下旬より順次配信
2	区分所有法⑦〜⑫	
3	区分所有法⑬〜⑰、被災マンション法・円滑化法	
4	標準管理規約①〜⑥	
5	標準管理規約⑦〜⑫	
6	標準管理規約⑬〜⑯、標準管理委託契約書①〜②	
7	標準管理委託契約書③〜⑧	
8	中間試験I(試験実施、解説講義)	

回数	講義内容	配信期間
9	民法①〜⑥	6月下旬より順次配信
10	民法⑦〜⑫	
11	民法⑬〜⑱	
12	借地借家法、不動産登記法、宅建業法、品確法、アフターサービス、個人情報保護法	
13	マンション適正化法①〜⑥	
14	マンション適正化法⑦〜⑫	
15	マンション適正化法⑬〜⑭、会計・税務①〜④	
16	中間試験II(試験実施、解説講義)	
17	建築基準法①〜⑥	8月下旬

回数	講義内容	配信期間
18	バリアフリー新法、耐震改修促進法、建築設備①〜④	8月下旬より順次配信
19	建築設備⑤〜⑩	
20	建築設備⑪〜⑯	
21	建築設備⑰〜㉒	
22	建築設備㉓〜㉘	
23	建築設備㉙〜㉞	
24	中間試験III(試験実施、解説講義)	
25	実戦模擬試験 第1回	11月上旬
26	実戦模擬試験 第2回	
本試験 12月上旬		

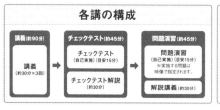

各講の構成

講義(約90分)	チェックテスト(約45分)	問題演習(約45分)
講義(約30分×3回)	チェックテスト(自己実施)(目安15分) / チェックテスト解説(約30分)	問題演習(自己実施)(目安15分)※実施する問題は映像で指定されます。 / 解説講義(約30分)

中間試験の構成

試験[自己実施](25問／50分)
解説講義(1問／5分)

実戦模擬試験の構成

試験[自己実施](50問／120分)
解説講義(90分／45分×2)

管理業務主任者本科Webコース 学費 **80,000**円(税込**88,000**円)

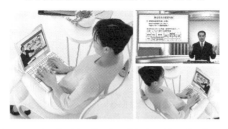

〈本書へのお問い合わせ〉

　本書の記述に関するご質問等は、**文書**にて下記あて先にお寄せください。お寄せいただきましたご質問等は、著者に確認のうえ回答いたしますので、若干お時間をいただく場合もございます。あらかじめご了承ください。また、**電話でのお問い合わせはお受けいたしかねます。**

　なお、当編集部におきましては記述内容をこえるご質問への回答および受験指導等は行っておりません。何卒ご了承の程お願いいたします。

　郵送先　〒171-0014
　　　　　東京都豊島区池袋2−38−1
　　　　　㈱住宅新報出版
　FAX　　(03) 5992−5253

法改正等による修正の情報に関しては、
下記ウェブサイト
(https://www.jssbook.com) で
ご確認いただけます。
情報の公開は2025年版発行までとさせていただ
きます。ご了承ください。

2024年版　楽学管理業務主任者　過去問8年間

2003年3月10日　初版発行 (旧書名 管理業務主任者再現問題集)
2024年4月2日　2024年版発行

　　　　編　　著　管理業務主任者資格研究所
　　　　監　　修　平　柳　将　人
　　　　発行者　馬　場　栄　一
　　　　発行所　㈱住　宅　新　報　出　版
　　〒171-0014 東京都豊島区池袋2−38−1
　　　　　　　　電話 (03) 6388−0052
　　　　　　　　https://www.jssbook.com/

印刷・製本／㈱ワコー　　　　　　　　　　Printed in Japan
落丁本・乱丁本はお取り替えいたします。　ISBN978−4−910499−90−1　C2032